Clemens H. Cap

# Theoretische Grundlagen der Informatik

Springer-Verlag Wien New York

Dr. Clemens H. Cap
Assistenzprofessor für formale Methoden in der Informatik
Institut für Informatik der Universität Zürich



Gedruckt auf säurefreiem Papier

Mit 24 Abbildungen

Die Deutsche Bibliothek - CIP-Einheitsaufnahme

**Cap, Clemens H.:**
Theoretische Grundlagen der Informatik / Clemens H. Cap. -
Wien ; New York : Springer, 1993

ISBN-13:978-3-211-82527-3

ISBN-13:978-3-211-82527-3     e-ISBN-13:978-3-7091-9329-7
DOI: 10.1007/978-3-7091-9329-7

*Cui dono lepidum novum libellum?*
CATULL, Carmina




*Aus Dank
meinem Vater
Ferdinand F. Cap*


*und zur Erinnerung
an meinen Großvater
Heinrich Kühnl*

# Vorwort

Die Komplexität der modernen Informationstechnologie ist beeindruckend: Programme mit etlichen Millionen Zeilen, Computer aus einigen Milliarden Transistoren, Netzwerke, die sich über alle fünf Kontinente hinweg erstrecken und über eine Million Rechner zu einem weltweiten Verbund zusammenschließen. Angesichts dieser Anzahl von Teilelementen benötigt der Informatiker klar durchdachte Konzepte und Methoden, um seine Produkte beschreiben und ihr korrektes Verhalten sicherstellen zu können. Bei der Omnipräsenz der Informatik in der Alltagswelt, die von Zug- und Kernkraftwerks-Steuerungen über Navigationsrechner moderner Reiseflugzeuge bis hin zu Computertomographen reicht, ist das korrekte Verhalten auch von besonderer Bedeutung für unsere Gesellschaft.

Techniken zur Beschreibung und näheren Untersuchung unserer Umwelt stellt die Mathematik seit über 3.000 Jahren zur Verfügung. Die alten Babylonier und Ägypter benötigten Methoden zur Landvermessung, Newton beschrieb die Bewegungen fallender Äpfel und kreisender Planeten, Einstein untersuchte das ganze Universum, Schrödinger die kleinsten Teile unserer Welt – und seit einigen Jahren beginnt man sogar Lebewesen durch mathematische Gleichungen zu beschreiben. Angesichts dieser universellen Bedeutung, welche die Mathematik für die menschliche Kultur und Wissenschaft hat, darf man sich über den schlechten Ruf wundern, den sie leider bei manchen Leuten besitzt. Aber auch der Autor muß als begeisterter Mathematiker und Informatiker einen gewissen Schrecken eingestehen, der ihn beim Blick in das Dickicht der Formeln mancher mathematischer Arbeiten gelegentlich befällt.

Das vorliegende Buch will eine erste Einführung in die theoretischen und zumeist mathematischen Grundlagen der Informatik geben und möchte Verständnis für die Struktur und die Mechanismen moderner formaler Methoden wecken. Detaillierte oder auch nur ausführlichere Kenntnisse in theoretischer Informatik müssen angesichts der Stoffülle und Komplexität dieses Gebietes und mit Hinblick auf die wichtigen Lehrinhalte anderer Teilgebiete der Informatik dem Spezialisten vorbehalten bleiben: Nicht jeder Programmierer muß alle Umformungsregeln des sogenannten Pi–Kalküls kennen. Da dieser Formalismus aber die elegante Beschreibung von Protokollen moderner Satellitentelefone erlaubt, sollte ein Projektleiter für derartige

Ansätze aber vertrauensvoll gestimmt sein.

Ähnlich, wie die alte Definition von Chemie als "alles was kracht und stinkt" schon lange nicht mehr an moderne chemische Methoden erinnert, so wenig kann moderne Informatik auf den Hacker reduziert werden, der vor einem bunt blinkenden Computerbildschirm sitzt. Wenn sich der geneigte Leser angesichts von Mathematik, Logik oder Formalismen unwohl fühlt, so wird er sich mit einem anderen Interessensgebiet als jenem der Informatik wohl glücklicher wissen. Ist diese Einsicht in der Chemie schon lange allgemein bekannt, so wird die Informatik leider noch häufig unter falschem Licht gesehen: Formales, methodisch exaktes, logisch abgesichertes Vorgehen muß zumindest bei sicherheitskritischen Systemen – und derer gibt es immer mehr – Priorität vor einem spielerischen Umgang mit dem Computer erlangen. Auch dieser hat seine Berechtigung; ob er aber beim Entwurf einer Aufzugssteuerung oder einer Flugsicherungsanlage am rechten Platz ist, darüber mag der Leser an gegebenem Ort, in einem Aufzug oder Flugzeug, selber philosophieren.

Das Buch wendet sich an Studierende der Informatik und der Mathematik im ersten Studienabschnitt, aber auch an den Praktiker, und kann zur Begleitung einer Lehrveranstaltung sowie zum Selbststudium verwendet werden. In beiden Fällen wird dem Leser das genaue Durcharbeiten der angeführten Beispiele besonders ans Herz gelegt. In der Darstellung wird mehr auf die konkrete Bedeutung, Anwendung und Interpretation geachtet, als auf formaltechnische Details – einem Mathematiker mag deshalb die beweistechnische Verankerung vieler Aussagen fehlen, während sich ein Informatiker an manchen Stellen über den aufwendigen formalen Apparat zur Beschreibung einfacher Ideen wundern kann. Der Autor wünscht sich, daß der hier gewählte Kompromiß Studierenden beider Fachrichtungen die theoretischen Grundlagen der Informatik vermitteln kann.

Das Buch gliedert sich in kleine Einheiten, die nach mathematischem Vorbild Definitionen, Beispiele oder Bemerkungen genannt werden. Diese Abschnitte sind auch über die Kapitelgrenzen hinweg durchlaufend numeriert, was das Auffinden von Textstellen erleichtern soll. Im Anhang findet sich neben einem ausführlichen Sachverzeichnis auch ein Verzeichnis der verwendeten Symbole. Ein Literaturverzeichnis soll das weitere Eindringen in die theoretische Informatik erleichtern. Wegen der besonderen Rolle der englischen Sprache für die heutigen Wissenschaften und besonders für die Informatik habe ich zu den meisten Definitionen auch die englischen Bezeichnungen in Klammern beigefügt.

Das Buch entstand aus Vorlesungen, die ich in den Jahren 1991 bis 1993 an der Universität Zürich und am Studienzentrum Bregenz der Universität Linz abgehalten habe. Die Anregungen und Ermunterungen von Herrn Prof. Helmut Schauer und seine Fürsprache als Serienherausgeber des Wiener Springer-Verlages gaben mir den

Mut und die Möglichkeit, mich an eine größere Leserschaft zu wagen. Dank der freundlichen Förderung und steten Unterstützung von Herrn Institutsdirektor Prof. Kurt Bauknecht und Herrn Prof. Lutz Richter hatte ich auch die Zeit und Gelegenheit sowie die notwendige Infrastruktur, um mich diesem Vorhaben zu widmen. Herrn Prof. Peter Baumann danke ich für Diskussionen zum Stoffumfang.

Während der Ausarbeitung waren in inhaltlichen, fachlichen und organisatorischen Fragen viele Kollegen behilflich. Insbesondere möchte ich mich bei Frau Lucia Sprotte-Kleiber, Herrn Nikolaus Almassy, Herrn Dr. Martin Dürst, Herrn Dr. Edgar Lederer, Herrn Silvano Maffeis, Herrn Daniel Schärer und Herrn Volker Strumpen für ihre Mithilfe bedanken. Bei technischen und graphischen Problemen während der Erstellung der reproduktionsreifen Druckvorlagen durfte ich stets mit Unterstützung von Herrn Beat Rageth, Herrn Rico Solca und Herrn Dr. Peter Vollenweider rechnen. Herr Dr. Ruedi Signer gab mir als Mitarbeiter der hochschuldidaktischen Arbeitsstelle der Universität Zürich in Kursen und Hospitationen didaktische Hilfestellung. Dem Springer-Verlag in Wien, Herrn Direktor Siegle und meiner Ansprechpartnerin Frau Schilgerius, danke ich für die Aufnahme dieses Buches und die kompetente Betreuung. Meine Studenten trugen durch die interessanten Stunden der Lehrveranstaltungen und die zahlreichen Anregungen und Gespräche viel zu diesem Werk bei.

Das erste Lehrbuch verlangt von einem jungen Autor viel Kraft, Mut und Begeisterung, für das Fach selber, aber auch für die Darstellung und didaktische Aufbereitung. Viel hiervon verdanke ich meinem verehrten Lehrer und Doktorvater Prof. Roman Liedl. Meine erste Begegnung mit theoretischer Informatik durfte ich als Assistent von Herrn Prof. Rudolf Albrecht machen. Bei meinen Eltern, Prof. Ferdinand und Dr. Theresia Cap, und meiner Partnerin Angelika Vallaster möchte ich mich für ihre Hilfe ganz besonders bedanken.

Clemens H. CAP
Zürich, im Juli 1993

# Inhaltsverzeichnis

# 1 Logische Propädeutik

Wir werden uns später noch detaillierter mit Logik befassen. Zuerst aber benötigen wir einen Überblick über die mathematische Symbolik, die wir im folgenden häufig benötigen werden. Ein tieferes Verständnis für die Zusammenhänge zwischen formaler Logik und praktischer Informatik kann sich erst im Laufe weiterführender Studien entwickeln. Dies ist nicht verwunderlich, da diese Zusammenhänge auch erst seit knapp einem Jahrzehnt in den Brennpunkt der Forschung gerückt sind und zu ihrem Verständnis etliche Vorkenntnisse erfordern.

## 1.1  Aussagen und Operatoren

**1  Definition**   Aussage
Eine *Aussage (proposition)* ist ein Satz, der *wahr (true)* ($W$, im Englischen $T$) oder *falsch (false)* ($F$) sein kann.

**2  Definition**   Operatoren
Logische *Operatoren* führen von Aussagen zu neuen Aussagen, wobei der Wahrheitswert der neuen Aussage nur von den Wahrheitswerten der früheren Aussagen abhängen darf.

Sind etwa $A$ und $B$ Aussagen, so ist *(A und B)* wieder eine Aussage. Man schreibt formal $A \wedge B$. $A$ und $B$ sind Bestandteile oder *Teilaussagen* der Aussage $A \wedge B$. $\wedge$ ist jener logische Operator, der durch Bilden der logischen Operation "und" von den Aussagen $A$ und $B$ auf die neue Aussage $A \wedge B$ führt. Eine Aussage ohne logischen Operator heißt eine *atomare (elementare; atomic) Aussage* oder auch ein *Atom*, Aussagen mit logischen Operatoren heißen *zusammengesetzt (compound)*. Wir werden für atomare Aussagen lateinische Großbuchstaben $A, B, \ldots$ und für zusammengesetzte Aussagen calligraphische Schrifttypen $\mathcal{A}, \mathcal{B}, \ldots$ benutzen. Die Buchstaben $W$ und $F$ stehen aber stets für die logischen Wahrheitswerte "wahr" und "falsch". $W$ und $F$ sind selber auch Aussagen, nämlich die immer wahre respektive die immer falsche Aussage.

Um einen logischen Operator zu definieren, müssen wir seine *Wahrheitstafel (truth table)* angeben, also festlegen, welche Wahrheitswerte die zusammengesetzte Aussage abhängig von den Wahrheitswerten der Teilaussagen hat.

**3  Definition**     WICHTIGE LOGISCHE OPERATOREN

(1) Die *Negation (negation)* kehrt die logischen Wahrheitswerte um:

$$\begin{array}{c|c} P & \neg P \\ \hline W & F \\ F & W \end{array}$$

Für $\neg P$ schreibt man auch oft $\bar{P}$. Lies $\neg P$ als *non (not)* $P$.

(2) Die *Konjunktion (conjunction)* $A \wedge B$ zweier Aussagen $A$, $B$ ist genau dann wahr, wenn beide Aussagen, $A$ und $B$, wahr sind. Lies $A \wedge B$ als *A und (and) B*.

(3) Die *Disjunktion (disjunction)* $A \vee B$ zweier Aussagen $A$, $B$ ist genau dann wahr, wenn mindestens eine der beiden Aussagen wahr ist, also wenn $A$ wahr ist oder $B$ wahr ist (oder beide). Lies $A \vee B$ als *A oder (or) B*.

(4) Die *Alternation (exclusive or)* $A \oplus B$ zweier Aussagen $A$, $B$ ist genau dann wahr, wenn entweder die eine oder die andere Aussage wahr ist, nicht aber beide. Die Alternation ist das *exklusive* oder auch *alternative* Oder, auch *xor* genannt. Lies $A \oplus B$ als *A exklusiv-oder (xor, alternative) B*.

(5) Die *Implikation (implication)* $A \Rightarrow B$ zweier Aussagen $A$, $B$ ist genau dann wahr, wenn $A$ und $B$ wahr sind oder aber $A$ falsch ist. Das letztere haben die klassischen Logiker mit dem lateinischen Spruch *ex falso quodlibet* beschrieben, zu deutsch *aus dem Falschen das Beliebige*. Lies $A \Rightarrow B$ als *A impliziert (implies) B*.

(6) Die *Äquivalenz (Bivalenz, equivalency)* $A \Leftrightarrow B$ zweier Aussagen $A$, $B$ ist genau dann wahr, wenn beide Aussagen denselben Wahrheitswert haben. Lies $A \Leftrightarrow B$ als *A äquivalent B*.

Die folgende Tabelle legt diese Operatoren fest:

| $A$ | $B$ | $A \wedge B$ | $A \vee B$ | $A \oplus B$ | $A \Rightarrow B$ | $A \Leftrightarrow B$ |
|---|---|---|---|---|---|---|
| W | W | W | W | F | W | W |
| W | F | F | W | W | F | F |
| F | W | F | W | W | W | F |
| F | F | F | F | F | W | W |

**4 Beispiel**    NAND UND NOR
Zwei logische Operatoren, die vor allem in der Elektronik und in der Computerarchitektur große Bedeutung haben, sind die Operationen **nand** und **nor**, welche die negierte Konjunktion respektive die negierte Disjunktion darstellen. $X$ **nand** $Y$ ist also die Negation von $X \wedge Y$. Geben Sie Wahrheitstabellen von **nand** und **nor** an.

**5 Bemerkung**    VORRANGSREGELN
Bei komplexeren logischen Formeln benötigt man wie bei arithmetischen Ausdrücken Klammern und Vorrangsregeln. Wir werden die folgenden Konventionen benutzen: Negation vor Konjunktion, diese vor Disjunktion und Alternation, letztere zwei vor Implikation und Äquivalenz. Im Zweifelsfalle sind Klammern zu setzen. Das bedeutet insbesondere:

| Ausdruck | Bedeutung |
|---|---|
| $\neg A \wedge B$ | $(\neg A) \wedge B$ |
| $A \wedge B \vee C$ | $(A \wedge B) \vee C$ |
| $A \vee B \Rightarrow C$ | $(A \vee B) \Rightarrow C$ |
| $A \wedge \neg B \vee C \Rightarrow D$ | $((A \wedge (\neg B)) \vee C) \Rightarrow D$ |

**6 Bemerkung**    AUSSAGENVERBINDUNGEN UND OPERATOREN
Nicht jede Verbindung von Aussagen zu neuen Aussagen ist auch ein logischer Operator: Das deutsche Wort "weil" führt von Aussagen auf neue Aussagen, ist aber *kein* Operator. Betrachten wir die folgenden Aussagen:
$A$ : "In Singapur herrscht tropisches Klima."
$B$ : "Singapur liegt am Äquator."
$C$ : "Japan liegt im Fernen Osten."

Alle drei Aussagen sind wahr. Die Aussage "$A$ weil $B$" ist wahr, die Aussage "$A$ weil $C$" jedoch nicht. Wir können somit keine Wahrheitstafel für "weil" aufstellen, denn welchen Wert soll "$W$ weil $W$" haben? Der Wahrheitswert von Aussagen, die durch ein "weil" verbunden sind, hängt offenbar nicht nur vom Wahrheitswert der Teilaussagen ab, wie es in der Definition eines logischen Operators gefordert wird.

# 1.2   Wahrheit und Umformung

**7 Definition**    TAUTOLOGIE, KONTRADIKTION, ERFÜLLBAR, WIDERLEGBAR
Eine Aussage $A$ heißt eine *Tautologie (tautology)*, wenn sie immer wahr ist, gleichgültig welche Werte die atomaren Bestandteile haben. Beispiel: $A \vee (\neg A)$.

Eine Aussage $A$ heißt eine *Kontradiktion (contradiction)*, wenn sie nie wahr, also immer falsch ist, gleichgültig welche Werte die atomaren Bestandteile haben. Beispiel: $A \wedge (\neg A)$.

Eine Aussage $A$ heißt *erfüllbar (satisfiable)*, wenn es (mindestens) eine Situation für die atomaren Teilaussagen von $A$ geben kann, in der die Gesamtaussage wahr ist. Beispiel: Die Aussage $A \vee B$ ist wahr, wenn beide atomaren Teilaussagen $A$ und $B$ wahr sind. Somit ist sie erfüllbar.

Eine Aussage $A$ heißt *widerlegbar (refutable)*, wenn es (mindestens) eine Situation für die atomaren Teilaussagen geben kann, in der die Gesamtaussage falsch ist. Beispiel: $(A \vee B)$.

## 8 Beispiel     REGELN VON DE MORGAN

Beweisen Sie die zwei Gesetze von DE MORGAN:

$$\neg(A \wedge B) \Leftrightarrow (\neg A \vee \neg B) \qquad \text{und} \qquad \neg(A \vee B) \Leftrightarrow (\neg A \wedge \neg B)$$

Mit anderen Worten: Zeigen Sie, daß die obigen zwei Ausdrücke Tautologien sind. Weisen Sie also nach, daß für jede Wahl von Wahrheitswerten für $A$ und $B$ die obigen Ausdrücke wahr sind.

## 9 Beispiel     EINIGE TAUTOLOGIEN

Beweisen Sie die nachfolgenden Tautologien durch Aufstellen der Wahrheitstafeln und versuchen Sie, diese auch anschaulich zu begründen:

(1) *Tautologie vom Modus Ponens:* $(P \wedge (P \Rightarrow Q)) \Rightarrow Q$

(2) *Tautologie von* ASSER: $(P \Rightarrow Q) \vee P$

(3) *Tautologie vom ausgeschlossenen Dritten:* $P \vee \neg P$

(4) *Tautologie der Idempotenz:* $P \Leftrightarrow \neg\neg P$

(5) *Tautologie von* CLAVIUS: $(\neg P \Rightarrow P) \Rightarrow P$

(6) *Tautologie der Und–Elimination:* $(P \wedge Q) \Rightarrow P$

(7) *Tautologie der Oder–Introduktion:* $P \Rightarrow (P \vee Q)$

(8) *Tautologie der Selbstbijunktion:* $P \Leftrightarrow P$

(9) *Tautologie vom Kettenschluß:*
$(P \Rightarrow Q) \Rightarrow ((Q \Rightarrow R) \Rightarrow (P \Rightarrow R))$

(10) *Tautologie von der Importation und der Exportation:*
$(P \Rightarrow (Q \Rightarrow R)) \Leftrightarrow ((P \wedge Q) \Rightarrow R)$

(11) *Tautologie von* FREGE:
$$(P \Rightarrow (Q \Rightarrow R)) \Rightarrow ((P \Rightarrow Q) \Rightarrow (P \Rightarrow R))$$

**10 Beispiel** EINE KONTRADIKTION
Kontradiktionen hängen eng mit Tautologien zusammen: Zeigen Sie, daß $P \wedge \neg P$ eine Kontradiktion und $\neg(P \wedge \neg P)$ eine Tautologie ist. Zeigen Sie nun allgemein, daß eine Aussage $A$ genau dann eine Kontradiktion ist, wenn die Aussage $\neg A$ eine Tautologie ist.

**11 Beispiel** UMFORMUNG LOGISCHER OPERATOREN
Logische Operatoren können ineinander umgeformt werden. Zeigen Sie:

(1) Die Implikation kann durch Negation und Disjunktion ausgedrückt werden. Hinweis: Zeigen Sie zuerst, daß $A \Rightarrow B$ zu $B \vee \neg A$ äquivalent ist.

(2) Die Implikation kann durch Negation und Konjunktion ausgedrückt werden. Hinweis: Benutzen Sie (1) und eines der Gesetze von DE MORGAN. Bestätigen Sie die gefundene Formel, indem Sie ihre Wahrheitswerte nachprüfen.

(3) Die Äquivalenz kann durch Negation, Konjunktion und Disjunktion ausgedrückt werden. Wie? Beweis? Kann man unter Umständen von den benutzten drei Operatoren einen weglassen? Wenn ja, welchen und warum?

(4) Die Negation kann durch **nor** ausgedrückt werden.

(5) Die Konjunktion kann durch **nand** ausgedrückt werden.

(6) Die Konjunktion kann durch **nor** ausgedrückt werden.

(7) Die Disjunktion kann durch **nor** ausgedrückt werden.

(8) Die Äquivalenz kann durch die Implikation und die Konjunktion ausgedrückt werden.

**12 Beispiel** ERZEUGEN BINÄRER LOGISCHER OPERATIONEN
Vollziehen Sie die folgenden Überlegungen nach, die von zentraler Bedeutung für die Computerarchitektur sind:

(1) Es gibt genau zwei verschiedene *unäre* logische Operationen, also solche, die von *einer* Aussage auf eine neue Aussage führen. Sie sind durch die Identität und die Negation gegeben. Schreiben Sie deren Wahrheitstafeln auf.

(2) Eine *binäre* logische Operation führt von *zwei* Aussagen auf eine neue Aussage. Wir kennen eine solche Operation, wenn wir ihre Wahrheitstafel kennen. Betrachten Sie zunächst folgende zwei Wahrheitstafeln der Konjunktion:

| $A$ | $B$ | $A \wedge B$ |
|-----|-----|--------------|
| $W$ | $W$ | $W$ |
| $W$ | $F$ | $F$ |
| $F$ | $W$ | $F$ |
| $F$ | $F$ | $F$ |

| $A$ | $B$ | $A \wedge B$ |
|-----|-----|--------------|
| $F$ | $W$ | $F$ |
| $W$ | $F$ | $F$ |
| $F$ | $F$ | $F$ |
| $W$ | $W$ | $W$ |

Sie unterscheiden sich ausschließlich durch die Anordnung ihrer Zeilen, enthalten sonst aber dieselbe Information. Wir wollen in dieser Aufgabe die Anordnung in den linken beiden Spalten der linken Tabelle, zusammen mit der Tatsache, daß das Atom $A$ immer ganz links steht, gefolgt vom lexikalisch größeren $B$, als Standardanordnung in jeder weiteren Wahrheitstafel benutzen. Dadurch ist die Gestalt der linken beiden Spalten festgelegt und man kann sich bei der Angabe der Wahrheitstafel auf die Angabe der rechten Spalte beschränken. Aus Platzersparnisgründen wollen wir diese Spalte von oben nach unten gelesen als Zeile schreiben. Die Wahrheitstafel und die binäre Operation $\wedge$ ist somit durch die Zeile respektive Spalte $WFFF$ festgelegt.

(3) Welche Operationen sind durch die Zeilen $WWWF$ und $WFFW$ festgelegt? Weshalb gibt es genau 16 unterschiedliche binäre Operationen?

(4) Tragen Sie in der weiter unten folgenden Tabelle in der Spalte unter **Operation** in der korrekten Zeile die Ihnen bekannten logischen Operationen der Disjunktion, Äquivalenz, Implikation, Alternation, **nand** und **nor** ein.

(5) Betrachten Sie in derselben Tabelle in der Spalte **Darstellung** und der Zeile $WFFF$, wie man sehr einfach eine Darstellung der entsprechenden logischen Operation angeben kann. Erinnern Sie sich an die oben fixierte Standardanordnung der Wahrheitstafeln. Der erste Wert der Zeile $WFFF$, der Wert $W$ also, stammt aus der Zeile, in der $A$ und $B$ wahr sind. Zur Erinnerung:

| **Wert** | **Situation** |
|----------|---------------|
| Erster Wert | $A$ und $B$ sind wahr |
| Zweiter Wert | $A$ und $\neg B$ sind wahr |
| Dritter Wert | $\neg A$ und $B$ sind wahr |
| Vierter Wert | $\neg A$ und $\neg B$ sind wahr |

Der Zeile $WFFF$ entspricht also eine logische Operation, die genau dann wahr ist, wenn $A$ und $B$ wahr sind. Das ist, wie wir wissen, die Konjunktion von $A$ und $B$, dargestellt durch $A \wedge B$.

| Zeile | Operation | Darstellung |
|-------|-----------|-------------|
| $WWWW$ | | |
| $WWWF$ | | |
| $WWFW$ | | |
| $WWFF$ | | |
| $WFWW$ | | |
| $WFWF$ | | |
| $WFFW$ | | |
| $WFFF$ | Konjunktion | $(A \wedge B)$ |
| $FWWW$ | | |
| $FWWF$ | | |
| $FWFW$ | | |
| $FWFF$ | | |
| $FFWW$ | | |
| $FFWF$ | | |
| $FFFW$ | | |
| $FFFF$ | | |

(6) Betrachten Sie nun als komplizierteres Beispiel die Zeile $WFWF$ der obigen Tabelle. Ihr entspricht eine logische Operation, die genau dann wahr ist, wenn $A$ und $B$ wahr sind (1. Buchstabe in $WFWF$) oder wenn $\neg A$ und $B$ wahr sind (3. Buchstabe in $WFWF$). Dies läßt sich am besten darstellen durch $(A \wedge B) \vee (\neg A \wedge B)$.

(7) Verfahren Sie nun wie oben und tragen Sie für jede Zeile in obige Tabelle die entsprechende Darstellung ein, wobei Sie die Operatorenzeichen $\neg$, $\wedge$, $\vee$ benutzen.

(8) Wir haben durch die bisherigen Überlegungen folgendes gezeigt: Jede binäre, logische Operation kann durch die Operationen Negation, Disjunktion und Konjunktion ausgedrückt werden. Zeigen Sie nun durch ein einfaches Argument, daß auch Negation und Disjunktion allein oder auch Negation und Konjunktion allein ausreichen würden.

(9) In Beispiel 11 haben wir gesehen, daß Negation, Disjunktion und Konjunktion alle durch **nor** ausgedrückt werden können. Begründen Sie nun, daß jede binäre und unäre logische Operation durch **nor** allein ausgedrückt werden kann.

(10) Interpretieren Sie im Lichte des bisherigen die folgende Aussage aus einem Buch über Computerarchitektur: "Wenn ein Mikroprozessor jede binäre logische Operation ausdrücken können soll, so genügt es, die **nor** Operation elektronisch zu realisieren, da alle anderen binären logischen Operationen auf

diese zurückgeführt werden können." Wieso ist das von großer Bedeutung für
den Chip–Designer?

## 13  Beispiel    ERZEUGEN N-ÄRER LOGISCHER OPERATIONEN

Wir wollen uns anhand eines Beispiels überzeugen, daß auch logische Operationen
von mehr als zwei Aussagen immer durch Negation, Konjunktion und Disjunktion
dargestellt werden können. Betrachten Sie die folgende Wahrheitstafel:

| $P$ | $Q$ | $R$ | $\bullet(P, Q, R)$ |
|-----|-----|-----|--------------------|
| $W$ | $W$ | $W$ | $W$ |
| $W$ | $W$ | $F$ | $F$ |
| $W$ | $F$ | $W$ | $F$ |
| $W$ | $F$ | $F$ | $F$ |
| $F$ | $W$ | $W$ | $W$ |
| $F$ | $W$ | $F$ | $W$ |
| $F$ | $F$ | $W$ | $F$ |
| $F$ | $F$ | $F$ | $F$ |

Drücken Sie die oben angegebene ternäre logische Operation durch Negation, Konjunktion und Disjunktion aus. Eliminieren Sie aus dem sich ergebenden Ausdruck
die Disjunktion. Begründen Sie nun allgemein, weshalb jede logische Operation in
beliebig vielen Aussagen stets durch Negation und Konjunktion allein ausgedrückt
werden kann.

## 14  Definition    ADÄQUATE MENGEN VON OPERATOREN

Eine Menge logischer Operatoren heißt *adäquat (adequate)*, wenn jede logische Operation durch die Operatoren dieser Menge ausgedrückt werden kann. Man ist besonders an *minimal adäquaten* Mengen interessiert, das sind adäquate Mengen, bei denen kein Operator weggelassen werden kann, ohne daß die Menge die Eigenschaft der
Adäquatheit verliert: $\{\wedge, \neg, \vee\}$ ist adäquat, aber nicht minimal adäquat. $\{\wedge, \neg\}$
ist minimal adäquat, da tatsächlich beide Operationen benötigt werden.

## 15  Theorem    ADÄQUATE MENGEN VON OPERATOREN

Folgende Mengen von Operatoren sind minimal adäquat: $\{\textbf{nand}\}$, $\{\textbf{nor}\}$, $\{\neg, \wedge\}$
und $\{\neg, \vee\}$.

## 16  Beispiel    TEST AUF ADÄQUATHEIT

Ist die Menge $\{\wedge, \vee, \Rightarrow\}$ adäquat oder nicht? Wenn ja, geben Sie einen Beweis
dafür, wenn nein, geben Sie ein Gegenbeispiel an, indem Sie eine logische Operation
anschreiben, die nicht durch diese Operationen ausgedrückt werden kann.

## 17  Beispiel    BEDINGTER AUSDRUCK

Geben Sie zur ternären Operation $cond(P, Q, R) := (P \Rightarrow Q) \wedge (\neg P \Rightarrow R)$ die

Wahrheitstabelle an und zeigen Sie, daß *cond* gerade dem *bedingten Ausdruck* if $P$ then $Q$ else $R$ fi entspricht.

In vielen Programmiersprachen ist if $P$ then $Q$ else $R$ fi kein logischer Ausdruck, der die Werte $W$ oder $F$ annehmen kann, sondern eine ausführbare Anweisung: $P$ muß im Typsystem der Sprache als wahr oder falsch interpretiert werden können. Je nach dieser Interpretation wird dann die Anweisung $Q$ oder die Anweisung $R$ ausgeführt. Weder $Q$ noch $R$ haben notwendigerweise logisch interpretierbare Werte, die ganze Anweisung muß keinen Wert tragen.

Manche Programmiersprachen verfügen jedoch über den bedingten Ausdruck: So schreibt man etwa in der Programmiersprache C für $cond(P, Q, R)$ den Ausdruck $(P\,?\,Q:R)$. $P$, $Q$ und $R$ sind hierbei Ausdrücke, deren Wert logisch interpretierbar ist. Es ist in C allerdings auch erlaubt, daß $Q$ und $R$ Werte haben, die nicht logisch interpretiert werden können. Die Anweisung $Z = (X > 0\,?\,X : -X)$ etwa weist der Variablen $Z$ den Absolutbetrag des aktuellen Wertes der Variablen $X$ zu.

# 1.3  Implikation und Folgerung

**18 Bemerkung**    IMPLIKATION, STARK-SCHWACH
Sind $\mathcal{A}$ und $\mathcal{B}$ zwei Aussagen und sei $\mathcal{A} \Rightarrow \mathcal{B}$ wahr, dann sagt man auch $\mathcal{A}$ *impliziert (implies)* $\mathcal{B}$. Das bedeutet:

(1) Ist $\mathcal{A}$ wahr, so ist auch $\mathcal{B}$ wahr. Ist $\mathcal{A}$ nicht wahr, so wird dadurch über $\mathcal{B}$ nichts ausgesagt. $\mathcal{B}$ kann dann sowohl wahr als auch falsch sein.

(2) Es wird nur eine Aussage über den *logischen* Zusammenhang gemacht aber *keine Aussage über einen kausalen oder temporalen* Zusammenhang.

Sind zwei beliebige Aussagen $\mathcal{P}$ und $\mathcal{Q}$ gegeben, so folgt immer die eine aus der anderen oder die andere aus der einen. Wir beweisen das durch Fallunterscheidung über die möglichen Wahrheitswerte:

| $\mathcal{P}$ | $\mathcal{Q}$ | $\mathcal{P} \Rightarrow \mathcal{Q}$ | $\mathcal{Q} \Rightarrow \mathcal{P}$ | $(\mathcal{P} \Rightarrow \mathcal{Q}) \vee (\mathcal{Q} \Rightarrow \mathcal{P})$ |
|---|---|---|---|---|
| $W$ | $W$ | $W$ | $W$ | $W$ |
| $W$ | $F$ | $F$ | $W$ | $W$ |
| $F$ | $W$ | $W$ | $F$ | $W$ |
| $F$ | $F$ | $W$ | $W$ | $W$ |

(3) Gilt $\mathcal{A} \Rightarrow \mathcal{B}$, so ist die Aussage $\mathcal{A}$ *stärker (stronger)* und die Aussage $\mathcal{B}$ *schwächer (weaker)*. Aussagen werden also in Richtung des Implikationspfeils schwächer. Insbesondere ist $W$ die schwächste Aussage und $F$ die stärkste

Aussage. $F$ ist insbesondere stärker als $W$, und so gilt auch $F \Rightarrow W$. Ähnlich gelten $(A \wedge B) \Rightarrow A$ und $(A \wedge B) \Rightarrow B$. Eine Konjunktion ist also stärker als ihre einzelnen Bestandteile.

**19 Beispiel**    ZUR IMPLIKATION

Machen Sie sich die Unterschiede zwischen dem Begriff "folgt" der deutschen Sprache und dem Begriff der Implikation in der Logik noch einmal klar:

(1) Sei $P$ die Aussage "Der Jupiter ist aus Schokolade" und sei $Q$ die Aussage "Am 1. 1. 2030 wird es in Argentinien regnen". Zeigen Sie, daß im logischen Sinn aus einer dieser zwei Aussagen die andere Aussage folgt: Zeigen Sie also, daß $(P \Rightarrow Q) \vee (Q \Rightarrow P)$ wahr ist.

(2) Studieren Sie noch einmal den oben angeführten Beweis des folgenden Satzes: Sind $\mathcal{D}$ und $\mathcal{E}$ zwei *beliebige* Aussagen, dann folgt aus einer dieser Aussagen die andere. Bringen Sie dieses Paradoxon in Zusammenhang mit der Bemerkung, daß für $\mathcal{D} \Rightarrow \mathcal{E}$ nur in jenen Fällen etwas bewiesen werden muß (= etwas ausgesagt wird), in denen die Voraussetzung $\mathcal{D}$ wahr ist.

(3) Zeigen Sie den folgenden Satz: Sind $\mathcal{P}$ und $\mathcal{Q}$ zwei beliebige Aussagen und $\mathcal{R}$ eine weitere Aussage. Dann folgt $\mathcal{P}$ aus $\mathcal{R}$ oder es folgt $\mathcal{Q}$ aus $\neg\mathcal{R}$. Zeigen Sie also, daß $(\mathcal{R} \Rightarrow \mathcal{P}) \vee (\neg\mathcal{R} \Rightarrow \mathcal{Q})$ eine Tautologie ist.

(4) Beweisen Sie die Tautologie von CLAVIUS, $(\neg P \Rightarrow P) \Rightarrow P$, und die Tautologie des DUNS SCOTUS, $P \Rightarrow (\neg P \Rightarrow Q)$, und interpretieren Sie diese im gegenwärtigen Zusammenhang anschaulich.

**20 Bemerkung**    ZUM SPRACHGEBRAUCH

Die Äquivalenz $A \Leftrightarrow B$ zweier Aussagen ist identisch zu ihrer wechselseitigen Implikation $(A \Rightarrow B) \wedge (B \Rightarrow A)$. Umgangssprachlich sagt man für $A \Rightarrow B$ "wenn $A$ dann $B$" und für $A \Leftrightarrow B$ sagt man auch "$A$ genau dann wenn $B$". Die Wendung "$A$ nur dann wenn $B$" bezeichnet ebenso $A \Rightarrow B$, während "$A$ dann wenn $B$" der Aussage $B \Rightarrow A$ entspricht. Die Kombination dieser beiden Sätze führt zur Wendung "$A$ dann und nur dann wenn $B$", die somit wieder für die Äquivalenz $A \Leftrightarrow B$ steht. Im Englischen findet man auch "$A$ iff $B$" für die Äquivalenz. Das doppelte 'f' ist hierbei beabsichtigt und gestattet die Abgrenzung von "$A$ if $B$", was für $B \Rightarrow A$ steht.

Falls $A \Rightarrow B$ gilt, so nennt man $A$ auch eine *hinreichende Voraussetzung für (sufficient condition)* $B$, da $A$ alleine hinreicht, um die Gültigkeit von $B$ zu garantieren. Andererseits nennt man $B$ eine *notwendige Bedingung (necessary condition) für* $A$, da, falls $A$ gilt, notwendigerweise $B$ gelten muß. Falls $A \Leftrightarrow B$ gilt, dann ist $A$ eine *notwendige und hinreichende Bedingung für* $B$. Aufgrund der Symmetrie der

Äquivalenz gilt das natürlich auch nach Vertauschen von $A$ und $B$.

# 1.4 Formale Logik

**21 Bemerkung** VORGEHEN IN DER LOGIK

Aufgabe der Logik ist es, Überlegungen über die Alltagswelt oder auch über mathematische Objekte mittels Schriftzeichen festzuhalten. Zu diesem Zweck entwirft man eine geeignete *formale Sprache* aus abstrakten Symbolen. So ist etwa die Zeichenkette $(A \wedge B)$ ein syntaktisch korrektes[1] Wort der formalen Sprache der Aussagenlogik. Nun legt man fest, welche Eigenschaften der Alltagswelt oder der Mathematik in welchem Zusammenhang mit diesen abstrakten Zeichenketten stehen. So legt man etwa fest, daß wir die Zeichenkette $(A \wedge B)$ genau dann als *wahr* oder auch *gültig* betrachten wollen, wenn die atomare Aussage $A$ *und* die atomare Aussage $B$ wahr sind. Wann letzteres der Fall ist, sagt uns entweder die Alltagswelt (wenn wir also die atomaren Aussagen durch deutsche Sätze interpretieren, deren Wahrheitsgehalt wir unmittelbar einsehen können) oder aber in der Mathematik die *Modellrelation* oder auch *Interpretation*. Letzteres wird noch genauer erläutert. Diese Festlegung des Wahrheitsgehalts einer Zeichenkette in der jeweils betrachteten Welt nennt man *Semantik*. Sie erlaubt uns, gewisse Weltwahrheiten in der gewählten Sprache, hier jener der Aussagenlogik, zu beschreiben.

Ein zweites Ziel der Logik ist es, aus Zeichenketten, von denen wir wissen, daß sie wahre Aussagen sind, durch ein stures, mechanisches Umformen neue Zeichenketten *herzuleiten*, welche wiederum wahre Aussagen sind. Die Wahrheit dieser hergeleiteten Aussagen sehen wir nicht dadurch ein, daß wir ihren Wahrheitsgehalt in der betrachteten Welt nachprüfen – denn gerade diese aufwendige Arbeit wollen wir ja vermeiden – sondern aus dem Wissen, daß wir unser System des mechanischen Umformens von Zeichenketten nach Regeln gerade so konstruiert haben, daß durch Umformung aus wahren Zeichenketten wieder wahre Zeichenketten werden. Diese Eigenschaft nennt man auch die *Korrektheit* des Umformungssystems.

Für eine Zeichenkette können also zwei unterschiedliche Dinge gelten:

- Sie ist *wahr (gültig, true, valid) oder falsch (false, invalid)* innerhalb der von uns betrachteten Semantik.

- Sie ist *herleitbar (ableitbar, deducible) oder nicht herleitbar (not deducible)* durch das von uns betrachtete Umformungssystem.

---

[1]Syntaktisch inkorrekt wäre etwa der Ausdruck $)A \wedge \wedge \neg B \neg (()$.

Wenn wir unser Umformungssystem und unsere Semantik richtig aufeinander abgestimmt haben, dann hängen diese beiden Aspekte auch zusammen. Ein Umformungssystem heißt in Bezug auf eine Semantik

- *korrekt*, wenn jede herleitbare Formel wahr ist.

- *vollständig*, wenn jede wahre Formel herleitbar ist.

Wenn wir ein korrektes und vollständiges Umformungssystem haben, so haben wir dadurch ein Instrumentarium, das uns erlaubt, jede Wahrheit der betrachteten Welt, die wir in unserer formalen Sprache ausdrücken können, durch Umformen von Zeichenketten zu bekommen. Wir werden später sehen, daß dieses ambitiöse Ziel praktisch nur teilweise erreicht werden kann. Wahrheit ist mehr als Umformungen von Zeichenketten.

**22 Bemerkung**    ZUR DEFINITION VON HERLEITUNGSSYSTEMEN
Ein solches Herleitungssystem oder Umformungssystem wird üblicherweise folgendermaßen angegeben:

(1) Man gibt eine endliche Zahl von *Axiomen (axioms)* an.

(2) Man gibt eine endliche Zahl von *Axiomenschemata (axiom schemes)* an, das sind Regeln, mit denen man neue Axiome bilden kann.

(3) Man gibt eine endliche Zahl von *Schlußregeln (deduction rules)* an, das sind Regeln, die angeben, wie man Zeichenketten in neue Zeichenketten umzuformen hat.

Eine Zeichenkette $A$ heißt *herleitbar (deducible)*, formal notiert $\vdash A$, wenn sie unter Anwendung der Schlußregeln aus den vorgegebenen Axiomen und den aus den Axiomenschemata generierten Axiomen in endlich vielen Schritten gebildet werden kann: Man beginnt also, auf das Blatt Papier beispielsweise einige Axiome zu schreiben, dann einige aus den Axiomenschemata generierte Axiome, dann wählt man sich beliebig einige der aufnotierten Wörter aus und wendet eine passende Schlußregel darauf an, um einen neuen Ausdruck zu bekommen, den man wieder auf das Papier schreibt, dann notiert man sich wieder einige Axiome, benutzt wieder eine passende Schlußregel und so weiter, ganz nach Belieben. Alle Ausdrücke, die so im Laufe der Zeit unter präziser Beachtung dieser Regeln auf das Blatt geschrieben werden, sind herleitbare Ausdrücke.

**23 Bemerkung**    ZUR ANWENDUNG VON HERLEITUNGSSYSTEMEN
Wir können Herleitungssysteme auf zwei unterschiedliche Arten benutzen:

Bei *empirischem* Vorgehen haben wir Objekte unserer Alltagswelt oder unserer Vorstellung, also eine Semantik, gegeben. Wenn wir diese Welt durch eine geeignete

Sprache beschreiben, so legen wir dabei fest, welche Wörter dieser Sprache wahr sind und welche falsch. Nun wollen wir ein Herleitungssystem konstruieren, das in der Lage ist, alle in unserer Welt wahren Wörter durch Regelanwendung zu generieren. Da wir bereits festgelegt haben, welche Wörter wahr sind und welche falsch, sind wir in der Wahl unseres Herleitungssystems stark eingeschränkt. Insbesondere dürfen wir nur wahre Wörter als Axiome benutzen. Ziel des empirischen Vorgehens ist es, das menschliche Nachdenken über eine bekannte Welt durch textuelle Umformung von Wörtern durch ein Umformungssystem zu ersetzen.

Bei *axiomatischem* Vorgehen geben wir eine Sprache und ein Herleitungssystem an und fordern, daß alle Wörter, die wir mit unseren Regeln herleiten können, auch wahr seien. Erst danach stellen wir uns die Frage, ob es tatsächlich Objekte gibt, die unseren Axiomen genügen. Dies braucht, etwa im Fall sogenannter inkonsistenter Herleitungssysteme, keineswegs so sein. Zu einem Herleitungssystem kann es aber auch eine größere Zahl unterschiedlicher Objekte geben, die alle durch die vorgegebene Axiomatik beschrieben werden. In diesem Kontext kann man nicht über die Wahrheit von Axiomen reflektieren, da diese per definitionem als wahr angesehen werden. Ziel des axiomatischen Vorgehens ist das Studium von Objekten, die wir zunächst nur aufgrund der sie beschreibenden Axiome kennen.

Beide Vorgehensweisen verlangen aufeinander abgestimmte Umformungssysteme und Semantiken.

**24  Bemerkung**  Korrekte Herleitungssysteme
Um nachzuweisen, daß ein Herleitungssystem korrekt ist, muß man drei Dinge zeigen:

(1) Die Zeichenketten, die als *Axiome* benutzt werden, müssen wahr[2] sein.

(2) Jede Zeichenkette, die aus den *Axiomenschemata* gebildet werden kann, muß wahr sein.

(3) Die *Schlußregeln* müssen, auf wahre Zeichenketten angewendet, wieder wahre Zeichenketten ergeben. Viele Schlußregeln sind von Tautologien abgeleitet.

**25  Beispiel**  Axiome, Schemata, Schlussregeln

(1) Zeigen Sie, daß der Ausdruck $W \land W$ als ein korrektes Axiom der Aussagenlogik benutzt werden kann.[3]

---

[2] Wir stellen uns jetzt also auf den empirischen Standpunkt.

[3] Wir nehmen also wieder den empirischen Standpunkt ein und betrachten die Semantik der Aussagenlogik als durch die Wahrheitstafeln festgelegt. Natürlich könnten wir auch einen axiomatischen Standpunkt einnehmen und die Aussagenlogik durch Axiome festlegen. Dann wären die Wahrheitstafeln Konsequenzen der Axiome.

(2) Das Axiomenschema "Wenn $\mathcal{G}$ ein beliebiger Ausdruck der Aussagenlogik ist, gleichgültig ob wahr oder nicht, dann ist der neue Ausdruck $(\mathcal{G} \lor \neg\mathcal{G})$ ein Axiom" heißt das *Axiom(enschema) vom ausgeschlossenen Dritten (tertium non datur)*. Zeigen Sie, daß es als ein korrektes Axiomenschema der Aussagenlogik benutzt werden kann.

(3) Die Schlußregel "Wenn ich im Sinne des oben beschriebenen Herleitungsprozesses die Ausdrücke $\mathcal{G}$ und $(\mathcal{G} \Rightarrow \mathcal{H})$ bereits hergeleitet habe, dann ist der Ausdruck $\mathcal{H}$ ebenfalls herleitbar. $\mathcal{G}$ und $\mathcal{H}$ sind dabei beides syntaktisch korrekte Ausdrücke der Aussagenlogik" heißt *Schlußregel des Modus Ponens*. Zeigen Sie, daß diese Schlußregel als korrekte Schlußregel der Aussagenlogik benutzt werden kann. Wird Modus Ponens also auf die Ausdrücke $\mathcal{G}$ und $(\mathcal{G} \Rightarrow \mathcal{H})$ angewendet und sind diese wahr, so ist auch der generierte Ausdruck $\mathcal{H}$ wieder wahr.

**26  Beispiel**    SCHLUSSREGEL UND TAUTOLOGIE DER KONTRAPOSITION

(1) Beweisen Sie, daß die Kontraposition $(P \Rightarrow Q) \Leftrightarrow (\neg Q \Rightarrow \neg P)$ eine Tautologie ist.

(2) Aus dieser Tautologie kann man die Schlußregel der Kontraposition bilden: "Sind $\mathcal{A}$ und $\mathcal{B}$ logische Ausdrücke und ist $\mathcal{A} \Rightarrow \mathcal{B}$ bereits hergeleitet, dann kann man auch $\neg\mathcal{B} \Rightarrow \neg\mathcal{A}$ herleiten". Zeigen Sie, daß diese Schlußregel korrekt ist.

**27  Bemerkung**    DEFINITIONEN, SÄTZE UND BEWEISE
Die Arbeitsweise der formalen Mathematik besteht in einer Abfolge von *Definitionen (definitions)*, *Sätzen (propositions)* und *Beweisen (proofs)*. Spezielle Sätze tragen eigene Namen: *Theoreme (theorems)* sind Sätze von besonderer Tragweite, *Lemmata (lemmata)* sind häufig benötigte Hilfssätze und *Korollare (corollaries)* sind interessante Folgerungen oder Spezialfälle, die man aus Theoremen ableiten kann.

Beweise sind Überlegungen und Argumentationen, anhand welcher wir die Richtigkeit eines Satzes einsehen können. Ein Beweis kann umgangssprachlich aber auch sehr formal ausgeführt sein. In beiden Fällen bleibt der Mensch die letzte Instanz für die Korrektheit eines Beweises, auch wenn sehr formale Schlußtechniken zum Einsatz gelangen: Diese wurden letztlich ja auch von Menschen entworfen.

Es gibt drei besonders wichtige Beweistechniken in der Mathematik. Der *direkte Beweis (direct proof)* entspricht Überlegungen der Form: "Laut Voraussetzung gilt, daraus folgt, daraus folgt, und das war eben zu zeigen." Bei einem *indirekten Beweis (indirect proof)* oder *Beweis durch Widerspruch (proof by contradiction)* nimmt man an, die zu beweisenden Behauptung wäre falsch. Dann führt man verschiedene Schlüsse aus, bis ein Widerspruch auftritt. Da man mittels korrekter Schlüsse von korrekten Aussagen nie auf einen Widerspruch kommen kann, muß also die Annahme, die zu beweisenden Behauptung wäre falsch gewesen, falsch sein. Dann muß die Behauptung selber aber richtig sein. Die Technik der *vollständigen Induktion (complete induction)* werden wir noch später kennenlernen. Das Ende eines Beweises wird meist mit dem Zeichen □, dem lateinischen Kürzel *qed (quod erat demonstrandum)* oder der deutschen Übersetzung *wzbw (was zu beweisen war)* gekennzeichnet.

# 2 Mengenlehre

Die Mengenlehre hat für den Informatiker eine große Bedeutung, da sie, ähnlich
wie die Logik, eine Grundlage jedes präzisen formalen und abstrakten Schließens
darstellt. Direkt oder indirekt ist sie daher eine wichtige Voraussetzung vieler infor-
matischer Anwendungswissenschaften und mathematischer Grundbaustein für viele
weitere Überlegungen.

## 2.1   Elementare Definitionen

**28  Definition**   NAIVE MENGENLEHRE
Eine *Menge (set)* ist die "Zusammenfassung von *Elementen (elements)* unserer An-
schauung zu einem wohldefinierten Ganzen" (GEORG CANTOR). Streng mathematisch gesehen ist diese Definition leider unbrauchbar. Diesem Problem wollen wir
uns etwas später zuwenden.

**29  Bemerkung**   ANGABE VON MENGEN
Zur Angabe von Mengen gibt es zwei Verfahren:

(1) Im *aufzählenden Verfahren (enumerating)* werden die Elemente durch Beistri-
che getrennt, jeweils *genau einmal* angeführt. Beginn und Ende der Aufzählung werden durch die Mengenklammern begrenzt: $\{1, 3, 2\}$. Bei unendlichen
Mengen wird eine andere Methode benötigt.

(2) Im *beschreibenden Verfahren (descriptive)* wird eine Eigenschaft angegeben,
welche die Menge definiert: $\{x \mid x + 1 = 3\}$. Diesem Verfahren liegt die Vorstellung zugrunde, daß es zu jeder Eigenschaft eine Menge all jener Elemente
gibt, welche diese Eigenschaft besitzen.

Die Tatsache, daß ein Objekt $e$ *Element* einer Menge $M$ ist wird durch die Notation
$e \in M$ ausgedrückt. Ist $e$ *nicht Element* einer Menge $M$ so schreibt man $e \notin M$.

**30  Definition**   WICHTIGE ZAHLENMENGEN
Die folgenden Zahlenmengen werden häufig benötigt:

$\mathbb{N}$    Menge aller natürlichen Zahlen (exklusive der Null)
(natural numbers, naturals), $\{1, 2, 3, \ldots\}$

$\mathbb{N}_0$    Menge aller natürlichen Zahlen (inklusive der Null), $\{0, 1, 2, 3, \ldots\}$

$\mathbb{Z}$    Menge aller ganzen Zahlen (integers), $\{\ldots, -2, -1, 0, 1, 2, \ldots\}$

$\mathbb{Z}^+$    Menge aller positiven, ganzen Zahlen, gleich $\mathbb{N}$

$\mathbb{Q}$    Menge aller rationalen Zahlen (rational numbers)

$\mathbb{R}$    Menge aller reellen Zahlen (real numbers)

$\mathbb{R}_0^+$    Menge aller positiven, reellen Zahlen mit der Null

$\mathbb{C}$    Menge der komplexen Zahlen

## 2.2   Vergleichen von Mengen

**31 Definition**    GLEICHHEIT VON MENGEN (EXTENSIONALITÄTSAXIOM)
Zwei Mengen $A$ und $B$ heißen *gleich (equal)*, wenn sie genau die gleichen Elemente
enthalten. Formal gilt $(A = B) \Leftrightarrow [\forall x : (x \in A \Leftrightarrow x \in B)]$. Das Symbol $\forall$ heißt
übrigens *Allquantor*, $\exists$ heißt *Existenzquantor*. Wir werden uns mit diesen Quanto-
ren noch ausführlicher beschäftigen.

Diese Definition der Gleichheit zweier Mengen bezeichnet man als *Extensionalitätsaxiom*. Was eine Menge ist, wird durch ihre "Ausdehnung" oder "Extension"
bestimmt.

**32 Definition**    TEILMENGENRELATION
Die Menge $T$ heißt eine *Teilmenge (subset)* der Menge $A$, wenn jedes Element, das
in der Teilmenge $T$ liegt, auch in der Menge $A$ liegt. $A$ heißt dann auch die *Ober-
menge (superset)* von $T$. Formal: $(T \subseteq A) \Leftrightarrow [\forall x : (x \in T \Rightarrow x \in A)]$ oder auch
$\forall x \in T : x \in A$.

Die Menge $T$ heißt eine *echte Teilmenge (true, proper subset)* der Menge $A$, wenn
sie eine Teilmenge von $A$ ist, aber nicht gleich $A$ ist. Man schreibt: $T \subset A$ oder
auch $T \subsetneq A$. Es gibt dann mindestens ein Element, das zwar in $A$ liegt, aber nicht
in $T$ liegt. Auch wenn zwei Mengen $T$ und $A$ gleich sind, kann man sagen, daß die
eine Menge eine Teilmenge der anderen Menge ist. Man spricht dann von *unechten*
Teilmengen. Im Englischen wird die Negation benutzt: *T is not a true subset of A*.

**33 Satz**    GLEICHHEIT VON MENGEN
Seien $A$ und $B$ zwei Mengen. Dann sind die folgenden zwei Aussagen äquivalent:

(1) $A$ ist Teilmenge von $B$ und $B$ ist Teilmenge von $A$.

(2) $A$ ist gleich $B$.

BEWEIS:
Wir zeigen zuerst (1) $\Rightarrow$ (2): Sei $A$ Teilmenge von $B$ und $B$ Teilmenge von $A$. Das heißt aber $\forall x : [(x \in A \Rightarrow x \in B) \wedge (x \in B \Rightarrow x \in A)]$. Das ist aber, wie wir in der Logik gesehen haben, dasselbe wie $\forall x : [(x \in A) \Leftrightarrow (x \in B)]$. Somit sind die Mengen gleich. Zeigen nun Sie: (2) $\Rightarrow$ (1). Wurden beide Teile bewiesen, ist damit auch die gesamte Aussage bewiesen. $\square$

**34 Definition**    DIE LEERE MENGE
Die *leere Menge (empty set)* ist die Menge, die kein Element enthält. Sie wird $\emptyset$ oder $\{\}$ notiert und ist Teilmenge jeder Menge. Formal können wir $\forall x : x \notin \emptyset$ oder $\neg(\exists x : x \in \emptyset)$ schreiben.


# 2.3  Operationen auf Mengen

**35 Definition**    DURCHSCHNITT UND VEREINIGUNG
Der *Durchschnitt (intersection)* zweier Mengen $A$ und $B$ ist die Menge $A \cap B$ aller Elemente, die sowohl in $A$ als auch in $B$ enthalten sind. Formal gilt $A \cap B := \{x \mid (x \in A) \wedge (x \in B)\}$. Lies $A \cap B$ als $A$ *geschnitten (intersection, cap)* $B$.

Die *Vereinigung (union)* zweier Mengen $A$ und $B$ ist die Menge $A \cup B$ aller Elemente, die entweder in $A$ oder in $B$ oder in beiden Mengen enthalten sind. Formal ist $A \cup B := \{x \mid (x \in A) \vee (x \in B)\}$. Lies $A \cup B$ als $A$ *vereinigt (union, cup)* $B$.

**36 Definition**    KOMPLEMENT UND DIFFERENZ
Sei eine Menge $X$ gegeben und $U \subseteq X$ sei eine Teilmenge. Das *Komplement (complement)* von $U$ bezüglich der Menge $X$ ist die Menge $\complement_X U$ aller Elemente der Menge $X$, die nicht in $U$ liegen. Formal gilt $\complement_X U := \{x \mid (x \in X) \wedge (x \notin U)\} = \{x \in X \mid x \notin U\}$. Sehr oft ist $X$ aus dem Kontext klar, dann schreibt man nur $\complement U$.

Seien nun $A$ und $B$ beliebige Mengen, also nicht notwendigerweise Teilmengen voneinander. Die *Differenzmenge $A$ minus (mengenminus; setminus, difference)* $B$ ist dann die Menge $A \setminus B$ aller Elemente, die zwar in $A$ aber nicht in $B$ liegen. Formal ist $A \setminus B := \{x \mid x \in A \wedge x \notin B\}$. Für $U \subseteq X$ gilt $\complement_X U = \complement U = X \setminus U$.

**37 Definition**    SYMMETRISCHE DIFFERENZ
Die *symmetrische Differenz (symmetric difference)* zweier Mengen $A$ und $B$ ist die Menge $A \oplus B$ aller Elemente, die in genau einer der beiden Mengen liegen. Formal gilt $A \oplus B = (A \cup B) \setminus (A \cap B)$. Man beachte bezüglich der Notation, daß auch $A \oplus B = \{x \mid (x \in A) \oplus (x \in B)\}$ gilt.

**38  Bemerkung**    "EIN" VERSUS "GENAU EIN"
Man beachte den Unterschied zwischen dem mathematischen Sprachgebrauch und
der Alltagssprache. So ist die Aussage "Auf dieser Seite steht ein Buchstabe" sicher
richtig. Zu ihrem Nachweis muß man ja nur einen Buchstaben auf dieser Seite angeben und das wird nicht schwer fallen, da auf dieser Seite zwei Buchstaben stehen. Es
stehen auf ihr sogar drei Buchstaben. Auf dieser Seite stehen natürlich nicht genau
zwei Buchstaben. Auch die Aussage "Auf dieser Seite stehen genau drei Buchstaben" ist falsch. Das "ein" des mathematischen Sprachgebrauchs ist offenbar ein
"mindestens ein". Soll hingegen ausgedrückt werden, daß es genau ein Buchstabe
ist (und nicht mehr als einer), so sagt der Mathematiker "genau ein".

**39  Definition**    PRODUKT UND POTENZ
Seien $A$ und $B$ Mengen. Für $a \in A$ und $b \in B$ heißt das "syntaktische Gebilde"
$(a, b)$ das *geordnete Paar (ordered pair)* der Elemente $a$ und $b$. Die *Produktmenge
(kartesisches Produkt, product set)* von $A$ und $B$ ist die Menge $A \times B$ aller geordneter
Paare der Form $(a, b)$ mit $a \in A$ und $b \in B$. Die Reihenfolge der Elemente $a, b$ im
geordneten Paar $(a, b)$ entspricht also der Reihenfolge der Mengen $A, B$ im Produkt
$A \times B$. Formal gilt $A \times B := \{(a, b) \mid a \in A \wedge b \in B\}$. Lies $A \times B$ als *A mal (kartesisches Produkt, times) B* und $(a, b)$ als *(geordnetes) Paar a, b ((ordered) pair a,b)*.

Wie bereits der Name sagt, bei geordneten Paaren ist die Reihenfolge wesentlich:
Es ist zwar $\{a, b\} = \{b, a\}$ aber $(a, b) \neq (b, a)$. Produkte von mehr als zwei Mengen
werden ähnlich gebildet: $A \times B \times C := \{(a, b, c) \mid a \in A, b \in B, c \in C\}$. Bei $n$
Mengen spricht man statt von Paaren von *geordneten n-Tupeln*.

Für die Menge $A$ bezeichnet $A^2 := A \times A = \{(a_1, a_2) \mid a_1 \in A \wedge a_2 \in A\}$ die
*(kartesische) zweite Potenz von A (second power of A)*. Ähnlich sind höhere (kartesische) Potenzen definiert. Verwechseln Sie diese kartesischen Potenzen nicht mit
der Potenzmenge, die wir weiter unten definieren werden.

Bei Mengen sind Gebilde der Form $\{a, a\}$ verboten, bei Paaren jedoch nicht. Das
Paar $(a, a)$ ist für $a \in A$ ein Element der zweiten Potenz $A \times A = A^2$. Die Menge
aller Paare dieser Form, die Menge $\Delta_A := \{(a, a) \mid a \in A\}$ heißt die *Diagonale
(diagonal)* von $A$, im Gegensatz zu $A \times A = \{(a_1, a_2) \mid a_1 \in A \wedge a_2 \in A\}$.

**40  Beispiel**    MENGENOPERATIONEN
Zur Wiederholung: Sei $A = \{1, 2, 3, 4\}$, $B = \{a, b, c, 2, 4\}$. Berechnen Sie $A \cup B$,
$A \cap B$, $A \cup \emptyset$, $B \cap \emptyset$, $A \setminus \emptyset$, $\emptyset \setminus A$, $A \times B$, $A \times \emptyset$, $\emptyset \times \emptyset$, $A \times A$.

**41  Bemerkung**    GEORDNETE PAARE, NATÜRLICHE ZAHLEN ALS MENGEN
Puristen versuchen manchmal, alles auf möglichst wenige elementare Strukturen
zurückzuführen. Dem Logiker erscheint dies absolut notwendig, dem Anwender

kommt dies häufig als praxisferne Elfenbeinturm-Theorie vor. Im Grunde haben beide Recht. Hierzu drei illustrative Beispiele:

(1) GEORDNETE PAARE ALS SPEZIELLE MENGEN
Geordnete Paare werden manchmal als spezielle Mengen eingeführt. Das erspart die unter Umständen sehr unangenehme Frage, was denn ein "syntaktisches Gebilde" ist. Man definiert: $(a, b) := \{a, \{a, b\}\}$. Das anders geordnete Paar wäre $(b, a) := \{b, \{a, b\}\}$, also (wie zu erwarten) eine völlig andere Menge. Die Unterscheidung von $(a, b)$ und $(b, a)$ ist somit gewährleistet.

(2) NATÜRLICHE ZAHLEN ALS MENGEN
Natürliche Zahlen kann man durch die Konstruktion

$$0 := \emptyset \qquad 1 := \{\emptyset\} \qquad 2 := \{\{\emptyset\}\} \cdots$$

definieren. Dann kann man definieren, was die Operation *plus 1* ist:

$$n + 1 := \{n\}$$

Darauf basierend werden dann Addition und Multiplikation eingeführt und Schritt für Schritt wird die ganze Mathematik aufgebaut.

(3) IEEE NORM FÜR REELLE ZAHLEN
Solche und ähnliche abstrakte Überlegungen sollten vor allem Anwender nicht als überflüssig abtun – wenngleich diese Tendenz leider noch recht verbreitet ist. So gibt es vom amerikanischen Institut IEEE[1] eine Norm für die Darstellung reeller Zahlen auf Rechnern, die auch so problematische Dinge wie "overflow", "underflow", Rundung und die Zahlenwerte $+0$ und $-0$ behandelt. Die zentrale Bedeutung dieser Norm, in der auf ähnlich formale Art festgelegt ist, was eine dieser Norm konforme reelle Zahl auf einem Rechner ist, sieht man auch daran, daß fast alle gängigen Prozessoren der letzten Jahre diese Norm in der Hardware implementieren.

Will man mathematische Theoreme durch Computerprogramme beweisen lassen, oder beschäftigt man sich mit deduktiven Datenbanken, logischer Programmierung oder Expertensystemen, dann ist oft ein ähnlicher formalistisch strenger Ansatz nötig.

**42 Definition** POTENZMENGE
Sei $A$ eine Menge. Die *Potenzmenge (power set)* von $A$ ist die Menge $\mathcal{P}(A)$ aller Teilmengen von $A$. Formal ist $\mathcal{P}(A) := \{U \mid U \subseteq A\}$. Man beachte, daß die Menge

---

[1]Institute of Electrical and Electronic Engineers.

$A$ selbst und die leere Menge $\emptyset$ beides Teilmengen von $A$ sind und somit in der Potenzmenge von $A$ mit enthalten sind.

**43  Beispiel**    Potenzmenge
Bestimmen Sie die Potenzmenge der Mengen $\{1,2\}$, $\{a,\{1,2\}\}$ und $\emptyset$.

**44  Definition**    Anzahl von Elementen
Sei $A$ eine Menge mit endlich vielen Elementen, dann nennt man die Anzahl $\#(A)$ dieser Elemente, auch $\mid A \mid$ geschrieben, die *Mächtigkeit (Kardinalität, cardinality)* dieser Menge. Bei unendlichen Mengen wollen wir einfach $\#(A) = \infty$ schreiben. Es gibt übrigens Theorien, die unterschiedlich große Unendlichkeiten untersuchen.

**45  Bemerkung**    Anzahl von Elementen
Für endliche Mengen $A, B$ gelten die folgenden Formeln:

$$\#(A \cap B) \leq \min(\#(A), \#(B)) \quad \#(A \cup B) \leq \#(A) + \#(B)$$
$$\#(A \times B) = \#(A)\#(B) \qquad \#\mathcal{P}(A) = 2^{\#(A)}$$

**46  Beispiel**    Anzahl von Elementen
Betrachten Sie obige Anzahlformeln:

(1) Geben Sie für jede Anzahlformel endliche Mengen $A$ und $B$ an, welche diese Formeln illustrieren.

(2) Weisen Sie für die Anzahlformeln mit dem $\leq$ Zeichen nach, daß sowohl der $<$ Fall wie der $=$ Fall eintreten kann.

(3) Begründen Sie die Anzahlformeln anschaulich.

## 2.4  Gesetze für Mengenoperationen

Für Mengenoperationen gelten verschiedene Rechenregeln.

| | | |
|---|---|---|
| Idempotenz | $A \cap A = A$ | $A \cup A = A$ |
| Kommutativität | $A \cap B = B \cap A$ | $A \cup B = B \cup A$ |
| Assoziativität | $(A \cap B) \cap C = A \cap (B \cap C)$ | $(A \cup B) \cup C = A \cup (B \cup C)$ |
| Distributivität | $A \cap (B \cup C) = (A \cap B) \cup (A \cap C)$ | $A \cup (B \cap C) = (A \cup B) \cap (A \cup C)$ |
| Absorption | $A \cap (A \cup B) = A$ | $A \cup (A \cap B) = A$ |

Sei nun $X$ eine Menge und alle anderen Mengen seien Teilmengen von $X$ – die Komplementmengenbildung beziehe sich also stets auf diese Menge $X$. Dann gilt:

| | | |
|---|---|---|
| DE MORGAN Regeln | $C(A \cap B) = (CA) \cup (CB)$ | $C(A \cup B) = (CA) \cap (CB)$ |
| Neutrale Elemente | $A \cap X = A$ | $A \cup \emptyset = A$ |
| Invariable Elemente | $A \cap \emptyset = \emptyset$ | $A \cup X = X$ |
| Komplementarität | $A \cap CA = \emptyset$ | $A \cup CA = X$ |
| Involutionsgesetz | $CCA = A$ | $CCA = A$ |
| Reflexivität | $A \subseteq A$ | $A \supseteq A$ |
| Extremalität | $\emptyset \subseteq A$ | $X \supseteq A$ |
| Kontraktion | $A \cap B \subseteq A$ | $A \cup B \supseteq A$ |
| Monotonie | $A \subseteq B \Rightarrow A \cap C \subseteq B \cap C$ | $A \supseteq B \Rightarrow A \cup C \supseteq B \cup C$ |
| Antitonie | $A \subseteq B \Rightarrow CA \supseteq CB$ | $A \supseteq B \Rightarrow CA \subseteq CB$ |

**47 Bemerkung**    DUALITÄT

Dem aufmerksamen Leser wird folgende Tatsache aufgefallen sein: Ersetzt man in einer Aussage über Mengen, in denen neben Mengenvariablen nur die nachfolgend angeführten Symbole auftauchen, jedes dieser Symbole durch sein *duales* Symbol, so ist die erhaltene Aussage wieder wahr. Dies ist das sogenannte *Dualitätsprinzip der Mengenlehre*. Das duale Symbol zu $C$ ist wieder $C$. Man nennt $C$ deshalb auch *selbstdual*.

| Symbol | Duales Symbol | Gleichung | Duale Variante |
|:---:|:---:|:---:|:---:|
| $\cup$ | $\cap$ | $A \cup B = B \cup A$ | $A \cap B = B \cap A$ |
| $\cap$ | $\cup$ | $A \cap B = B \cap A$ | $A \cup B = B \cup A$ |
| $\emptyset$ | $X$ | $A \cap \emptyset = \emptyset$ | $A \cup X = X$ |
| $X$ | $\emptyset$ | $A \cup \emptyset = A$ | $A \cap X = A$ |
| $C$ | $C$ | $A \cap CA = \emptyset$ | $A \cup CA = X$ |
| $\subseteq$ | $\supseteq$ | $\emptyset \subseteq A$ | $X \supseteq A$ |

**48 Bemerkung**    BEWEISEN VON MENGENGESETZEN

Es gibt drei Methoden, um solche Mengengesetze zu beweisen:

(1) Die VENN-*Diagramm* Methode.
Diese graphisch veranschaulichende Methode arbeitet mit einer zeichnerischen Darstellung von Mengen als Mengen von Punkten. Bei einer komplexeren Rechenregel kann diese Methode aber rasch unübersichtlich werden.

(2) Die *Tableau* Methode.
Hier wird eine Tabelle von Fallunterscheidungen aufgestellt. Alle möglichen Fälle werden untersucht. Die Tableau Methode ist nur eine tabellarische Schreibweise der graphischen VENN-Diagramm Methode und entspricht dem Verfahren, das wir bereits zum Beweis logischer Formeln kennengelernt haben.

(3) Die *Transfer* Methode.
Hier wird eine mengentheoretische Formel in eine äquivalente aussagenlogische Formel umgewandelt und dann letztere bewiesen. Aufgrund der Äquivalenz gilt dann auch die mengentheoretische Formel.

# 2.5   Familien von Mengen

**49  Definition**   FAMILIE
Eine *Familie (family)* von Mengen ist eine "Ansammlung von Mengen, die durch
eine Indexmenge indiziert sind". Genauer gesagt ist eine Familie eine Funktion, die
jedem Index $i \in I$ eine Menge $A_i$ der Familie zuordnet. Eine Familie heißt *endlich (finite)* oder *unendlich (infinite)*, je nachdem ob ihre Indexmenge endlich oder
unendlich ist. Sinnvollerweise betrachtet man nur Familien mit nichtleerer Indexmenge.

**50  Definition**   OPERATIONEN AUF FAMILIEN
Auch auf Familien von Mengen lassen sich Operationen definieren: Sei $I$ eine In-
dexmenge und $\mathcal{A} = (A_i)_{i \in I}$ eine Familie von Mengen $A_i$. Der *Durchschnitt* $\cap \mathcal{A}$ der
Familie $\mathcal{A}$ ist die Menge jener Elemente, die in jedem $A_i$ auftauchen:

$$\bigcap \mathcal{A} = \bigcap_{i \in I} A_i := \{x \mid \forall i \in I : x \in A_i\}$$

Die *Vereinigung* $\cup \mathcal{A}$ der Familie $\mathcal{A}$ ist die Menge jener Elemente, die in mindestens
einem $A_i$ auftauchen:

$$\bigcup \mathcal{A} = \bigcup_{i \in I} A_i := \{x \mid \exists i \in I : x \in A_i\}$$

Durchschnitt und Vereinigung endlicher Familien lassen sich auf mehrere Durch-
schnitte und Vereinigungen von jeweils zwei Mengen zurückführen. Bei unendlichen
Familien ist das nicht mehr möglich. Deshalb müssen Vereinigung und Durchschnitt
von Familien auch eigens definiert werden. Wir werden später sehen, daß die endlichen Konjunktionen und Disjunktionen sowie die Quantoren in einem analogen
Verhältnis zueinander stehen.

**51  Definition**   DISJUNKT UND PAARWEISE DISJUNKT
Zwei Mengen $A$ und $B$ heißen *disjunkt (disjoint)*, wenn ihr Durchschnitt leer ist:
$A \cap B = \emptyset$.

Eine Familie $(A_i)_{i \in I}$ von Mengen oder auch mehrere Mengen $A_1, A_2, \ldots$ heißen

(1) *disjunkt (disjoint)*, wenn ihr gemeinsamer Durchschnitt $\cap_{i \in I} A_i$ leer ist.

(2) *paarweise disjunkt (pairwise disjoint)*, wenn der Durchschnitt von jeweils zwei
    ihrer Mengen leer ist. Also für je zwei $i, j \in I$ mit $i \neq j$ ist $A_i \cap A_j$ die leere
    Menge.

Für drei oder mehr Mengen ist es ein Unterschied, ob die Mengen paarweise disjunkt oder nur disjunkt sind.

**52 Beispiel**   FAMILIEN

(1) Die drei Mengen $A = \{1,2\}$, $B = \{2,4\}$ und $C = \{2,8\}$ kann man als Familie betrachten, indem man die Indexmenge $I = \{1,2,3\}$ definiert und $A_1 := A$, $A_2 := B$ und $A_3 := C$ setzt. Dann ist $(A_i)_{i \in \{1,2,3\}}$ oder $(A_i)_{i=1,2,3}$ eine endliche Familie.

(2) Sei die Indexmenge $I = \mathsf{N}$ gegeben und sei $A_i := \mathsf{N} \setminus \{i\}$, dann ist $(A_i)_{i \in \mathsf{N}}$ eine Familie von Mengen, welche alle Mengen enthält, die gerade $\mathsf{N}$ minus jeweils ein Element sind. Bestimmen Sie Durchschnitt und Vereinigung dieser Familie. Sind die Mengen dieser Familien disjunkt oder paarweise disjunkt?

(3) Geben Sie drei Mengen an, die disjunkt aber nicht paarweise disjunkt sind.

(4) Wenn eine Familie von Mengen paarweise disjunkt ist, ist sie dann automatisch auch disjunkt?

(5) Geben Sie eine unendliche Familie von Mengen an, bei welcher der Durchschnitt von jeweils endlich vielen Mengen nicht leer, der Durchschnitt aller Mengen aber leer ist.

## 2.6   Eigenschaften und Mengen

**53 Definition**   MENGEN UND EIGENSCHAFTEN
Sei $M$ eine Menge. Ein *Prädikat (predicate)* oder eine *Eigenschaft (property)* $P$ auf der Menge $M$ ist eine Funktion $P : M \to \{W, F\}$, die angibt, ob ein bestimmtes Element $m \in M$ die durch $P$ festgelegte Eigenschaft hat (in diesem Fall ist $P(m) = W$), oder nicht (dann ist $P(m) = F$).

Für eine Eigenschaft $Q$ sei $\mathcal{W}(Q) := \{m \in M \mid Q(m) = W\}$ die Menge aller Elemente in $M$, für welche die Eigenschaft $Q$ *erfüllt* ist, und $\mathcal{F}(Q) := \{m \in M \mid Q(m) = F\}$ die Menge aller Elemente, für die $Q$ *nicht erfüllt* ist.

Zu zwei Eigenschaften $A$ und $B$ kann man logische Verknüpfungen, etwa $A \wedge B$ betrachten, die gemäß ihrer elementweisen Definition $(A \wedge B)(m) := A(m) \wedge B(m)$ wiederum Eigenschaften sind. Zwischen den logischen Verbindungen und den dazugehörigen Mengen gibt es die folgenden Zusammenhänge:

$$\mathcal{W}(A \wedge B) = \mathcal{W}(A) \cap \mathcal{W}(B) \qquad \mathcal{W}(A \vee B) = \mathcal{W}(A) \cup \mathcal{W}(B)$$
$$\mathcal{W}(\neg A) = \mathsf{C}_M \mathcal{W}(A) \qquad\qquad \mathcal{W}(A \wedge \neg B) = \mathcal{W}(A) \setminus \mathcal{W}(B)$$

Sind $A$ und $B$ Eigenschaften, für welche die Eigenschaft $(A \Rightarrow B)$ stets wahr ist, also $\forall m \in M : [(A \Rightarrow B)(m) = (A(m) \Rightarrow B(m)) = T]$, so ist $\mathcal{W}(A) \subseteq \mathcal{W}(B)$. Die zu einer Eigenschaft gehörigen Mengen werden in Richtung des Folgerungspfeils der Implikation $\Rightarrow$ größer. Die Fähigkeit zur Einschränkung auf wenige Elemente wird offenbar kleiner, je schwächer die Eigenschaften sind.

**54 Beispiel**   MENGEN UND EIGENSCHAFTEN
Betrachten Sie über der Menge $M = \mathsf{N}$ die drei Eigenschaften $A(n) : \Leftrightarrow (n^2 = 4)$, $B(n) : \Leftrightarrow (n \geq 3)$ und $C(n) : \Leftrightarrow (n \leq 5)$. Geben Sie die Mengen $\mathcal{W}(A)$, $\mathcal{F}(A)$, $\mathcal{W}(B)$, $\mathcal{F}(B)$, $\mathcal{W}(C)$, $\mathcal{F}(C)$, $\mathcal{W}(B \wedge C)$, $\mathcal{F}(B \wedge C)$, $\mathcal{W}(A \wedge B)$, $\mathcal{F}(A \wedge B)$, $\mathcal{W}(\neg A)$, $\mathcal{W}(A \vee B)$.

**55 Bemerkung**   ZUR LOGIK VON DATENBANKABFRAGEN
Bei der Formulierung von Datenbankabfragen ist besonders auf die Verwendung korrekter logischer Operatoren zu achten: Stellen wir uns vor, ein Betrieb erfaßt für die Menge $M$ seiner Arbeiter das Alter und den genauen Beruf. Im Pflichtenheft für ein Programm steht: "Drucken Sie alle Schlosser und Lackierer aus". Wir müssen nun eine Eigenschaft $A$ formulieren und die Menge $\mathcal{W}(A)$ ausdrucken, also die Menge aller Elemente der Menge $M$, welche diese Eigenschaft erfüllen. Sei etwa $S$ die Eigenschaft, Schlosser zu sein und $L$ die Eigenschaft, Lackierer zu sein. Die gesuchte Eigenschaft $A$ ist nun nicht $S \wedge L$, denn das wäre die Menge aller Arbeiter, für die gilt, daß sie gleichzeitig Schlosser und Lackierer sind. Richtig ist $S \vee L$, denn das ist die Menge aller Schlosser **und** Lackierer, wie man in der Alltagssprache oft schlampig formuliert.

**56 Bemerkung**   KOMPREHENSIONSAXIOM UND RUSSELSCHES PARADOXON
Der naiven Definition der Menge liegt der Gedanke zugrunde, daß es für jede Eigenschaft, die man sich vorstellen kann, auch eine Menge all jener Elemente gibt, welche diese Eigenschaft besitzen. Diese Ansicht bezeichnet man als *Komprehensionsaxiom*.

Grundsätzlich ist dieser Gedanke auch richtig, er gestattet aber formal verzwickte Tricks, die zu einem Widerspruch führen können. Innerhalb des logischen Systems der Mathematik darf es aber keine Widersprüche geben, weil man sonst jede beliebige Aussage, also auch etwa $3 = 4$, beweisen könnte. Im folgenden wollen wir anhand des RUSSELschen Paradoxons kurz zeigen, wie man mit unserem naiven Komprehensionsaxiom einen Widerspruch konstruieren kann:

Es gibt keinen Grund, nicht auch Mengen von Mengen zu bilden, etwa $\{\mathsf{N}_0, \mathsf{R}\}$. Sei nun $M$ die Menge aller Mengen, die sich selber nicht enthalten. Formal ist also $M := \{X \mid X \notin X\}$. Wir wollen nun die Frage beantworten, ob $M$ sich selber enthält, ob also $M \in M$ gilt.

Nehmen wir an, die Antwort laute *ja*. Dann enthält $M$ sich selber. Andererseits enthält $M$ aber nur jene Mengen, die sich nicht selber enthalten. Somit kann $M$ also nicht in sich selber enthalten sein. Die Antwort auf unsere Frage kann wegen dieses Widerspruchs also nicht *ja* gelautet haben.

Nehmen wir nun an, die Antwort laute *nein*. Dann enthält $M$ sich nicht selber. Andererseits enthält $M$ aber genau all jene Mengen, die sich nicht selber enthalten. Somit müßte eigentlich $M$ in sich selber enthalten sein. Die Antwort kann also auch nicht *nein* gelautet haben.

Formal sieht man den Widerspruch sofort: $M \in M \Leftrightarrow M \notin M$ folgt unmittelbar aus der Definition.

Die Mengenlehre in ihrer ursprünglichen Form ist also ein widersprüchliches System. Es gibt unterschiedliche und zueinander äquivalente Techniken, dieses Problem zu lösen. Ein Weg etwa besteht in einer kleinen Abänderung des Komprehensionsaxioms zu nachfolgender Form: Zu jeder Menge $M$ und Eigenschaft $P$ kann ich die Menge $\{m \in M \mid P(m) = W\}$ aller Elemente aus $M$ bilden, welche die Eigenschaft $P$ besitzen. Diese Modifikation erlaubt eine Definition einer Menge über eine Eigenschaft nur dann, wenn wir bereits von einer wohldefinierten Menge ausgegangen sind. Die weiteren und formalen Aspekte dieses Problems sind für uns nicht von Bedeutung und werden deshalb dem weiterführenden Studium überlassen.

**57  Beispiel**　PARADOXON VOM LÜGNER
Ein ähnliches Paradoxon ist auch aus der alltagssprachlichen Logik bekannt: "EPIMENIDES, der Kreter, sagt: Alle Kreter sind Lügner". Welche Probleme treten auf und warum? Etwas böswilliger, aber mit derselben Problematik behaftet, ist der Satz: "Alles, was in diesem Buch steht, ist falsch".

**58  Beispiel**　PARADOXON VOM DORFBARBIER
Ein Dorfbarbier schließt den folgenden Vertrag ab:

(1) Ich werde jeden Dorfbewohner rasieren, der sich nicht selber rasiert.

(2) Ich werde meinen Wohnsitz im Dorf einnehmen.

Kann der Dorfbarbier der Konventionalstrafe entgehen, die er bei Nichtbeachtung der Regeln zahlen muß?

**59  Bemerkung**　LOGISCHE UND MENGENTHEORETISCHE GESETZE
Die Gesetze der Logik und der Mengenlehre hängen eng miteinander zusammen: Tauscht man bei einem gültigen Gesetz der Mengenlehre die Mengenoperationen sowie die von der Komplementbildung her bekannte Menge $X$ und die leere Menge

entsprechend der folgenden Tabelle aus, so ergibt sich ein gültiges Gesetz der Logik. In den Gesetzen der Mengenlehre stehen Buchstaben als Variable für Mengen, in den Gesetzen der Logik stehen die Buchstaben als Variable für atomare Aussagen. Da $\subseteq$ im Gegensatz zu etwa $\cap$ kein Operator ist, der von Mengen wieder auf Mengen führt, ist die Übertragung von Gesetzen der Logik, in denen die Implikation auftaucht, in Gesetze der Mengenlehre nicht immer direkt möglich. Wir erhalten aus den Gesetzen der Mengenlehre die folgenden Gesetze der Logik:

| | | |
|---|---|---|
| Idempotenz | $A \wedge A = A$ | $A \vee A = A$ |
| Kommutativität | $A \wedge B = B \wedge A$ | $A \vee B = B \vee A$ |
| Assoziativität | $(A \wedge B) \wedge C = A \wedge (B \wedge C)$ | $(A \vee B) \vee C = A \vee (B \vee C)$ |
| Distributivität | $A \wedge (B \vee C) = (A \wedge B) \vee (A \wedge C)$ | $A \vee (B \wedge C) = (A \vee B) \wedge (A \vee C)$ |
| Absorption | $A \wedge (A \vee B) = A$ | $A \vee (A \wedge B) = A$ |

Sei nun $X$ eine Menge und alle anderen Mengen seien Teilmengen von $X$. Die Bildung der Komplementmenge sei also stets auf dieses $X$ bezogen.

| | | |
|---|---|---|
| DE MORGAN Regeln | $\neg(A \wedge B) = (\neg A) \vee (\neg B)$ | $\neg(A \vee B) = (\neg A) \wedge (\neg B)$ |
| Neutrale Elemente | $A \wedge T = A$ | $A \vee F = A$ |
| Invariable Elemente | $A \wedge F = F$ | $A \vee T = T$ |
| Komplementarität | $A \wedge \neg A = F$ | $A \vee \neg A = T$ |
| Involutionsgesetz | $\neg\neg A = A$ | $\neg\neg A = A$ |
| Reflexivität | $A \Rightarrow A$ | $A \Leftarrow A$ |
| Extremalität | $F \Rightarrow A$ | $T \Leftarrow A$ |
| Kontraktion | $A \wedge B \Rightarrow A$ | $A \vee B \Leftarrow A$ |
| Monotonie | $(A \Rightarrow B) \Rightarrow (A \wedge C \Rightarrow B \wedge C)$ | $(A \Leftarrow B) \Rightarrow (A \vee C \Leftarrow B \vee C)$ |
| Antitonie | $(A \Rightarrow B) \Rightarrow (\neg A \Leftarrow \neg B)$ | $(A \Leftarrow B) \Rightarrow (\neg A \Rightarrow \neg B)$ |

Durch diesen Übersetzungsprozess wird auch das Dualitätsprinzip der Mengenlehre in die Aussagenlogik übertragen:

| Symbole | | Duale Symbole | |
|---|---|---|---|
| Mengen | Logik | Mengen | Logik |
| $\cup$ | $\vee$ | $\cap$ | $\wedge$ |
| $\cap$ | $\wedge$ | $\cup$ | $\vee$ |
| $\subseteq$ | $\Rightarrow$ | $\supseteq$ | $\Leftarrow$ |
| $\supseteq$ | $\Leftarrow$ | $\subseteq$ | $\Rightarrow$ |
| $\complement$ | $\neg$ | $\complement$ | $\neg$ |
| $X$ | $T$ | $\emptyset$ | $F$ |
| $\emptyset$ | $F$ | $X$ | $T$ |

Das duale Symbol zu $\neg$ ist wieder $\neg$. Ebenso wie $\complement$ ist auch $\neg$ selbstdual.

Der tiefere Zusammenhang zwischen Mengenlehre und Aussagenlogik liegt darin begründet, daß beide sogenannte BOOLE*sche Algebren* sind.

# 3 Quantoren

In diesem Kapitel erfolgt eine erste Einführung in die Quantoren der Prädikatenlogik.
Das hier vorgestellte *Konzept von freien und gebundenen Variablen* ist auch für
viele weitere Gebiete der theoretischen Informatik und der Programmierung von
Bedeutung.

## 3.1   Elementare Definitionen

**60  Bemerkung**   EIGENSCHAFTEN UND AUSSAGEN
Wir erinnern an die Unterschiede zwischen Eigenschaften und Aussagen: *Aussagen
(propositions)* sind wahr oder falsch, *Eigenschaften (Prädikate, properties, predica-
tes)* sind Kollektionen von Aussagen über einer Menge von Objekten. Sie können
wahr oder falsch sein *abhängig* von dem konkret betrachteten Objekt. So ist etwa
"rot sein" eine Eigenschaft über einer Menge von Autos und somit eine Kollektion
von Einzelaussagen über Autos. Ist $P$ eine Eigenschaft über einer Menge $M$ von
Objekten, so ist für jedes konkrete Objekt $m \in M$ dann $P(m)$ eine Aussage, also
wahr oder falsch. Oft benötigt man Variable als Platzhalter, wenn man Eigenschaften angeben will, etwa in $P(x) \Leftrightarrow ((x = 3) \wedge (x \geq 5))$.

**61  Definition**   QUANTOREN ÜBER EIGENSCHAFTEN IN EINER VARIABLEN
Sei $M$ eine Menge und $P : M \to \{W, F\}$ eine Eigenschaft in einer Variablen.

Die *Allquantifizierung (universal quantification)* von $P$ bezüglich seiner Variablen
wird als $\forall m : P(m)$ geschrieben. Die Allquantifizierung ist eine Aussage, die genau
dann wahr ist, wenn $P(m)$ eben *für alle* Werte $m \in M$ wahr ist.

Die *Existenzquantifizierung (existential quantification)* von $P$ bezüglich seiner Variablen wird als $\exists m : P(m)$ geschrieben. Die Existenzquantifizierung ist eine Aussage,
die genau dann wahr ist, wenn es (mindestens) einen Wert $m \in M$ gibt, für den
$P(m)$ wahr ist.

Bei komplexeren Formeln muß geklammert werden. $\forall m : (P(m) \wedge Q(m))$ ist etwas
anderes als $(\forall m : P(m)) \wedge Q(m)$. In der ersten Formel hat $m$ überall die Rolle eines

Platzhalters, in der zweiten Formel wird $m$ als Platzhalter benutzt, aber auch als Variable ausserhalb des Einflußbereichs, bei der wir an ein konkret einzusetzendes Objekt zu denken haben. Fehlt die Klammerung, wie etwa in $\forall m : P(m) \wedge Q(m)$ so ist diese Formel per Konvention mit Klammern als $\forall m : (P(m) \wedge Q(m))$ zu lesen.

**62 Beispiel**   QUANTIFIZIERUNG
Sei $M$ die Menge der Leser dieses Buches. $P$ sei die Eigenschaft, Student zu sein. $\forall m : P(m)$ ist eine Aussage. Sie ist falsch, da wohl nicht alle Leser dieses Buches Studenten sind. $\exists m : P(m)$ ist ebenfalls eine Aussage. Sie ist wahr, da dieses Buch von mindestens einem Studenten gelesen wird.

## 3.2   Bereichsangaben

**63 Definition**   QUANTOREN MIT UND OHNE BEREICHSANGABEN
$\forall m \in M : P(m)$ ist ein Quantor mit *Bereichsangabe (domain)*. $\forall m : P(m)$ ist ein Quantor ohne Bereichsangabe. Oft läßt man die Bereichsangabe auch weg, wenn diese vom Kontext her klar ist.

Quantoren mit Bereichsangaben lassen sich auf Quantoren ohne Bereichsangaben zurückführen. Beim Allquantor ist $\forall m \in M : P(m)$ oder auch $\forall m, m \in M : P(m)$ äquivalent zu $\forall m : (m \in M \Rightarrow P(m))$. Das bedeutet, daß für alle $m$, die es im gesamten betrachteten Universum gibt, die folgende Aussage gilt: *Sofern* $m \in M$ ist, *folgt daraus* $P(m)$. Über jene Elemente $m$ unseres Universums, die nicht in der Menge $M$ liegen, wird nichts gefordert. Beim Existenzquantor ist $\exists m \in M : P(m)$ oder auch $\exists m, m \in M : P(m)$ äquivalent zu $\exists m : (m \in M \wedge P(m))$. Das bedeutet, daß es ein $m$ im Universum gibt, das *sowohl* in $M$ liegt *als auch* $P(m)$ erfüllt. Insbesondere wird dadurch auch behauptet, daß es überhaupt Elemente in $M$ gibt.

Die Bereichsangabe kann auch durch eine Eigenschaft gebildet werden, wie etwa in $\forall x, x > 0 : x^2 > 0$. Hier gilt eine entsprechende Interpretation, denn jeder[1] Eigenschaft entspricht eine Menge. Es ist $\forall m, Q(m) : P(m)$ äquivalent zu $\forall m : (Q(m) \Rightarrow P(m))$ und $\exists m, Q(m) : P(m)$ ist äquivalent zu $\exists m : (Q(m) \wedge P(m))$.

Bei korrekter, intuitiver Lesart der Quantoren werden Bereichsangaben unmittelbar klar: Lies etwa $\forall m, Q(m) : P(m)$ als *für alle* $m$, *für die* $Q$ *gilt, gilt auch* $P$ und $\exists m, Q(m) : P(m)$ als *es gibt ein* $m$, *für das* $Q$ *gilt und auch* $P$.

---

[1]Die früher erwähnte Problematik mit dem Komprehensionsaxiom wollen wir hier einmal vernachlässigen!

**64 Bemerkung**   QUANTOREN MIT LEEREN BEREICHSANGABEN
Sind die Bereichsangaben der Quantoren leere Mengen, so ergeben sich spezielle Situationen: Sei also $M = \emptyset$ und $\mathcal{A}$ eine beliebige Aussage. Dann ist $\forall m \in \emptyset : \mathcal{A}$ *wahr* und $\exists m \in \emptyset : \mathcal{A}$ ist *falsch*, gleichgültig, was $\mathcal{A}$ ist.

Beim Allquantor $\forall m \in \emptyset : P(m)$ wird behauptet, daß für alle Elemente $m$ etwas gilt. Nun gibt es aber kein $m$. Es ist also für gar kein $m$ etwas zu zeigen. Die Gesamtaussage ist also wahr. $\forall m \in \emptyset : F$, $\forall m \in \emptyset : (B \wedge \neg B)$, $\forall m \in \emptyset : (2 = 3)$ sind also alle wahr. Formal wird das so klar: $\forall m \in \emptyset : P(m)$ ist äquivalent zu $\forall m : (m \in \emptyset \Rightarrow P(m))$. Nun ist aber $m \in \emptyset$ immer falsch. Es gilt aber stets $F \Rightarrow P(m)$, egal was $P(m)$ ist. $(m \in \emptyset \Rightarrow P(m))$ ist also $W$, wir haben somit $\forall m : W$ ohne Bereichsangabe. Und das ist wahr. Beim Existenzquantor kann man sich das analog überlegen.

Ohne Bereichsangabe ist eine allquantifizierte Aussage stärker[2] als eine existenzquantifizierte Aussage. Genauer: $(\forall m : P(m)) \Rightarrow (\exists m : P(m))$. Bei gleicher Bereichsangabe ist eine allquantifizierte Aussage stärker als eine existenzquantifizierte Aussage, sofern der Bereich nicht leer ist: Ist also $M$ nicht leer, dann gilt $(\forall m \in M : P(m)) \Rightarrow (\exists m \in M : P(m))$. Gibt es Elemente $m$ für die $Q(m)$ gilt, ist also $\exists m : Q(m)$ wahr, dann gilt $(\forall m, Q(m) : P(m)) \Rightarrow (\exists m, Q(m) : P(m))$.

**65 Bemerkung**   QUANTOREN MIT ENDLICHEN BEREICHSANGABEN
Weitere Spezialfälle ergeben sich, wenn die Bereiche endliche Mengen sind. Sei also $M = \{m_1, m_2, \ldots, m_n\}$ und $A : M \rightarrow \{W, F\}$ eine Eigenschaft. Dann entspricht dem Allquantor die Konjunktion und dem Existenzquantor die Disjunktion:

$$[\forall m \in M : A(m)] \Leftrightarrow [A(m_1) \wedge A(m_2) \wedge \ldots \wedge A(m_n)]$$

$$[\exists m \in M : A(m)] \Leftrightarrow [A(m_1) \vee A(m_2) \vee \ldots \vee A(m_n)]$$

Da bei unendlichen Mengen diese Umformung nicht mehr möglich ist, benötigt man Quantoren. Allquantor $\forall$ und Existenzquantor $\exists$ werden wegen dieses Zusammenhangs oft auch $\wedge$ respektive $\vee$ geschrieben.

# 3.3   Mehrstellige Eigenschaften

**66 Beispiel**   MEHRSTELLIGE EIGENSCHAFTEN UND QUANTOREN
Sei $X$ die Menge der Personen in einem Raum und $Y$ die Menge der Mäntel, die in einer Garderobe hängen. Sei $P$ die Eigenschaft des Gefallens: $P(x, y)$ ist genau dann

---

[2]In dem früher erwähnten Sinn, daß eine stärkere Aussage eine schwächere impliziert.

wahr, wenn der Mantel $y$ der Person $x$ gefällt. $P$ heißt eine *zweistellige* Eigenschaft, im Gegensatz zu den bisher betrachteten Eigenschaften, die alle einstellig waren.

$\forall x \in X : P(x,y)$ ist eine einstellige Eigenschaft, die von der Wahl des Mantels $y$ abhängt. Schreiben wir $Q(y) := \forall x \in X : P(x,y)$, so wird dadurch eine einstellige Eigenschaft für Mäntel definiert. Für einen bestimmten Mantel $y$ ist $Q(y)$, also $\forall x \in X : P(x,y)$, genau dann wahr, wenn dieser Mantel allen Personen in diesem Raum gefällt.

$\exists x \in X : P(x,y)$ ist eine einstellige Eigenschaft, die von der Wahl des Mantels $y$ abhängt. Schreiben wir $R(y) := \exists x \in X : P(x,y)$, so wird dadurch eine einstellige Eigenschaft für Mäntel definiert. Für einen bestimmten Mantel $y$ ist $R(y)$, also $\exists x \in X : P(x,y)$, genau dann wahr, wenn es (mindestens) eine Person in diesem Raum gibt, welcher der Mantel $y$ gefällt.

**67 Definition**    QUANTIFIZIEREN MEHRSTELLIGER EIGENSCHAFTEN
Mehrstellige Eigenschaften können also auch quantifiziert werden. Ein Quantor vermindert dabei die Stelligkeit der Eigenschaft um eins, wenn die quantisierte Variable in der Eigenschaft auftaucht: Ist $P : M_1 \times M_2 \to \{T, F\}$ eine zweistellige Eigenschaft, dann ist die Allquantifizierung $\forall x \in M_1 : P(x,y)$ eine einstellige Eigenschaft, nämlich im nicht quantifizierten $y$. $\forall x \in M_1 : \exists y \in M_2 : P(x,y)$ ist eine nullstellige Eigenschaft, also eine Aussage. Werden Eigenschaften über Variablen quantifiziert, die nicht syntaktisch in ihnen auftauchen, dann bleibt die Stelligkeit erhalten: $\forall z \in A : P(x,y)$.

**68 Bemerkung**    SCHACHTELUNGEN VON QUANTOREN
Es sind mehrfache Verschachtelungen von Quantoren möglich. Es kommt hier auf die *genaue Reihenfolge der Quantoren und der Variablen* an. Für zweistellige Eigenschaften beispielsweise erhält man folgende acht Kombinationen:

$$\forall x \in X : \forall y \in Y : P(x,y) \qquad \forall x \in X : \exists y \in Y : P(x,y)$$
$$\exists x \in X : \forall y \in Y : P(x,y) \qquad \exists x \in X : \exists y \in Y : P(x,y)$$
$$\forall y \in Y : \forall x \in X : P(x,y) \qquad \forall y \in Y : \exists x \in X : P(x,y)$$
$$\exists y \in Y : \forall x \in X : P(x,y) \qquad \exists y \in Y : \exists x \in X : P(x,y)$$

Manche dieser Kombinationen sind allerdings gleich, und zwar:

(1) Je zwei aufeinanderfolgende Allquantoren dürfen vertauscht werden, denn es ergibt sich eine äquivalente Aussage:

$$(\forall x \in X : \forall y \in Y : P(x,y)) \Leftrightarrow (\forall y \in Y : \forall x \in X : P(x,y))$$

(2) Je zwei aufeinander folgende Existenzquantoren dürfen vertauscht werden, denn es ergibt sich eine äquivalente Aussage:

$$(\exists x \in X : \exists y \in Y : P(x,y)) \Leftrightarrow (\exists y \in Y : \exists x \in X : P(x,y))$$

(3) Existenz- und Allquantoren dürfen im allgemeinen nicht vertauscht werden. Es gilt zwar:

$$(\exists x \in X : \forall y \in Y : P(x,y)) \Rightarrow (\forall y \in Y : \exists x \in X : P(x,y))$$

Aber es gilt nicht:

$$(\forall y \in Y : \exists x \in X : P(x,y)) \Rightarrow (\exists x \in X : \forall y \in Y : P(x,y))$$

Man sieht das am besten an einem natürlichsprachlichen Beispiel ein:

Annahme: "Es gibt eine Programmiersprache $x$, so daß für alle Informatiker $y$ gilt: $y$ beherrscht $x$." So ein $x$ ist also eine Art allseits beliebte Programmiersprache. Dann *folgt* daraus sicherlich auch: "Für jeden Informatiker $y$ gibt es eine Programmiersprache $x$, so daß $y$ dann $x$ beherrscht."

Nehmen wir nun aber an: "Für jeden Informatiker $y$ gibt es eine Programmiersprache $x$, so daß $y$ dann $x$ beherrscht." Dann kann das aber für den einen Informatiker LISP sein, für den anderen SML und für den nächsten COBOL. Es gilt also offenbar *nicht*: "Es gibt *eine* Programmiersprache $x$, so daß für alle Informatiker $y$ gilt: $y$ beherrscht $x$."

Auch bei Verschachtelung von Quantoren sollte immer geklammert werden. Stehen keine Klammern, wie etwa in $\forall x : \exists y : \forall z : Q(x) \wedge P(y,z)$ so ist darunter die folgende Klammerung zu verstehen: $(\forall x : (\exists y : (\forall z : (Q(x) \wedge P(y,z)))))$

**69 Beispiel**   VERTAUSCHEN VON QUANTOREN
Welche der Formeln $\forall x \in \mathbb{N} : \exists y \in \mathbb{N} : y > x$ und $\exists x \in \mathbb{N} : \forall y \in \mathbb{N} : y > x$ sind wahr, welche falsch? Interpretieren Sie das Resultat im Sinne der Aussage: "Allquantor und Existenzquantor dürfen nicht immer beliebig vertauscht werden."

**70 Satz**   NEGATION VON QUANTOREN
Negationen von Quantoren werden folgendermaßen gebildet:

$$\neg(\forall x : \mathcal{A}) = \exists x : \neg\mathcal{A} \qquad \neg(\exists x : \mathcal{A}) = \forall x : \neg\mathcal{A}$$

Dies gilt auch für Quantoren mit Bereichsangaben:

$$\neg(\forall x, \mathcal{B} : \mathcal{A}) = \exists x, \mathcal{B} : \neg\mathcal{A} \qquad \neg(\exists x, \mathcal{B} : \mathcal{A}) = \forall x, \mathcal{B} : \neg\mathcal{A}$$

# 3.4   Freie und gebundene Variable

Die Gültigkeit einer Formel wird vermutlich von den Belegungen der Variablen abhängen, die in der Formel auftauchen. So ist etwa die einstellige Eigenschaft $(x = 3)$ in der Variablen $x$ wahr, wenn eben $x$ gleich 3 ist, und falsch in den anderen Fällen.

Die Gültigkeit von Formeln muß nicht unbedingt von ihren Variablen abhängen. $(x = 3) \lor \neg(x = 3)$ etwa ist wahr, ganz gleich, was $x$ ist.

Die Gültigkeit von Formeln wird wohl nicht von Variablen abhängen, die in der Formel durch *einen Quantor gebunden werden*, da diese Variablen ja ausschließlich zum Ausdruck der Quantifizierung dienen. Wir vermuten richtig, daß die Formeln $\forall x : x^2 \geq 0$, $\forall y : y^2 \geq 0$ und $\forall z : z^2 \geq 0$ allesamt dasselbe besagen und insbesondere wahr sind, sofern wir uns im Bereich der reellen Zahlen aufhalten. Wir vermuten somit, daß Variablen hinter Quantoren beliebig umbenannt werden dürfen. Das ist leider nur teilweise richtig: Wenn eine Variable an einer Stelle einer Formel im Einflußbereich eines Quantors liegt und an einer anderen Stelle nicht, dann können Probleme auftreten. Ein Beispiel ist $(\forall x : x^2 \geq 0) \land (x = 3)$. Der Wahrheitswert dieser Formel hängt sehr wohl vom Wert von $x$ ab, im zweiten Teil der Konjunktion taucht $x$ auf und zwar nicht nur als Platzhalter wie im ersten Teil der Konjunktion. Dieses erste $x$ ist an den Allquantor gebunden und hat mit dem letzten, freien $x$ gar nichts zu tun. Hier dürfen wir also nur das erste, gebundene $x$ ersetzen: Die Formeln $(\forall x : x^2 \geq 0) \land (x = 3)$, $(\forall y : y^2 \geq 0) \land (x = 3)$ und $(\forall z : z^2 \geq 0) \land (x = 3)$ sind alle äquivalent. Die Formeln $(\forall x : x^2 \geq 0) \land (x = 3)$, $(\forall y : y^2 \geq 0) \land (y = 3)$ $(\forall z : z^2 \geq 0) \land (z = 3)$ jedoch sind alle unterschiedlich. Der Wahrheitswert der ersten hängt von $x$ ab, der zweiten von $y$ und der dritten von $z$.

Leider ist es noch etwas problematischer. Ersetzt man in $\forall x : (\forall x : (x^2 \geq 0))$ das erste $x$ durch $y$, so wird daraus die äquivalente Formel $\forall y : (\forall x : (x^2 \geq 0))$. Ersetzt man in $\forall x : (\forall x : (x^2 \geq 0))$ hingegen das zweite $x$ durch $y$, so wird daraus die äquivalente Formel $\forall x : (\forall y : (y^2 \geq 0))$.

**71 Definition**    Freie und Gebundene Variable
Eine Variable, etwa $x$, kann in einem logischen Ausdruck an mehreren Stellen auftreten. Ein solches *Auftreten (Vorkommen, occurrence)* einer Variablen heißt *quantifiziert (quantified)*, wenn die Variable unmittelbar hinter einem Quantor steht, *gebunden (bound)*, wenn sie im Einflußbereich eines sie selber betreffenden Quantors steht und *frei (free)* in den verbleibenden Fällen. Der *Einflußbereich* eines Quantors ist jene Teilformel, die nach dem : steht und auf die sich der ganze Quantor bezieht.

Im Gegensatz zu einem spezifischen Auftreten einer Variablen heißt eine *Variable* selber in einem logischen Ausdruck *frei*, wenn es in diesem logischen Ausdruck ein freies Auftreten dieser Variablen gibt. Eine *Variable* selber heißt in einem logischen Ausdruck *gebunden*, wenn es in diesem logischen Ausdruck ein gebundenes oder ein quantifiziertes Auftreten dieser Variablen gibt.

Wenn ein und dieselbe Variable in einem Ausdruck mehrmals von einem Quantor quantifiziert wird, muß man zusätzlich noch lokale Gültigkeitsbereiche betrachten. Zu jedem gebundenen Auftreten einer Variablen gehört ein *lokaler Gültigkeitsbereich (scope)*. Dieser enthält alle Vorkommen dieser Variablen, außer denen in einem darin eingeschlossenen Einflußbereich, durch den dieselbe Variable nochmals quantifiziert wird.

**72 Beispiel** Freie und gebundene Variable
$x = y$ hat gar keinen Quantor. 1.[3] $x$ frei, $x$ als Variable frei. 1. $y$ frei, $y$ als Variable frei.

$\forall x : (x = y)$. Einflußbereich: $(x = y)$. 1. $x$ quantifiziert, 2. $x$ gebunden, $x$ als Variable gebunden. 1. $y$ frei, $y$ als Variable frei.

$(\forall x : (x = y)) \wedge (x = z)$. Einflußbereich: $(x = y)$. 1. $x$ quantifiziert, 2. $x$ gebunden, 3. $x$ frei, $x$ als Variable gebunden und frei. 1. $y$ frei, $y$ als Variable frei. 1. $z$ frei, $z$ als Variable frei.

$(\exists x : ((x = y) \wedge (x = z)))$. Einflußbereich: $((x = y) \wedge (x = z))$. 1. $x$ quantifiziert, 2. $x$ gebunden, 3. $x$ gebunden, $x$ als Variable gebunden. 1. $y$ frei, $y$ als Variable frei. 1. $z$ frei, $z$ als Variable frei.

$\exists z : (\exists x : ((x = y) \wedge (x = z)))$. 1. Einflußbereich $(\exists x : ((x = y) \wedge (x = z)))$, 2. Einflußbereich $((x = y) \wedge (x = z))$. 1. $x$ quantifiziert, 2. $x$ gebunden, 3. $x$ gebunden, $x$ als Variable gebunden. 1. $y$ frei, $y$ als Variable frei. 1. $z$ quantifiziert, 2. $z$ gebunden, $z$ als Variable gebunden.

$\forall x : (\exists x : (x = y))$. 1. Einflußbereich $(\exists x : (x = y))$, 2. Einflußbereich $(x = y)$. 1. $x$ quantifiziert, 2. $x$ quantifiziert, 3. $x$ gebunden, $x$ als Variable gebunden. 1. $y$ frei, $y$ als Variable frei. $x$ wird zweimal quantifiziert, wir müssen also noch lokale Gültigkeitsbereiche für jedes gebundene Auftauchen von $x$ untersuchen: Zum einzigen gebundenen Auftauchen von $x$, das ist das 3. $x$ überhaupt, ist der am nächsten liegende Quantor, der $x$ quantifiziert, der 2. Quantor, der $\exists x$. Der lokale Gültigkeitsbereich dieses gebundenen Auftauchens von $x$ ist somit das 2. und 3. Auftauchen von $x$.

---

[3]Lies: Das erste Auftreten von $x$ ist frei.

$\forall x : (\exists y : (\forall x : (x = y)))$. 1. Einflußbereich $(\exists y : (\forall x : (x = y)))$, 2. Einflußbereich $(\forall x : (x = y))$, 3. Einflußbereich $(x = y)$. 1. $x$ quantifiziert, 2. $x$ quantifiziert, 3. $x$ gebunden, $x$ als Variable gebunden. 1. $y$ quantifiziert, 2. $y$ gebunden, $y$ als Variable gebunden. $x$ wird zweimal quantifiziert, wir müssen also noch lokale Gültigkeitsbereiche für jedes gebundene Auftauchen von $x$ untersuchen: Zum einzigen gebundenen Auftauchen von $x$, das ist das 3. $x$ überhaupt, ist der am nächsten liegende Quantor, der $x$ quantifiziert, ist der 3. Quantor, der $\forall x$. Sein Einflußbereich ist $(x = y)$, also ist das 2. und 3. Auftauchen von $x$ der lokale Gültigkeitsbereich dieses gebundenen Auftauchens von $x$.

$\forall x : (\exists y : (\forall x : (\exists z : (x = y))))$. 1. Einflußbereich $(\exists y : (\forall x : (\exists z : (x = y))))$, 2. Einflußbereich $(\forall x : (\exists z : (x = y)))$, 3. Einflußbereich $(\exists z : (x = y))$, 4. Einflußbereich $(x = y)$. 1. $x$ quantifiziert, 2. $x$ quantifiziert, 3. $x$ gebunden, $x$ als Variable gebunden. 1. $y$ quantifiziert, 2. $y$ gebunden, $y$ als Variable gebunden. 1. $z$ quantifiziert, $z$ als Variable gebunden. $x$ wird zweimal quantifiziert, wir müssen also noch lokale Gültigkeitsbereiche für jedes gebundene Auftauchen von $x$ untersuchen: Zum einzigen gebundenen Auftauchen von $x$, das ist das 3. $x$ überhaupt, ist der am nächsten liegende Quantor, der $x$ quantifiziert, der 3. Quantor, der $\forall x$. Sein Einflußbereich ist $(\exists z : (x = y))$, also ist das 2. und 3. Auftauchen von $x$ der lokale Gültigkeitsbereich dieses gebundenen Auftauchens von $x$.

$(\exists x : (\exists x : (x = y))) \wedge (x = z)$. 1. Einflußbereich $(\exists x : (x = y))$, 2. Einflußbereich $(x = y)$. 1. $x$ quantifiziert, 2. $x$ quantifiziert, 3. $x$ gebunden, 4. $x$ frei, $x$ als Variable gebunden und frei. 1. $y$ frei, $y$ als Variable frei. 1. $z$ frei, $z$ als Variable frei. $x$ wird zweimal quantifiziert, wir müssen also noch lokale Gültigkeitsbereiche für jedes gebundene Auftauchen von $x$ untersuchen. Nur das 3. Auftauchen von $x$ ist gebunden. Der am nächsten liegende Quantor, der $x$ quantifiziert, ist der 2. Quantor, der $\exists x$. Sein Einflußbereich ist $(x = y)$, also ist das 2. und 3. Auftauchen von $x$ der lokale Gültigkeitsbereich dieses gebundenen Auftauchens von $x$.

Zum Schluß ein Beispiel mit einer in einem inneren Quantor versteckten Variablen: $\forall x : ((x = 3) \wedge (\exists x : (x = 4)))$. 1. Einflußbereich $((x = 3) \wedge (\exists x : (x = 4)))$, 2. Einflußbereich $(x = 4)$. 1. $x$ quantifiziert, 2. $x$ gebunden, 3. $x$ quantifiziert, 4. $x$ gebunden, $x$ ist als Variable gebunden. $x$ wird zweimal quantifiziert, wir müssen also noch lokale Gültigkeitsbereiche für jedes gebundene Auftauchen von $x$ untersuchen: Das 2. Auftauchen von $x$ ist gebunden. Der am nächsten liegende Quantor, der $x$ quantifiziert, ist der 1. Quantor, der $\forall x$. Sein Einflußbereich ist dann $((x = 3) \wedge (\exists x : (x = 4)))$. Der lokale Gültigkeitsbereich des 2. Auftauchens von $x$ ist aber nur das 1. und 2. Auftauchen von $x$, da das 3. und 4. Auftauchen vom 2. Quantor $\exists x$ versteckt wird. Das 4. Auftauchen von $x$ ist gebunden. Der am nächsten liegende Quantor, der $x$ selber quantifiziert, ist der 2. Quantor, nämlich der $\exists x$. Der lokale Gültigkeitsbereich des 4. Auftauchens von $x$ ist somit das 3. und

4. Auftauchen von $x$.

**73 Definition**  OFFENE UND GESCHLOSSENE FORMELN
Eine logische Formel heißt *offen (open)*, wenn sie (mindestens) eine freie Variable
enthält. Sie heißt *geschlossen (closed)*, wenn sie keine freie Variable enthält, also
gar keine Variable oder nur gebundene Variable:

| | |
|---|---|
| $x = y$ | Offen, da $x$ und $y$ frei |
| $\forall x : (x = y)$ | Offen, da $y$ frei |
| $(\forall x : (x = y)) \wedge (x = z)$ | Offen, da $y$ und $z$ frei |
| $(\exists x : ((x = y) \wedge (x = z))$ | Offen, da $y$ und $z$ frei |
| $\exists z : (\exists x : ((x = y) \wedge (x = z)))$ | Offen, da $y$ frei |
| $\forall x : (\exists x : (x = y))$ | Offen, da $y$ frei |
| $\forall x : (\exists y : (\forall x : (x = y)))$ | Geschlossen |
| $\forall x : (\exists y : (\forall x : (\exists z : (x = y))))$ | Geschlossen |
| $(\exists x : (\exists x : (x = y))) \wedge (x = z)$ | Offen, da $y$ und $z$ frei |

**74 Bemerkung**  WAHRHEIT QUANTIFIZIERTER FORMELN
Quantifizieren reduziert die Anzahl von Variablen von denen der "Wahrheitswert
der Formel abhängen könnte". Allgemein kann die Gültigkeit von Formeln nur von
in der Formel auftretenden freien Variablen abhängen. Die Gültigkeit von Formeln kann sicherlich nicht von Variablen abhängen, die in der Formel nur gebunden
auftauchen. Gebundenes Auftauchen von Variablen hat ausschließlich Platzhalterfunktion. Geschlossene Formeln sind Aussagen. Sie enthalten keine freien Variablen,
deren Laune einen Einfluß auf den Wahrheitswert nehmen kann.

**75 Bemerkung**  UMBENENNEN GEBUNDENER VARIABLE
Es gilt folgende Konversionsregel: Taucht eine Variable in einem logischen Ausdruck durch einen Quantor quantifiziert auf, so entsteht ein äquivalenter logischer
Ausdruck, wenn man ein bestimmtes quantifiziertes Auftauchen und jedes gebundene Auftauchen im dazugehörigen lokalen Gültigkeitsbereich durch eine beliebige
andere Variable ersetzt, die im Einflußbereich noch nicht frei auftaucht.

Bei einem Quantor mit Bereichsangabe zählt die Bereichsangabe mit zum Einflußbereich, da sie ja auch auf eine entsprechende bereichsfreie Form umgeschrieben
werden kann. Am besten schreibt man solche Quantoren bereichsfrei um.

Die Umformung von Termen durch Umbenennen gebundener Variablen heißt im $\lambda$–
Kalkül, dem wichtigsten Kalkül formaler Ersetzung überhaupt, Alpha Konversion
und zählt dort zu den wenigen aber zentralen Regeln. Freie Variable haben keine
Platzhalterfunktion sondern eine außerhalb des betrachteten Terms in einer Art
äusseren Kontext definierte Bedeutung. Deshalb dürfen sie nicht umbenannt werden.

Ferner darf, wie in der Konversionsregel bereits erfasst ist, ein Auftauchen, das
nur Platzhalterfunktion hat, durch Umbenennen nicht zu einem freien Auftauchen
werden.

| **Ausdruck** | **Umbenannt und äquivalent** |
|---|---|
| $\forall x : x^2 \geq 0$ | $\forall u : u^2 \geq 0$ |
| $\forall x : (\exists y : (\forall x : (\exists z : (x = y))))$ | $\forall u : (\exists y : (\forall x : (\exists z : (x = y))))$ |
| $\forall x : (\exists y : (\forall x : (\exists z : (x = y))))$ | $\forall x : (\exists y : (\forall u : (\exists z : (u = y))))$ |
| $\forall x : ((x = 3) \wedge (\exists x : (x = 4)))$ | $\forall u : ((u = 3) \wedge (\exists x : (x = 4)))$ |
| $\forall x : ((x = 3) \wedge (\exists x : (x = 4)))$ | $\forall x : ((x = 3) \wedge (\exists u : (u = 4)))$ |
| $\forall x : ((x = 3) \wedge (\exists x : (x = 4)))$ | $\forall u : ((u = 3) \wedge (\exists v : (v = 4)))$ |
| $\forall x : ((x = 3) \wedge (\exists x : (x = 4)))$ | $\forall u : ((u = 3) \wedge (\exists u : (u = 4)))$ |

**76  Bemerkung**　　Gemischte Verwendung
Bei Verschachtelung von Quantoren macht vor allem die gleichzeitige Verwendung
ein und derselben Variablen für gebundenes und freies Auftreten, sowie die mehrfache Quantifizierung einer Variablen Probleme, da sie zwar logisch korrekt sein kann,
den Leser aber meist verwirrt. Das Problem kann durch geeignete Wahl von Variablen zumeist leicht umgangen werden. Statt $(\forall x : x = y) \wedge (x = z)$ sollte man also
besser $(\forall u : u = y) \wedge (x = z)$ schreiben.

**77  Bemerkung**　　Gebundene Variable und Parameter Hiding
Die Verwendung gebundener und freier Variablen in der Logik entspricht der Problematik lokaler und globaler Variablen in einer blockstrukturierten Programmiersprache wie etwa Pascal, Algol oder C. Auch dort können die formalen Parameter
in einer Prozedurdeklaration oder einer Funktionsdeklaration beliebig durch andere
ersetzt werden, da sie nur Platzhalterfunktion haben. Bei Umbenennung der Variablen in der Deklaration müssen dann aber alle Referenzen auf diese Variable im
lokalen Gültigkeitsbereich der Variablen umbenannt werden, aber eben nur diese,
denn im aufrufenden Programm kann diese Variable ja auch benutzt worden sein.
Wird eine Variable im aufrufenden Programm benutzt und gleichzeitig auch in der
Deklaration einer Prozedur, die in diesem aufrufenden Programm enthalten ist, dann
wird die Variable aus dem aufrufenden Programm quasi vor dem Unterprogramm
versteckt. Die Variable im Unterprogramm und im aufrufenden Programm haben
dann nur den Namen miteinander gemeinsam, nicht aber Typ oder Wert. In den
Programmiersprachen spricht man in diesem Fall von *Parameter Hiding*. Man kann
dann bei einer Variablen weder den Typ noch den Wert angeben, ohne sich genau
die Blockstruktur des gesamten Programms anzusehen. Da dies leicht zu Verwir-
rungen und weiteren, recht tiefliegenden theoretischen Problemen führt, sollte man
als Programmierer Parameter Hiding vermeiden und jeweils neue Variablennamen
benutzen. Es wurden deshalb sogar Formalismen eingeführt, die solche Probleme

prinzipiell vermeiden. Diesen Vorteil erkauft man sich dann allerdings mit komplexeren Umformungsregeln in diesen Formalismen.

**78 Definition**     DER EINDEUTIGE EXISTENZQUANTOR
Will man ausdrücken, daß es *genau ein* Element $m$ gibt, für welches das Prädikat $P$ wahr ist, so bedeutet das:

(1) Es gibt ein Element $m$, für welches das Prädikat wahr ist: $\exists m : P(m)$.

(2) Gibt es zwei Elemente $m_1$ und $m_2$, für welche das Prädikat wahr ist, dann sind diese zwei Elemente gleich: $(P(m_1) \wedge P(m_2)) \Rightarrow (m_1 = m_2)$.

Da solche Aussagen häufig gebraucht werden, führt man hierfür einen eigenen Quantor ein, den *eindeutigen Existenzquantor* $\exists_1$ oder auch $\exists!$ Lies $\exists_1 m : P(m)$ als *es gibt genau ein $m$, für das $P(m)$ gilt.* Wird in der Mathematik die Phrase *es gibt ein* benutzt, so meint man damit eigentlich *es gibt mindestens ein.* Die Möglichkeit, daß mehrere Objekte existieren, wird erst durch die Wendung *es gibt genau ein* ausgeschlossen. Auch der eindeutige Existenzquantor kann mit Bereichsangabe stehen: $\exists_1 m \in M : P(m)$.

**79 Bemerkung**     VARIABLE IN PRÄDIKATEN
In obigen Beispielen haben wir immer $\forall m : P(m)$ geschrieben. Im Ausdruck nach dem Quantor war stets das $m$ enthalten. Dies diente vor allem dem einführenden Verständnis und ist im allgemeinen nicht nötig. Ebenso gilt das für die Bereichsangaben. Man kann also auch $\forall m : \mathcal{A}$ und $\forall m, \mathcal{B} : \mathcal{A}$ schreiben, wobei $\mathcal{A}$ und $\mathcal{B}$ beliebige Ausdrücke der Prädikatenlogik sein dürfen. Man beachte in diesem Zusammenhang, daß das Auftauchen einer Variable in einer Aussage eine rein syntaktische Angelegenheit sein kann, die zwar den Wahrheitswert einer Aussage beeinflussen kann, aber nicht muß. Schreibt man $P(m)$ so heißt das *nicht*, daß der Wert der Variablen $m$ auf $P$ einen Einfluß haben muß.

**80 Beispiel**     AUSSAGEN MIT QUANTOREN
Betrachten Sie die vier Aussagen $\forall x \in \mathbb{N} : \exists y \in \mathbb{N} : x = y$,    $\forall x \in \mathbb{N} : \forall y \in \mathbb{N} : x = y$,    $\exists x \in \mathbb{N} : \forall y \in \mathbb{N} : x = y$ und $\exists x \in \mathbb{N} : \exists y \in \mathbb{N} : x = y$.

(1) Welche dieser Aussagen ist wahr, welche ist falsch? Ist eine Aussage wahr, so geben Sie eine Begründung, ist sie falsch, so geben Sie ein Gegenbeispiel.

(2) Schreiben Sie die Negation dieser Aussagen an und ziehen Sie die Negation schrittweise in die Aussage hinein, so daß die Negation zunächst vor dem zweiten Quantor steht und zuletzt vor der inneren Aussage $x = y$.

(3) Welche dieser negierten Aussagen ist wahr, welche ist falsch? Ist eine Aussage wahr, so geben Sie eine Begründung, ist sie falsch, so geben Sie ein Gegenbeispiel.

(4) Schreiben Sie alle Aussagen so, daß keine Aussage die Variable $x$ als gebundene Variable enthält.

Betrachten Sie nun die Aussagen $\forall x \in \mathsf{N} : \exists_1 y \in \mathsf{N} : x = y$,    $\exists_1 x \in \mathsf{N} : \forall y \in \mathsf{N} : x = y$,    $\exists_1 x \in \mathsf{N} : \exists_1 y \in \mathsf{N} : x = y$,    $\exists x \in \mathsf{N} : \exists_1 y \in \mathsf{N} : x = y$ und $\exists_1 x \in \mathsf{N} : \exists y \in \mathsf{N} : x = y$.

(1) Welche dieser Aussagen ist wahr, welche ist falsch? Ist eine Aussage wahr, so geben Sie eine Begründung, ist sie falsch, so geben Sie ein Gegenbeispiel.

(2) Wo ergibt sich ein anderes Resultat mit dem Existenzquantor als mit dem eindeutigen Existenzquantor? Warum ist das der Fall?

## 81   Beispiel    FREI UND GEBUNDEN

Untersuchen Sie, welches Auftreten und welche Variablen in den nachfolgenden Ausdrücken frei oder gebunden sind und benennen Sie jede der auftauchenden Variablen, die Sie umbenennen können auch um. Wenn in einem Beispiel eine Variable in zwei unterschiedlichen Quantorbereichen auftaucht, so benennen Sie sie in den unterschiedlichen Bereichen auch unterschiedlich um. Geben Sie zu jeder Umbenennung an, welche Variablen Sie bei der spezifischen Umbenennung nicht benutzen dürfen, und warum.

$$\forall x : (A(x,y) \Rightarrow B(x,y,z))$$
$$(\forall x : A(x,y)) \Rightarrow B(x,y,z)$$
$$\forall x : A(x,y) \Rightarrow B(x,y,z)$$
$$\forall x : A(x,y,z) \Rightarrow \forall y : B(x,y,z)$$
$$(\forall x : A(x,y,z)) \Rightarrow \forall y : B(x,y,z)$$
$$(\forall x : A(x,y,z)) \Rightarrow (\forall y : B(x,y,z))$$
$$(\forall x : A(x,y,z)) \Rightarrow (\forall x : B(x,y,z))$$
$$\forall x : (A(x,y,z) \Rightarrow \forall x : B(x,y,z))$$

Ist es möglich, daß eine Variable in einem Ausdruck frei und gebunden ist? Falls ja, geben Sie ein Beispiel, falls nein, begründen Sie, warum.

## 82   Beispiel    PARAMETER HIDING IN PROGRAMMIERSPRACHEN

Schreiben Sie ein Pascal Programm, an dem Sie den Effekt des Parameter Hiding aufzeigen. Benennen Sie dann die lokale Variable so um, daß dieser Effekt nicht mehr auftritt.

# 4 Relationen

Relationen stellen Beziehungen zwischen den Elementen einer Menge dar.

## 4.1 Elementare Definitionen

### 83 Definition    RELATION
Seien $A_1, A_2, \ldots, A_n$ Mengen. Eine *n-stellige Relation (relation of arity n)* auf $A_1, A_2, \ldots, A_n$ ist eine Teilmenge $R \subseteq A_1 \times A_2 \times \cdots \times A_n$ des kartesischen Produkts. Für $n = 1, 2, 3$ nennt man die Relation auch *unär, binär* respektive *ternär*.

Eine *binäre Relation auf einer Menge (binary relation on S)* $S$ ist eine Teilmenge $R \subseteq S \times S$ des kartesischen Produkts der Menge mit sich selbst. Für $(a, b) \in R$ schreibt man bei binären Relationen auch $aRb$. $a$ heißt dann *Vorgänger von b* und $b$ heißt *Nachfolger von a*.

Sind $A$ und $B$ zwei Mengen und ist $R$ eine Relation, so ist $R$ gemäß Definition nur eine Teilmenge des kartesischen Produktes $A \times B$. In diesem Sinne wären $R = \{(1,1),(2,2),(3,3)\} \subseteq \{1,2,3\} \times \{1,2,3\}$ und $S = \{(1,1),(2,2),(3,3)\} \subseteq \mathsf{N} \times \mathsf{R}$ als Relationen identisch, da sie ja als Mengen identisch sind. Dies obwohl sie sich als Relationen eigentlich auf unterschiedliche Mengen beziehen. Möchte man diese Mengen, auf welche sich die Relationen beziehen, als Bestandteil der Relationsdefinition ansehen, so muß man obige Definition abändern. Erst dann lassen sich die Relationen $R$ und $S$ unterscheiden. Am Beispiel der binären Relation ergibt sich dann die folgende Definition:

Eine *binäre Relation* ist ein *Tripel* $(A, B, R)$ aus einer Menge $A$, einer Menge $B$ und einer Teilmenge $R \subseteq A \times B$ des kartesischen Produkts $A \times B$.

Diese Bemerkung mag man bis jetzt noch als übertriebenes Detail ansehen. Wenn wir uns aber den Eigenschaften von Relationen zuwenden werden, so wird sich herausstellen, daß im oberen Beispiel $R$ eine reflexive, linkstotale und rechtstotale Relation ist, während $S$ keine dieser drei Eigenschaften besitzt. Es ist daher sehr wohl gerechtfertigt, genauer über eine naive Definition nachzudenken, aufgrund welcher

$R$ und $S$ identisch wären.

**84. Beispiel**   DARSTELLUNG VON RELATIONEN
Relationen sind Mengen und können deshalb auch wie diese aufzählend oder beschreibend angegeben werden:

(1) Aufzählend: $R \subseteq \mathsf{N} \times \mathsf{N}$ mit $R = \{(1,3),(3,1)\}$.

(2) Deskriptiv: $R \subseteq \mathsf{N} \times \mathsf{N}$ mit $(a,b) \in R \Leftrightarrow aRb \Leftrightarrow \exists n \in \mathsf{N} : b = n * a$,
respektive $R = \{(a,b) \in \mathsf{N}^2 \mid \exists n \in \mathsf{N} : b = n * a\}$. Dies ist die sogenannte *Teilerrelation*.

## 4.2   Binäre Relationen

**85 Definition**   WEITERE EIGENSCHAFTEN
Sei $R \subseteq X \times X$ eine binäre Relation auf der Menge $X$. $R$ heißt

(1) *reflexiv (reflexive)*, wenn jedes Element $x$ zu sich selbst in Relation steht:
$\forall x \in X : (x,x) \in R$.

(2) *irreflexiv (irreflexive)*, wenn kein Element $x$ zu sich selber in Relation steht:
$\forall x \in X : (x,x) \notin R$.

(3) *symmetrisch (symmetric)*, wenn zu jedem Paar $(x,y)$, das in der Relation ist,
auch das gespiegelte Paar $(y,x)$ in der Relation ist: $\forall x,y \in X : (x,y) \in R \Rightarrow (y,x) \in R$.

(4) *antisymmetrisch (identitiv, identitive, antisymmetric)*, wenn folgende Aussage
gilt: Falls ein Paar $(x,y)$ und auch das *gespiegelte Paar* $(y,x)$ in Relation ist,
dann kann das nur ein "reflexives Paar" gewesen sein: $\forall x,y \in X : (x,y) \in R \wedge (y,x) \in R \Rightarrow x = y$.

(5) *asymmetrisch (asymmetric)*, wenn folgende Aussage gilt: Ist ein Paar in der
Relation, dann ist das gespiegelte Paar $(y,x)$ nicht in der Relation: $\forall x,y \in X : (x,y) \in R \Rightarrow (y,x) \notin R$.

(6) *nicht symmetrisch (not symmetric)*, wenn die Relation nicht symmetrisch ist
– wenn es also ein Paar $(x,y)$ in der Relation gibt, dessen gespiegeltes Paar
nicht in der Relation ist.

(7) *transitiv (transitive)*, wenn $\forall x,y,z \in X : (x,y),(y,z) \in R \Rightarrow (x,z) \in R$.

(8) *azyklisch (acyclic)*, wenn $\forall n \in \mathsf{N} : \neg \exists p_1, p_2, \ldots, p_n \in P : (p_1,p_2),(p_2,p_3),\ldots,$
$(p_{n-1},p_n),(p_n,p_1) \in R$.

**86 Beispiel**   Eigenschaften von Relationen
Veranschaulichen Sie sich die Eigenschaften von Relationen und beweisen Sie die
behaupteten Aussagen:

(1) Eine binäre Relation auf einer Menge $X$ ist genau dann reflexiv, wenn sie die
Diagonale von $X$ enthält: $R \supseteq \Delta_X$. Sie ist genau dann irreflexiv, wenn sie zur
Diagonale von $X$ disjunkt ist: $R \cap \Delta_X = \emptyset$.

(2) Jede azyklische Relation ist irreflexiv.

(3) Es gibt Relationen, die weder reflexiv noch irreflexiv sind: Irreflexiv ist also
nicht das Gegenteil von reflexiv. Es gibt genau eine Relation, die reflexiv und
irreflexiv ist: Bis auf diesen Spezialfall schließen sich irreflexiv und reflexiv aber
gegenseitig aus. Beachten Sie allgemein, daß Eigenschaften, die nicht miteinander koexistieren können, sich also gegenseitig ausschließen, nicht unbedingt
das Gegenteil voneinander sein müssen.

(4) Geben Sie auf der Menge $\{1,2,3\}$ jeweils eine symmetrische, antisymmetrische,
asymmetrische und nicht symmetrische Relation an.

(5) Zeigen Sie, daß die Gleichheitsrelation $=_M$ auf einer Menge $M$ sowohl symmetrisch als auch antisymmetrisch ist.

(6) Geben Sie auf der Menge $\{1,2,3\}$ eine Relation an, die sowohl symmetrisch
als auch asymmetrisch ist, eine Relation die sowohl antisymmetrisch als auch
asymmetrisch ist und eine Relation, die irreflexiv und antisymmetrisch ist.

(7) Muß eine Relation, die asymmetrisch ist, auch irreflexiv sein?

(8) Die Kleiner-gleich Relation $\leq$ auf $\mathbb{N}$ ist antisymmetrisch und die Kleiner Relation $<$ ist asymmetrisch.

**87 Definition**   Totalitäts- und Eindeutigkeitseigenschaften
Sei $\Gamma \subseteq A \times B$ eine binäre Relation. $\Gamma$ heißt

*linkstotal (left total)*, wenn die linke Menge total in der Relation auftaucht, also
jedes Element $a \in A$ der linken Menge in (mindestens) einem Paar $(a,b) \in \Gamma$ der
Relation links auftritt: $\forall a \in A : \exists b \in B : (a,b) \in \Gamma$.

*rechtstotal (right total)*, wenn die rechte Menge total in der Relation auftaucht, also
jedes Element $b \in B$ der rechten Menge in (mindestens) einem Paar $(a,b) \in \Gamma$ der
Relation rechts auftritt: $\forall b \in B : \exists a \in A : (a,b) \in \Gamma$.

*linkseindeutig (left unique)*, wenn das linke Element in der Relation jeweils eindeutig ist, also für ein $b \in B$, zu dem es ein $a \in A$ gibt mit $(a,b) \in \Gamma$, dieses linke $a$

eindeutig ist: $(a_1, b), (a_2, b) \in \Gamma \Rightarrow a_1 = a_2$. Es wird hier nicht verlangt, daß es zu einem $b \in B$ ein solches $a$ gibt, aber *wenn* es eines gibt, dann ist es eindeutig bestimmt.

*rechtseindeutig (right unique)*, wenn das rechte Element in der Relation jeweils eindeutig ist, also für ein $a \in A$, zu dem es ein $b \in B$ gibt mit $(a, b) \in \Gamma$, dieses rechte $b$ eindeutig ist: $(a, b_1), (a, b_2) \in \Gamma \Rightarrow b_1 = b_2$. Auch die Rechtseindeutigkeit beinhaltet nur eine Eindeutigkeitsaussage und keine Existenzaussage.

**88 Beispiel**   TOTALITÄTS- UND EINDEUTIGKEITSEIGENSCHAFTEN
Geben Sie auf der Menge der nichtnegativen ganzen Zahlen je eine Relation an, die linkstotal, rechtstotal, linkseindeutig, rechtseindeutig, linkseindeutig aber nicht rechtstotal, rechtseindeutig aber nicht linkstotal ist.

**89 Beispiel**   GLEICHUNGEN UND RELATIONEN

(1) Sei $\Gamma \subseteq \mathbb{R} \times \mathbb{R}$ die Relation, die sich aus der Gleichung $x * y = 1$ ergibt. Genauer: $x \Gamma y$ genau dann, wenn $x * y = 1$. Untersuchen Sie diese Relation auf alle bisher definierten Eigenschaften.

(2) Sei nun $\Delta \subseteq \mathbb{R}^+ \times \mathbb{R}^+$ durch dieselbe Gleichung wie oben definiert. Welche Eigenschaften wurden durch diese Veränderung der Grundmenge beeinflußt?

(3) Sei $\Gamma \subseteq \mathbb{R} \times \mathbb{R}$ die Relation, die sich aus der Gleichung $x * y = 0$ ergibt. Genauer: $x \Gamma y$ genau dann, wenn $x * y = 0$. Untersuchen Sie wiederum alle bisher definierten Eigenschaften.

**90 Beispiel**   EIN-AUSGABE RELATION VON PROGRAMMEN
Bei Programmen stellt man die Zusammenhänge zwischen Eingaben und Ausgaben gerne durch eine Relation dar:

(1) Betrachten Sie das folgende Programm:

```
INTEGER A
READ (A)
WHILE (A <> 0) DO A:= A - 2 OD
WRITE (A)
```

Nehmen Sie an, daß der Datentyp INTEGER beliebig große ganze Zahlen umfaßt. Die *Ein-Ausgabe Relation (I/O relation)* dieses Programms ist die Relation $\Gamma \subseteq \mathbb{Z} \times \mathbb{Z}$, bei der $(X, Y) \in \Gamma$ genau dann gilt, wenn das Programm auf die Eingabe von $X$ mit der Ausgabe von $Y$ reagiert. Geben Sie diese Relation an und untersuchen Sie sie auf alle bisher definierten Eigenschaften.

(2) Modifizieren Sie die Schleife im Programm so, daß die Ein-Ausgabe Relation linkstotal wird. Modifizieren Sie die Schleife im obigen Programm so, daß die Ein-Ausgabe Relation nicht linkseindeutig wird.

(3) Kann die Ein-Ausgabe Relation eines Programms eine nicht rechtseindeutige Relation sein? Warum?

(4) Schreiben Sie ein Programm, dessen Ein-Ausgabe Relation reflexiv ist. Welche Funktion wird von diesem Programm berechnet? Schreiben Sie ein Programm, dessen Ein-Ausgabe Relation die leere Menge ist. Was bedeutet das für das Verhalten des Programms?

(5) Welche anschauliche Bedeutung haben die Eigenschaften der Linkstotalität, Rechtstotalität, Linkseindeutigkeit und der Rechtseindeutigkeit der Ein-Ausgabe Relation für ein Programm?

**91 Beispiel** ELEMENTRELATION
Die in der Mengenlehre eingeführte Elementrelation $\in$ kann auch als Relation im Sinne unserer Definition betrachtet werden: Ist $A$ eine Menge und $T$ eine Teilmenge, also $T \subseteq A$ oder $T \in \mathcal{P}(A)$. Dann gibt $a \in T$ an, ob $a$ Element von $T$ ist. Wir können nun die Relation $\in_A \subseteq A \times \mathcal{P}(A)$ betrachten, die durch $\in_A := \{(a, T) \mid a \in T\}$ definiert ist.

**92 Definition** DUALE RELATION
Sei $\Delta \subseteq X \times Y$ eine binäre Relation. Die *duale (konverse, transponierte, dual, converse, transposed) Relation* zur Relation $\Delta$ ist die Relation $\Delta^* \subseteq Y \times X$, definiert durch $\Delta^* := \{(y, x) \mid (x, y) \in \Delta\}$. Das *Transponieren* einer Relation ist der Übergang zu ihrer dualen und bedeutet das Vertauschen der Reihenfolge der Paare und der Mengen. Statt $\Delta^*$ schreibt man auch $\Delta^t$ oder $\Delta^{-1}$.

**93 Beispiel** WICHTIGE RELATIONEN
Sei $\Gamma$ die *Gleichheitsrelation* auf der Menge $\{1, 2, 3, 4\}$, $\Delta \subseteq \mathbb{N} \times \mathbb{N}$ die *Teilerrelation*, also $(x, y) \in \Delta$ genau dann, wenn $x$ ein Teiler von $y$ ist, ferner sei $< \subseteq \mathbb{N} \times \mathbb{N}$ die *Kleiner Relation* $x < y$ und $\leq \subseteq \mathbb{N} \times \mathbb{N}$ die *Kleiner-gleich Relation* $x \leq y$. Untersuchen Sie diese Relationen auf alle bisher definierten Eigenschaften und geben Sie die dualen Relationen zu ihnen an.

**94 Definition** KOMPOSITION
Seien $\Gamma_1 \subseteq X \times Y$ und $\Gamma_2 \subseteq Y \times Z$ zwei binäre Relationen. Die *Komposition (composition)* dieser Relationen ist die Relation $\Gamma_1 \circ \Gamma_2 \subseteq X \times Z$, definiert durch

$$(x, z) \in \Gamma_1 \circ \Gamma_2 \Leftrightarrow \exists y \in Y : (x, y) \in \Gamma_1 \land (y, z) \in \Gamma_2$$

**95  Beispiel**   Hintereinanderausführung von Programmen
Seien $P_1$ und $P_2$ zwei Programme, die beide eine ganze Zahl einlesen und eine ganze
Zahl ausgeben. Wir wollen nun die *Hintereinanderausführung (sequential composition)* $P_1; P_2$ dieser beiden Programme betrachten: Es wird ein Wert eingegeben, $P_1$
ausgeführt, und der Ausgabewert von $P_1$ dient als Eingabewert von $P_2$.

(1) Zeigen Sie, daß die Ein-Ausgabe Relation der Hintereinanderausführung $P_1; P_2$
     gleich der Komposition der Ein-Ausgabe Relationen der einzelnen Programme
     ist. In welcher Reihenfolge ist die Komposition zu bilden?

(2) Berechnen Sie die Ein-Ausgabe Relationen für das Programm $P_1$:

```
INTEGER A
READ (A)
WHILE (A <> 0) DO A:= A - 2 OD
WRITE (A)
```

und das Programm $P_2$:

```
INTEGER A
READ (A)
WHILE (A <> 0) DO A:= A + 3 OD
WRITE (A)
```

sowie für die Hintereinanderausführungen $P_1; P_2$ und $P_2; P_1$ sowie $P_1; P_1$.

(3) Geben Sie zum nachfolgenden Programm $P$:

```
INTEGER A
READ (A)
A := 2*A
WRITE (A)
```

ein Programm $Q$ an, so daß die Ein-Ausgabe Relation des Programms $P; P; Q$
die Diagonale in $\mathbb{Z}$ ist.

## 4.3  Funktionen

**96  Definition**   Funktionen
Eine *Funktion (function)* ist eine binäre Relation $f \subseteq A \times B$ die *funktional* ist,
das heißt sie ist *linkstotal* und *rechtseindeutig*. Das heißt: Zu jedem $a \in A$ gibt[1] es

---

[1] aufgrund der Linkstotalität

genau[2] ein $b \in B$ mit $(a,b) \in f$. Für dieses $b$ wollen wir $f(a)$ schreiben. Man nennt $a$ das *Argument (argument)* der Funktion und $b = f(a)$ seinen *Wert*. Bei Funktionen schreibt man $f : A \to B$ anstatt $f \subseteq A \times B$ und $f(a) = b$ anstatt $(a,b) \in f$.

Ist $f : A \to B$ eine Funktion, so nennt man die Menge $A$ die *Quelle (source)* und die Menge $B$ das *Ziel (target)* dieser Funktion. Neben Quelle ist auch *Definitionsbereich (domain)* und neben Ziel auch *Wertebereich (range)* sehr gebräuchlich. Da Bezeichnung "Definitionsbereich" bei den sogenannten partiellen Funktionen eine unterschiedliche Bedeutung hat und das Wort "Wertebereich" oft zu Verwechslungen zwischen Wertebereich und Bildmenge, das ist die Menge aller Werte der Funktion, Anlaß gibt, wird von dieser Terminologie aber eher abgeraten. Ähnlich wie bei Relationen wollen wir auch bei Funktionen Quelle und Ziel als fundamentalen Bestandteil der Funktion ansehen. Eine Funktion ist also eigentlich ein Tripel der Gestalt $(A, B, f)$.

Die Menge $f(A) := \{f(a) \mid a \in A\}$ heißt das *Bild (image) von* $f$. Für $f(A)$ schreibt man auch $Im(A)$ oder $Bild(A)$. Statt Bild sagt man auch *Wertemenge*. Ist $C \subseteq A$ eine Teilmenge der Quelle, dann heißt die Menge $f(C) := \{f(a) \mid a \in C\}$ das *Bild (image) der Menge $C$ unter der Funktion $f$*. Ist $D \subseteq B$ eine Teilmenge des Ziels, dann heißt die Menge $f^{-1}(D) := \{a \in A \mid f(a) \in D\}$ das *Urbild (inverse image) der Menge $D$ unter der Funktion $f$*. Das Urbild des Ziels ist übrigens die Quelle.

**97 Definition**    KOMPOSITION VON FUNKTIONEN
Sind $f : A \to B$ und $g : B \to C$ Funktionen, so bezeichnet $g \circ f : A \to C$ die *Komposition (composition)* der Funktionen $f$ und $g$, die durch $(g \circ f)(a) = g(f(a))$ definiert ist. Hier liegt $a \in A$, $f(a) \in B$ und $(g \circ f)(a) \in C$. Lies $g \circ f$ als $f$ *dann* $g$ *(g nach f, g komponiert f, f then g, g composed f)*.

Bis auf die unterschiedliche Reihenfolge stimmen die Komposition von Relationen und jene von Funktionen überein: interpretierten wir die Funktion $f$ als Relation $f \subseteq A \times B$ und die Funktion $g$ als Relation $g \subseteq B \times C$, dann wäre $f \circ g \subseteq A \times C$ die Komposition von $f$ und $g$ als Relationen. Sind $f$ und $g$ funktionale Relationen, dann ist die Relation $f \circ g$ ebenfalls eine funktionale Relation, welche mit der Funktion $g \circ f$ zusammenfällt.

**98 Beispiel**    KOMPOSITION VON FUNKTIONEN
Sei $f : \mathbb{R} \to \mathbb{R}$ die Funktion $f(x) = 3 + 2x$ und $g : \mathbb{R} \to \mathbb{R}$ die Funktion $g(x) = x^2$, dann ist $g \circ f : \mathbb{R} \to \mathbb{R}$ die Funktion $(g \circ f)(x) = g(f(x)) = g(3 + 2x) = (3 + 2x)^2$. In diesem Beispiel können wir auch $f \circ g : \mathbb{R} \to \mathbb{R}$ ausrechnen. Das ist $(f \circ g)(x) = f(g(x)) = f(x^2) = 3 + 2x^2$.

---

[2]aufgrund der Rechtseindeutigkeit

Nun sei $f : \mathsf{R}^+ \to \mathsf{R}$ die Funktion $f(x) = \ln(x)$ und $g : \mathsf{R}^+ \to \mathsf{R}^+$ die Funktion $g(x) = \sqrt{x}$. Dann ist $f \circ g : \mathsf{R}^+ \to \mathsf{R}$ die Funktion $(f \circ g)(x) = f(g(x)) = \ln(\sqrt{x})$. Die Funktion $g \circ f$ kann aber nicht gebildet werden.

**99 Definition**    SURJEKTIV, INJEKTIV, BIJEKTIV
Eine Funktion $f : A \to B$ heißt

(1) *surjektiv*, wenn das Ziel gleich dem Bild ist, das heißt wenn jedes Element $b$ der Zielmenge $B$ auch tatsächlich als Funktionswert der Form $f(a)$ auftaucht. Oder anders ausgedrückt, wenn $f$ als Relation rechtstotal ist: $\forall b \in B : \exists a \in A : b = f(a)$, oder auch $f(A) = B$.

(2) *injektiv*, wenn jedes Element $b$ der Zielmenge $B$, das tatsächlich als Funktionswert der Form $f(a_1)$ auftaucht, nur als Funktionswert genau eines solchen $a_1$ auftaucht. Es gibt dann kein von $a_1$ verschiedenes $a_2$, das auf denselben Funktionswert $f(a_1) = f(a_2)$ führt. Oder anders ausgedrückt, wenn $f$ als Relation linkseindeutig ist: $f(a_1) = f(a_2) \Rightarrow a_1 = a_2$.

(3) *bijektiv*, wenn sie surjektiv und injektiv ist.

**100 Beispiel**    QUADRATFUNKTION
Die Funktion $f : \mathsf{R} \to \mathsf{R}$ mit $x \mapsto x^2$, also $f(x) = x^2$ heißt Quadratfunktion.

(1) Geben Sie Quelle, Ziel und Bild von $f$ an.

(2) Kann man $f$ auch so schreiben, daß das Bild gleich dem Ziel ist? Wie? Kann man $f$ als Funktion auch so schreiben, daß die Quelle $\mathsf{R}$ und das Ziel $\mathsf{N}$ ist?

(3) Geben Sie das Bild der Menge $\mathsf{N}$ und die Urbilder der Mengen $\mathsf{N}$ und $\mathsf{Z}^-$ unter der Funktion $f$ an.

(4) Zeigen Sie die Eigenschaften der nachfolgenden Tabelle:

| Funktion | | Surjektiv | Injektiv | Bijektiv |
|---|---|---|---|---|
| $f : \mathsf{R} \to \mathsf{R}$ | $f : x \mapsto x^2$ | nein | nein | nein |
| $f : \mathsf{R} \to \mathsf{R}_0^+$ | $f : x \mapsto x^2$ | ja | nein | nein |
| $f : \mathsf{R}_0^+ \to \mathsf{R}$ | $f : x \mapsto x^2$ | nein | ja | nein |
| $f : \mathsf{R}_0^+ \to \mathsf{R}_0^+$ | $f : x \mapsto x^2$ | ja | ja | ja |

**101 Definition**    IDENTITÄT UND KONSTANTE FUNKTION
Die Funktion $id_A : A \to A$ auf einer Menge $A$, die durch $id_A(a) = a$ definiert ist, heißt die *Identität(sfunktion) (identity)* der Menge $A$. Eine Funktion $c : A \to B$, die für alle Werte des Argumentes denselben Wert hat, heißt *konstant (constant)*.

**102 Definition** UMKEHRFUNKTION
Eine Funktion $g : B \to A$ heißt eine *Umkehrfunktion (inverse function)* einer Funktion $f : A \to B$, wenn

(1) $g \circ f : A \to A$ gleich der Identität $id_A$ auf $A$ ist: $\forall a \in A : g(f(a)) = a$, und

(2) $f \circ g : B \to B$ gleich der Identität $id_B$ auf $B$ ist: $\forall b \in B : f(g(b)) = b$.

Zu einer Funktion $f : A \to B$ gibt es genau dann eine Umkehrfunktion, wenn $f$ bijektiv ist. Diese Umkehrfunktion ist eindeutig, es gibt also genau ein $g$ mit dieser Eigenschaft. Wir können somit nicht nur von *einer* Umkehrfunktion sondern von *der* Umkehrfunktion reden. Man schreibt $f^{-1}$ für diese Umkehrfunktion.

Für Funktionen $f : A \to B$, die nicht bijektiv sind und somit keine Umkehrfunktion besitzen, wird die Notation $f^{-1}$ zur Angabe des Urbilds benutzt.

**103 Beispiel** UMKEHRFUNKTION DER QUADRATFUNKTION
Wir haben gesehen, daß die Funktion $f : \mathsf{R}_0^+ \to \mathsf{R}_0^+$ mit $f(x) = x^2$ bijektiv ist. Ihre Umkehrfunktion ist die Funktion $g : \mathsf{R}_0^+ \to \mathsf{R}_0^+$ mit $g(x) = \sqrt{x}$. Man sieht, daß für $x \in \mathsf{R}_0^+$ dann $g(f(x)) = \sqrt{x^2} = x$ gilt und für $z \in \mathsf{R}_0^+$ auch $f(g(z)) = (\sqrt{z})^2 = z$ ist.

In den anderen, im obigen Beispiel angesprochenen Fällen, ist die Quadratfunktion nicht bijektiv und hat somit keine Umkehrfunktion. Überlegen Sie sich für jeden dieser Fälle, was denn beim Versuch, eine Umkehrfunktion zu bestimmen, jeweils schief geht. Da es in keinem der Fälle eine Umkehrfunktion gibt, muß zumindest jeweils ein Problem auftauchen.

**104 Bemerkung** PFEILDIAGRAMME
Binäre Relationen $f \subseteq A \times B$ können als *Pfeildiagramme* dargestellt werden, vor allem wenn die beteiligten Mengen endlich sind: Man zeichnet die linke Menge $A$ links, die rechte Menge $B$ rechts und zieht für jedes Paar $(a, b) \in f$ einen gerichteten Pfeil vom Element $a$ zum Element $b$.

Viele Eigenschaften der Relation $f$ lassen sich nun geometrisch deuten: $f$ ist linkstotal (linkseindeutig), wenn von allen Elementen der linken Menge mindestens (höchstens) ein Pfeil ausgeht. $f$ ist rechtstotal (rechtseindeutig), wenn jedes Element der rechten Menge von mindestens (höchstens) einem Pfeil getroffen wird. Falls $f$ funktional ist, so kann man weiters folgendes festhalten: Ist $f$ surjektiv, so wird jedes Element des Ziels von mindestens einem Pfeil getroffen, ist $f$ injektiv, so wird jedes Element des Ziels von höchstens einem Pfeil getroffen. Ist $f$ bijektiv, so wird jedes Element des Ziels von genau einem Pfeil getroffen.

**105  Beispiel**   Funktionen natürlicher Zahlen
Geben Sie jeweils zwei Funktionen der Form $f : \mathsf{N} \to \mathsf{N}$ an, die weder injektiv noch surjektiv, injektiv aber nicht surjektiv, surjektiv aber nicht injektiv, injektiv und surjektiv (also bijektiv) sind. Lösen Sie dasselbe Problem nun mit der endlichen Menge $\{1, 2, 3\}$ als Quelle und Ziel sowie mit der Menge der natürlichen Zahlen als Quelle und der Menge der geraden Zahlen als Ziel.

**106  Bemerkung**   Funktion mit mehreren Argumenten und Werten
Funktionen mit *mehreren Argumenten* sind Funktionen einer speziellen Gestalt, beispielsweise $f : A \times B \times C \to D$. Hier ist die Quelle die Menge $A \times B \times C$ und das Ziel die Menge $D$. $f : \mathsf{R} \times \mathsf{R} \to \mathsf{R}$ mit $f(x, y) = x + y$ ist so eine Funktion. Ebenso gibt es Funktionen mit *mehreren Werten*, wie etwa $f : A \to B \times C$. Ihre Quelle ist die Menge $A$, ihr Ziel die Menge $B \times C$. Auch gemischte Varianten wie $f : A \times B \to C \times D$ oder gar $f : A \times B \to (C \times D) \cap (F \setminus A)$ sind möglich.

**107  Definition**   Lambda Notation von Funktionen
Die Schreibweise von Funktionen in der Form $f(x) = x^2$ hat den Nachteil, daß nicht streng zwischen dem Funktionswert $f(x) = x^2$ an der Stelle $x$ und der Funktion $f$ selber unterschieden werden kann. Zur konkreten Angabe einer Funktion muß ich dieser Funktion zuerst einen Namen geben (nämlich $f$). Um den Unterschied zwischen Funktionen und Funktionswerten und den Vorgang des Einsetzens von Werten in eine Funktion besser studieren zu können, hat Alonso Church den *Lambda-Kalkül* entwickelt. Wir können hier nur ganz an der Oberfläche bleiben, wollen aber festhalten, daß dieser Kalkül besondere Bedeutung für die Theorie der Berechenbarkeit, der Typensysteme und die Semantik von Programmiersprachen besitzt.

$\lambda x.x^2$ bezeichnet die Quadratfunktion.
$(\lambda x.x^2)(3)$ bezeichnet den Wert der Quadratfunktion an der Stelle 3, also 9.
$(\lambda x.x^2)(x)$ bezeichnet den Wert der Quadratfunktion an der Stelle $x$, also $x^2$.
$(\lambda x.x^2)(y)$ bezeichnet den Wert der Quadratfunktion an der Stelle $y$, also $y^2$.
$y = f(x)$ besagt, daß $y$ den Wert der Funktion $f$ an der Stelle $x$ hat.
$f = \lambda x.x^2$ legt $f$ als die Quadratfunktion (ohne Angabe von Quelle und Ziel) fest.

In unserem vereinfachten Lambda Kalkül gelten die folgenden Regeln:

$$\lambda x.f(x) = \lambda y.f(y) \qquad \text{Alpha } (\alpha) \text{ Konversion oder } \textit{Platzhaltertausch}$$
$$(\lambda x.f(x))(a) = f(a) \qquad \text{Beta } (\beta) \text{ Konversion oder } \textit{Funktionsanwendung}$$
$$f = \lambda x.f(x) \qquad \text{Eta } (\eta) \text{ Konversion oder } \textit{Funktionsdefinition}$$

**108  Beispiel**   Auswertung von Lambda Ausdrücken
Werten Sie unter schrittweiser Anwendung der angeführten Regeln die folgenden Lambda Ausdrücke aus:

(1) $(\lambda x.x^2)(5)$

(2) $(\lambda x.(\lambda y.x/y))(4)(2)$

(3) $((\lambda f.f \circ f)(\lambda x.(3 * x + 2)))(3)$

Eine Funktion, deren Argumente oder Werte nicht Zahlen sondern selber wieder Funktionen sind, nennt man eine *Funktion höherer Ordnung (higher order function)*. In (3) wird eine gewöhnliche lineare Funktion als Funktion erster Ordnung in eine solche Funktion zweiter Ordnung eingesetzt und es ergibt sich eine neue gewöhnliche Funktion erster Ordnung, die dann auf eine Zahl angewendet werden kann.

In (2) wird ersichtlich, daß man eine gewöhnliche Funktion von zwei Argmenten, $g(x,y) = x/y$ auch als eine Funktion zweiter Ordnung in nur einem Argument verstehen kann: Man betrachtet hierfür $g(x)(y) = x/y$ als eine Funktion zweiter Ordnung, die bei Angabe eines Argumentes 2 eine Funktion $g(x)(2) = x/2$ erster Ordnung ergibt. Diese Interpretation von Funktionen mehrerer Argumente nennt man nach Ihrem Entdecker HASKELL CURRY auch CURRY*sierung*.

Funktionen höherer Ordnung, die Technik der CURRYsierung und die Einteilung von Lambda–Ausdrücken in Funktionen unterschiedlicher Ordnung sind die Anfangsgründe der *funktionalen Programmierung*.


## 4.4  Ordnungsrelationen

**109 Definition**   ORDNUNGSRELATION
Eine *Ordnungsrelation (Ordnung, order, order relation)* auf einer Menge $R$ ist eine Relation $\leq$, also eine Teilmenge des kartesischen Produktes, $\leq \subseteq R \times R$, die *reflexiv*, *identitiv* und *transitiv* ist. In dieser Notation der Relation bedeutet das:

(1) *reflexiv*, also $\forall r \in R : r \leq r$.

(2) *identitiv*, also $\forall r,s \in R : [(r \leq s) \wedge (s \leq r)] \Rightarrow (r = s)$.

(3) *transitiv*, also $\forall r,s,t \in R : [(r \leq s) \wedge (s \leq t)] \Rightarrow (r \leq t)$.

Gilt $x \leq y$, so nennt man $x$ das *kleinere* und $y$ das *größere* Element.

Eine Ordnungsrelation $\leq$ heißt *linear (total, konnex; total, connex)*, wenn für je zwei Elemente $x,y \in R$ stets eines das größere und eines das kleinere ist – sofern die Elemente nicht ohnehin schon gleich sind: $\forall x,y \in R : (x \leq y) \vee (y \leq x)$. Ist eine Ordnungsrelation nicht linear, so gibt es Elemente $x$ und $y$, die nicht miteinander *vergleichbar (comparable)* sind, es gilt also weder $x \leq y$ noch $y \leq x$.

**110  Bemerkung**   Abweichende Bezeichnungen
In einigen Büchern werden Ordnungsrelationen teilweise unterschiedlich bezeichnet:
Statt von Ordnungsrelationen spricht man dort von *partiellen Ordnungsrelationen*
oder auch *Halbordnungen*, für totale Ordnungsrelationen steht dort oft nur *Ordnungsrelation*.

**111  Beispiel**   Ordnungsrelationen
Die *natürliche Ordnung* auf den reellen Zahlen, also $\leq \, \subseteq \mathsf{R} \times \mathsf{R}$ mit $(x, y) \in \, \leq$, in
gewohnter Schreibweise $x \leq y$, die besagt, daß $x$ eine reelle Zahl kleiner oder gleich
$y$ ist, ist eine lineare Ordnungsrelation.

Die *Teilerrelation* $| \subseteq \mathsf{N} \times \mathsf{N}$ auf der Menge $\mathsf{N}$ der natürlichen Zahlen ist eine Ord-
nungsrelation. Es ist $a \mid b$ genau dann, wenn die Zahl $a$ Teiler der Zahl $b$ ist. Die
Teilerrelation ist nicht linear.

Ist $X$ eine Menge, dann ist die *Teilmengenrelation* $\subseteq$ eine Ordnungsrelation auf der
Menge $\mathcal{P}(X)$ aller Teilmengen von $X$, also eine Ordnungsrelation auf der Potenzmenge $\mathcal{P}(X)$. Diese Relation ist nicht linear.

Die *Gleichheitsrelation* $=_M$ auf einer Menge $M$ ist eine Ordnungsrelation. Sie ist
im allgemeinen keine lineare Ordnungsrelation und ein eher atypisches Beispiel für
eine Ordnungsrelation.

**112  Definition**   Hasse–Diagramm
Eine Ordnungsrelation $\leq$ auf einer endlichen Menge $M$ kann man durch ein so-
genanntes Hasse–*Diagramm* veranschaulichen: Die endlich vielen Elemente der
Menge werden als Punkte dargestellt. Je kleiner ein Element der Ordnung nach
ist, umso höher wird es im Diagramm gezeichnet. Ist ein Element $x$ kleiner als ein
Element $y$, also $x \leq y$, und gibt es kein weiteres Element $z$, das zwischen $x$ und $y$
liegt ($x \leq z \leq y$), dann wird von dem weiter oben liegenden Element $x$ eine Kante
auf das weiter unten liegende Element $y$ gezeichnet. Miteinander nicht vergleichbare
Elemente können auf derselben oder auf unterschiedlichen Höhen gezeichnet werden.
Ein Element $a$ ist somit genau dann größer als ein Element $b$, wenn es einen gänzlich
in vertikaler Richtung verlaufenden Weg von $a$ nach $b$ gibt und $a$ tiefer gezeichnet
wurde als $b$.

**113  Definition**   Spezielle Elemente einer Ordnung
Sei $\leq \, \subseteq D \times D$ eine Ordnungsrelation. Ein Element $s \in D$ heißt

*ein kleinstes (smallest) Element*, wenn es kleiner oder gleich allen anderen Elementen ist: $\forall d \in D : s \leq d$. Insbesondere muß ein kleinstes Element also mit allen anderen Elementen vergleichbar sein.

*ein größtes (largest) Element*, wenn es größer oder gleich allen anderen Elementen ist: $\forall d \in D : d \leq s$. Insbesondere muß ein größtes Element also mit allen anderen Elementen vergleichbar sein.

*ein minimales (minimal) Element*, wenn es kleiner oder gleich allen vergleichbaren Elementen ist: $\forall d \in D : [(d \leq s) \vee (s \leq d)] \Rightarrow (s \leq d)$. Äquivalent ist: $\forall d \in D : d \leq s \Rightarrow d = s$. Ist also ein Element kleiner oder gleich einem minimalen Element, dann muß es gleich diesem minimalen Element sein.

*ein maximales (maximal) Element*, wenn es größer oder gleich allen vergleichbaren Elementen ist: $\forall d \in D : [(s \leq d) \vee (d \leq s)] \Rightarrow (d \leq s)$. Äquivalent ist: $\forall d \in D : s \leq d \Rightarrow s = d$. Ist also ein Element größer oder gleich einem maximalen Element, dann muß es gleich diesem maximalen Element sein.

**114 Bemerkung**   SPEZIELLE ELEMENTE EINER ORDNUNG
Wie uns das Beispiel der natürlichen Ordnung auf $\mathbb{R}$ zeigt, hat eine Ordnung nicht immer größte, kleinste, minimale oder maximale Elemente. Wenn es aber größte oder kleinste Elemente gibt, dann jedoch höchstens ein größtes und ein kleinstes: Diese Elemente sind also eindeutig und man kann von *dem* größten oder kleinsten Element sprechen. Ein Beispiel für ein kleinstes Element ist die 1 in der Menge $\mathbb{N}$, sowohl unter natürlicher Ordnung als auch unter der Teilerrelation als Ordnung.

Minimale und maximale Elemente kann es mehrere gleichzeitig geben. Ein Beispiel ist die Menge $\mathbb{N} \setminus \{1\}$ unter der Teilerrelation als Ordnung, bei der jede Primzahl ein minimales Element ist. In einer linearen Ordnungsrelation kann es jedoch höchstens ein minimales und maximales Element geben.

Existiert das kleinste oder größte Element, so ist es auch ein minimales oder maximales Element. Die Umkehrung davon gilt aber nicht.

**115 Definition**   SPEZIELLE ELEMENTE ZU EINER TEILMENGE
Sei $\leq \subseteq D \times D$ eine Ordnungsrelation und $T \subseteq D$ eine Teilmenge. Ein Element $s \in D$ heißt

*eine untere Schranke (lower bound) der Teilmenge $T$*, wenn alle Elemente von $T$ größer sind: $\forall t \in T : s \leq t$, und *eine obere Schranke (upper bound) der Teilmenge $T$*, wenn alle Elemente von $T$ kleiner sind: $\forall t \in T : t \leq s$.

*ein Infimum der Teilmenge T*, wenn es eine untere Schranke ist, es aber keine größere untere Schranke gibt, und *ein Supremum der Teilmenge T*, wenn es eine obere Schranke ist, es aber keine kleinere obere Schranke gibt.

**116 Definition**   STRIKTE UND NICHT STRIKTE ORDNUNGSRELATIONEN
Bei der natürlichen Ordnungsrelation auf Zahlenmengen gibt es eigentlich zwei Varianten, die *Kleiner-gleich Relation* $\leq$ und die *Kleiner Relation* $<$. Auch bei beliebigen Ordnungen gibt es zwei unterschiedliche Varianten:

Eine Relation $\leq\,\subseteq M \times M$ auf einer Menge heißt eine *nicht strikte (non strict) Ordnungsrelation*, wenn sie reflexiv, identitiv und transitiv ist und eine *strikte (strict) Ordnungsrelation*, wenn sie irreflexiv, asymmetrisch und transitiv ist. Das, was wir bisher als Ordnungsrelation bezeichnet haben, ist im Sinne dieser genaueren Terminologie eine nicht strikte Ordnungsrelation.

**117 Satz**   ZUSAMMENHANG STRIKTER UND NICHT STRIKTER ORDNUNGEN
Ist eine Relation $\leq\,\subseteq M \times M$ eine nicht strikte Ordnungsrelation, dann ist die Relation $<\,\subseteq M \times M$, definiert durch $<\,:=\,\leq\,\backslash\Delta_M$, also $x < y \Leftrightarrow (x \leq y) \wedge x \neq y$, eine strikte Ordnungsrelation.

Ist eine Relation $<\,\subseteq M \times M$ eine strikte Ordnungsrelation, dann ist die Relation $\leq\,\subseteq M \times M$, definiert durch $\leq\,:=\,<\,\cup\Delta_M$, also $x \leq y \Leftrightarrow (x < y) \vee (x = y)$, eine nicht strikte Ordnungsrelation.

**118 Bemerkung**   DUALITÄT
Man kann leicht zeigen, daß die duale Relation zu einer Ordnungsrelation wieder eine Ordnungsrelation ist. Dies gilt sowohl für strikte als auch für nicht strikte Ordnungen. Bei der natürlichen Ordnung auf Zahlenmengen etwa ist neben $\leq$ auch die duale Relation $\geq$ eine Ordnung. Das Prinzip der Dualität, wir haben es bei logischen und mengentheoretischen Gesetzen bereits kennengelernt, hat in ähnlicher Form auch bei Ordnungsstrukturen eine gewisse Bedeutung.

Schreiben wir die Ordnungsrelation jedoch in der Form $R \subseteq M \times M$, so gibt es keinen Hinweis darauf ob im Falle $aRb$ das Element $a$ nun das größere oder das kleinere ist. Ähnlich relativiert sich die Terminologie bei minimalen und maximalen sowie bei kleinsten und größten Elementen. Nur bei der natürlichen Ordnung haben wir eine Konvention, daß bei der Ordnungsrelation $\leq$ das links stehende Element und bei der Ordnungsrelation $\geq$ das rechts stehende Element das "kleinere" Element sein soll. Die natürliche Ordnungsrelation trägt also neben einer Ordnungsinformation noch eine Art Orientierungsinformation, die einer beliebigen Ordnungsrelation jedoch fehlt.

Möchte man auf die implizite Angabe der Orientierung verzichten, so kann man
von linken und rechten Elementen statt von kleineren und größeren, von links-
dominanten oder rechts-dominanten Elementen statt von kleinsten und größten und
von links-extremalen oder rechts-extremalen Elementen anstatt von minimalen oder
maximalen sprechen. Ein Element $x \in M$ heißt etwa links-dominant unter einer
Ordnung $R \subseteq M \times M$, wenn $\forall y \in M : xRy$ gilt. Die anderen Definitionen kann
man analog bilden.

**119 Beispiel**   RELATIONEN ZWISCHEN PROGRAMMEN
Sei $X$ die Menge aller syntaktisch korrekten Pascal Programme, welche $n$ Eingabewerte lesen und anschließend entweder in eine Endlosschleife gehen oder einen
Wert ausgeben. Betrachten Sie die folgende Relation: $\sqsubseteq \subseteq X \times X$ mit $P \sqsubseteq Q$ und
$P, Q \in X$ genau dann, wenn das Programm $Q$ für alle Eingabewerte terminiert, für
die das Programm $P$ terminiert, und in diesem Fall auch dasselbe Ergebnis ausgibt
wie $P$. $Q$ ist eine Art Erweiterung des Programms $P$, es berechnet "mehr" Werte
als $P$ und stimmt, wo immer $P$ einen Wert liefert, mit ihm überein. Diese Relation
spielt eine wichtige Rolle in der Semantik der Programmiersprachen. Ist sie eine
Ordnungsrelation?

# 4.5   Operationen auf Relationen

**120 Definition**   PROJEKTIONEN VON KARTESISCHEN PRODUKTEN
Für Mengen $M_1, M_2, \ldots, M_n$ und $i \in \{1, 2, \ldots, n\}$ heißt die Abbildung

$$p_i : M_1 \times M_2 \times \cdots M_n \to M_i$$

$$p_i(m_1, m_2, \ldots, m_n) = m_i$$

die *i–te Projektion* des kartesischen Produkts $M_1 \times M_2 \times \cdots M_n$.

Ist $I \subseteq \{1, 2, \ldots, n\}$ eine nichtleere Menge von Indizes, dann kann man die *Projektion auf die Indexmenge I* betrachten, das ist die Abbildung

$$p_I : M_1 \times M_2 \times \cdots M_n \to \times_{i \in I} M_i$$

$$p_I : (m_1, m_2, \ldots, m_n) = (m_{i_1}, m_{i_2}, \ldots, m_{i_k})$$

Hierbei ist $i_1 < i_2 < \ldots < i_k$ und $I = \{i_1, i_2, \ldots, i_k\}$ und

$$\times_{i \in I} M_i = M_{i_1} \times M_{i_2} \times \ldots \times M_{i_k}$$

das nach aufsteigenden Indizes gebildete Produkt der Mengen $M_i$.

**121 Beispiel**    PROJEKTIONEN
Sei $M_1 = \{a, b, c\}$, $M_2 = \{1, 2, 3\}$ und $M_3 = \{*, +\}$. Die Projektion $p_2$ der Menge $M_1 \times M_2 \times M_3$ ist die Abbildung $p_2 : M_1 \times M_2 \times M_3 \to M_2$. Es ist dann etwa $p_2(a, 2, +) = 2$, $p_2(a, 1, *) = 1$ und $p_2(c, 3, *) = 3$.

Die Projektion $p_{\{1,3\}}$ ist die Abbildung $p_{\{1,3\}} : M_1 \times M_2 \times M_3 \to M_1 \times M_3$. Es ist dann beispielsweise $p_{\{1,3\}}(a, 2, +) = (a, +)$, $p_{\{1,3\}}(a, 1, *) = (a, *)$ und $p_{\{1,3\}}(c, 3, *) = (c, *)$.

**122 Beispiel**    EIGENSCHAFTEN VON PROJEKTIONEN
Zeigen Sie, daß Projektionen surjektiv sind und untersuchen Sie, unter welchen speziellen Voraussetzungen Projektionen injektiv sind.

**123 Definition**    PROJEKTIONEN VON RELATIONEN
Sei nun $\Gamma \subseteq M_1 \times M_2 \times \cdots \times M_n$ eine Relation und $I \subseteq \{1, 2, \ldots, n\}$ eine Indexmenge. Dann ist die Menge $p_I(\Gamma)$, also das Bild der Menge $\Gamma$ unter der Abbildung $p_I$ wieder eine Relation, und zwar ist $p_I(\Gamma) \subseteq \times_{i \in I} M_i$.

**124 Beispiel**    PROJEKTIONEN VON RELATIONEN
Gegeben sei

$$
\begin{aligned}
M_1 &= \{ \text{Franz, Fritz, Gerhard, Markus}\} \\
M_2 &= \{ \text{Sekretär, Kellner, Arbeitsloser}\} \\
M_3 &= \{ \text{ledig, verheiratet}\} \\
\Gamma &= \{(\text{ Franz, Sekretär, verheiratet}), (\text{ Fritz, Sekretär, ledig}), \\
&\qquad (\text{ Gerhard, Kellner, ledig}), (\text{ Markus, Arbeitsloser, verheiratet})\}
\end{aligned}
$$

Die Interpretation von $\Gamma$ als Teil einer relationalen Datenbank ist unmittelbar klar.

Mit Projektion auf $I = \{2, 3\}$ erhalten wir die Relation

$$
\begin{aligned}
p_{\{2,3\}}(\Gamma) = \{&(\text{ Sekretär, verheiratet}), (\text{ Sekretär, ledig}), \\
&(\text{ Kellner, ledig}), (\text{ Arbeitsloser, verheiratet})\}
\end{aligned}
$$

Die Relation $\Gamma$ ist funktional, da es zu jeder Person genau ein Attributpaar ("Beruf", "Stand") gibt. $\Gamma$ kann also als Funktion $\Gamma : M_1 \to M_2 \times M_3$ interpretiert werden. Nach der Projektion ist die Relation $p_{\{2,3\}}(\Gamma)$ nicht mehr funktional, da es einen Beruf gibt (nämlich Sekretär), dem man zwei verschiedene Stände zuordnen müßte. Durch die Projektion wurde also Information verloren: Selbst wenn wir für jede Person den Stand wüßten, wäre daraus und aus der Projektion das ursprüngliche $\Gamma$ nicht mehr herstellbar. Mit solchen und ähnlichen Fragen beschäftigt sich die

Theorie relationaler Datenbanken.

**125 Beispiel** DATENBANK ALS RELATION
Ein Spital beherbergt Patienten, von denen bei jeder Aufnahme Name, Patientennummer, Adresse, Geburtsdatum, Aufnahmedatum und Aufnahmediagnose erfaßt werden. Ein Patient sei durch seine Patientennummer eindeutig identifiziert.

In welcher Relation können diese Daten gespeichert werden? Geben Sie das zugehörige kartesische Produkt an. Für statistische Untersuchungen soll eine Aufnahmedatei erstellt werden. Da die Datei aus Datenschutzgründen vorher anonymisiert werden muß, werden Name und Adresse gestrichen. Formulieren Sie diese Anonymisierung als Projektion. Geben Sie die folgenden Mengen deskriptiv und/oder als Projektionen an: Die Menge aller Aufnahmediagnosen, die Menge aller Patienten, die zum Zeitpunkt ihrer Aufnahme älter als 50 Jahre waren sowie die Menge aller Patienten, die mehr als einmal aufgenommen wurden.

# 4.6 Äquivalenzrelationen

**126 Definition** ÄQUIVALENZRELATION
Eine *Äquivalenzrelation (equivalence relation)* auf einer Menge $M$ ist eine binäre Relation $\Gamma \subseteq M \times M$ auf $M$, die *reflexiv, symmetrisch und transitiv* ist. Äquivalenzrelationen werden oft mit den Zeichen $\sim$, $\approx$, $\equiv$ oder $=$ notiert.

**127 Beispiel** GLEICHHEITSRELATION
Die Gleichheitsrelation $=_M$ auf einer Menge $M$ ist eine Äquivalenzrelation.

**128 Beispiel** KONGRUENZRELATION
Sei $m \in \mathsf{N}$ eine natürliche Zahl, die wir *Modul* nennen wollen. Die *Kongruenzrelation modulo m* ist die Relation $\equiv_m \subseteq \mathsf{N}_0 \times \mathsf{N}_0$, bei der $x \equiv_m y$ genau dann gilt, wenn $x$ und $y$ bei Division durch $m$ denselben Rest ergeben: $x \equiv_m y \Leftrightarrow \exists r \in \{0, 1, \ldots, m-1\}, n_x, n_y \in \mathsf{N}_0 : (x = n_x * m + r) \wedge (y = n_y * m + r)$. Wir lesen $x \equiv_m y$ als *x ist kongruent zu y modulo m*. Man sieht leicht, daß $\equiv_m$ eine Äquivalenzrelation auf $\mathsf{N}_0$ ist.

Für $m, k \in \mathsf{N}$ heißt die Menge $[k]_m := \{l \in \mathsf{N} \mid k \equiv_m l\}$ aller Zahlen, die bei Division durch $m$ denselben Rest wie $k$ haben, die *Kongruenzklasse* von $k$ unter dem Modul $m$. Es ist beispielsweise

$$[0]_2 = \{0, 2, 4, 6, 8, \ldots\} \qquad [1]_2 = \{1, 3, 5, 7, 9, \ldots\}$$
$$[2]_2 = \{0, 2, 4, 6, 8, \ldots\} \qquad [3]_2 = \{1, 3, 5, 7, 9, \ldots\}$$

Insbesondere ist $[0]_2 = [2]_2 = [4]_2 = [6]_2 = \ldots$ und $[1]_2 = [3]_2 = [5]_2 = [7]_2 = \ldots$.
Wir stellen die folgenden Eigenschaften von Kongruenzklassen fest:

(1) Zwei Kongruenzklassen sind genau dann gleich, wenn sie von kongruenten Elementen aus gebildet werden.

(2) Je zwei unterschiedliche Kongruenzklassen sind disjunkt.

(3) Keine Kongruenzklasse ist leer, denn sie enthält zumindest das sie erzeugende Element.

(4) Die Vereinigung aller Kongruenzklassen ergibt die ursprüngliche Menge $\mathsf{N}$.

**129  Definition**  PARTITIONEN VON MENGEN

Sei $M$ eine Menge. Eine *Partition (partition)* von $M$ ist eine Menge $P$ von Teilmengen von $M$, also $P \subseteq \mathcal{P}(M)$, für die folgende drei Eigenschaften gelten:

(1) Keine Teilmenge der Partition ist leer: $\emptyset \notin P$.

(2) Die Teilmengen der Partition sind paarweise disjunkt: $T_1, T_2 \in P \wedge T_1 \neq T_2 \Rightarrow T_1 \cap T_2 = \emptyset$

(3) Die Vereinigung aller Teilmengen der Partition ist die partitionierte Menge $M$:

$$\bigcup_{T \in P} T = M$$

**130  Definition**  ÄQUIVALENZKLASSEN

Sei $\sim \, \subseteq M \times M$ eine Äquivalenzrelation. Zu jedem Element $m \in M$ heißt die Menge $[m]_\sim := \{x \in M \mid x \sim m\}$ die vom Element $m$ erzeugte *Äquivalenzklasse (equivalence class)*. Jede Äquivalenzklasse ist eine Teilmenge von $M$. Die Menge $M \mid_\sim$ aller Äquivalenzklassen ist eine Teilmenge der Potenzmenge von $M$ und heißt der *Quotient (quotient)* der Menge nach der Äquivalenzrelation.

**131  Theorem**  PARTITIONEN UND ÄQUIVALENZRELATIONEN

Partitionen und Äquivalenzrelationen sind zwei unterschiedliche Aspekte derselben Sache:

Die Menge aller Äquivalenzklassen einer Menge $M$ unter einer Äquivalenzrelation $\sim$ ist eine Partition von $M$: Insbesondere ist keine Äquivalenzklasse $[m]_\sim$ leer, da sie zumindest das sie erzeugende Element $m$ enthält. Je zwei verschiedene Äquivalenzklassen haben einen leeren Durchschnitt und zwei Äquivalenzklassen $[m_1]_\sim$ und $[m_2]_\sim$ sind genau dann gleich, wenn sie äquivalent sind, also $m_1 \sim m_2$. Die Vereinigung aller Äquivalenzklassen ergibt die Menge $M$.

Ist umgekehrt $M$ eine Menge und $P$ eine Partition von $M$, dann ergibt sich diese Partition aus einer geeigneten Äquivalenzrelation auf $M$. Unter dieser Relation sind zwei Elemente genau dann äquivalent, wenn sie in derselben Menge der Partition liegen.

**132 Beispiel**   RELATIONEN ZWISCHEN PROGRAMMEN
Sei $X$ die Menge aller syntaktisch korrekten Fortran Programme, welche $n$ Eingabewerte lesen und anschließend entweder in eine Endlosschleife gehen oder einen Wert ausgeben. Betrachten Sie die folgenden Relationen:

(1) $\sim_1 \subseteq X \times X$ mit $P \sim_1 Q$ genau dann, wenn die Programme $P$ und $Q$ für dieselben Eingabewerte terminieren.

(2) $\sim_2 \subseteq X \times X$ mit $P \sim_2 Q$ genau dann, wenn die Programme $P$ und $Q$ für jene Eingabewerte, für die beide Programme terminieren, dieselben Ausgabewerte ergeben.

(3) $\sim_3 \subseteq X \times X$ mit $P \sim_3 Q$ genau dann, wenn die Programme $P$ und $Q$ für dieselben Eingabewerte terminieren und dann auch dieselben Ausgabewerte liefern.

(4) $\sim_4 \subseteq X \times X$ mit $P \sim_4 Q$ genau dann, wenn die Programme $P$ und $Q$ beide für jede Eingabe terminieren und dann die selben Ergebnisse liefern.

Welche dieser Relationen sind Äquivalenzrelationen?

**133 Definition**   MÄCHTIGKEIT
Zwei Mengen $A$ und $B$ heißen *gleichmächtig*, wenn es eine Bijektion zwischen ihnen gibt. Eine Menge $A$ heißt *abzählbar unendlich (countably infinite)*, wenn sie unendlich viele Elemente enthält und gleichmächtig zur Menge $\mathsf{N}$ der natürlichen Zahlen ist. Sie heißt *abzählbar (countable)*, wenn sie endlich oder abzählbar unendlich ist. Eine unendliche Menge, die nicht abzählbar ist, nennt man *überabzählbar (uncountable)*.

**134 Theorem**   CANTORSCHES DIAGONALVERFAHREN FÜR REELLE ZAHLEN
Die Menge der reellen Zahlen zwischen 0 und 1 ist überabzählbar.

BEWEIS:
Wir zeigen diese Behauptung durch einen *indirekten Beweis*: Dazu nehmen wir an, es sei möglich, alle reellen Zahlen zwischen 0 und 1 abzählen. Wir werden zeigen, daß diese Annahme auf einen Widerspruch führt: Somit muß sie falsch gewesen sein.

Wir nehmen also an, es gäbe eine Bijektion $a : \mathsf{N} \to (0,1)$. Stellen wir die reellen Zahlen in Dezimalschreibweise dar, so erhalten wir eine Tabelle folgender Form:

$$a(1) = 0.a_1^1 a_1^2 a_1^3 a_1^4 \ldots$$
$$a(2) = 0.a_2^1 a_2^2 a_2^3 a_2^4 \ldots$$
$$a(3) = 0.a_3^1 a_3^2 a_3^3 a_3^4 \ldots$$
$$a(4) = 0.a_4^1 a_4^2 a_4^3 a_4^4 \ldots$$
$$\ldots$$
$$\ldots$$

Wir benutzen nie Darstellungen mit der Periode 9, um mehrdeutige Darstellungen von reellen Zahlen, wie etwa $0.01 = 0.009999\ldots$ zu vermeiden. $a(i)$ ist die $i$–te Dezimalzahl der Kolonne, sie hat die Dezimaldarstellung $a(i) = 0.a_i^1 a_i^2 a_i^3 a_i^4 \ldots$. Nun bilden wir die folgende *Diagonalzahl*: $d := 0.a_1^1 a_2^2 a_3^3 a_4^4 a_5^5 \ldots$ $d$ ist also jene Zahl, welche in der "links-oben-rechts-unten" Diagonale, die auch *Hauptdiagonale* der Tabelle heißt, steht. Jetzt werden wir diese Zahl verändern: Jede Dezimalstelle in $d$ wird um eins weitergezählt. Aus 0 wird 1, aus 1 wird 2, usw, aus 9 wird wieder 0, es erfolgt dabei aber *kein* Übertrag auf die nächst höhere Stelle. Nach Veränderung aller Dezimalstellen erhalten wir eine neue Zahl $d'$. Diese Zahl ist wieder eine reelle Zahl zwischen 0 und 1, sie steht aber nicht in dieser Tabelle, da sie sich jeweils von der $i$–ten Zahl $a(i)$ an der $i$–ten Stelle $a_i^i$ unterscheidet. Dies ist ein Widerspruch zur Annahme, daß eine solche Tabelle möglich wäre, respektive daß $a$ surjektiv sein könnte. $\square$

**135 Theorem**    CANTORSCHES DIAGONALVERFAHREN FÜR FUNKTIONEN
Die Menge aller Funktionen vom Typus $f : \mathsf{N} \to \mathsf{N}$ ist überabzählbar.

BEWEIS:
Wieder arbeiten wir mit einem indirekten Beweis. Wir nehmen an, es gäbe eine Bijektion von $\mathsf{N}$ auf diese Menge von Funktionen: $\{f(1), f(2), f(3), \ldots\}$ wäre dann die Menge aller dieser Funktionen und $f(3)(17)$ wäre die dritte Funktion im Sinne dieser Aufzählung, angewandt auf das Argument 17. Nun bilden wir die *Diagonalfunktion* $d$ durch $d(i) := f(i)(i)$ und verändern sie zu einer Funktion $d'$ mit $d'(i) := d(i) + 1 = f(i)(i) + 1$. Diese Funktion $d'$ ist wieder eine Funktion des Typus $\mathsf{N} \to \mathsf{N}$. $f$ ist nicht surjektiv, da die modifizierte Diagonalfunktion $d'$ nicht in ihrem Bild auftaucht. Wäre nämlich $d' = f(j)$ für ein geeignetes $j$, dann wären diese zwei Funktionen für alle Argumente gleich, also auch im Argument $j$. Aufgrund $d'(j) = f(j)(j) + 1 \neq f(j)(j)$ führt dies auf einen Widerspruch. $\square$

**136 Bemerkung**    PROGRAMM- UND FUNKTIONSMENGEN
Die Menge aller syntaktisch korrekten Pascal Programme ist abzählbar. Hierzu betrachte man der Reihe nach alle Wörter der Länge 1, dann der Länge 2, dann der Länge 3 usw. in alphabetischer Anordnung. Anschließend streiche man alle Wörter, die kein syntaktisch korrektes Pascal Programm darstellen und man erhält eine Aufzählung aller Pascal Programme. Die Menge aller Funktionen des Typus

$N \to N$ ist aber nicht abzählbar. Der Leser vermutet richtig, daß es somit viele Funktionen geben muß, die nicht durch ein Pascal Programm berechnet werden können.

**137 Beispiel** MÄCHTIGKEIT

(1) Beweisen Sie, daß zwei endliche Mengen genau dann gleichmächtig sind, wenn sie gleich viele Elemente besitzen.

(2) Sei $\mathcal{M}$ eine Menge von Mengen und $\simeq \subseteq \mathcal{M} \times \mathcal{M}$ die Relation der Gleichmächtigkeit: Für zwei Mengen $A, B \in \mathcal{M}$ gelte $A \simeq B$ genau dann, wenn es eine Bijektion $f : A \to B$ gibt. Zeigen Sie, daß die Relation $\simeq$ eine Äquivalenzrelation ist. Eine *Kardinalzahl* ist eine Äquivalenzklasse unter $\simeq$. Was bedeutet das anschaulich?

(3) Zeigen Sie, daß die Menge der geraden Zahlen, die Menge der Primzahlen und die Menge aller Pascal Programme abzählbar sind.

# 4.7 Hüllen

**138 Definition** TRANSITIVE HÜLLE
Sei $M$ eine Menge und $\Gamma \subseteq M \times M$ eine Relation. Die *transitive Hülle (transitive closure)* von $\Gamma$ ist die Relation $< \Gamma >_t \subseteq M \times M$, definiert durch

$$(x,y) \in < \Gamma >_t \Leftrightarrow \begin{cases} (x,y) \in \Gamma & \text{oder} \\ \exists t_1 \in M : (x,t_1),(t_1,y) \in \Gamma & \text{oder} \\ \exists t_1, t_2 \in M : (x,t_1),(t_1,t_2),(t_2,y) \in \Gamma & \text{oder} \\ \qquad\qquad\qquad\qquad\qquad\qquad\qquad \vdots \end{cases}$$

Knapper kann man schreiben:

$$(x,y) \in < \Gamma >_t \Leftrightarrow (x,y) \in \Gamma \lor \exists n \in N :$$

$$\exists t_1, t_2, \ldots, t_n : (x,t_1),(t_1,t_2),\ldots,(t_{n-1},t_n),(t_n,y) \in \Gamma$$

**139 Beispiel** DAS PROBLEM DER ZUGVERBINDUNGEN
Sei $M$ eine Menge von Städten und $\Gamma \subseteq M \times M$ eine Relation, welche die bestehenden Zugsverbindungen beschreibt: $(m_1, m_2) \in \Gamma$ genau dann, wenn es einen Zug gibt, der von der Stadt $m_1$ ohne Halt in die Stadt $m_2$ fährt. Nun seien zwei Städte $s_1$ und $s_2$ gegeben. Offensichtlich kann man von $s_1$ genau dann mit Zugverbindungen nach $s_2$ kommen, wenn $(s_1, s_2)$ in der transitiven Hülle von $\Gamma$ liegt.

**140 Beispiel**   Komponenten–Problem

Sei $T$ eine Menge von Einzelteilen und halbfertigen Teilen für eine Konstruktion, etwa ein Auto. Eine binäre Relation $\Gamma \subseteq T \times T$ beschreibe das Verhältnis des "Eingebautwerdens als Komponente". Für zwei Teile $t_1$ und $t_2$ gilt $(t_1, t_2) \in \Gamma$ genau dann, wenn das Teil $t_1$ beim Zusammenbau des Teils $t_2$ unmittelbar benötigt wird.

Im Beispiel eines Autos gilt etwa ( ABS-Kontrollrechner, ABS-System ) $\in \Gamma$ und ( ABS-System, Bremsanlage ) $\in \Gamma$ aber ( ABS-Kontrollrechner, Bremsanlage ) $\in \Gamma$ gilt nicht, da beim Zusammenbau der Bremsanlage auf dem Fließband das ABS-System bereits zusammengesetzt sein muß.

Nun seien zwei Teile $s_1$ und $s_2$ gegeben. Der Teil $s_1$ ist im Teil $s_2$ genau dann als mittelbarer oder unmittelbarer Bestandteil enthalten, wenn $(s_1, s_2)$ in der transitiven Hülle der Komponentenrelation $\Gamma$ liegt.

Seine besondere Bedeutung und seinen Namen erhielt dieses Problem von Datenbanken im Fertigungsbereich. Mit der Datenbankabfragesprache SQL in der ursprünglichen, nicht erweiterten Form, war es nämlich nicht möglich, eine Abfrage (query) so zu formulieren, daß sich eine Antwort auf das Komponentenproblem *Welche Teile sind alle im Teil X enthalten?* ergab. Da ein Datenbanksystem solche Fragen aber beantworten sollte, mußte SQL erweitert werden.

**141 Beispiel**   Auswertung eines Spreadsheets

Gegeben sei eine Menge $Z$ von Zellen eines Spreadsheets. $\Gamma \subseteq Z \times Z$ beschreibe die Zellzusammenhänge in der folgenden Art und Weise: $(z_1, z_2) \in \Gamma$ genau dann, wenn der Wert der Zelle $z_1$ in der Formel referenziert wird, die in der Zelle $z_2$ steht. Welche Relation drückt nun aus, daß eine Zelle $z_1$ einen Einfluß auf eine Zelle $z_2$ haben kann, daß sich also bei Änderung des Wertes von $z_1$ und Neuberechnung der Spreadsheet Werte eine Änderung von $z_2$ ergeben kann?

**142 Definition**   Wichtige Hüllen

Sei $M$ eine Menge und $\Gamma \subseteq M \times M$ eine Relation. Die *symmetrische Hülle (symmetric closure)* von $\Gamma$ ist die Relation $< \Gamma >_s \subseteq M \times M$, definiert durch

$$(x, y) \in < \Gamma >_s \Leftrightarrow (x, y) \in \Gamma \vee (y, x) \in \Gamma$$

Äquivalent dazu ist die Definition $< \Gamma >_s := \Gamma \cup \Gamma^*$.

Die *reflexiv-transitive Hülle (reflexive transitive closure)* von $\Gamma$ ist die Relation $< \Gamma >_{rt} \subseteq M \times M$, definiert durch

$$(x, y) \in < \Gamma >_{rt} \Leftrightarrow (x, y) \in < \Gamma >_t \vee x = y$$

Äquivalent dazu ist $< \Gamma >_{rt} := < \Gamma >_t \cup \Delta_M$.

Die *reflexiv-symmetrisch-transitive Hülle (reflexive symmetric transitive closure)* von $\Gamma$ ist die Relation $< \Gamma >_{rst} \subseteq M \times M$, die als die reflexiv-transitive Hülle der symmetrischen Hülle definiert ist. Sie ist die kleinste Erweiterung der Relation $\Gamma$, die eine Äquivalenzrelation ist.

## 143 Beispiel   HÜLLEN

Geben Sie zu der Relation $\{(1,2),(2,3),(3,4)\}$ auf der Menge $\{1,2,3,4,5\}$ die transitive, die symmetrische, die reflexiv-transitive und die reflexiv-transitiv-symmetrische Hülle an. Letztere ist eine Äquivalenzrelation. Geben Sie ihre Äquivalenzklassen und die durch sie erzeugte Partitionierung dieser Menge an.

Bilden Sie die reflexive Hülle der Relation $\{(a,b)\}$. Ist diese Aufgabe so korrekt gestellt?

## 144 Bemerkung   EIGENSCHAFTEN VON HÜLLEN

Sei $M$ eine Menge, $\Phi \subseteq M \times M$ eine Relation und $< \Phi >_t \subseteq M \times M$ die transitive Hülle von $\Phi$. Man beobachtet:

(1) Die transitive Hülle $< \Phi >_t$ von $\Phi$ ist eine *Erweiterung (extension)* von $\Phi$, das heißt $< \Phi >_t \supseteq \Phi$. Ist nämlich ein Paar $(x,y)$ in Relation, also $(x,y) \in \Phi$, so ist es auch in der transitiven Hülle, also $(x,y) \in< \Phi >_t$. Bilden der transitiven Hülle macht eine Relation größer.

(2) Die transitive Hülle von $\Phi$ ist die kleinste Teilmenge des kartesischen Produkts $M \times M$, welche die Relation $\Phi$ enthält und transitiv ist.

(3) Die transitive Hülle von $\Phi$ ist der Durchschnitt aller Relationen, die $\Phi$ enthalten und transitiv sind.

(4) Die transitive Hülle ist eine transitive Relation. Dies ist vom Namen her zwar zu erwarten, von unserer Definition her aber keineswegs selbstverständlich und muß deshalb auch gesondert bewiesen werden.

Analoge Aussagen gelten für alle anderen Hüllen, die über einer geeigneten Eigenschaft $P$, etwa "transitiv" oder "symmetrisch", gebildet werden können. Man kann aber nicht zu jeder Eigenschaft eine Hülle bilden.

# 5 Graphen

## 5.1 Elementare Definitionen

Ein Graph ist *anschaulich* eine Zeichnung aus Strichen und Punkten, wobei die Striche je 2 Punkte verbinden und noch Pfeilspitzen zur Orientierung tragen können. Mathematisch-formal gesprochen ist diese Definition wertlos: Was ist eine "Zeichnung"? Was sind "Striche"? Sind nur gerade oder auch krumme "Striche" zugelassen? Was sind "Punkte"? Mathematisch-intuitiv gesprochen ist diese Definition jedoch sehr gut.

Die zentralen *Ideen* des Graphenkonzepts sind also *Eckpunkte (Knoten, Ecken, Punkte; nodes, points, vertices, aber nicht: edges)*, und *Verbindungskanten (edges)*. Zu jeder Kante gibt es *zwei Punkte*, die durch diese Kante verbunden werden.

*Entscheidungen*, die zu unterschiedlichen Definitionen von "Graphen" führen:

(1) GERICHTETE – UNGERICHTETE KANTEN.
   Wenn ich eine Kante betrachte, so weiß ich, welche zwei Punkte sie verbindet. Bei den *gerichteten Kanten (directed edges)* von *Digraphen* kann man unterscheiden, welcher Punkt der Anfangspunkt und welcher der Endpunkt einer Kante ist, ich kann der Kante also eine Richtung geben. Bei *ungerichteten Kanten (undirected edges)* von *Graphen* ist dies nicht möglich.

(2) MEHRFACHKANTEN – EINFACHKANTEN.
   Bei *Multigraphen* können zwischen zwei Punkten *mehrere Kanten (Mehrfachkanten; multiple edges)* verlaufen, bei Graphen jeweils höchstens eine.

(3) SCHLAUFEN.
   Ein Graph hat *Schlaufen (Schleifen; loops)*, wenn es Kanten gibt, die einen Punkt mit sich selber verbinden.

Graphen haben in der Informatik und anderen Wissenschaften eine extrem große Bedeutung: Flußdiagramme, Fahrpläne und Flugpläne, Computernetzwerke, Datenflußgraphen, PETRI–Netze, Entity–Relationship–Diagramme, elektrische Schaltpläne, integrierte Schaltungen, chemische Strukturformeln, Straßenkarten, Projektab-

laufpläne, semantische Netze, Zuteilungsgraphen, Kompatibilitätsgraphen, Status–
Übergangs–Diagramme, Syntaxdiagramme von Computersprachen und Entschei-
dungsbäume können alle durch Graphen beschrieben werden.

Je nachdem, welche der oben angeführten Eigenschaften modelliert werden sollen,
erhält man stark unterschiedliche Definitionen von Graphen. Man hat deshalb oft
das Gefühl, in der Literatur finde sich ein Dschungel inkonsistenter Definitionen.
Konzentriert man sich aber nicht auf den Formalismus, sondern auf die wesentlichen inhaltlichen Aspekte, so lichtet sich dieser Dschungel beträchtlich.

**145  Definition**   GRAPHEN
Konzept: Ungerichtete Einfachkanten, keine Schlaufen.

Ein *Graph (graph)* ist ein Paar $(E, V)$ aus einer Menge $E$ von *Eckpunkten* und einer
Menge $V$ von *zweielementigen Teilmengen* von $E$. Sind $e_1, e_2 \in E$ zwei Eckpunkte
und ist die Menge $\{e_1, e_2\}$ Element der Menge $V$, so bedeutet das, daß eine Kante
die (voneinander unterschiedlichen) Eckpunkte $e_1$ und $e_2$ verbindet. Da es bei Mengen nicht auf die Reihenfolge ankommt, also $\{e_1, e_2\} = \{e_2, e_1\}$ gilt, kann keine
Richtungsinformation abgelesen werden.

Eine andere, äquivalente Definition lautet: Ein *Graph* ist ein Paar $(E, \Gamma)$ aus einer
Menge $E$ von *Eckpunkten* und einer *symmetrischen, irreflexiven Relation* $\Gamma \subseteq E \times E$
auf $E$. Sind $e_1, e_2 \in E$ zwei Eckpunkte und ist $(e_1, e_2) \in \Gamma$, dann sind $e_1$ und $e_2$
durch eine Kante verbunden. Aufgrund der Symmetrie der Relation $\Gamma$ kann keine
Richtungsinformation abgelesen werden.

**146  Definition**   DIGRAPHEN
Konzept: Gerichtete Einfachkanten, keine Schlaufen.

Ein *Digraph (gerichteter Graph, directed graph, digraph)* ist ein Paar $(E, \Gamma)$ aus
einer Menge $E$ von *Eckpunkten* und einer *irreflexiven Relation* $\Gamma \subseteq E \times E$ auf $E$.
Sind also $e_1, e_2 \in E$ zwei Eckpunkte und ist das geordnete Paar $(e_1, e_2)$ in Relation,
so führt eine gerichtete Kante vom Punkt $e_1$ als Anfangspunkt zum Punkt $e_2$ als
Endpunkt. Das gespiegelte Paar $(e_2, e_1)$ ist nicht notwendigerweise in der Relation.

**147  Definition**   UNGERICHTETE MULTIGRAPHEN
Konzept: Ungerichtete Mehrfachkanten, keine Schlaufen.

Ein *ungerichteter Multigraph* ist ein Tripel $(E, V, \alpha)$ aus einer Menge $E$ von *Eck-*
*punkten*, einer Menge $V$ von *Verbindungskanten* und einer *Abbildung* $\alpha$ von $V$ in
die Menge der zweielementigen Teilmengen von $E$. Ist also $v \in V$ eine Verbindungskante und $\alpha(v) = \{e_1, e_2\}$ mit $e_1, e_2 \in E$, $e_1 \neq e_2$, so bedeutet das, daß die Kante

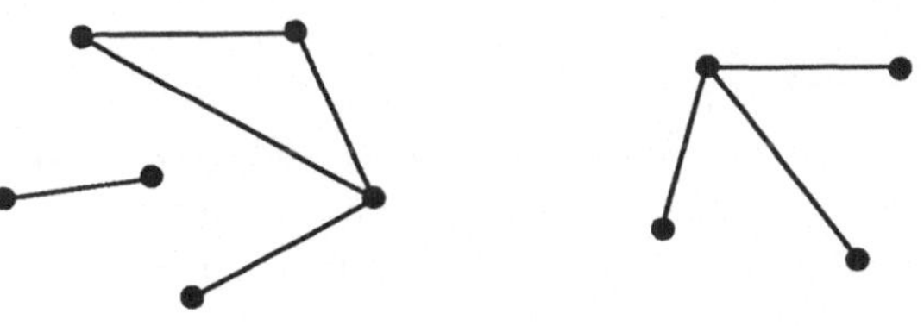

**Abb. 1**  Graph und Digraph.

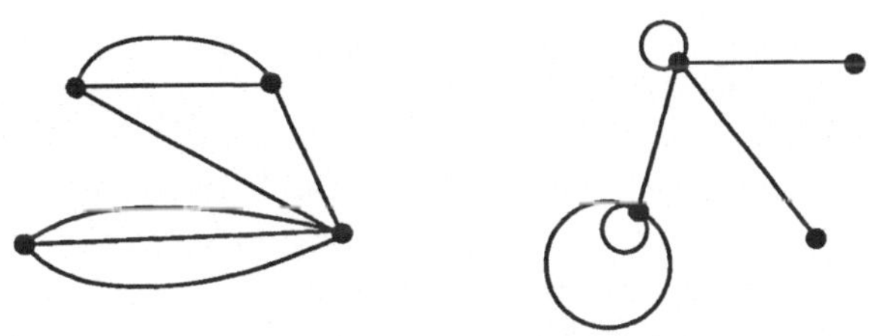

**Abb. 2**  Multigraphen ohne und mit Schlaufen.

$v$ die voneinander unterschiedlichen Eckpunkte $e_1$ und $e_2$ verbindet. Wie in Definition 145 kann keine Richtungsinformation abgelesen werden.

**148  Definition**  GERICHTETE MULTIGRAPHEN MIT SCHLAUFEN
Konzept: Gerichtete Mehrfachkanten, Schlaufen sind möglich.

Ein *gerichteter Multigraph mit Schlaufen* ist ein Tripel $(E, V, \alpha)$ aus einer Menge $E$ von *Eckpunkten*, einer Menge $V$ von *Verbindungskanten* und einer *Abbildung* $\alpha : V \to E \times E$ von $V$ in die Menge $E \times E$ der geordneten Paare von Eckpunkten. Ist also $v \in V$ eine Verbindungskante und $\alpha(v) = (e_1, e_2)$ mit $e_1, e_2 \in E$, so bedeutet das, daß die Kante $v$ die Eckpunkte $e_1$ und $e_2$ verbindet und die Kante insbesondere von $e_1$ nach $e_2$ geht. $v$ ist eine *Schlaufe beim Eckpunkt e*, falls $\alpha(v) = (e, e)$.

**149  Definition**  GRAD EINES ECKPUNKTES
In jedem der obigen Graphenkonzepte bezeichnet man die Anzahl Kanten, die im Zusammenhang mit einem Eckpunkt auftreten, als den *Grad (degree)* dieses Eckpunktes. Wir wollen im Folgenden stets annehmen, daß ein Graph nur endlich viele Eckpunkte und Verbindungskanten besitzt.

# 5.2  Spezielle Graphen

**150  Definition**    VOLLSTÄNDIGE GRAPHEN
Ein Graph heißt *vollständig (complete)*, wenn jede theoretisch mögliche Verbindungskante tatsächlich eine Verbindungskante ist, wenn also je zwei verschiedene[1] Punkte durch eine Verbindungskante verbunden sind: $\forall x, y \in E, x \neq y : (x, y) \in \Gamma$.

Ist $n \in \mathsf{N}$ eine natürliche Zahl, dann bezeichnet $K_n$ den vollständigen Graphen $(E, \Gamma)$ mit $n$ Eckpunkten. Eigentlich gibt es ja mehrere solche Graphen, je nach Bezeichnung der Eckpunkte, "im wesentlichen" sehen diese Graphen aber "gleich aus". Eine präzisere Definition davon geben wir etwas später.

**151  Definition**    BIPARTITE GRAPHEN
Ein Graph $(E, V)$ heißt ein *bipartiter (bipartite)* Graph, wenn die Menge seiner Eckpunkte so in zwei nichtleere, disjunkte Teilmengen $A$ und $B$ zerlegt werden kann, daß jede Kante einen Eckpunkt in $A$ mit einem Eckpunkt in $B$ verbindet: Es führt also keine Kante von $A$ nach $A$ oder von $B$ nach $B$. $\{A, B\}$ ist in diesem Fall eine Partition der Menge $E$ der Eckpunkte und heißt eine *Bipartition (bipartitioning)* des Graphen $(E, V)$. Formal: $E = A \cup B$ mit $A, B \neq \emptyset$, $A \cap B = \emptyset$ und $\forall v \in V : \#(v \cap A) = \#(v \cap B) = 1$.

Ein Graph $(E, V)$ heißt ein *vollständiger bipartiter (complete bipartite)* Graph, wenn die Menge seiner Eckpunkte in zwei nichtleere, disjunkte Teilmengen $A$ und $B$ zerlegt werden kann, daß die Menge seiner Kanten genau aus der Menge aller Kanten, die zwischen $A$ und $B$ möglich sind, besteht. Formal: $E = A \cup B$ mit $A, B \neq \emptyset$, $A \cap B = \emptyset$ und $V = \{(a, b) \mid a \in A \wedge b \in B\}$.

Zu je zwei natürlichen Zahlen $\alpha, \beta \in \mathsf{N}$ gibt es "im wesentlichen" genau einen vollständigen bipartiten Graphen, dessen Eckpunktmenge in eine Menge $A$ mit $\alpha$ Elementen und eine Menge $B$ mit $\beta$ Elementen partitioniert werden kann. Dieser Graph wird mit $K_{\alpha, \beta}$ bezeichnet.

**152  Definition**    ZUORDNUNGEN
Sei $(E, V)$ ein bipartiter Graph mit Bipartition $(A, B)$. Welche Situationen wechselseitiger Zuordnungen von Elementen in $A$ zu Elementen in $B$ sind möglich?

Eine *Zuordnung (matching)* ist eine Menge $M \subseteq V$ von Kanten mit paarweise verschiedenen Endpunkten: $\forall v_1, v_2 \in M, v_1 \neq v_2 : v_1 \cap v_2 = \emptyset$. Anschaulich ist die Menge $M$ von Kanten eine Beschreibung von Zuordnungen – jede Kante ist ja eine solche Zuordnung – die gleichzeitig und konfliktfrei möglich sind. Jedem Element

---

[1]Wir sprechen ja von Graphen und nicht von Graphen mit Schlaufen.

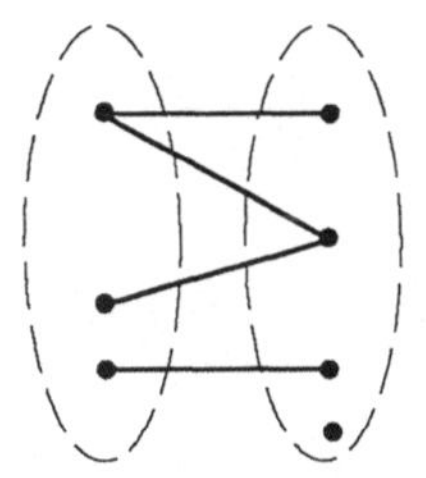 

**Abb. 3**  Bipartiter und vollständiger Graph.

von $A$, das in der Zuordnung auftaucht, ist nur ein Element von $B$ zugeordnet, und umgekehrt.

Eine Zuordnung heißt *vollständig (complete) für die Menge $A$*, wenn jedes Element $a \in A$ in einer und somit in genau einer Kante der Zuordnung auftaucht: $\forall a \in A : \exists v \in M : a \in v$. Anschaulich bedeutet das eine Zuordnung, in der *jedem* Element der Menge $A$ ein Element der Menge $B$ zugeordnet wird. In der formalen Definition kann statt $\exists$ auch $\exists_1$ stehen. Die Eindeutigkeit wird ja bereits durch die Tatsache garantiert, daß es sich um eine Zuordnung handelt.

Eine Zuordnung heißt *perfekt (perfect)*, wenn sie für beide Mengen vollständig ist.

**153 Theorem**   EXISTENZ VON ZUORDNUNGEN
In einem bipartiten Graphen $(E, V)$ mit Bipartition $(A, B)$ gibt es

(1) eine für $A$ *vollständige Zuordnung* genau dann, wenn es für jede Teilmenge $C \subseteq A$ von $A$ mindestens $\#(C)$ Elemente in $B$ gibt, die mit den Elementen in $C$ über die Kanten des Graphen verbunden sind.

(2) eine *perfekte Zuordnung* genau dann, wenn es für jede Teilmenge $C \subseteq A$ von $A$ mindestens $\#(C)$ Elemente in $B$ gibt, die mit den Elementen in $C$ über die Kanten des Graphen verbunden sind, und $A$ und $B$ gleich viele Elemente haben.

**154 Beispiel**   VERGABE VON BETRIEBSMITTELN
In einem Rechenzentrum stehen vier Bandstationen. Station 1 kann Bänder hoher und niedriger Schreibdichte lesen, Station 2 Bänder hoher und mittlerer Schreibdichte, die Stationen 3 und 4 sind älter und können nur Bänder niedriger Schreibdichte lesen. Alle vier Stationen sind unbelegt. Dem Betriebssystem liegen folgende vier Anforderungen für Betriebsmittel vor: Prozeß A will eine Bandstation für high density, Prozeß B eine Bandstation für low density, Prozeß C will von einem high-density Band lesen und anschließend auf ein low-density Band schreiben, möchte

also eine Station, die beide Dichten lesen kann, Prozeß D letztlich will zuerst Eingaben von einem medium-density Band lesen und dann das Programm von einem high-density Band einlesen.

(1) Welche graphentheoretische Struktur eignet sich am besten zur Modellierung dieser Situation?

(2) Ist eine Vergabe von Betriebsmitteln möglich, bei der kein Prozeß warten muß? Wenn ja, wie sieht diese aus, wenn nein, warum nicht?

(3) In welchem Zusammenhang steht die Vergabe von Betriebsmitteln mit dem bekanntesten Problem der Zuordnungstheorie, dem in der Folge dargestellten Heiratsproblem?

**155  Beispiel**    HEIRATSPROBLEM

Sei $B$ eine Menge von Buben und $M$ eine Menge von Mädchen. $B$ und $M$ sind natürlich disjunkt. Für jeden Buben $b \in B$ ist die Menge $M_b$ die Menge aller Mädchen, die er kennt. Jeder Bub kann mit einem Mädchen, das er kennt, verheiratet werden, genau dann, wenn die folgende Bedingung erfüllt ist: Zu jeder Menge $C \subseteq B$ von Buben ist $\#(\bigcup_{b \in C} M_b) \geq \#(C)$.

Genauer: Zu jedem Bub gibt es genau ein Mädchen, das er heiratet. Ein Mädchen kann von höchstens einem Bub geheiratet werden. Jeder Bub heiratet, Mädchen dürfen aber ledig bleiben.

Beweisen Sie das Kriterium unter Anwendung des Theorems über die Existenz von Zuordnungen.

Diese Fragestellung kann auch anders formuliert werden und ist dann für den Informatiker von Bedeutung: Sei $B$ eine Menge von Informatikanwendungen und $M$ eine Menge von Rechnern. Für jede Anwendung $b \in B$ bezeichne $M_b$ die Menge der Rechner, auf denen diese Anwendung laufen kann. Unter welcher Voraussetzung kann man jeder Anwendung genau einen Rechner zuordnen, ohne daß Multitasking mehrerer Anwendungen auf einem Rechner erforderlich wäre?

**156  Definition**    ZYKLEN UND ZÖPFE

Ein *Zyklus (cycle)* der Ordnung $n \in \mathsf{N}$ ist ein Graph $(E, \Gamma)$ aus $n$ Eckpunkten mit $E = \{e_1, e_2, \ldots, e_n\}$ und $\Gamma = < \{(e_1, e_2), (e_2, e_3), \ldots, (e_{n-1}, e_n), (e_n, e_1)\} >_s$. Zu jedem $n \in \mathsf{N}$ gibt es "im wesentlichen" genau einen Zyklus $Z_n$ der Ordnung $n$. Das ist der Graph $(E, V)$ mit $E = \{1, 2, \ldots, n\}$ und $V = \{\{1, 2\}, \{2, 3\}, \ldots, \{n-1, n\}, \{n, 1\}\}$.

Sei $(E, \Gamma)$ ein Zyklus der Ordnung $n$. Dann ist $(E, \Gamma_2)$ mit $\Gamma_2 \subseteq E \times E$ und $\Gamma_2 := \Gamma \cup (\Gamma \circ \Gamma)$ ein *Zopf der Ordnung $n$ zum Verzopfungsgrad 2*. Insbesondere ist $(x, y) \in \Gamma_2$ genau dann, wenn $(x, y) \in \Gamma$ oder wenn ein $z \in E$ existiert mit $(x, z) \in \Gamma$ und $(z, y) \in \Gamma$.

Allgemein ist der Graph $(E, \Gamma_n)$ mit $\Gamma_n \subseteq E \times E$ und $\Gamma_n = \Gamma \cup \Gamma^2 \cup \Gamma^3 \cup \cdots \cup \Gamma^n$, wobei hier mit $\Gamma^k$ die $k$–fache Ausführung der Komposition der Relation $\Gamma$ mit sich selbst gemeint ist, ein *Zopf der Ordnung $n$ zum Verzopfungsgrad $k$*.

**157  Beispiel**  ZÖPFE DER ORDNUNG 5
Betrachten Sie alle Zöpfe der Ordnung 5: Geben sie $E$ und $\Gamma \subseteq E \times E$ für einen Zyklus der Ordnung 5 an, und zeichnen Sie diesen Graph. Bestimmen Sie die Relation $\Gamma_2$ nach obiger Definition durch Komposition der Relationen. Zeichnen Sie den Zopf der die Ordnung 5 und den Verzopfungsgrad 2 besitzt. Ist der sich ergebende Graph der vollständige Graph der Ordnung 5? Warum? Bestimmen Sie die Relationen $\Gamma_3, \Gamma_4, \ldots$ nach obiger Definition. Was sind das für Graphen?

**158  Beispiel**  VERZOPFUNG VON ZYKLEN
Beginnend mit einem Zyklus der Ordnung $n$ werden Zöpfe der Ordnung $n$ von immer höherem Verzopfungsgrad betrachtet: Überlegen und begründen Sie, weshalb ab einem gewissen Verzopfungsgrad $k$ alle Zöpfe der Ordnung $n$ gerade die vollständigen Graphen der Ordnung $n$ sind. Geben Sie für $n = 4, 5, \ldots, 10$ diesen kleinsten "vollständigen" Verzopfungsgrad an. Geben Sie eine allgemeine Formel für diesen kleinsten Verzopfungsgrad an, und begründen Sie diese.

**159  Definition**  HYPERWÜRFEL
Der *Hyperwürfel (hypercube) der Dimension $n$* ist der Graph $(E, \Gamma)$, $E = \{0, \ldots, 2^n - 1\}$ und $(x, y) \in \Gamma$ genau dann, wenn sich die Darstellung von $x$ und $y$ als Binärzahl in genau einem Bit unterscheidet.

**160  Beispiel**  HYPERWÜRFEL
Untersuchen Sie die Struktur des Hyperwürfels näher:

(1) Zeichnen Sie für $n = 0, 1, 2, 3, 4$ den Graphen $(E, \Gamma)$ des Hyperwürfels auf.

(2) Wenn $x$ und $y$ zwei Eckpunkte eines Hyperwürfels sind, dann heißt die minimale Länge der möglichen Verbindungswege von $x$ nach $y$ der *Abstand* von $x$ und $y$. Zeigen Sie, daß der maximale Abstand zweier Eckpunkte im Hyperwürfel gleich der Dimension des Hyperwürfels ist.

(3) Seien $x$ und $y$ zwei Eckpunkte eines Hyperwürfels. Wie kann man den Abstand von $x$ und $y$ unmittelbar aus der Binärdarstellung von $x$ und $y$ ablesen?

(4) Falls $X$ und $Y$ zwei gleich lange Zeichenketten sind, dann heißt die Anzahl der Positionen, an denen unterschiedliche Zeichen stehen, der HAMMING–*Abstand* dieser Zeichenketten. Berechnen Sie den HAMMING–Abstand der Zeichenketten 0100 und 0011. In welchem Zusammenhang steht der HAMMING–Abstand mit dem Abstand von Eckpunkten im Hyperwürfel?

(5) Seien $x$ und $y$ zwei Eckpunkte eines Hyperwürfels im Abstand $d$. Wieviele unterschiedliche Verbindungswege minimaler Länge gibt es zwischen $x$ und $y$ ? Untersuchen Sie das zuerst an Beispielen, und stellen Sie dann eine allgemeine Formel auf. Benutzen Sie dazu Aufgabe (3). Beweisen Sie diese Formel mit vollständiger Induktion für Hyperwürfel beliebiger Dimension und für beliebiges $d$.

(6) Sie sind Postbote in einem Hyperwürfel und sollen einen Brief von einem Punkt $x$ zu einem Punkt $y$ transportieren. Anstelle einer Straßenkarte haben Sie nur die Adressen $x$ und $y$ in Binärdarstellung gegeben. Wie finden Sie rasch einen Weg minimaler Länge zum Zielpunkt? Betrachten Sie wiederum zuerst ein konkretes Beispiel, und formulieren Sie dann eine allgemeine Regel.

**161 Bemerkung**    HYPERWÜRFEL ALS VERBINDUNGSSTRUKTUR
Hyperwürfel werden sehr gerne als Verbindungsstruktur in Multiprozessorsystemen eingesetzt, etwa beim "Intel Hypercube" oder in der "Connection Machine CM–2". Die Knoten sind dabei Rechner, die Verbindungskanten sind Kommunikationskanäle. Die Verbindungsstruktur eines Hyperwürfels weist folgende angenehme Eigenschaften auf:

Der Hyperwürfel hat eine *hohe Konnektivität:* Der maximale Abstand zwischen zwei Knoten ist auch bei einer größeren Anzahl von Knoten relativ klein. Er gestattet eine *hohe Datenrate*, da es zwischen zwei Knoten eine große Anzahl von Verbindungswegen minimaler Länge gibt. Ist ein Weg stärker belastet, so kann ein anderer gewählt werden. Die Binärdarstellung von Start- und Zieladresse ergibt unmittelbar eine Vorschrift, entlang welcher Wege Datenpakete zum Ziel versandt werden müssen. Die *Routing Algorithmen*, welche die Verlieferung von Datenpaketen übernehmen, können somit *sehr einfach* gehalten werden. Aufgrund der hohen Anzahl von Verbindungswegen gibt es auch nach Ausfall von Verbindungsleitungen und Knotenrechnern mit hoher Wahrscheinlichkeit immer noch eine Möglichkeit, Daten an ihr Ziel zu transportieren. Das Verbindungsnetz weist also eine *hohe Fehlertoleranz* auf. Die Struktur des Netzes ist *homogen*: Die Rechner können aufgrund ihrer Position im Verbindungsnetz nicht voneinander unterschieden werden – im Gegensatz etwa zum Baum, bei dem es Blätter, Wurzeln und unterschiedliche Niveaus gibt. Somit können bei der Programmentwicklung alle Rechner gleich programmiert werden.

Nachteilig sind beim *Hyperwürfel* der hohe *Verdrahtungsaufwand* und die schlechte *Erweiterbarkeit*: Will man einen Hyperwürfel vergrößern, so muß man die Zahl seiner Eckpunkte verdoppeln.

## 5.3  Isomorphe Graphen

In diesem Abschnitt wollen wir das Konzept der *Strukturgleichheit (Isomorphie)* am Beispiel von Graphen kennenlernen.

**162  Definition**    ISOMORPHIE VON GRAPHEN
Zwei Graphen $(E_1, \Gamma_1)$ und $(E_2, \Gamma_2)$ heißen *isomorph*, wenn es eine bijektive Abbildung $f : E_1 \to E_2$ mit folgender Eigenschaft gibt: Zwei Eckpunkte $x, y \in E_1$ sind genau dann (im ersten Graphen) verbunden, wenn ihre Bilder $f(x), f(y) \in E_2$ (im zweiten Graphen) verbunden sind: $\forall x, y, \in E_1 : (x, y) \in \Gamma_1 \Leftrightarrow (f(x), f(y)) \in \Gamma_2$.

Da es sich um ungerichtete Graphen handelt, wäre es ganz gleich, wenn wir $\forall x, y, \in E_1 : (x, y) \in \Gamma_1 \Leftrightarrow (f(y), f(x)) \in \Gamma_2$ geschrieben hätten, auf die Reihenfolge kommt es hier nicht an.

Zwei Graphen sind also genau dann isomorph, wenn sie bis auf *Umbenennung ihrer Eckpunkte* gleich sind. Die Funktion $f$ bewerkstelligt diese Umbenennung. Mit Wendungen der Art "es gibt *im wesentlichen* genau einen Zyklus der Ordnung $n$", war gemeint "es gibt *bis auf Isomorphie* genau einen Zyklus der Ordnung $n$".

Ganz allgemein bedeutet das *Konzept der Isomorphie* die *Abstraktion von unwesentlichen Details*. Es kann für praktisch alle mathematischen Objekte in geeigneter Form definiert werden. Die Kategorientheorie und die universelle Algebra sind komplizierte Teilbereiche der Mathematik, die sich zentral mit Fragen der Struktur und der Struktur–Isomorphie beschäftigen. Ihre große Bedeutung für die Informatik und die Konzeption von Programmiersprachen ist erst seit wenigen Jahren bekannt.

**163  Definition**    ISOMORPHIE VON DIGRAPHEN
Zwei Digraphen $(E_1, \Gamma_1)$ und $(E_2, \Gamma_2)$ heißen *isomorph (isomorph)*, wenn es eine bijektive Abbildung $f : E_1 \to E_2$ mit der folgenden Eigenschaft gibt: Im ersten Graphen führt von einem Eckpunkt $x$ genau dann eine Kante zu einem Eckpunkt $y$, wenn auch im zweiten Graphen vom Eckpunkt $f(x)$ eine Kante zum Eckpunkt $f(y)$ führt: $\forall x, y \in E_1 : (x, y) \in \Gamma_1 \Leftrightarrow (f(x), f(y)) \in \Gamma_2$.

Zwei Digraphen sind also genau dann isomorph, wenn sie bis auf *Umbenennung ihrer Eckpunkte* gleich aussehen. Insbesondere muß auch auf den Richtungssinn der

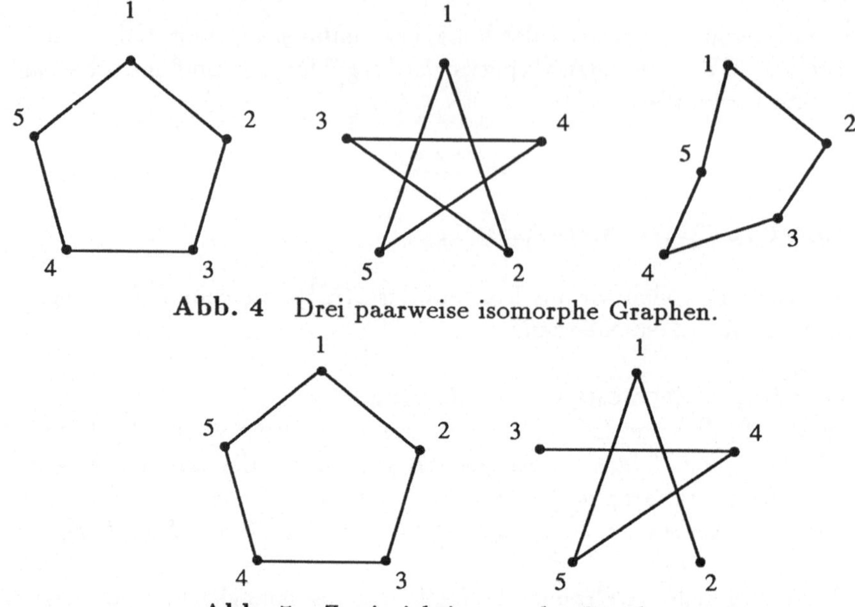

**Abb. 4**   Drei paarweise isomorphe Graphen.

**Abb. 5**   Zwei nichtisomorphe Graphen.

Kanten geachtet werden.

**164   Definition**    Teilgraphen
Ein Graph $(E', \Gamma')$ heißt ein *Teilgraph (subgraph)* eines Graphen $(E, \Gamma)$ genau dann,
wenn $E' \subseteq E$ und $\Gamma' \subseteq \Gamma$ ist.

# 5.4   Verbindungen in Graphen

**165   Definition**    Wege in Graphen
Ein *Weg (path)* in einem Graphen ist ein $n$–Tupel $(x_1, x_2, \ldots, x_n)$, $n \geq 2$, von Eckpunkten $x_i \in E$, bei dem $x_1 x_2$, $x_2 x_3$, $\ldots$ $x_{n-1} x_n$, also alle $x_i x_{i+1}$ für $i = 1, 2, n - 1$,
Verbindungskanten sind. Letzteres bedeutet in der $(E, V)$ Graphendefinition, daß
$\{x_i, x_{i+1}\} \in V$ und in der $(E, \Gamma)$ Graphendefinition, daß $(x_i, x_{i+1}) \in \Gamma$. $n - 1$ heißt
die *Länge (length)* dieses Weges, $x_1$ sein *Anfangspunkt* und $x_n$ sein *Endpunkt*.

Ein Weg heißt *geschlossen (closed)*, wenn sein Anfangspunkt $x_1$ gleich seinem Endpunkt $x_n$ ist, und *offen (open)*, wenn er nicht geschlossen ist.

Ein Weg heißt Euler*sch*[2] *(*Euler*ian)*, wenn jede *Verbindungskante* des Graphen
genau einmal in diesem Weg auftaucht.

---

[2]Nach dem Mathematiker Leonhardt Euler.

Ein Weg heißt HAMILTON*sch*[3] *(HAMILTONian)*, wenn jeder *Eckpunkt* des Graphen genau einmal in diesem Weg auftaucht.

Ein *Zyklus (cycle)* ist ein geschlossener Weg, der mindestens die Länge 3 hat.

**166  Definition**    WEGE IN DIGRAPHEN
Ein *Weg (gerichteter Weg; directed path)* in einem Digraphen $(E, \Gamma)$ ist ein $n$–Tupel $(x_1, x_2, \ldots, x_n)$ von Eckpunkten $x_i \in E$, bei dem für jedes $i = 1, 2, \ldots, n - 1$ das Paar $(x_i, x_{i+1})$ eine Verbindungskante ist, also $(x_i, x_{i+1}) \in \Gamma$. Der Punkt $x_1$ heißt der *Anfangspunkt*, der Punkt $x_n$ der *Endpunkt* dieses Weges. Bei gerichteten Wegen wird der Richtungssinn im Digraphen berücksichtigt.

Ein *ungerichteter Weg (undirected path)* in einem Digraphen $(E, \Gamma)$ ist ein $n$–Tupel $(x_1, x_2, \ldots, x_n)$ von Eckpunkten $x_i \in E$, bei dem für jedes $i = 1, 2, \ldots, n - 1$ das Paar $(x_i, x_{i+1})$ oder das Paar $(x_{i+1}, x_i)$ eine Verbindungskante ist. Bei ungerichteten Wegen wird der Richtungssinn im Digraphen vernachlässigt.

**167  Definition**    ERREICHBARKEITSRELATION IN GRAPHEN
Sei $(E, \Gamma)$ ein Graph, $x$ und $y$ zwei Eckpunkte. Man sagt, *von Eckpunkt $x$ aus kann man Eckpunkt $y$ erreichen*, oder *Eckpunkt $y$ ist von Eckpunkt $x$ aus erreichbar (reachable)*, wenn es einen Weg mit Anfangspunkt $x$ und Endpunkt $y$ gibt, oder aber, wenn $x = y$ ist, wir also schon am Ziel sind.

Formal: Die Relation $\Longrightarrow \subseteq E \times E$, für die $x \Longrightarrow y$ genau dann gilt, wenn man von $x$ aus $y$ erreichen kann, heißt *Erreichbarkeitsrelation (reachability relation)* des Graphen $(E, \Gamma)$.

Die Erreichbarkeitsrelation eines Graphen ist die reflexiv-transitive Hülle der Verbindungskantenrelation $\Gamma$ des Graphen. Die Verbindungskantenrelation bei ungerichteten Graphen ist symmetrisch, die Erreichbarkeitsrelation als deren reflexiv-transitive Hülle ist reflexiv, symmetrisch und transitiv, also eine *Äquivalenzrelation*.

**168  Definition**    STARKE ERREICHBARKEITSRELATION IN DIGRAPHEN
Sei $(E, \Gamma)$ ein Digraph, $x$ und $y$ zwei Eckpunkte. Man sagt *von Eckpunkt $x$ aus kann man Eckpunkt $y$ stark erreichen*, oder *Eckpunkt $y$ ist von Eckpunkt $x$ aus stark erreichbar (strongly reachable)*[4], wenn es einen gerichteten Weg mit Anfangspunkt $x$ und Endpunkt $y$ gibt, oder aber, wenn $x = y$ ist, wir also schon am Ziel sind.

Formal: Die Relation $\Longrightarrow \subseteq E \times E$, für die $x \Longrightarrow y$ genau dann gilt, wenn man

---

[3]Nach dem Mathematiker SIR WILLIAM HAMILTON.
[4]Beachten Sie die Reihenfolge.

von $x$ aus $y$ erreichen kann, heißt *starke Erreichbarkeitsrelation (strong reachability relation)* des Digraphen $(E, \Gamma)$.

Die starke Erreichbarkeitsrelation eines Digraphen ist die reflexiv-transitive Hülle der Verbindungskantenrelation $\Gamma$ des Graphen. Die Verbindungskantenrelation bei Digraphen ist im allgemeinen nicht symmetrisch, die (starke) Erreichbarkeitsrelation als deren reflexiv-transitive Hülle ist zwar reflexiv und transitiv, im allgemeinen aber nicht symmetrisch und somit im allgemeinen *keine Äquivalenzrelation*.

**169 Definition**    Schwache Erreichbarkeitsrelation
Sei $(E, \Gamma)$ ein Digraph, $x$ und $y$ zwei Eckpunkte. Man sagt, *von Eckpunkt $x$ aus kann man Eckpunkt $y$ schwach erreichen*, oder *Eckpunkt $y$ ist von Eckpunkt $x$ aus schwach erreichbar (weakly reachable)*, wenn es einen ungerichteten Weg zwischen $x$ und $y$ gibt, oder aber, wenn gleich schon $x = y$ ist.

Formal: Die Relation $\longrightarrow \subseteq E \times E$, für die $x \longrightarrow y$ genau dann gilt, wenn man von $x$ aus $y$ schwach erreichen kann, heißt *schwache Erreichbarkeitsrelation (weak reachability relation)* des Digraphen $(E, \Gamma)$.

Beachte: Die schwache Erreichbarkeitsrelation eines Digraphen ist die reflexiv-symmetrisch-transitive Hülle der Verbindungskantenrelation $\Gamma$ des Graphen. Die Verbindungskantenrelation bei Digraphen ist im allgemeinen nicht symmetrisch, die schwache Erreichbarkeitsrelation als deren reflexiv-symmetrisch-transitive Hülle ist aber reflexiv, symmetrisch und transitiv, also eine *Äquivalenzrelation*.

**170 Bemerkung**    Erreichbarkeitsrelationen
Wir erhalten insgesamt die folgenden Erreichbarkeitsrelationen:

| In | Relation | Eigenschaft |
|---|---|---|
| Graphen | Erreichbarkeit | reflexiv, symmetrisch, transitiv |
| Digraphen | Starke Erreichbarkeit | reflexiv, transitiv |
| Digraphen | Schwache Erreichbarkeit | reflexiv, symmetrisch, transitiv |

**171 Bemerkung**    Erreichbarkeit und Zusammenhang

(1) Graphen
Bei Graphen ist die Erreichbarkeitsrelation symmetrisch. Ist ein Punkt $x$ von einem Eckpunkt $y$ aus erreichbar, so gilt auch das Umgekehrte: $y$ ist von $x$ aus erreichbar. Zusammenhang und Erreichbarkeit sind in Graphen identisch.

(2) Digraphen, starke Erreichbarkeit
Bei Digraphen ist die starke Erreichbarkeit nicht symmetrisch. Ist von einem

Eckpunkt $x$ aus ein Eckpunkt $y$ stark erreichbar, dann ist das Umgekehrte nicht unbedingt wahr. Hier ergibt starker Zusammenhang also etwas Neues.

(3) DIGRAPHEN, SCHWACHE ERREICHBARKEIT
Bei Digraphen ist die schwache Erreichbarkeitsrelation symmetrisch. Ist ein Eckpunkt $x$ von einem Eckpunkt $y$ aus schwach erreichbar, so gilt auch das Umgekehrte, $y$ ist von $x$ aus schwach erreichbar. Schwacher Zusammenhang und schwache Erreichbarkeit sind in Digraphen identisch.

**172 Definition** ZUSAMMENHANG IN GRAPHEN
Zwei Eckpunkte in einem Graphen heißen *zusammenhängend (connected)*, wenn der eine vom anderen aus erreichbar ist und umgekehrt. Die Zusammenhangsrelation ist identisch zur Erreichbarkeitsrelation. Sie wird auch mit $\Longleftrightarrow$ bezeichnet.

**173 Definition** STARKER ZUSAMMENHANG IN DIGRAPHEN
Sei $(E, \Gamma)$ ein Digraph, $x$ und $y$ zwei Eckpunkte. Zwei Eckpunkte $x$ und $y$ heißen *stark zusammenhängend (strongly connected)*, wenn man von $x$ aus $y$ stark erreichen kann und auch von $y$ aus $x$ stark erreichen kann. Anschaulich heißt das, wenn es unter Beachtung des Richtungssinnes sowohl einen Hinweg als auch einen Rückweg gibt. Der Rückweg darf natürlich auch über andere Ecken verlaufen als der Hinweg.

Formal: Die Relation $\Longleftrightarrow \subseteq E \times E$, mit $x \Longleftrightarrow y$ genau dann, wenn $x \Longrightarrow y$ und $y \Longrightarrow x$, heißt *starke Zusammenhangsrelation (strong connectivity relation)* des Digraphen $(E, \Gamma)$.

**174 Definition** SCHWACHER ZUSAMMENHANG IN DIGRAPHEN
Zwei Eckpunkte in einem Digraphen heißen *schwach zusammenhängend (weakly connected)*, wenn der eine vom anderen aus schwach erreichbar ist. Die Zusammenhangsrelation ist identisch zur Erreichbarkeitsrelation. Sie wird aber oft mit $\longleftrightarrow$ bezeichnet. Die schwache Zusammenhangsrelation eines Digraphen ist reflexiv, symmetrisch und transitiv, also eine *Äquivalenzrelation*.

Bei starkem Zusammenhang in Digraphen wird mehr gefordert als bei der starken Erreichbarkeit: Zwei Eckpunkte, bei denen der eine vom anderen aus stark erreichbar ist, sind noch lange nicht stark zusammenhängend, weil es nicht unbedingt einen gerichteten Weg zurück gibt.

Starker Zusammenhang ist symmetrisch, aber nicht die symmetrische Hülle der starken Erreichbarkeit, denn starker Zusammenhang ist eine kleinere Relation als starke Erreichbarkeit. Bei starker Erreichbarkeit gilt noch lange nicht starker Zusammenhang.

Starker Zusammenhang enthält all jene Punktepaare, die zusammen mit ihrem gespiegelten Paar in der starken Erreichbarkeitsrelation liegen.  Starker Zusammenhang ist der *symmetrische Anteil* der starken Erreichbarkeit.

**175  Bemerkung**　　ZUSAMMENHANGSRELATIONEN
Wir erhalten insgesamt die folgenden Zusammenhangsrelationen:

| In | Eigenschaft |
| --- | --- |
| Graphen | Erreichbarkeit = Zusammenhang |
| Digraphen | Starke Erreichbarkeit $\neq$ starker Zusammenhang |
| Digraphen | Schwache Erreichbarkeit = schwacher Zusammenhang |

Alle drei Zusammenhangsrelationen sind reflexiv, symmetrisch und transitiv, also
Äquivalenzrelationen.

**176  Definition**　　ZUSAMMENHÄNGENDE GRAPHEN
Ein Graph heißt *zusammenhängend (connected)*, wenn je zwei seiner Eckpunkte zusammenhängend sind.

Ein Digraph heißt *stark zusammenhängend (strongly connected)*, wenn je zwei seiner
Eckpunkte stark zusammenhängend sind.

Ein Digraph heißt *schwach zusammenhängend (weakly connected)*, wenn je zwei seiner Eckpunkte schwach zusammenhängend sind.

Wir wollen nun Mengen von Eckpunkten, welche (die Mengen nämlich, respektive
die von ihnen induzierten Teilgraphen) zusammenhängen sind.  Alle drei Zusammenhangsrelationen sind Äquivalenzrelationen.  Das regt an, die entsprechenden
Äquivalenzklassen, das sind also Mengen von Eckpunkten, zu studieren.

**177  Definition**　　ZUSAMMENHANGSKOMPONENTEN
Sei $(E, \Gamma)$ ein Graph.  Eine *Zusammenhangskomponente (connected component)* des
Graphen ist eine Äquivalenzklasse der Zusammenhangsrelation auf dem Graphen.
Insbesondere bedeutet das:

(1) Je zwei Eckpunkte $x$ und $y$ aus einer Zusammenhangskomponente $Z$ sind
　　zusammenhängend.  Es gibt also sowohl einen Weg von $x$ nach $y$ als auch
　　einen von $y$ nach $x$, sofern nicht schon $x = y$.  Bei einem (ungerichteten)
　　Graphen kann man als Hin- und Rückweg denselben Weg wählen.

(2) Je zwei Eckpunkte $x$ und $y$ aus verschiedenen Zusammenhangskomponenten
　　können in keiner Art und Weise verbunden werden.  Es fehlen also sowohl Hin-
　　als auch Rückweg.

(3) Zusammenhangskomponenten sind *maximale zusammenhängende Mengen*: Es ist keine echte Obermenge einer Zusammenhangskomponente zusammenhängend. Jede zusammenhängende Menge, die nicht Zusammenhangskomponente ist, ist als echte Teilmenge in einer Zusammenhangskomponente enthalten.

Eine Zusammenhangskomponente, die aus genau einem Eckpunkt besteht, heißt ein *isolierter Punkt*.

**178 Definition**    STARKE ZUSAMMENHANGSKOMPONENTEN
Sei $(E, \Gamma)$ ein Digraph. Eine *starke Zusammenhangskomponente* des Digraphen ist eine Äquivalenzklasse der starken Zusammenhangsrelation auf dem Digraphen. Insbesondere bedeutet das:

(1) Je zwei Eckpunkte $x$ und $y$ aus einer starken Zusammenhangskomponente $Z$ sind stark zusammenhängend. Es gibt also sowohl einen gerichteten Weg von $x$ nach $y$ und einen gerichteten Weg von $y$ nach $x$, sofern nicht schon $x = y$. Es ist möglich, daß Hin- und Rückweg über *unterschiedliche* Verbindungskanten und Eckpunkte laufen.

(2) Je zwei Eckpunkte $x$ und $y$ aus verschiedenen starken Zusammenhangskomponenten können entweder *überhaupt nicht verbunden* werden, oder aber es gibt nur einen Weg in einer Richtung.

(3) Eine starke Zusammenhangskomponente ist eine *maximale stark zusammenhängende Menge*. Jede echte Obermenge ist nicht stark zusammenhängend. Jede stark zusammenhängende Menge, die nicht starke Zusammenhangskomponente ist, ist als echte Teilmenge in einer starken Zusammenhangskomponente enthalten.

(4) Sind $Z_1$ und $Z_2$ zwei unterschiedliche starke Zusammenhangskomponenten, so kann das bedeuten, daß es weder einen gerichteten Weg von $Z_1$ nach $Z_2$ gibt noch einen in umgekehrter Richtung. Es ist aber auch denkbar, daß es einen gerichteten Weg von $Z_1$ nach $Z_2$ gibt. Dann darf es aber keinen gerichteten Rückweg von $Z_2$ nach $Z_1$ geben, denn sonst wären $Z_1$ und $Z_2$ gleich, wie man sich überlegen kann. Natürlich ist es auch denkbar, daß es nur einen gerichteten Weg von $Z_2$ nach $Z_1$ gibt und keinen gerichteten Rückweg. Man kann sogar eine Ordnungsrelation auf der Menge aller starken Zusammenhangskomponenten definieren, basierend auf der Tatsache, daß es von der einen einen gerichteten Weg in die andere gibt.

Eine starke Zusammenhangskomponente, die aus genau einem Eckpunkt besteht, heißt ein *starker isolierter Punkt*.

**179  Definition**    SCHWACHE ZUSAMMENHANGSKOMPONENTEN
Versuchen Sie einmal selber, die entsprechenden Definitionen aufzustellen!

**180  Beispiel**    AKTENWEITERGABE IN ÄMTERN
Betrachten Sie das folgende Problem: Die Personen in einem Amt geben Dokumente
nach einem streng vorgegebenen Schema weiter. Jeder weiß, wem er Dokumente
weitergeben darf und von wem er Dokumente empfangen darf. Dies ist in folgender
Liste festgehalten:

| Name | Empfängt von | Sendet an |
| --- | --- | --- |
| A | H | B |
| B | A | H, D |
| C | E, J | I |
| D | B, F, E | F, G |
| E | H | D, C |
| F | D, G | D |
| G | D | F |
| H | B | A, E |
| I | C, K | J |
| J | I | C, K |
| K | J | I |

(1) Durch welches mathematische Objekt ist diese Information am besten zu formalisieren? Arbeiten Sie von nun an immer mit den entsprechenden Begriffen
dieser Formalisierung.

(2) Was bedeutet es in der gewählten Formalisierung, wenn

    (a) eine bestimmte Person an eine andere Person unmittelbar oder über an-
dere Personen ein Dokument weitersenden kann?

    (b) eine bestimmte Person mit einer anderen Person in beliebigen Dokumen-
tenaustausch treten kann, das heißt jede kann der anderen Dokumente
übersenden, sei es unmittelbar, sei es mittelbar über andere Personen.

(3) Eine Führungsebene nennt man in diesem Amt eine Menge von Personen mit
der Eigenschaft, daß jedes Mitglied dieser Führungsebene mit jedem anderen
Mitglied der Führungsebene Dokumente austauschen kann, mittelbar oder unmittelbar. Nimmt man aber auch nur eine weitere Person zu dieser Menge
hinzu, so geht diese Eigenschaft verloren.

    (a) Welches mathematische Objekt entspricht dem Konzept der Führungs-
ebene?

    (b) Wieviele Führungsebenen gibt es in diesem Amt?

(c) Geben Sie diese Führungsebenen explizit als Menge an!

(d) Zum Nachdenken: Ist es möglich, auf diesen Führungsebenen eine Ordnungsstruktur anzugeben? So nach dem Motto, eine Führungsebene $A$ ist größer (mächtiger) als die Führungsebene $B$, wenn zwar eine Person von $A$ ein Dokument an eine Person in $B$ senden kann, aber keine Person in $B$ ein Dokument an eine Person in $A$ senden kann. Wird dadurch eine Ordnung definiert? Ist es denkbar, daß eine Person von $A$ ein Dokument an eine Person in $B$ senden kann, unter Umständen aber eine andere Person in $B$ ein Dokument an eine andere Person in $A$? Übersenden bedeutet hier mittelbar oder unmittelbar.

**181 Definition**    KRITISCHE PUNKTE UND KRITISCHE KANTEN
Sei $(E, \Gamma)$ ein Graph. Ein Punkt $p \in P$ heißt ein *kritischer Punkt (Artikulationspunkt; critical point, articulation point, cut point)*, wenn es ein Punktepaar $(x, y)$ gibt mit $x \neq y$ sowie $x \neq p$ und $y \neq p$, das zusammenhängend ist, nach Entfernung des Punktes $p$ und aller unmittelbar daranhängenden Kanten aber nicht mehr zusammenhängend ist.

Ein Eckpunkt $p$ ist also genau dann ein kritischer Punkt, wenn es zwei weitere Punkte gibt, so daß alle Verbindungswege zwischen diesen Punkten den kritischen Punkt $p$ enthalten müssen. $p$ ist quasi lebenswichtig für die Verbindung zwischen zwei Punkten.

Eine Kante $k$ heißt eine *kritische Kante (Brücke; critical edge, bridge)*, wenn es ein Punktepaar $(x, y)$ gibt, das zusammenhängend ist, nach Entfernung der Kante $k$ aber nicht mehr zusammenhängend ist.

Eine Kante $k$ ist also genau dann eine kritische Kante, wenn es zwei Eckpunkte gibt, so daß alle Verbindungswege zwischen diesen Punkten die kritische Kante $k$ enthalten. $k$ ist quasi lebenswichtig für die Verbindung zwischen zwei Punkten.

**182 Bemerkung**    ZUSAMMENHANG KRITISCHE PUNKTE UND KANTEN
Ist $k$ eine kritische Kante, dann sind beide Eckpunkte dieser kritischen Kante selber wieder kritische Punkte, ausgenommen sie werden durch das Entfernen der Kante selber zu isolierten Punkten. Die kritische Kante wird schließlich nicht nur dadurch unbrauchbar, daß man sie selber entfernt, sondern auch dadurch, daß man einen ihrer Punkte entfernt, dadurch wird ja die Kante gleich mitentfernt.

Die Umkehrung davon gilt aber nicht. Wenn zwei kritische Punkte durch eine Kante verbunden werden, dann muß diese Kante nicht automatisch eine kritische Kante sein. Als anschauliches Beispiel hierzu dient der wegen seiner Form vom Autor "Sputnik" getaufte Graph aus Abb. 6. Suchen Sie in diesem Graph zwei kritische

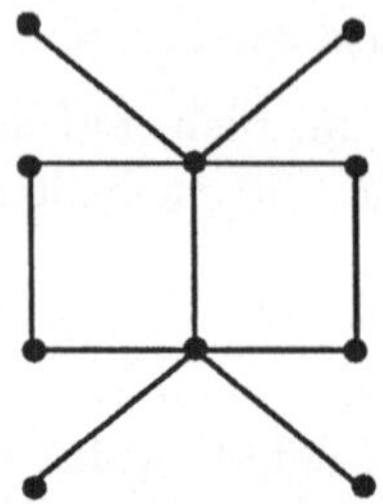

**Abb. 6**   Sputnik–Graph.

Punkte, deren Verbindung keine kritische Kante ist.


**183  Definition**   BIZUSAMMENHÄNGEND
Ein zusammenhängender Graph heißt *bizusammenhängend (biconnected)*, wenn er
keine kritischen Punkte enthält.


Insbesondere bedeutet das, daß bei Entfernen eines beliebigen Eckpunktes kein
Punktepaar seine Zusammenhangseigenschaften verliert.


**184  Definition**   ZUSAMMENHANGSZAHL
Wenn man von einem zusammenhängenden Graph eine vorgegebene Anzahl Eckpunkte und die unmittelbar davon betroffenen Kanten entfernt, so kann es sein,
daß der Graph nachher nicht mehr zusammenhängend ist. Die *Zusammenhangszahl
(connectivity)* eines Graphen ist die kleinste von allen Anzahlen mit dieser Eigenschaft.


Wenn man von einem zusammenhängenden Graph eine vorgegebene Anzahl Kanten
entfernt, so kann es sein, daß der Graph nachher nicht mehr zusammenhängend ist.
Die *Kantenzusammenhangszahl (edge connectivity)* eines Graphen ist die kleinste
von allen Anzahlen mit dieser Eigenschaft.


Besitzt ein zusammenhängender Graph kritische Punkte, so ist seine Zusammen-
hangszahl 1, besitzt er kritische Kanten, so ist seine Kantenzusammenhangszahl 1.
Ein bizusammenhängender Graph hat eine Zusammenhangszahl von 2 oder größer.
Zwischen beiden Zusammenhangszahlen gilt stets die folgende Ungleichung:


Kleinster Eckengrad $\geq$ Kantenzusammenhangszahl $\geq$ Zusammenhangszahl.


**185  Bemerkung**    ANWENDUNGEN DER ZUSAMMENHANGSTHEORIE
In vielen Anwendungsbereichen ist der Zusammenhang eine wichtige und angenehme
Eigenschaft eines Graphen.

(1) KOMMUNIKATIONSNETZE
Ein WAN (wide area network) ist ein großes, einen oder mehrere Kontinente umfassendes Netzwerk von Computern. Die einzelnen Computer kann man als Endpunkte, die alle als bidirektional angenommenen Verbindungslinien aus Unterwasserkabeln, Richtfunkstrecken oder Satellitenverbindungen, als ungerichtete Verbindungskanten darstellen. Alle Computer im Graphen können direkt oder durch Vermittlung von anderen Computern miteinander kommunizieren, solange dieser Graph zusammenhängend ist. Gibt es einen *kritischen Punkt* in diesem Graphen, so bewirkt der Ausfall des entsprechenden Rechners, daß es mindestens zwei Rechner gibt, die dann nicht mehr miteinander kommunizieren können. Gibt es eine *kritische Kante* in diesem Graphen, so bewirkt der Ausfall der entsprechenden Verbindungslinie, daß es mindestens zwei Rechner gibt, die dann nicht mehr miteinander kommunizieren können.

(2) VERKEHRSNETZE
Verkehrsverbindungen durch Autobahn, Eisenbahn oder Flugzeug können genauso durch Graphen modelliert werden. Hier entspricht der Ausfall eines Autobahnteilstücks durch Unfall, der Ausfall einer Eisenbahnverbindung durch Schneefall oder der Ausfall einer bestimmten Flugverbindung durch technischen Schaden möglicherweise der Entfernung einer *kritischen Kante*. Die Sperre einer Autobahnzufahrt, der Ausfall einer Weiche oder eines Bahnhofs, schlechte Sicht auf einem Flughafen entsprechen möglicherweise der Entfernung eines *kritischen Punktes*. Was hat das für Konsequenzen?

(3) VERSORGUNGSNETZE
Das bekannteste Versorgungsnetz ist das elektrische. Aber auch die Wasserversorgung, die Struktur von Telefonanlagen, ja sogar der Informationsfluß in einem Büro kann durch Graphen modelliert werden. Auch hier haben wir die Problematik von Ausfällen von Versorgungsstrecken – mögliche kritische Kanten – oder Versorgungszentren – mögliche kritische Punkte.

Beim Entwurf solcher Strukturen ist es also wichtig, entsprechend hohe Zusammenhangszahlen zu haben.

**186 Beispiel**   ZYKLEN UND ZÖPFE ALS COMPUTERNETZE
Zyklen und Zöpfe werden gerne zur Konstruktion von Computernetzen verwendet. Warum?

(1) Geben Sie für Zyklen der Ordnung $n$, für Zöpfe der Ordnung $n$ zum Verzopfungsgrad $k$ die beiden Zusammenhangszahlen an.

(2) Diskutieren Sie die Bedeutung dieser Zahlen für den Ausfall von Verbindungsstrecken und Knotenrechnern im Netzwerk.

(3) Welcher Verbindungsgraph ist, bei vorgegebener Rechnerzahl $n$, vom Standpunkt der Ausfallsicherheit der bestmögliche, wenn man voraussetzt, daß je zwei Rechner durch höchstens eine Leitung verbunden sind. Bestimmen Sie für diesen Graphen beide Zusammenhangszahlen zuerst an Beispielen. Versuchen Sie dann, eine allgemeine Formel aufzustellen.

(4) Vergleichen Sie die Situation bei Zyklen und Zöpfen mit dieser bestmöglichen Netzstruktur.

(5) Bewerten Sie Zyklen, Zöpfe und die bestmögliche Netzstruktur bezüglich ihrer Skalierbarkeit, das heißt untersuchen Sie, welcher Aufwand entsteht, wenn in ein bestehendes Netz ein weiterer Rechner aufgenommen werden soll.

(6) Bewerten Sie den Hardware Aufwand zum Aufbau eines Zyklus, eines Zopfes und der bestmöglichen Netzstruktur.

(7) Weshalb gelangt diese Netzstruktur in großen Netzen nie zum Einsatz?

**187 Bemerkung**   ZUSAMMENBRUCH DES ZUSAMMENHANGS IN DIGRAPHEN
Wir haben bisher an verschiedenen Stellen gesehen, daß alle mit Wegen verbundenen Begriffe in Digraphen in einer schwachen und starken Variante definiert werden können und haben dies auch bei Erreichbarkeit, Zusammenhang und Zusammenhangskomponenten getan. Bei kritischen Punkten und Kanten ist dies ganz analog und wird als Abstraktions- und Formulierungsübung dem Leser dringend empfohlen!


# 5.5   Darstellung von Graphen auf Rechnern

**188 Definition**   ADJAZENT UND INZIDENT
Ein Eckpunkt $x$ heißt *adjazent zu (adjacent to)* einem Eckpunkt $y$ in einem Graphen (Digraphen, Multigraphen), wenn eine Kante (gerichtete Kante) dieses Graphen (Digraphen, Multigraphen) den Eckpunkt $x$ zum[5] Eckpunkt $y$ verbindet. Adjazenz bezeichnet also die "Nachbarschaft" von Eckpunkten.

Ein Eckpunkt $x$ eines Graphen (Digraphen, Multigraphen) heißt *inzident (incident)* mit der Verbindungskante $v$, wenn der Eckpunkt $x$ auf dieser Verbindungskante liegt. Inzidenz bezeichnet also die "Nachbarschaft" eines Eckpunktes zu einer Kante.

**189 Definition**   ADJAZENZMATRIX FÜR GRAPHEN
Sei $\mathcal{G} = (E, V)$ ein Graph mit endlicher Eckpunktmenge $E$. Ohne Beschränkung

---

[5]Man beachte, daß das Wort "zum" bei Digraphen auf die Richtung der Kante hinweist. "Zum" darf also nicht durch "mit" ersetzt werden.

der Allgemeinheit sei $E = \{1, 2, \ldots, n\}$ mit $n \in \mathsf{N}$. Falls $E$ eine andere Menge ist, suche man sich einen isomorphen Graphen mit einer solchen Eckpunktmenge.

Die *Adjazenzmatrix (adjacency matrix)* $\mathcal{A}(\mathcal{G})$ des Graphen $\mathcal{G}$ ist die $n \times n$ Matrix, bei der in Zeile $i$ und Spalte $j$ das Element $a_{i,j}$ steht, mit

$$a_{i,j} = \begin{cases} 0 & \Leftrightarrow & i = j \\ 0 & \Leftrightarrow & \{i,j\} \notin V \\ 1 & \Leftrightarrow & \{i,j\} \in V \text{ (resp. } \{j,i\} \in V) \end{cases}$$

Steht also in der Position $(i, j)$ eine 1, so gibt es eine Kante zwischen Eckpunkt $i$ und Eckpunkt $j$.

Die Adjazenzmatrix eines Graphen ist symmetrisch, bei Spiegelung an der Hauptdiagonale (links-oben nach rechts-unten) geht sie in sich selbst über.

**190 Definition**     Adjazenzmatrix für weitere Graphenkonzepte
Das Konzept der Adjazenzmatrix kann auf Digraphen, Multigraphen und Graphen mit Schlaufen verallgemeinert werden:

*Digraphen* können folgendermaßen dargestellt werden: Führt eine (gerichtete) Kante von $i$ nach $j$, so wird das Element $a_{i,j}$ gleich 1 gesetzt, das Element $a_{j,i}$ bleibt aber unberührt. Digraphen haben also im allgemeinen nicht-symmetrische Adjazenzmatrizen.

*Schlaufen* können dargestellt werden, indem die entsprechenden Elemente in der Hauptdiagonalen gleich 1 gesetzt werden: Führt von $i$ nach $i$ eine Schlaufe, so setzt man $a_{i,i} = 1$.

*Ungerichtete Multigraphen* können dargestellt werden, indem das entsprechende Matrixelement zahlenmäßig angibt, wie viele Kanten vorhanden sind. Verbinden also 4 Kanten die Ecken $i$ und $j$, so wird $a_{i,j} = 4$ gesetzt, und bei ungerichteten Multigraphen ist dann auch $a_{j,i} = 4$.

**191 Definition**     Inzidenzmatrix
Sei $\mathcal{G} = (E, V, \alpha)$ ein ungerichteter Multigraph mit endlicher Eckpunktmenge $E$ und endlicher Verbindungskantenmenge $V$. Ohne Beschränkung der Allgemeinheit sei $E = \{1, 2, \ldots, n\}$ und $V = \{1, 2, \ldots, m\}$ mit $n \in \mathsf{N}$ und $m \in \mathsf{N}$.

Die *Inzidenzmatrix (incidence matrix)* $\mathcal{I}(\mathcal{G})$ des Graphen $\mathcal{G}$ ist die $n \times m$ Matrix, bei der in Zeile $i$ und Spalte $j$ das Element $a_{i,j}$ steht, mit

$$a_{i,j} = \begin{cases} 0 & \Leftrightarrow & i \notin \alpha(j) \\ 1 & \Leftrightarrow & i \in \alpha(j) \end{cases}$$

Es ist also $a_{i,j} = 1$, wenn der Eckpunkt $i$ inzident zur Verbindungskante $j$ ist.

Auch hier gibt es verschiedene Varianten für gerichtete Multigraphen und Digraphen.

**192 Definition**   ADJAZENZLISTE
Die *Adjazenzliste (adjacency list)* eines Graphen $(E, V)$ ist eine Liste von Listen von Eckpunkten. Sei wieder ohne Beschränkung der Allgemeinheit $E = \{1, 2, \ldots, n\}$, dann ist dadurch auch eine lineare Ordnung auf der Menge aller Eckpunkte gegeben. Die Adjazenzliste ist nun die Liste $(N_1, N_2, \ldots, N_n)$, wobei $N_i$ wiederum eine Liste ist, nämlich die entsprechend geordnete Liste der Eckpunkte, die als Endpunkte einer Verbindungskante auftreten, welche den Eckpunkt $i$ als Anfangspunkt hat.

Diese Definition kann unmittelbar für Digraphen übernommen werden.

**193 Bemerkung**   POINTERSTRUKTUREN ZUR GRAPHENDARSTELLUNG
Je nach verwendeter Programmiersprache können Graphen, Digraphen und Multigraphen auch durch *Zeigerstrukturen (pointer structures)* und ähnliche Mechanismen indirekter Referenzen in den Speicher abgebildet werden. Dies ist aber stark von der Semantik der benutzten Programmiersprache abhängig.

**194 Beispiel**   DARSTELLUNG SPEZIELLER GRAPHEN
Stellen Sie die folgenden Graphen durch Angabe der Adjazenzmatrix, der Inzidenzmatrix und der Adjazenzliste dar: Den vollständigen Graphen der Ordnung fünf, also $K_5$, den vollständigen bipartiten Graphen $K_{2,3}$, den Zyklus der Ordnung sechs, den Zopf der Ordnung sechs zum Verzopfungsgrad zwei und einen Zyklus der Ordnung sechs.

# 5.6   Spezielle Wege in Graphen

**195 Beispiel**   KÖNIGSBERGER BRÜCKENPROBLEM VON EULER
Der Mathematiker LEONHARDT EULER (1707 – 1782) ging am Sonntag immer in der Stadt Königsberg, deren Stadtplan Sie in Abb. 7 finden, spazieren. Die Stadt wird durch den Fluß Pregel in vier Bezirke A, B, C und D geteilt, sieben Brücken verbinden diese untereinander. EULER stellte sich die Frage, ob er seinen Sonntagsspaziergang so durch alle vier Bezirke von Königsberg führen kann, daß er jede Brücke genau einmal überquert und anschließend ohne weitere Benutzung von Brücken nach Hause zurückkehren kann. Man beachte, daß die Antwort auf diese Frage unabhängig davon ist, in welchem Bezirk von Königsberg EULER wohnt. Beantworten Sie die Frage von EULER unter Anwendung der folgenden Theoreme.

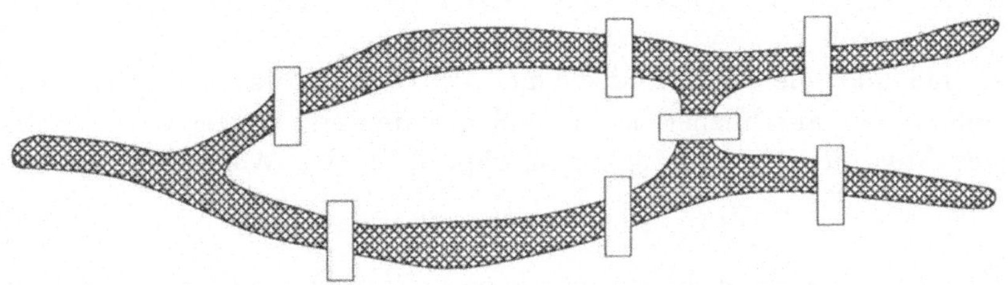

**Abb. 7**   Stadtplan von Königsberg.

**196  Definition**   EULERSCHE GRAPHEN
Ein Graph $(E, V)$ heißt EULER*sch* (EULER *Graph*, EULER*ian graph*) wenn es einen geschlossenen EULERschen Weg in diesem Graphen gibt. Dieser Weg braucht aber nicht HAMILTONsch zu sein, ein Eckpunkt kann also mehrmals in diesem Weg auftauchen. Es taucht allerdings jeder Eckpunkt des Graphen ausgenommen die isolierten Eckpunkte mindestens einmal in diesem Weg auf. Warum?

**197  Theorem**   THEOREM ÜBER EULERGRAPHEN
Für einen Graphen gilt:

(1)  Ein Graph ist genau dann ein EULER*graph*, wenn er *zusammenhängend* ist und jeder Eckpunkt einen *geradzahligen Grad* hat.

(2)  Ein Graph enthält genau dann einen *offenen* EULER*weg*, wenn er *zusammenhängend* ist und *höchstens zwei* Eckpunkte mit *ungeradzahligem Grad* besitzt.

(3)  In jedem Graphen ist die Anzahl der *Eckpunkte mit ungeradzahligem Grad gerade*.

**198  Beispiel**   PROBLEM DER BRIEFKUVERTS
Betrachten Sie stilisierte Skizzen des offenen und des geschlossenen Briefkuverts. Welche Ihrer Skizzen kann ohne Absetzen des Bleistifts und ohne "Doppeltzeichnen" einer Kante gezeichnet werden – und warum?

**199  Beispiel**   PROBLEM DES TELEPRINTERS
Eine drehbare Walze hat an ihrer Oberfläche sechzehn elektrische Kontaktflächen. Das Lager, in welcher sich diese Walze drehen kann, hat vier elektrische Kontaktpunkte, die in jeder der sechzehn Drehpositionen der Walze auf vier genau nebeneinander liegende Kontaktflächen der Walze drücken. Diese vier Kontaktpunkte sind jeweils an eine Lampe angeschlossen. Je nachdem ob eine Kontaktfläche der Walze nun an eine vorgegebene Stromquelle angeschlossen ist oder nicht, leuchten

bestimmte der vier, an die Kontaktpunkte des Lagers angeschlossenen Lampen auf.

Zeigen Sie, daß man die 16 Kontaktflächen der Walze so an die Stromquelle anschließen oder nicht anschließen kann, daß aus dem Bitmuster der vier Lampen (leuchtet/leuchtet nicht) eindeutig die Drehposition der Walze abgelesen werden kann.

Hinweis: Konstruieren Sie sich den gerichteten Graphen mit der Eckpunktmenge $E := \{000, 001, 010, 011, 100, 101, 110, 111\}$ und zeichnen Sie alle (gerichteten) Verbindungskanten der Form $(abc, bc0)$ und $(abc, bc1)$ ein. Finden Sie in diesem Graphen einen (gerichteten) EULERweg. Warum muß das möglich sein? Nun interpretieren Sie diesen EULERweg geeignet, indem Sie je zwei in ihm aufeinanderfolgende Bitmuster mit 3 Bits zu einem einzigen mit 4 Bits komprimieren. Sie erhalten dadurch sowohl die Schaltreihenfolge der Lampen als auch die Vorschrift, wie die Kontaktflächen auf der Walze zu verdrahten sind.

Dieses nicht ganz einfach zu lösende Beispiel hat große Bedeutung in der Telekommunikation und für Telefonvermittlungsanlagen.

**200  Definition**    HAMILTONSCHE GRAPHEN
Ein Graph $(E, V)$ heißt HAMILTON*sch* (HAMILTON *Graph;* HAMILTON*ian graph)*, wenn es einen geschlossenen HAMILTONschen Weg in diesem Graphen gibt. Dieser Weg braucht nicht EULERsch zu sein, eine Verbindungskante kann also überhaupt nicht, mehrmals, aber auch einmal in diesem Weg auftauchen.

**201  Beispiel**    HAMILTONS IKOSAEDERSPIEL
HAMILTON stieß auf die nach ihm benannten Graphen bei der Suche nach algebraischen Strukturen, in denen das Kommutativgesetz $(x * y = y * x)$ nicht gilt. Die von ihm gefundenen Algebren heißen heute nach ihm HAMILTONsche Quaternionen. Sie haben in der Quantenphysik und der analytischen Geometrie von Drehungen eine große Bedeutung erlangt.

HAMILTON formulierte seine Ideen über Graphen auch in Form eines Spiels, das er 1859 unter dem Titel *A Voyage Round the World* an einen Händler verkaufte, der dieses für 25 Pfund weitervertrieb. Es ging dabei um den Abb. 8 gezeigten Ikosaedergraphen mit entsprechend bezeichneten Eckpunkten, deren Buchstaben Abkürzungen für Städtenamen sind, B für Brüssel, Z für Zanzibar. Ausgehend von einem kurzen Wegstück, etwa dem Weg $BCPNM$, war es die Aufgabe des Spielers, diesen Weg zu einer Rundreise um die Welt, bei der aber kein Ort mehrmals besucht wird, also zu einem geschlossenen HAMILTONschen Weg, zu erweitern. Versuchen Sie Ihr Glück!

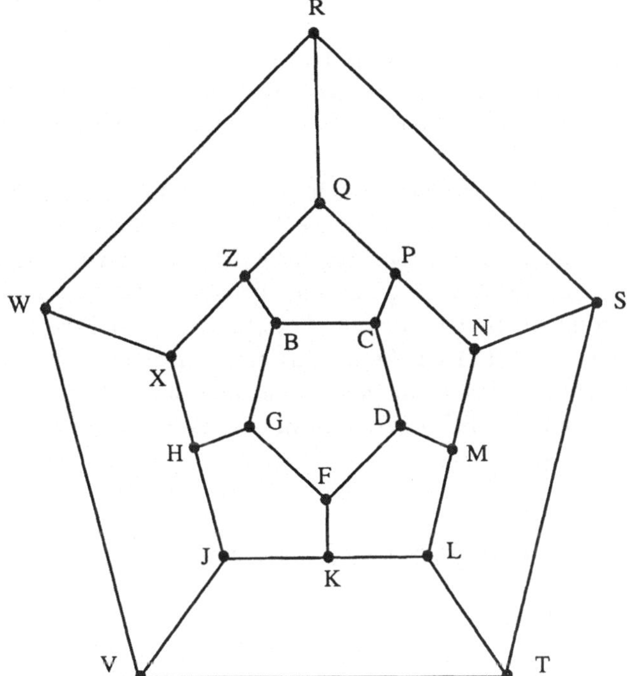


**Abb. 8**   HAMILTONs Ikosaederspiel.

### 202  Beispiel    TOUR DES SPRINGERS
Vorgegeben sei ein Schachbrett der Ausmaße $n \times n$. Ein Springer bewegt sich in
einem Schachbrett bekanntlich so, daß er von einem Feld jeweils zum zweitnächsten
andersfarbigen Feld springen kann. Kann der Springer, startend in einem bestimmten Feld des Schachbretts, so auf diesem umherspringen, daß er jedes Feld genau
einmal besucht hat und dann wieder am Ausgangspunkt landet?

Für $4 \times 4$ und $5 \times 5$ Schachbretter ist die Antwort nein, für ein klassisches $8 \times 8$
Schachbrett gibt es aber so eine Tour für den Springer. Setzen Sie diese Problematik
in Zusammenhang mit HAMILTONgraphen.

### 203  Theorem    THEOREM VON DIRAC
Ist in einem Graphen mit mindestens drei Eckpunkten der Grad jedes Eckpunktes
größer gleich der halben Anzahl von Eckpunkten, dann ist der Graph HAMILTONsch.

### 204  Theorem    THEOREM VON ORE
Ist in einem Graphen mit mindestens drei Eckpunkten für jedes Paar nicht adjazen-
ter Eckpunkte die Summe der Grade größer oder gleich der Anzahl seiner Eckpunkte,
dann ist der Graph HAMILTONsch.

**205  Beispiel**    THEOREME VON DIRAC UND ORE
Geben Sie zu den Theoremen von DIRAC und ORE jeweils zwei illustrative Beispiele
von HAMILTONgraphen an, welche die entsprechenden Kriterien erfüllen.

**206  Beispiel**    ZUSAMMENHANG EULERGRAPH – HAMILTONGRAPH
Zeigen Sie, daß es keinen unmittelbaren Zusammenhang zwischen der Eigenschaft,
ein EULERgraph zu sein, und der Eigenschaft, ein HAMILTONgraph zu sein, gibt.
Geben Sie also insgesamt 4 Graphen an, die HAMILTONsch aber nicht EULERsch,
EULERsch aber nicht HAMILTONsch, HAMILTONsch und EULERsch, sowie weder
HAMILTONsch noch EULERsch sind. Hinweis: Gehen Sie vom Quadrat mit Mittel-
punkt aus. In zwei Fällen kann man dann noch zwei Eckpunkte hinzufügen. Die
Graphen können alle in einem gewissen Sinn symmetrisch gewählt werden.


# 5.7   Attributierte Graphen

Häufig tragen die Eckpunkte und die Verbindungskanten von Graphen, Multigraphen und Digraphen zusätzliche Informationen, die oft Attribute, Gewichte oder
Farben genannt werden.

**207  Definition**    GRAPH MIT ATTRIBUTIERTEN KANTEN
Ein Graph mit *attributierten Kanten* ist ein Quadrupel $(E, V, A, \alpha)$ aus einem Gra-
phen $(E, V)$, einer Menge $A$ von *Attributen* und einer *Funktion* $\alpha : V \to A$, die jeder
Verbindungskante $v \in V$ ein Attribut $\alpha(v)$ zuordnet.

**208  Definition**    GRAPH MIT ATTRIBUTIERTEN ECKPUNKTEN
Ein Graph mit *attributierten Eckpunkten* ist ein Quadrupel $(E, V, A, \alpha)$ aus einem
Graphen $(E, V)$, einer Menge $A$ von *Attributen* und einer *Funktion* $\alpha : E \to A$, die
jedem Eckpunkt $e \in E$ ein Attribut $\alpha(e)$ zuordnet.

**209  Bemerkung**    ANWENDUNGEN ATTRIBUTIERTER GRAPHEN
Die wichtigsten Formen attributierter Graphen sind Graphen mit Angaben von
Weglängen, Graphen mit Punktfärbungen, Graphen mit Kantenfärbungen sowie
die semantischen und neuralen Netze der künstlichen Intelligenz.

**210  Beispiel**    PROBLEM DES HANDLUNGSREISENDEN
Vorgegeben sind Städte und ein Straßennetz, das diese Städte verbindet. Wir kennen die Längen dieser Straßen. Ein Handlungsreisender soll nun mit dem Auto so
durch alle diese Städte fahren, daß er jede Stadt genau einmal besucht und am Ende
der Reise wieder am Ausgangspunkt ankommt. Unter allen möglichen Routen, die
er so auswählen kann, soll er jene Route suchen, bei der er am wenigsten Kilometer

mit dem Firmenauto fährt.

Wir können das Problem wie folgt formalisieren:

(1) STRASSENNETZ ALS GRAPH
Das Straßennetz wird durch einen Graphen dargestellt. Die Menge $E$ der Eckpunkte ist genau die Menge der Städte. Die Menge $V$ der Verbindungsstraßen ist die Menge aller zweielementigen Stadtmengen.

(2) ENTFERNUNGEN ALS ATTRIBUTE AUF DEN KANTEN
Führt etwa von Zürich nach Innsbruck eine Straße der Länge 330km, so drücken wir das dadurch aus, daß der Wert der Attributsfunktion auf der Verbindungskante $\{\text{Zürich}, \text{Innsbruck}\}$ gerade 330 ist: $\alpha(\{\text{Zürich}, \text{Innsbruck}\}) = 330$.

(3) RUNDFAHRT ALS GESCHLOSSENER HAMILTONSCHER WEG
Eine Rundfahrt des Handlungsreisenden, bei der dieser jede Stadt genau einmal besucht und anschließend an den Ausgangsort zurückkehrt, entspricht einem geschlossenen HAMILTONschen Weg $(e_1, e_2, \ldots, e_n)$ mit $e_1 = e_n$ durch diesen Graphen.

(4) GESAMTE REISELÄNGE ALS ATTRIBUTSUMME
Diesem Weg $(c_1, c_2, \ldots, c_n)$ entspricht eine Weglänge

$$l = \sum_{i=1}^{n-1} \alpha(\{e_i, e_{i+1}\})$$

Wir werden diesem Problem in der Komplexitätstheorie nochmals begegnen. In der englischen Literatur findet es sich als Problem des *Travelling Salesman*.

**211 Beispiel**    CHINESISCHES PROBLEM VOM POSTBOTEN
Ein Postbote in einem kleinen Dorf trägt seine Post mit dem Handwagen aus. Der Postbote möchte seinen Weg durch das Dorf nun so planen, daß er genau einmal durch jede Straße gehen muß und insgesamt einen möglichst kurzen Weg zurücklegt.

Das Problem ähnelt bis auf einen kleinen Unterschied dem des Handlungsreisenden. Die englische Literatur kennt es als *Chinese Postman Problem*. Chinese ist jedoch nicht der Postbote, sondern MEIGU GANN, der dieses Problem 1962 formuliert hat.

Wir können das Problem ähnlich wie im vorangegangenen Beispiel formalisieren:

(1) STRASSENNETZ ALS GRAPH
Das Straßennetz wird durch einen Graphen dargestellt. Die Menge $E$ der Eckpunkte ist genau die Menge der Städte. Die Menge $V$ der Verbindungsstraßen ist die Menge aller zweielementigen Stadtmengen.

**(2) ENTFERNUNGEN ALS ATTRIBUTE AUF DEN KANTEN**
Gleich wie im vorangegangenen Beispiel.

**(3) RUNDFAHRT ALS GESCHLOSSENEN EULERSCHEN WEG**
Eine Rundfahrt des Postboten, bei der dieser jede Straße zum Zwecke des Posteinwurfs genau einmal besucht und anschließend an den Ausgangsort zurückkehrt, entspricht einem geschlossenen EULERschen Weg $(e_1, e_2, \ldots, e_n)$ mit $e_1 = e_n$ durch diesen Graphen.

**(4) GESAMTE REISELÄNGE ALS ATTRIBUTSUMME**
Diesem Weg $(e_1, e_2, \ldots, e_n)$ entspricht eine Weglänge

$$l = \sum_{i=1}^{n-1} \alpha(\{e_i, e_{i+1}\})$$

**212 Definition**    PUNKTFÄRBUNGEN
Sei $(E, V)$ ein Graph und $\phi : E \to C$ eine Abbildung, die jedem Eckpunkt ein Attribut zuweist. $\phi$ heißt eine *korrekte Punktfärbung (Knotenfärbung, Färbung, vertex coloring, coloring)* mit $k$ Farben, wenn die Menge $C$ genau $k$ Elemente hat und je zwei verbundene Eckpunkte verschiedene Farbe tragen: $\forall x, y \in E, x \neq y : \{x, y\} \in V \Rightarrow \phi(x) \neq \phi(y)$.

Ein Graph heißt *k–färbbar (k–colorable)*, wenn es eine Punktfärbung dieses Graphen mit $k$ Farben gibt.

**213 Definition**    CHROMATISCHE ZAHL
Die *chromatische Zahl (Färbezahl, chromatic number)* $\chi(\mathcal{G})$ eines Graphen $\mathcal{G} = (E, V)$ ist die kleinste Zahl $k$, zu der es noch eine Punktfärbung dieses Graphen mit $k$ Farben gibt.

In Abb. 9 (siehe S. 94) sehen Sie einen Graphen, links mit inkorrekter und rechts mit korrekter Punktfärbung. Dieser Graph hat die chromatische Zahl 3.

**214 Beispiel**    CHROMATISCHE ZAHLEN EINIGER GRAPHEN
Bestimmen Sie die chromatischen Zahlen der folgenden Graphen und Graphenfamilien zuerst an Beispielen, dann versuchen Sie eine allgemeine Formel zu finden und zu beweisen: Vollständige Graphen der Ordnung $n$, bipartite Graphen, Zyklen, Zöpfe.

**215 Theorem**    THEOREM VON BROOKS
Ist der maximale Grad der Eckpunkte eines Graphen gleich $d$, dann ist seine chromatische Zahl kleiner als $d+1$. Wissen wir ferner, daß der Graph zusammenhängend

ist, aber weder ein Zyklus noch ein vollständiger Graph ist, dann ist seine chromatische Zahl kleiner als $d$.

**216 Beispiel** CHEMIKALIENPROBLEM
In einer chemischen Fabrik gibt es eine Menge $S$ verschiedener chemischer Stoffe. Man weiß, daß es gewisse Paare von Stoffen gibt, die auf gefährliche Weise miteinander reagieren können, wenn sie in ein und demselben Raum aufbewahrt werden. Wir wollen diese Stoffe zueinander inkompatibel nennen. Man sucht nun eine Aufteilung der Stoffe auf Räume so, daß in keinem Raum zueinander inkompatible Stoffe aufbewahrt werden. Wegen der herrschenden Platznot sollen aber möglichst wenig Räume benutzt werden.

(1) Formalisieren Sie diese Situation durch geeignete graphentheoretische Begriffe.

(2) Was ist die kleinste Anzahl benötigter Räume graphentheoretisch?

(3) Lösen Sie das Problem konkret für die Chemikalien Salzsäure ($HCl$), Natriumlauge ($NaOH$), Kalilauge ($KOH$), Phosphorsäure ($H_3PO_4$), Schwefelsäure ($H_2SO_4$), Methan ($CH_4$), Tetrachlorkohlenstoff ($CCl_4$) und destilliertem Wasser. Jede Lauge steht mit einer Säure in Konflikt, Methan und Tetrachlorkohlenstoff reagieren heftig miteinander, Tetrachlorkohlenstoff sollte auch nicht mit Schwefelsäure zusammen aufbewahrt werden, und letztere sollte nicht mit Wasser in einem Raum aufbewahrt werden, da sie Wasser aus der Luft anzieht und so allmählich ihre Konzentration verliert.

**217 Beispiel** AUSFLUGSPROBLEM
Ein Jugendclub möchte Ausflüge für seine 9 Mitglieder Anton, Bernhard, Carlo, David, Ewald, Franz, Georg, Harald und Iris organisieren. Hierbei soll die soziale Struktur in der Gruppe berücksichtigt werden: Carlo will weder mit Anton, noch mit Bernhard, Ewald oder Harald auf dem Ausflug sein, Anton will weder mit Carlo, Franz, Georg noch mit Iris zusammen sein, Ewald und Harald streiten ohnehin andauernd, Franz ärgert immer Bernhard und Georg, und letztlich können Bernhard und Ewald sich nicht mit Iris vertragen.

(1) Drücken Sie die vorliegenden Informationen graphentheoretisch aus.

(2) Bestimmen Sie die kleinste Anzahl von Ausflügen, die organisiert werden muß, wenn auf die erwähnte Problematik geachtet werden soll.

(3) Was ist diese kleinste Anzahl von Ausflügen graphentheoretisch?

**218 Beispiel** ZWEI-CHROMATISCHE GRAPHEN SIND BIPARTIT
Zeigen Sie, daß *Graphen der chromatischen Zahl zwei bipartite Graphen* sind. Gilt auch die Umkehrung? Falls ja, geben Sie einen Beweis, ansonsten konstruieren Sie

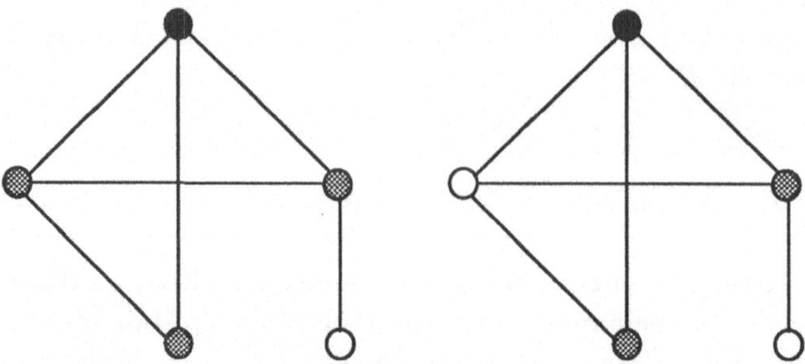

**Abb. 9** Inkorrekte und korrekte Punktfärbung.

ein Gegenbeispiel.

**219 Beispiel** REGISTERZUTEILUNGSPROBLEM

Wird ein Programm einer Hochsprache im Compiler in ein Programm einer Assemblersprache übersetzt, so müssen auch längere arithmetische Ausdrück in Assembler umgewandelt werden. Für die Ablage von Zwischenergebnissen steht hier der langsame Hauptspeicher zur Verfügung und eine kleinere Anzahl sehr schneller Register innerhalb der CPU. Je nach Architekturkonzept sind das 2–16 Register (CISC Architektur) oder bis zu 256 Register und mehr (RISC Architektur). Man ist natürlich bemüht, möglichst die schnellen Register zu verwenden, es kann aber sein, daß man nicht ausreichend viele Register zur Verfügung hat. Während einer längeren Berechnung legt man deshalb ein Zwischenergebnis nur so lange in einem Register ab, als man das Zwischenergebnis wirklich braucht, damit das Register möglichst bald wieder für andere Zwecke zur Verfügung steht.

Als Resultat verschiedener Compilationsvorgänge erhält man eine Liste, welche die sequentielle Reihenfolge, in der verschiedene Zwischenresultate ausgerechnet werden enthält. Als Ergebnis weiterer Schritte, die in der Literatur zu Compilerbau genauer erläutert werden, bekommt man schließlich einen sogenannten *Konfliktgraphen*. Seine Eckpunkte tragen als Attribute die Namen oder arithmetischen Teilausdrücke, welche die oben erwähnten Zwischenresultate repräsentieren. Zwei Eckpunkte sind genau dann durch eine Kante verbunden, wenn diese Zwischenresultate *in Konflikt stehen* – das bedeutet, während gewisser Zeiten in der Berechnung müssen diese Zwischenresultate gleichzeitig bekannt sein, weil sie etwa zueinander addiert werden müssen. In der Sprache der Compilerbauer würde man hier von *überlappenden Lebensdauern (livetimes)* sprechen.

Bevor ein optimierender Compiler nun Register und, falls erforderlich, Hauptspeicher zur Ablage der Zwischenresultate vergibt, überprüft er, ob er mit den Registern allein auskommt. Das Kriterium hierfür ist, daß miteinander in Konflikt stehende Zwischenresultate nicht auf ein und dasselbe Register abgelegt werden können.

Interpretieren Sie diese Problematik im Lichte der Graphen und Graphenfärbungen.

**220 Definition**    KANTENFÄRBUNGEN
Sei $(E, V)$ ein Graph und $\phi : V \to C$ eine Abbildung, die jeder Verbindungskante
ein Attribut zuweist. $\phi$ heißt eine *korrekte Kantenfärbung (edge coloring)* mit $k$
Farben, wenn die Menge $C$ genau $k$ Elemente hat und je zwei Verbindungskanten, die sich in einem gemeinsamen Eckpunkt treffen, verschiedene Farben tragen:
$\forall a, b \in V, a \neq b : a \cap b \neq \emptyset \Rightarrow \phi(a) \neq \phi(b)$.

Ein Graph heißt *k–kantenfärbbar (k–edge–colorable)*, wenn es eine Kantenfärbung
dieses Graphen mit $k$ Farben gibt.

**221 Definition**    CHROMATISCHER INDEX
Der *chromatische Index (Kantenfärbezahl, chromatic index)* eines Graphen $(E, V)$
ist die kleinste Zahl $k$, zu der es noch eine Kantenfärbung dieses Graphen mit $k$
Farben gibt.

**222 Beispiel**    CHROMATISCHE INDIZES EINIGER GRAPHEN
Bestimmen Sie die chromatischen Indizes der folgenden Graphen und Graphenfamilien an Beispielen und versuchen Sie eine allgemeine Formel zu finden und zu
beweisen: Vollständige Graphen der Ordnung $n$, Zyklen und Zöpfe.

**223 Theorem**    THEOREM VON VIZING
Ist der maximale Grad der Eckpunkte eines Graphen gleich $d$, dann ist sein chromatischer Index $d$ oder $d + 1$.

**224 Theorem**    THEOREM VON KÖNIG
Der chromatische Index eines bipartiten Graphen ist gleich dem maximalen Grad
seiner Eckpunkte.

**225 Beispiel**    VERKABELUNGSPROBLEM
In einem großen elektrischen Schaltkasten müssen verschiedene Baugruppen mit
Drähten verbunden werden. Um ein Wirrwarr von Drähten zu vermeiden, werden
alle Drähte, die von einer Baugruppe abgehen, mit einem Kabelbinder zu einem kompakten Bündel zusammengeschnürt und fixiert. Damit man die einzelnen Drähte
des Bündels aber trotzdem noch voneinander unterscheiden kann, ohne gleich den
Kabelbinder lösen zu müssen, sollen alle Drähte, die von einer bestimmten Baugruppe abgehen, unterschiedlich gefärbt sein. Wieviele verschiedene Drahtfarben
müssen in einer gegebenen Schaltung benutzt werden?

Formalisieren Sie diese Situation durch geeignete graphentheoretische Begriffe. Was
ist die kleinste Anzahl benötigter Drahtfarben graphentheoretisch? Lösen Sie das

Problem konkret für die Telefonanlage eines Büros: Es gibt 20 Mitarbeiter, jeder hat
ein Telefon. Zwei Schaltstellen im Sekretariat versorgen diese 20 Telefone, indem
an jeder Schaltstelle je 10 Telefone hängen. Die Schaltstellen sind untereinander
verbunden. Das Telefon des Chefs ist mit beiden Schaltstellen verbunden. Es gibt
3 Amtsleitungen, eine für jede Schaltstelle und eine für den Chef. Identifizieren Sie
die zu verbindenden Schaltelemente, stellen Sie den zugehörigen Graphen auf und
suchen Sie eine minimale Färbung für die Verbindungsdrähte.


**226  Beispiel**    PRÜFUNGSPROBLEM
Am Ende eines Semesters wollen die Studenten Einstein, Zweistein, Dreimann und
Vierli bei den Professoren Turing, Gödel und Church eine Prüfung ablegen. Einstein
tritt an bei Turing und Church, Zweistein bei allen drei Professoren, Dreimann bei
Turing und Gödel, Vierli bei Gödel und Church. Die Prüfungen fangen um 9 Uhr
an. Eine Prüfung dauert jeweils genau eine Stunde. Wann sind die drei Professoren frühestens fertig und können eine gemeinsame Nachbesprechung aller Prüfungen
machen?


Drücken Sie die vorliegenden Informationen graphentheoretisch aus. Bestimmen
Sie die kleinste Anzahl von gleichzeitigen Prüfungsrunden, die organisiert werden
müssen. Was ist diese kleinste Anzahl graphentheoretisch? Ist der auftretende
Graph ein spezieller Graph?


**227  Bemerkung**    VIERFARBENPROBLEM DER KARTOGRAPHIE
Ein berühmtes und bekanntes klassisches Problem der Mathematik, das über 150
Jahre ungelöst blieb, ist das Vierfarbenproblem: Wieviele Farben benötigt ein Kar-
tograph, um eine Karte auf dem Globus so zu färben, daß keine benachbarten Länder
dieselbe Farbe tragen. Das Meer wird hier auch als Land gerechnet. Die Erfahrung
der Kartographen zeigte, daß 4 Farben ausreichen.


Das Problem wurde 1976 von HAKEN und APPEL unter Verwendung eines Compu-
terprogramms gelöst, mit dem über 1500 Spezialfälle überprüft wurden.


**228  Bemerkung**    VIERFARBENPROBLEM DER GRAPHENTHEORIE
In graphentheoretische Formulierung kann man folgendes leichter zeigen: Jeder planare Graph (siehe unten) hat eine chromatische Zahl kleiner oder gleich 5. Diese
Aussage kann verschärft werden, denn jeder planare Graph hat eine chromatische
Zahl kleiner oder gleich 4. Während die erste Aussage innerhalb einiger Seiten und
unter Anwendung eines Theorems von EULER über planare Graphen bewiesen werden kann, ist letztere extrem kompliziert nachzuweisen.

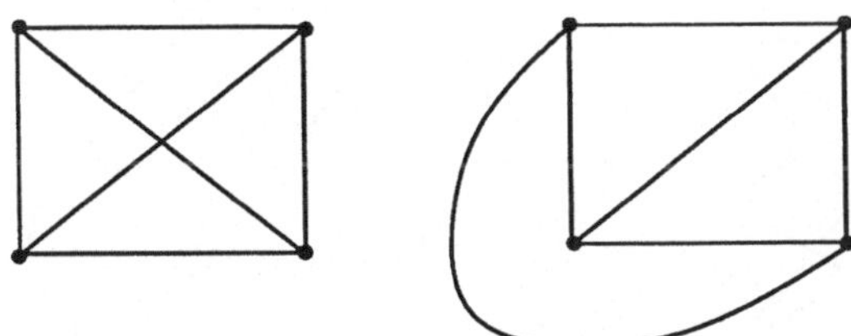

**Abb. 10**   Zeichnung eines planaren Graphen mit und ohne verbotene Schnittpunkte.

## 5.8   Planare Graphen

In diesem Abschnitt wollen wir uns die Frage stellen, ob ein Graph in der Ebene
"korrekt" gezeichnet werden kann, also so, daß alle Schnittpunkte zwischen Kanten
auch Eckpunkte des Graphen sind.

**229  Definition**   PLANARE GRAPHEN
Ein Graph (Digraph, Multigraph) heißt *planar (planar)*, wenn er in der Ebene gezeichnet werden kann, daß die Schnittpunkte der Verbindungskanten genau die Eckpunkte des Graphen sind. Verbindungskanten dürfen hierbei auch krummlinig sein.

Es kommt darauf an, daß es *möglich* ist, den Graphen auf einem Blatt Papier so zu
zeichnen. Von einem planaren Graphen kann es durchaus Zeichnungen in der Ebene
geben, bei der es neben den Eckpunkten auch andere Schnittpunkte von Verbindungskanten gibt. Wichtig ist, daß es überhaupt eine solche Zeichnung gibt, bei der
die Schnittpunkte der Verbindungskanten genau die Eckpunkte sind.

**230  Definition**   FLÄCHEN EINES PLANAREN GRAPHEN
Wenn wir einen planaren Graphen so aufzeichnen, daß die Schnittpunkte seiner
Verbindungskanten genau seine Eckpunkte sind, dann beobachtet man an dieser
Zeichnung folgendes Phänomen: Die Ebene wird durch die Verbindungskanten in
zusammenhängende Teilbereiche unterteilt. Ein solcher Teilbereich heißt eine *Fläche
(face)* des Graphen. Genau eine solche Fläche ist unendlich groß.

Man kann sich überlegen, daß die Anzahl dieser Flächen für einen bestimmten Graphen nicht davon abhängt, wie dieser Graph in der Ebene gezeichnet wurde. Einzige Voraussetzung ist nur, daß die Schnittpunkte der Verbindungskanten genau die
Eckpunkte des Graphen sind. Die Anzahl der Flächen hängt also nicht von der
Zeichnung, sondern nur vom Graphen selber ab. Sie heißt die *Flächenzahl (number
of faces)* des Graphen.

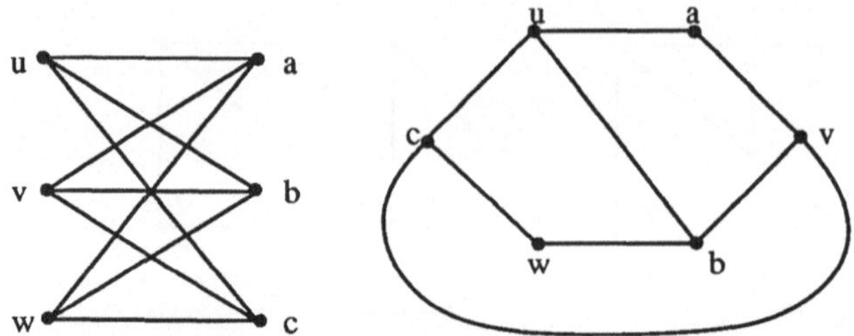

**Abb. 11**    Nichtplanarer Graph $K_{3,3}$ und planarer Zeichenversuch.

**231   Theorem**    THEOREM VON EULER ÜBER PLANARE GRAPHEN
In jedem planaren Graphen gilt:

$$\text{Eckenzahl} - \text{Kantenzahl} + \text{Flächenzahl} = 2$$

**232   Beispiel**    ZWEI BERÜHMTE NICHTPLANARE GRAPHEN
Die zwei wichtigsten nichtplanaren Graphen sind der $K_{3,3}$ und der $K_5$.

Wir wollen anhand der Abb. 11 verstehen, warum der $K_{3,3}$ nicht planar sein kann:

(1) Der $K_{3,3}$ enthält einen Zyklus der Länge 6, nämlich $(u, a, v, b, w, c, u)$. In einer ebenen Zeichnung, in der die Schnitte der Verbindungskanten genau die Eckpunkte sein sollen, muß sich dieser Zyklus als eine Art Sechseck zeigen.

(2) Nun fehlen noch die Kanten $(u, b)$, $(v, c)$ und $(w, a)$. Wir müssen sie so einzeichnen, daß dadurch keine "verbotenen Schnittpunkte" entstehen. Somit darf keine dieser Kanten das Sechseck schneiden, sie müssen alle jeweils ganz im Inneren oder ganz im Äußeren des Sechsecks liegen.

(3) Zeichnen wir also eine Kante im Inneren des Sechsecks ein, zum Beispiel also $(u, b)$. (Hätten wir hier eine andere Kante genommen, so würde das ganz ähnlich weitergehen.)

(4) Wir sehen nun, daß von den verbleibenden Kanten keine weitere mehr im Inneren gezeichnet werden kann, ohne daß ein "verbotener Schnittpunkt" entsteht. Also zeichnen wir eine weitere Kante, etwa $(v, c)$ im Außenbereich.

(5) Nun zeigt sich, daß sich die dritte und letzte verbleibende Kante weder im Außenbereich noch im Inneren des Sechsecks zeichnen läßt, ohne einen "verbotenen Schnittpunkt" einzuführen.

Also ist $K_{3,3}$ nicht planar.

**233 Definition** Unterteilung
Seien $G$ und $U$ zwei Graphen. $U$ heißt ein *Unterteilungsgraph (subdivision)* von $G$, falls $U$ aus $G$ ausschließlich durch Hinzufügen von Eckpunkten vom Grad 2 entsteht, die auf bereits bestehende Kanten aufgesetzt werden.

**234 Lemma** Unterteilungslemma
Man betrachte einen Graphen $G$ und hiervon einen Unterteilungsgraphen $U$. Dann sind entweder beide Graphen planar oder beide nicht planar. Der Übergang von einem Graphen zu seiner Unterteilung ändert nichts an den Planaritätseigenschaften. Der Übergang von einem Unterteilungsgraph zum ursprünglichen Graph ändert auch nichts an den Planaritätseigenschaften.

**235 Theorem** Planaritätskriterium von Kuratowski
Ein Graph ist genau dann planar, wenn er weder $K_{3,3}$, noch $K_5$, noch einen Unterteilungsgraphen dieser zwei Graphen als Teilgraph enthält. Alle Gründe, die verhindern können, daß ein Graph nicht planar ist, zeigen sich also bereits in den zwei Graphen $K_{3,3}$ und $K_5$.

**236 Bemerkung** Tests auf Planarität
Da es oft recht aufwendig ist, das Kriterium von Kuratowski zu überprüfen, benutzt man gerne auch andere Techniken:

(1) Planare Zeichenversuche
Man versucht zunächst einmal, eine Zeichnung des Graphen zu finden, die keine "verbotenen Schnittpunkte" hat. Gelingt das, dann ist man fertig – der Graph ist planar. Gelingt das nicht, so versucht man, die nachfolgend angeführten einfachen Kriterien zu benutzen, um zu zeigen, daß der Graph nicht planar ist.

(2) 1. Eulerkriterium
Ist die dreifache Eckenzahl kleiner als Kantenzahl + 6, dann ist der Graph nicht planar.

(3) 2. Eulerkriterium
Ist 2 * Eckenzahl kleiner als Kantenzahl + 4 und enthält der Graph keine Dreiecke, dann ist der Graph nicht planar.

(4) 3. Eulerkriterium
Hat der Graph nur Eckpunkte vom Grad 6 oder größer, dann ist der Graph nicht planar.

(5) Kuratowski Kriterium
Haben die bisherigen Kriterien noch keine Aussage ermöglicht, so hat man Pech gehabt, und muß das Kriterium von Kuratowski benutzen.

Ein nichtzusammenhängender Graph ist übrigens genau dann planar, wenn jede Zusammenhangskomponente planar ist. In diesem Fall muß man also obige Tests auf jeder Zusammenhangskomponente ausführen.

**237  Bemerkung**    ANWENDUNGEN DER PLANARITÄT
(1) ZEICHNEN VON GRAPHEN
Zeichnet man einen Graphen am Bildschirm, so strebt man eine Darstellung mit einer möglichst geringen Anzahl von "verbotenen Schnittpunkten" an. Ist der Graph planar, dann gibt es sogar eine Darstellung ohne "verbotene Schnittpunkte". Es stellen sich weiterführende Fragen:

– Wenn ein Graph planar ist, wie finde ich dann tatsächlich eine Zeichnung, die keine verbotenen Schnittpunkte enthält?

– Wenn ein Graph leider nicht planar ist, was ist die geringste Zahl "verbotener Schnittpunkte", die bei einer planaren Darstellung des Graphen mindestens auftreten muß?

– Wie finde ich bei nicht planaren Graphen eine Zeichnung mit minimaler Anzahl "verbotener Schnittpunkte"?

(2) LAYOUT VON LEITERPLATTEN
Leiterplatten bestehen aus einer Kunststoffschicht, die einseitig mit Kupferbahnen belegt und mit elektronischen Bauelementen bestückt ist. Der Schaltplan ist ein Graph, bei dem die Eckpunkte die Anschlußpunkte der Bauelemente darstellen und die Kupferbahnen die Verbindungskanten. Das geometrische Layout einer Leiterplatte entspricht also einer Zeichnung des Schaltplangraphens. Verbotene Schnittpunkte dürfen in dieser Zeichnung nicht auftreten, da diese unerwünschte elektrische Verbindungen darstellen und Kurzschlüsse verursachen. Nur planare Schaltplangraphen können also auf einer Seite einer Leiterplatte untergebracht werden. Bei nicht planaren Graphen muß man zu Drahtbrücken greifen oder die Rückseite der Leiterplatte benutzen.

(3) LAYOUT VON INTEGRIERTEN SCHALTKREISEN
Ein analoges Problem stellt sich beim Entwurf integrierter Schaltungen. Da hier die Zahl der zu verbindenden Bauelemente bis zu einigen Millionen betragen kann, hat man hier ein extrem kompliziertes Problem zu lösen, das unter Umständen mehrere Tage bis Wochen Rechenzeit von Superrechnern benötigen kann.

(4) PLANUNG VON VERKEHRSWEGEN, EISENBAHNEN UND AUTOBAHNEN
Verbindungspläne von Verkehrswegen wie Eisenbahnen und Autobahnen sind Graphen. Bei planaren Graphen kann man die entsprechenden Verkehrswege realisieren, ohne daß Brücken gebaut werden müssen. Ist das nicht möglich, so ist man an einer minimalen Zahl von (teuren) Brücken interessiert.

# 5.9 Bäume und Wälder

Bäume und Wälder sind Strukturen, die in der Informatik sehr häufig benötigt werden. Man kann sie als Graphen, aber auch als Relationen modellieren.

**238 Definition**    BÄUME UND WÄLDER ALS SPEZIELLE GRAPHEN
Ein *Baum (tree)* ist ein zusammenhängender Graph ohne Zyklen. Ein *Wald (forest)* ist ein Graph ohne Zyklen. Seine Zusammenhangskomponenten sind Bäume.

**239 Definition**    SPANNENDE BÄUME
Sei $(P, \Gamma)$ ein zusammenhängender Graph. Ein *spannender Baum (spanning tree)* ist ein Teilgraph von $(P, \Gamma)$, der ein Baum ist und alle Eckpunkte des Graphen enthält, also ein Baum der Form $(P, \Delta)$ mit $\Delta \subseteq \Gamma$.

Bei attributierten Graphen kann man den spannenden Bäumen Werte zuweisen. Sind für den Graphen etwa Weglängen angegeben, dann hat jeder spannende Baum eine Weglängensumme. Oft interessiert man sich für jene spannenden Bäume, bei denen dieser Wert minimal ist. Dann spricht man von *minimalen spannenden Bäumen (minimal spanning trees)*.

**240 Definition**    BÄUME UND WÄLDER ALS SPEZIELLE RELATIONEN
Ein *Wald (forest)* ist ein Paar $(P, \Delta)$ aus einer endlichen Menge $P$ von Punkten und einer azyklischen Relation $\Delta \subseteq P \times P$, bei der jeder Punkt hat höchstens einen Vorgänger hat.

Elemente $b \in P$, die keinen Nachfolger haben, heißen die *Blätter (leaves)* des Waldes, Elemente $r \in P$, die keinen Vorgänger haben, heißen *Wurzeln (roots)* des Waldes. Ein Wald mit genau einer Wurzel heißt ein *Baum (tree)*.

**241 Satz**    EIN GRAPHENBAUM IST EIN RELATIONENBAUM
Sei $(P, \Gamma)$ ein Baum im Sinne eines speziellen Graphen. Dann fehlen diesem Baum offenbar zwei Konzepte:

(1) Es ist nicht ganz klar, was die *Wurzel* des Baumes ist. Betrachten von Abb. 12 legt nahe, daß prinzipiell jeder Punkt die Rolle der Wurzel spielen könnte.

(2) Es fehlt eine *Orientierung* auf den Kanten, die es erlaubt, von Vorgänger und Nachfolger zu sprechen. Betrachten der Abb. 12 legt nahe, daß sich diese automatisch ergibt, sobald eine Wurzel für den Baum gewählt wurde.

Wählt man in einem Baum $(P, \Gamma)$ im Sinne eines speziellen Graphen einen Punkt $r \in P$ speziell aus, dann läßt sich dazu ein entsprechender Baum $(P, \Delta)$ im Sinne einer Relation konstruieren. Hierzu definiert man zunächst eine *Niveaufunktion*

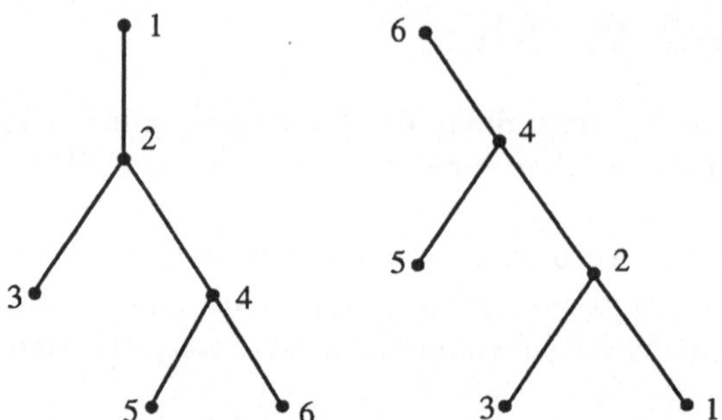

**Abb. 12**   Freie Auswahl der Wurzel bei einem Graphenbaum.

$n_r : P \to \mathsf{N}_0$, welche die Entfernung eines Punktes von der Wurzel angibt: $n_r(p) :=$ die *minimale Länge eines Weges im Graphen* $(P, \Gamma)$, *der die Wurzel* $r$ *mit dem Punkt* $p$ *verbindet*. Dann definiert man die Relation $\Delta$ durch

$$(p, q) \in \Delta \;\Leftrightarrow\; (p, q) \in \Gamma \;\wedge\; n_r(p) + 1 = n_r(q)$$

Für dieses $\Delta$ gilt dann:

(1) $(P, \Delta)$ ist ein Baum im Relationssinn.

(2) $(P, \Delta)$ hat $r$ als Wurzel.

(3) Ist der Punkt $p$ ein Vorgänger des Punktes $q$ im Relationsbaum, ist also $(p, q) \in \Delta$, dann sind $p$ und $q$ im Graphenbaum durch eine (ungerichtete) Kante verbunden.

(4) Sind $p$ und $q$ im Graphenbaum durch eine (ungerichtete) Kante verbunden, dann ist entweder $p$ Vorgänger von $q$ oder $q$ Vorgänger von $p$ im Relationenbaum. Was genau der Fall ist, wird nur durch die Wahl des Punktes $r$ zur Wurzel bestimmt.

**242  Satz**   EIN RELATIONENBAUM IST EIN GRAPHENBAUM
In der umgekehrten Richtung starten wir mit einem Relationenbaum $(P, \Delta)$. Bei diesem ist klar, welcher Punkt die Wurzel ist, und die Relation erlaubt, von Vorgängern und Nachfolgern zu sprechen. Definieren wir nun die Relation $\Gamma \subseteq P \times P$ als die symmetrische Hülle von $\Delta$, also $\Gamma := < \Delta >_s$, so erhalten wir einen Graphen $(P, \Gamma)$, der ein Baum im Graphensinn ist. Für diesen gilt dann:

(1) $(P, \Gamma)$ ist ein Baum im Graphensinn.

(2) Ist der Punkt $p$ ein Vorgänger des Punktes $q$ im Relationsbaum, ist also $(p, q) \in \Delta$, dann sind $p$ und $q$ im Graphenbaum durch eine (ungerichtete) Kante verbunden.

**243 Bemerkung**   Zusammenhang zwischen den Definitionen
Das Konzept eines Baumes läßt sich also durch zwei unterschiedliche Strukturen formalisieren.  Der Baum im Graphensinn erlaubt noch die freie Wahl eines Elements zur Wurzel des Baumes, beim Baum im Relationensinn ist bereits klar, was die Wurzel ist.

Da man zumeist auch an der Wurzel eines Baumes interessiert ist, bedient man sich oft der Relationsdefinition, spricht aber auch gleichzeitig über Eigenschaften von Bäumen, die eigentlich nur für Graphen definiert sind.  Hierfür ist dann die Graphendefinition zu benutzen.

Bei Bäumen spricht man oft von *Knoten (nodes)* statt von Punkten.  Ist die Orientierung der Kanten nach Wahl einer Wurzel klar, so nennt man die Nachfolger auch *Kinder oder Söhne (children, son nodes)* und die Vorgänger auch *Väter (Elternknoten, parent nodes)*.  Ein Knoten heißt ein *Bruder (brother node)* eines Knotens, wenn beide Knoten denselben Vater haben.

**244 Definition**   Geordneter Baum
Ein *geordneter Baum* ist ein Baum (im Relationssinn) mit einer geeigneten Zusatzstruktur, die für jeden Knoten eine lineare Ordnung für seine Nachfolgerknoten angibt.  Wie wir das technisch-formal tun, ist im Grunde genommen gleichgültig. Wir haben hier mehrere Möglichkeiten:

(1) Angabe einer linearen Ordnungsrelation $\leq \subseteq P \times P$ auf der ganzen Knotenmenge $P$ des Baumes.

(2) Angabe einer linearen Ordnungsrelation für die Nachfolgermenge jedes Knotens.  Ist also $p \in P$ ein Knoten des Baumes $(P, \Delta)$, dann ist auf der Menge $\{x \in P \mid (p, x) \in \Delta\}$ eine Ordnungsrelation $\leq_p$ gegeben.

(3) Angabe einer Ordnungsrelation $\leq \subseteq P \times P$ auf der ganzen Knotenmenge $P$ des Baumes, die eingeschränkt auf die Nachfolgermenge eines jeden Knotens eine lineare Ordnungsrelation ist.

Man beachte, daß die meisten Bäume, die man in der Informatik benutzt, geordnete Bäume sind, ohne daß man sich dieser Tatsache sofort bewußt wird.  Das liegt daran, daß in jedem Baum, den wir aufzeichnen, bereits durch die Tatsache, daß wir einen Teilbaum links und einen anderen rechts zeichnen, implizit eine Ordnung ausgedrückt wird.

**245 Bemerkung**   Isomorphie geordneter und ungeordneter Bäume
Zwei Bäume (im Relationssinn) heißen *isomorph*, wenn sie als Graphen isomorph sind und der Isomorphismus die Wurzel des einen Baums auf die Wurzel des anderen

Baums abbildet.

Die Zusatzstruktur der Ordnung hat Konsequenzen für die Isomorphie. Bäume, die
als Bäume isomorph sind, können als geordnete Bäume sehr wohl verschieden sein:
Die beiden Bäume

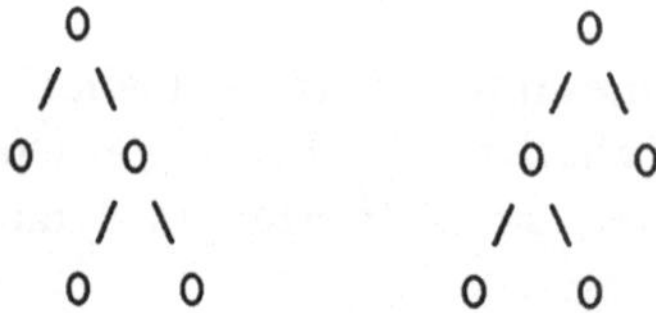

sind als Bäume isomorph. Als geordnete Bäume wollen wir sie nicht mehr als isomorph ansehen. Dementsprechend muß eine solche Definition auch aussehen. Ein
Isomorphismus geordneter Bäume muß also sowohl ein Isomorphismus der Bäume
sein als auch die Ordnungsstruktur erhalten.

Versuchen Sie, diese anschaulichen Definitionen zu formalisieren.

**246 Definition**    TRAVERSIERUNG VON BÄUMEN
Sei $(P, \Delta)$ ein Baum (im Relationssinn) mit Wurzel $\sqrt{} \in P$. Eine *Traversierung*
*(traversal)* des Baumes $(P, \Delta)$ ist eine endliche Folge aller Knoten des Baumes, die
mit der Wurzel beginnt: $(\sqrt{}, p_1, p_2, \ldots, p_n)$, wobei $P = \{\sqrt{}, p_1, p_2, \ldots, p_n\}$. Bei attributierten Bäumen interessiert in vielen Fällen nicht die Folge der Knoten selber,
sondern die Folge der zugehörigen Attributwerte.

**247 Definition**    STANDARDTRAVERSIERUNGEN GEORDNETER BÄUME
Auf geordneten Bäumen gibt es zwei wichtige Traversierungen: *Tiefensuche (Depth-*
*first)* und *Breitensuche (Breadth-first)*. Informal sind sie folgendermaßen definiert:

**Depth-first:**

(1) Beginne mit der Wurzel als aktuellem Knoten und schreibe die Wurzel in die
    Traversierung.

(2) Wähle von den noch nicht in die Traversierung geschriebenen Kindern des
    aktuellen Knotens das gemäß der Ordnung kleinste. Dies ist der neue aktuelle
    Knoten. Schreibe diesen in die Traversierung.

(3) Hat ein aktueller Knoten keine noch nicht in die Traversierung geschriebe-
    nen Kinder mehr (also entweder hat er überhaupt keine Kinder oder all seine
    Kinder sind bereits bearbeitet worden), dann wähle wieder seinen Vater zum
    aktuellen Knoten. Diesmal wird der Knoten aber nicht mehr in die Traversie-
    rung geschrieben.

(4) Verfahre gemäß Regel (2) und (3), bis alle Knoten des Baumes einmal aktuelle Knoten waren.

**Breadth-first:**

(1) Beginne mit der Wurzel als einzigem Knoten in einer Arbeitsliste. Schreibe die Wurzel in die Traversierung.

(2) Ersetze der Reihe nach jeden Knoten der Arbeitsliste durch seine Kinder in der durch die Ordnung vorgegebenen Reihenfolge und schreibe diese gleichzeitig in die Traversierung.

(3) Hat ein Knoten keine Kinder, so verschwindet er aus der Arbeitsliste.

(4) Verfahre gemäß Regel (2) und (3), bis die Arbeitsliste die leere Liste ist.

**248 Definition**   KLAMMERSPRACHE
Wir betrachten die Sprache aus Klammerpaaren, die anschaulich beschrieben sei durch:

(1) () liegt in der Sprache.

(2) Liegen $x_1, x_2, \ldots, x_n$ in der Sprache, dann auch $(x_1 x_2 \cdots x_n)$

Beispiele für Elemente dieser Sprache sind:

    ()
    (())
    ((())()((())))

Jedem Klammerausdruck entspricht ein geordneter Baum. Die Ordnung ergibt sich aus der linearen Notation der Klammern.

**249 Bemerkung**   BAUMDARSTELLUNG ARITHMETISCHER AUSDRÜCKE
Arithmetische Ausdrücke können als Klammerausdrücke angesehen werden und als knotenattributierte Bäume dargestellt werden. Wir werden dies bei den formalen Sprachen noch genauer besprechen.

Aufgrund der Klammerung und der üblichen Prioritätsregeln wie etwa "* vor +" ist klar, in welcher Reihenfolge ein arithmetischer Ausdruck auszuwerten ist. Wir nehmen nun stets den jeweils zuletzt auszuwertenden Operator, den "top-level" Operator. Ist dieser ein binärer Operator, so zeichnen wir einen Knoten mit dem Operatorzeichen als Attribut und zwei Kindern: Der Baum des linken Teilterms und des rechten Teilterms bilden die linken und rechten Kinder. Sind wir letztlich bei

einer Zahl oder einer Variablen angelangt, so zeichnen wir einen kinderlosen Knoten
mit der Zahl oder dem Variablennamen als Attribut.

Achtung: Die Operatoren und Variablen sind hier nicht die Knoten des Baumes
sondern die Attribute der Knoten, sonst könnte man im Baum des arithmetischen
Ausdrucks $(a + a) * (a + a)$ die einzelnen $+$ und $a$ nicht voneinander unterscheiden.

Bemerkt man in einem Ausdruck *gemeinsame Teilausdrücke (common subexpressions)*, so wird man diese nur einmal berechnen. Will man dies im Graph andeuten, so
faßt man die entsprechenden Teile des Baumes zusammen. Die sich ergebenden Graphen sind allerdings keine Bäume mehr, sondern gerichtete, azyklische Graphen. Die
Richtungsinformation stammt von der Wurzel, die das zu berechnende Endergebnis
ist, und kann als Abhängigkeit der Teilausdrücke voneinander gedeutet werden.

Bäume und Graphen dieser Art werden bei optimierenden sowie parallelisierenden
und/oder vektorisierenden Compilern, in den Auswertungsfunktionen bei Spreadsheets und in vielen anderen Situationen benutzt.

**250  Definition**    Binäre Bäume
Ein Baum (im Relationssinn) heißt *binär (binary)*, wenn jeder Knoten höchstens
zwei Kinder hat.

Ein binärer Baum heißt *perfekt* oder *voll*, wenn für jeden Knoten die Zahl der Knoten im linken und rechten Teilbaum gleich sind. Insbesondere heißt das, daß jeder
Knoten entweder ein Blatt ist oder genau zwei Kinder hat.

**251  Definition**    Ausgeglichene Bäume
Ein Baum heißt *vollständig ausgeglichen (completely balanced)*, wenn sich für jeden
Knoten die *Zahl der Knoten* seiner Teilbäume um höchstens 1 unterscheiden.

Die *Höhe (height)* eines Baumes ist der größte Wert, den die Niveaufunktion des
Baumes annehmen kann, also die maximale Entfernung von der Wurzel zu einem
Blatt. Ein Baum, der nur aus der Wurzel selber besteht, hat somit die Höhe 0, ein
Baum aus Wurzel und einem Sohn hat die Höhe 1.

Ein Baum heißt *ausgeglichen (balanced)* oder nach den Entdeckern Adelson-Velskii
und Landis auch ein *AVL–Baum (AVL tree)*, wenn sich für jeden Knoten die *Höhen*
seiner Teilbäume um höchstens 1 unterscheiden.

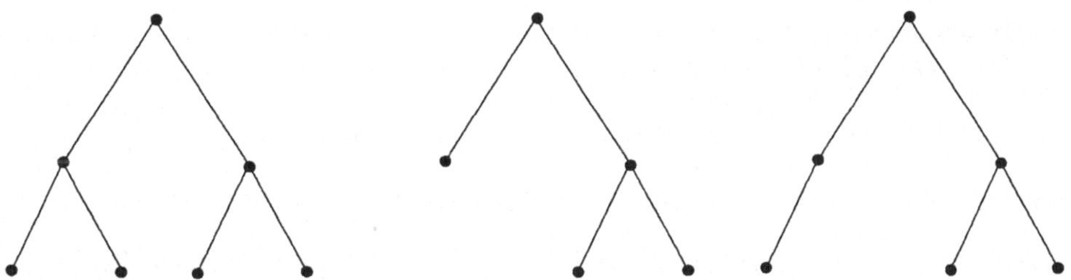

**Abb. 13**  Perfekter, AVL und ausgeglichener Binärbaum.

**252  Beispiel**  PERFEKTE BINÄRE BÄUME

(1) Für jedes $n \in \mathsf{N}_0$ gibt es (bis auf Isomorphie) genau einen perfekten, binären Baum der Höhe $n$. Dieser Baum besteht aus $2^{n+1} - 1 = 1 + 2 + 2^2 + \cdots + 2^n$ Knoten und $2^n$ Blättern.

(2) Hat ein perfekter, binärer Baum $k$ Knoten, so ist $k$ in der Form $k = 2^{n+1} - 1$ mit $n \in \mathsf{N}_0$ darstellbar, und $n$ ist die Höhe des Baumes.

(3) Die Höhe eines perfekten, binären Baumes mit $k$ Knoten ist $\log_2(k + 1) - 1$.

(4) Die Höhe eines perfekten, binären Baumes mit $b$ Blättern ist $\log_2(b)$.

**253  Beispiel**  VERANSCHAULICHUNG AUSGEGLICHENER BÄUME
Zeichnen Sie für $n = 1$ bis $n = 7$ alle vollständig ausgeglichenen, binären Bäume mit $n$ Knoten. Zeichnen Sie für $n = 1$ bis $n = 7$ alle ausgeglichenen, binären Bäume mit $n$ Knoten.

**254  Beispiel**  FIBONACCI BÄUME
Betrachten Sie die sogenannten FIBONACCI *Bäume*:

(1) Ein einzelner Knoten ist ein FIBONACCI Baum, der nur aus seiner Wurzel selber besteht. Er hat die Höhe 0 und einen Knoten.

(2) Der Baum aus einer Wurzel und einem Kind ist ein FIBONACCI Baum. Er hat die Höhe 1 und zwei Knoten.

(3) Ist $B_h$ ein FIBONACCI Baum der Höhe $h$ und $B_{h-1}$ ein FIBONACCI Baum der Höhe $h - 1$, dann kann man einen neuen FIBONACCI Baum der Höhe $h + 1$ konstruieren, in dem man einen neuen Knoten als neue Wurzel anschreibt und die Wurzeln der zwei FIBONACCI Bäume $B_h$ und $B_{h-1}$ zu Söhnen dieses neuen Knotens macht.

Beantworten Sie die folgenden Fragen:

(1) Begründen Sie, warum es zu jeder nichtnegativen ganzen Zahl $a$ genau einen FIBONACCI Baum der Höhe $a$ gibt.

(2) Konstruieren Sie alle FIBONACCI Bäume der Höhen 1 bis 6.

(3) Bestimmen Sie alle vollständig ausgeglichenen FIBONACCI Bäume.

(4) Zeigen Sie durch strukturelle Induktion über die Bildungsvorschrift, daß jeder FIBONACCI Baum ein ausgeglichener Baum ist.

(5) Die Bedeutung der FIBONACCI Bäume liegt in der Tatsache, daß sie die "schlechtesten" AVL–Bäume sind und als solche für Analysen von Suchverfahren in AVL–Bäumen für die worst-case Analyse herangezogen werden. Wie interpretieren Sie die Aussage, daß die FIBONACCI Bäume die schlechtesten AVL–Bäume sind?

(6) Bezeichne $L(h)$ die Anzahl der Knoten des FIBONACCI Baumes der Höhe $h$. Geben Sie eine Rekursionsgleichung für $L$ an. Die Zahlen $L(h)$ heißen LEONARDO *Zahlen*. Vergleichen Sie deren Rekursionsgleichung mit jener der FIBONACCI *Zahlen* $F(n)$: $F(1) = 1$, $F(2) = 2$, $F(n+2) = F(n+1) + F(n)$. (In manchen Büchern mit leicht anderer Verankerung definiert!)

**255  Beispiel**    DARSTELLUNG VON BÄUMEN
Ein Programmierer verwendet folgende Technik zur Darstellung eines geordneten Binärbaumes, dessen Knoten Attribute aus positiven, ganzen Zahlen haben:

(1) Es wird ein Feld T ganzer Zahlen geeigneter Länge angelegt.

(2) Im Element T[1] steht jene ganze Zahl, die Attribut der Wurzel ist.

(3) Steht im Element T[i] das Attribut eines beliebigen Knotens, dann steht das Attribut seines linken Kindes im Element T[2*i] und seines rechten Kindes im Element T[2*i+1]. Falls ein Knoten keinen linken oder rechten Nachfolgerknoten besitzt, so wird das dadurch angedeutet, daß man 0 in das entsprechende Feld einspeichert.  0 kann ja nicht als Attribut auftauchen, da dieses eine positive ganze Zahlen sein soll.

Beantworten Sie nun die folgenden Fragen:

(1) Zeichnen Sie einen perfekten Baum der Höhe 3 und versehen Sie seine Knoten mit paarweise unterschiedlichen, positiven ganzen Zahlen als Attribute. Geben Sie das Feld T an, durch das dieser Baum dargestellt wird.

(2) Wie (1), nur nehmen Sie nun einen AVL–Baum, der nicht vollständig ausgeglichen ist.

(3) Was ist die minimale Länge des Feldes, in dem man einen Baum mit 10 Knoten unterbringen kann? Zeichnen Sie einen Beispielbaum und geben Sie das Feld T an.

(4) Was ist die maximale Länge des Feldes, die man für einen Baum mit 10 Knoten benötigen könnte? Zeichnen Sie einen Beispielbaum und geben Sie das Feld T an.

**256 Definition**    TRAVERSIERUNGEN GEORDNETER, BINÄRER BÄUME

Bei *geordneten, Binärbäumen* kennt man neben Depth-first und Breadth-first noch die *Inorder*, *Preorder* und *Postorder* Traversierungen. Wir geben diese Traversierungen als deutschsprachige Regeln und als selbsterklärende rekursive Pseudocode Programme an:

**Inorder:**
Zuerst den linken Teilbaum, dann in der Mitte die Wurzel und zum Schluß den rechten Teilbaum.

```
inorder (node):
BEGIN
IF left–child–exists (node) THEN inorder (left (node)) FI;
write (node);
IF right–child–exists (node) THEN inorder(right (node)) FI;
END.
```

**Preorder:**
Zuerst die Wurzel, dann den linken Teilbaum und zuletzt den rechten Teilbaum.

```
preorder (node):
BEGIN
write (node);
IF left–child–exists (node) THEN preorder (left (node)) FI;
IF right–child–exists (node) THEN preorder (right (node)) FI;
END.
```

**Postorder:**
Zuerst den linken Teilbaum, dann den rechten Teilbaum und zuletzt die Wurzel.

```
postorder (node):
BEGIN
IF left–child–exists(node) THEN postorder (left (node)) FI;
IF right–child–exists(node) THEN postorder (right (node)) FI;
```

write (node);
END.

**257  Beispiel**    BEISPIEL
Traversierungen des folgenden geordneten Binärbaumes:

```
      A
     / \                    Inorder:   B A E D F
    B   D                   Preorder:  A B D E F
       / \                  Postorder: B E F D A
      E   F
```

Man beachte insbesondere, daß Preorder und Postorder nicht zueinander reversierte
Folgen ergeben.

**258  Beispiel**    KLAMMERN UND INORDER TRAVERSIERUNGEN
Man beachte, daß die Inorder Traversierung des Baumes eines arithmetischen Aus-
drucks weniger Information beinhalten kann als der arithmetische Ausdruck und der
Baum. Man mache sich das an der Zeichenfolge 2 * 3 / 4 * 2 - 1 + 9  klar:

(1) Man zeichne den Baum des Ausdrucks $(2*3)/(4*2-(1+9))$.

(2) Man zeichne den Baum des Ausdrucks $((2*3)/4*2)-(1+9)$.

(3) Man weise nach, daß obige Zeichenfolge die Inorder Traversierung der unterschiedlichen Ausdrücke und unterschiedlichen Bäume (1) und (2) ist.

(4) Man zeichne den Baum des Ausdrucks $2*3/4*2-1+9$ und zeige, daß sich keiner
der zwei Ausgangsbäume ergibt, gleich welche Prioritätsregeln man zwischen
* und / benutzt.

**259  Beispiel**    MEHRDEUTIGE POSTORDER REKONSTRUKTION
Auch die Postorder Traversierung enthält weniger Information als der Baum:

(1) Zeichnen Sie zwei unterschiedliche geordnete Binärbäume, deren Postorder
Traversierung die Knotenfolge B E F D A ist.

(2) Zeichnen Sie einen geordneten Binärbaum, dessen Postorder Traversierung die
Knotenfolge B E F D A ist und bei dem die Knoten B, E und F Blätter sind.

(3) Ist die Rekonstruktionsaufgabe, die in (1) noch mehrere Lösungen hatte, durch
die Zusatzangaben in (2) eindeutig geworden?

**260 Bemerkung**    Eindeutige Postorder Rekonstruktion
Wie obiges Beispiel nahelegt, kann man aus der *Postorder Traversierung* eines Binärbaumes zusammen mit der Zusatzinformation, *welche Knoten Blätter* sind, eindeutig den zugehörigen *Baum rekonstruieren*. Dies hat sehr wichtige Konsequenzen in der Informatik:

(1) Postfixnotation (Umgekehrte Polnische Notation, RPN)
Bei arithmetischen Ausdrücken ist klar, daß die *Blätter* genau die Knoten sind, deren Attribute *Zahlen* sind, und die *Nichtblätter* genau die Knoten sind, deren Attribute *Operatoren* sind. Somit kann man aus der Postorder Traversierung den arithmetischen Ausdruck vollständig rekonstruieren und berechnen. Insbesondere erlaubt also die Postorder Traversierung eine Notation arithmetischer Ausdrücke ohne Klammersetzung.

2 3 * 4 2 1 - * 5 + +  ist der arithmetische Ausdruck $2*3+[4*(2-1)+5]$. Die Abarbeitung dieses Ausdrucks benutzt einen Kellerspeicher[6] und die zwei Regeln

— Kommt eine Zahl, so schreibe die Zahl mittels **push** den Keller.

— Kommt ein Operator, so ziehe zwei Elemente mittels **pop** vom Keller, werte den Operator auf auf dem 2. und 1. Element des Kellers in genau dieser Reihenfolge aus, und schreibe das Resultat wieder auf den Keller.

Diese Technik wird bei Taschenrechnern der Firma Hewlett-Packard benutzt und heißt auch Umgekehrte Polnische Notation. Achtung, das unäre Minus (wie in $-5$) benötigt eine Sonderbehandlung, ebenso Funktionsanwendungen wie etwa die des Sinus.

(2) Codegenerierung im Compiler
Wenn ein Compiler Code zur Berechnung von $(x+y)*z$ generiert, so entsteht je nach Architektur etwas Ähnliches wie

```
LADE-IN-DEN-AKKU x
ADDIERE-ZUM-AKKU-DAZU y
MULTIPLIZIERE-ZUM-AKKU-DAZU z
```

Für Zwischenresultate wird, falls erforderlich, eine Stack–Struktur, andere Register oder der Hauptspeicher benutzt. Die Reihenfolge der Operationen entspricht aber der Postorder Traversierung, weshalb die meisten Compiler die Ausdrücke in diese Darstellung umwandeln.

---

[6]Siehe Definition 318.

(3) SPRACHEN IN POSTFIXNOTATION
Manche Sprachen, so etwa FORTH, sind gänzlich um die Postfixnotation
herum konstruiert. Solche Sprachen lassen sich sehr einfach interpretieren.

**261 Beispiel**   POSTFIXNOTATION
Betrachten Sie die zwei Postorder Traversierungen 1 2 3 4 5 + * - / und 1 3 -
4 + 2 3 4 1 - * - +.

(1) Werten Sie diese Ausdrücke nach dem Stack–Mechanismus aus.

(2) Zeichnen Sie die zugehörigen Bäume auf, und schreiben Sie die Ausdrücke in
üblicher mathematischer Notation mit Klammern auf.

(3) Geben Sie die Inorder und Preorder Traversierungen an.

**262 Beispiel**   PROGRAMM
Schreiben Sie ein Programm, das die Funktionsweise eines RPN Rechners simuliert,
also den Wert eines in Postorder eingegebenen arithmetischen Ausdrucks berechnet.
Erweitern Sie nun das Programm so, daß es den arithmetischen Ausdruck in üblicher
mathematischer Notation mit Klammern ausgibt.

**263 Beispiel**   PRÄFIXNOTATION
Betrachten Sie die Preorder Traversierungen - + 2 3 * - 5 1 2 und * - 4 3 -
* 2 3 + * 5 2 - 1 2.

(1) Zeichnen Sie die zugehörigen Bäume auf und schreiben Sie die zugehörigen
Ausdrücke in üblicher mathematischer Notation mit Klammern auf.

(2) Geben Sie die Inorder und Postorder Traversierungen an.

**264 Beispiel**   LOGISCHE AUSDRÜCKE
Betrachten Sie den logischen Ausdruck $\neg(A \land (B \Rightarrow C))$. Erstellen Sie den Baum
dieses Ausdrucks und dessen Preorder- und Postordertraversierungen.

**265 Beispiel**   TRANSFORMATION VON NOTATIONEN

(1) Überlegen Sie sich unter Anwendung des beschriebenen Stack Mechanismus einen Algorithmus (als Regel und als Programm), der eine Postorder Traversierung des Baumes eines arithmetischen Ausdrucks in die übliche mathematische
Notation mit Klammern umwandelt.

(2) Geben Sie zwei arithmetische Ausdrücke an, deren Preorder Traversierungen
nicht die Umkehrungen ihrer Postorder Traversierungen sind.

(3) Überlegen Sie sich einen Algorithmus (als Regel und als Programm), der eine Preorder Traversierung des Baumes eines arithmetischen Ausdrucks in eine Postorder Traversierung umwandelt. Beachten Sie, daß wegen (2) eine Reversierung der Folge nicht ausreicht!

**266 Bemerkung**   SUCHBÄUME

Binärbäume, insbesondere ausgeglichene Bäume und Verallgemeinerungen wie B-Bäume, B*-Bäume, B+-Bäume und so weiter haben extrem große Bedeutung bei Such- und Sortieralgorithmen und für schnelle Zugriffsstrukturen in Datenbanken. Ohne die komplexe Theorie dieser Bäume wäre es unmöglich, ein effizientes Datenbanksystem zu implementieren. Entsprechende Techniken findet man in der einschlägigen Literatur.

**267 Beispiel**   EINIGE SPEZIELLE EIGENSCHAFTEN

Bäume haben eine Reihe spezieller Eigenschaften, die der Leser in Ruhe überdenken, an Beispielen untersuchen und durch Argumentationen beweisen sollte:

(1) Ist jeder Baum ein planarer Graph?

(2) Welche chromatischen Zahlen können Bäume haben?

(3) Welche chromatischen Indizes können binäre Bäume haben?

(4) Welche chromatischen Indizes können beliebige Bäume haben?

(5) Wieviele Zusammenhangskomponenten hat ein Baum?

(6) Kann ein Baum bizusammenhängend sein?

**268 Beispiel**   BÄUME ALS VERBINDUNGSSTRUKTUREN

In manchen Multiprozessorsystemen werden Bäume als Verbindungsstrukturen benutzt, da auf solchen Strukturen verschiedene Berechnungen effizient ausgewertet werden können. Untersuchen Sie die verschiedenen Konsequenzen dieser Wahl:

(1) Zeichnen Sie einen vollkommen ausgeglichenen Binärbaum, der 15 Knoten enthält.

(2) Überlegen Sie sich anschaulich, wie auf einem Multiprozessor aus 15 Rechnern mit der Verbindungsstruktur eines Binärbaumes der folgende Ausdruck effizient ausgerechnet werden könnte: $(\sin(1) + \cos(2) + \tan(3) + \cot(4)) * (\exp(8) * \ln(8) + \sqrt(2))$. Nehmen Sie hierzu an, daß der Zeitaufwand zur Berechnung einer Funktion deutlich größer ist als derjenige zur Kommunikation eines Zahlenwertes.

(3) Begründen Sie anschaulich, warum Bäume gerne als Verbindungsstrukturen in Multiprozessoren eingesetzt werden.

(4) Welche kritischen Kanten und kritischen Punkte hat ein Baum?

(5) Welche Zusammenhangszahlen und welche Kantenzusammenhangszahlen treten bei Bäumen auf? Welche Konsequenzen hat das beim Ausfall eines Knotens oder einer Verbindungskante?

(6) Begründen Sie, warum Bäume selten als Verbindungsstrukturen bei Rechnernetzen eingesetzt werden, bei denen mit Ausfällen von Verbindungsleitungen oder Knotenrechnern gerechnet werden muß.

(7) Welche Nachteile einer baumartigen Verbindungsstruktur für Multiprozessoren sehen Sie?

## 5.10   PETRI–Netze

PETRI–Netze sind eine Technik zur Darstellung paralleler und verteilter Prozesse. Wir betrachten Aktionen, die gleichzeitig stattfinden können. Jede Aktion bedeutet, daß das Gesamtsystem in einen neuen Zustand übergeführt wird. Eine Aktion wird in der PETRI–Netz–Theorie durch eine sogenannte *Transition (transition)* modelliert. Sie wird graphisch als dicker Strich symbolisiert.

Aktionen können nur eintreten, wenn gewisse Bedingungen erfüllt sind. Eine Bedingung wird in der PETRI–Netz–Theorie durch eine sogenannte *Stelle (place)* modelliert. Graphisch wird sie durch einen Kreis symbolisiert.

Der Zustand eines Systems wird durch die vorherrschenden gültigen Bedingungen modelliert. Eine gültige Bedingung wird in der PETRI–Netz–Theorie durch Markierungen der zugehörigen Stellen durch *Marken (token)* symbolisiert. Graphisch wird die Markierung einer Stelle durch einen fetten Punkt dargestellt. Eine Stelle darf auch mehrere Marken tragen.

Es gibt übrigens eine Reihe anderer Varianten von PETRI–Netzen, die sich in etlichen technischen Details von dem hier Dargestellten unterscheiden.

**269 Definition**   STRUKTUR DER PETRI-NETZEN
Ein PETRI–*Netz* ist ein Quadrupel $(S, T, \Gamma_{SNT}, \Gamma_{TNS})$ aus

(1) einer nichtleeren, endlichen Menge $S$ von *Stellen*,

(2) einer nichtleeren, endlichen Menge $T$ von *Transitionen*,

(3) einer Relation $\Gamma_{SNT} \subseteq S \times T$ von den *Stellen auf die Transitionen* und

(4) einer Relation $\Gamma_{TNS} \subseteq T \times S$ von den *Transitionen auf die Stellen.*

Die Menge der Stellen und die Menge der Transitionen ist disjunkt: $S \cap T = \emptyset$.

Ist $s \in S$ eine Stelle und $t \in T$ eine Transition, dann verwenden wir die folgenden Bezeichnungen:

$^\bullet t := \{s \in S \mid (s,t) \in \Gamma_{SNT}\}$ die Menge der *Eingangsstellen* der Transition $t$.

$t^\bullet := \{s \in S \mid (t,s) \in \Gamma_{TNS}\}$ die Menge der *Ausgangsstellen* der Transition $t$.

$^\bullet s := \{t \in T \mid (t,s) \in \Gamma_{TNS}\}$ die Menge der *Eingangstransitionen* der Stelle $s$.

$s^\bullet := \{t \in T \mid (s,t) \in \Gamma_{SNT}\}$ die Menge der *Ausgangstransitionen* der Stelle $s$.

Anschaulich ist ein PETRI–Netz ein *bipartiter Digraph* mit einer Bipartition, deren zwei Mengen Stellen und Transitionen heißen, und einer Attributierung der Stellen.

**270 Definition** STATIK DER PETRI–NETZE
Eine Funktion $M : S \rightarrow \mathsf{N}_0$ von den Stellen eines PETRI–Netzes in die natürlichen Zahlen heißt eine *Markierung (marking)* des PETRI–Netzes. $M$ gibt zu jeder Stelle $s \in S$ die Anzahl der Marken an, die auf der Stelle $s$ liegen.

Eine Stelle $s \in S$ heißt *markiert unter der Markierung $M$*, wenn $s$ durch $M$ mit mindestens einer Marke belegt ist: $M(s) > 0$.

Eine Transition $t \in T$ heißt *aktiviert durch die Markierung $M$*, wenn jede Eingangsstelle von $t$ markiert ist: $\forall s \in {}^\bullet t \; M(s) > 0$.

**271 Definition** DYNAMIK DER PETRI-NETZE
Das PETRI–Netz trage die Markierung $M$. Wenn es eine Transition $t \in T$ gibt, die durch diese Markierung aktiviert ist, dann kann das PETRI–Netz *schalten*: Einige Marken wechseln ihre Stellen und wir erhalten eine neue Markierung $M'$. Sollten mehrere Transitionen durch eine Markierung aktiviert sein, so gibt es zwei Möglichkeiten: Sind die Mengen der Eingangsstellen und Ausgangsstellen aller dieser Transitionen paarweise disjunkt, dann heißen diese Transitionen *unabhängig (independent)* und können alle zugleich schalten. Ist dies nicht der Fall, so wählt das PETRI–Netz nichtdeterministisch eine unabhängige Menge von Transitionen aus und schaltet dann in Bezug auf diese Transition.

Sei $M$ eine Markierung und $U \subseteq T$ eine unabhängige Menge durch $M$ aktivierter Transitionen, bezüglich welcher das Netz schaltet. Dann ergibt sich die neue Markierung $M'$ durch folgende Formel, in der die zur betrachteten Stelle $s$ gehörige markierte Transition $t \in U$ aufgrund der Unabhängigkeit eindeutig festliegt.

$$M'(s) = M(s) - 1 \quad \Leftrightarrow \quad s \in {}^\bullet t \text{ aber } s \notin t^\bullet$$
$$M'(s) = M(s) + 1 \quad \Leftrightarrow \quad s \in t^\bullet \text{ aber } s \notin {}^\bullet t$$
$$M'(s) = M(s) \quad\quad\;\; \Leftrightarrow \quad \text{sonst}$$

Anschaulich bedeutet das folgendes: Eine Transition ist genau dann aktiviert, wenn alle ihre Eingangsstellen markiert sind. Wenn eine Transition schaltet, dann verliert jede Stelle, die Eingangsstelle aber nicht Ausgangsstelle der Transition ist, eine Marke, und jede Stelle, die Ausgangsstelle aber nicht Eingangsstelle der Transition ist, erhält eine Marke.

Den *Schaltvorgang*, bei dem eine Transition $T$ eine Markierung $M$ in eine Folgemarkierung $M'$ überführt, notiert man auch mit

$$M \xrightarrow{\;T\;} M'$$

Existieren Transitionen $T_1, T_2, \ldots T_n$ dergestalt, daß

$$M_0 \xrightarrow{\;T_1\;} M_1, \; M_1 \xrightarrow{\;T_2\;} M_2, \; \ldots, \; M_{n-1} \xrightarrow{\;T_n\;} M_n$$

gilt, so nennt man $\sigma = T_1 \bullet T_2 \bullet \ldots \bullet T_n$ eine (Transitionen-) *Schaltfolge*, die eine Markierung $M_0$ in eine Markierung $M_n$ überführt, oder $M_n$ ist von $M_0$ aus über eine Schaltfolge $\sigma$ *erreichbar*.

### 272 Bemerkung  MODELLIERUNG

PETRI–Netze erlauben die Modellierung von *nebenläufigen und parallelen Prozessen*. Im Netz aus Abb. 14 wandert die Marke nach rechts bis zur Transition "fork". Dort entstehen zwei Marken, die mit unterschiedlichen Geschwindigkeiten im oberen und unteren Ast des Netzes parallel weiterwandern können und nebenläufige respektive parallele Prozesse darstellen. Anschließend synchronisieren sich diese beiden Prozesse bei der Transition "join": Beide Eingangsstellen von "join" müssen Marken tragen, also beide parallelen Prozesse müssen ihre Arbeit beendet haben, bevor Marken in die Stelle rechts von "join" fließen können.

In Abb. 15 ist ein *Konflikt*, also ein nichtdeterministisches Verhalten modelliert: Zuerst schaltet die am weitesten links dargestellte Transition und die Marke fließt in die Stelle "Konflikt". Nun darf entweder die obere oder die untere Ausgangstransition dieser Stelle schalten. Welche Stelle tatsächlich schaltet, wird durch die nichtdeterministische Auswahl des Netzes bedingt.

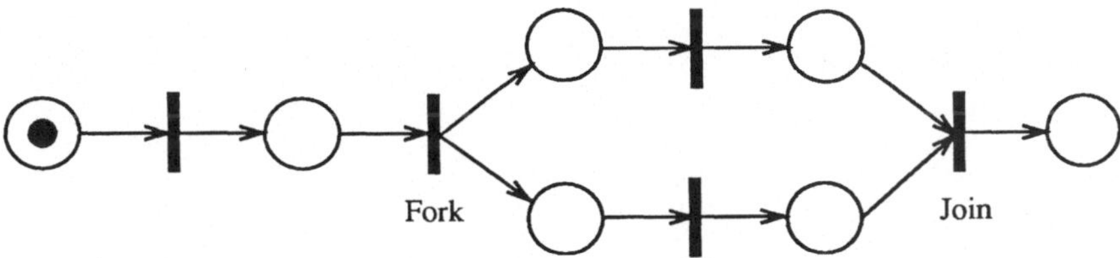



**Abb. 14**   Parallele Prozesse in einem Petri–Netz.

Ein sehr interessantes Phänomen ist die *Konfusion (confusion)*. Dies sind Situationen, in denen die Reihenfolge, in welcher gleichzeitig aktivierte Transitionen schalten, einen Einfluß darauf haben, ob später Konflikte auftreten oder nicht. Ein Beispiel für Konfusion finden sie in Abb. 16: $T_1$ und $T_2$ sind markiert und könnten sogar gleichzeitig schalten. Wenn jedoch zuerst $T_3$ schaltet, dann entsteht unmittelbar danach ein Konflikt zwischen den Transitionen $T_1$ und $T_3$. Schaltet jedoch $T_1$ zuerst, dann ist dem Netz zumindest für den nächsten Schritt ein Konflikt erspart geblieben und es können beide aktivierte Transitionen schalten.

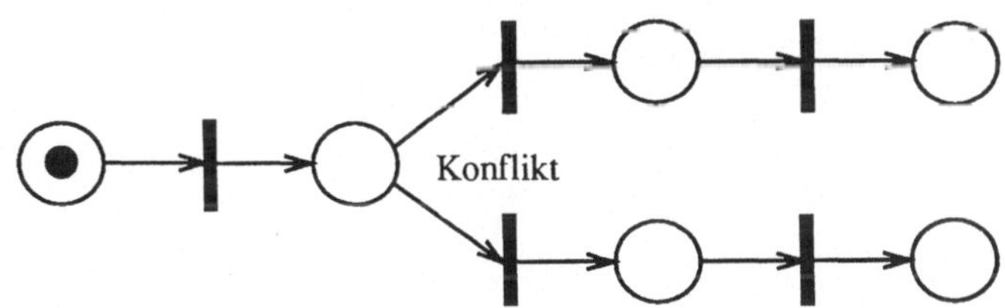



**Abb. 15**   Konflikt und Nichtdeterminismus in einem Petri–Netz.

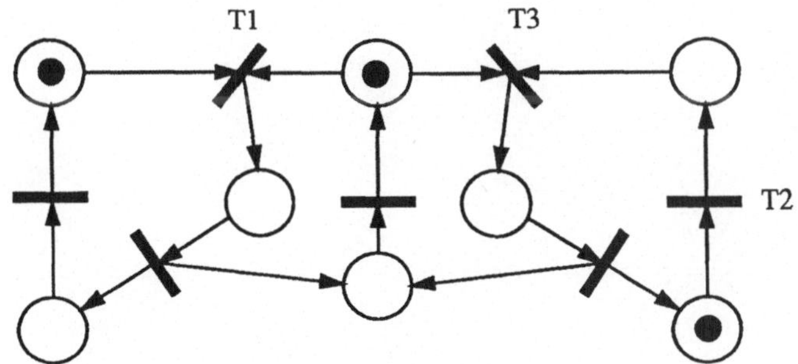



**Abb. 16**   Konfusion in einem Petri–Netz.

# 6 Sprachen

Die Theorien der Sprachen, der Maschinen und der Berechenbarkeit sind historisch und inhaltlich eng miteinander verknüpft, und auch die charakteristischen Beispiele sind eng miteinander verwandt. Im Interesse einer übersichtlicheren Darstellung dieser Zusammenhänge finden sich die theoretischen Lehrinhalte in den drei unmittelbar folgenden Kapiteln. In einem darauf folgenden, separaten Abschnitt finden sich dann Beispiele, die sich auf alle drei Kapitel beziehen. Diese Beispiele dienen einerseits zur Illustration des Textes, sie haben aber zum Teil auch eine eigenständige Bedeutung in der Informatik. Die Relevanz der im folgenden dargestellten Theorien für die Informatik, insbesondere auch für den Anwender, ergibt sich aus den Fragestellungen der einzelnen Teilgebiete:

*Maschinen*: Wie können wir abstrakte Denkprozesse unseres Gehirns modellieren und durch Abbildung auf physikalische Realitäten automatisieren?

*Sprachen*: Welche Methoden stehen uns zur Verfügung, um unsere eigenen Denkprozesse, deren Abstraktion in Form von (abstrakten, mathematischen) Maschinen und deren Realisierung in Form von (physikalischen) Maschinen sprachlich und textuell zu beschreiben?

*Berechenbarkeit*: Wo liegen die Grenzen von formal beschreibbaren Denkprozessen und Maschinen?

Wir werden zunächst allgemein definieren, was eine Sprache formal genau ist. Als Technik zur Definition einer konkreten Sprache werden wir *Regelgrammatiken* benutzen. Da diese im allgemeinen Fall sehr kompliziert sein können, werden wir versuchen, sie unter bestimmten Voraussetzungen auf besonders einfache Typen von Regelgrammatiken zurückzuführen. Diesbezügliche Aussagen werden wir in *Grammatiktheoremen* zusammenfassen. Bestimmte Sprachklassen haben besondere Eigenschaften. Diesen werden wir in *Abschlußtheoremen* und in zwei *Pumping Lemmata* begegnen.

Die hier benutzte Einteilung von Sprachen stammt von NOAM CHOMSKY und führt uns auf vier Teilklassen, die als *Typ 0* bis *Typ 3* bezeichnet werden. Sie bilden eine *lineare Hierarchie*: Typ 0 umfaßt alle Sprachen, die durch Regelgrammatiken beschrieben werden können, Typ 1 ist in Typ 0 enthalten, Typ 2 in Typ 1 und letztlich der einfachste Sprachtyp, Typ 3, ist eine Teilmenge von Typ 2.

| Typ | Sprache | Grammatik | Maschine | Sprachzugehörigkeit |
|---|---|---|---|---|
| 3 | Regulär | Linkslinear<br>Rechtslinear<br>Linksregulär<br>Rechtsregulär<br>Reguläre Menge[1]<br>Regulärer Ausdruck[1] | Deterministischer<br>Automat<br><br>Nichtdeterministischer<br>Automat | Entscheidbar |
| 2 | Kontext–frei | Kontextfrei<br>CHOMSKY<br>GREIBACH<br>Reduziert | Kellerautomat<br>– akzeptierend<br>– kellerakzeptierend<br>– zustandsakzeptierend | Entscheidbar |
| 1 | Kontext–sensitiv | Kontextsensitiv | Linear beschränkter<br>Eingabe–beschränkter<br>Automat | Entscheidbar |
| 0 | Rekursiv aufzählbar | Beliebig<br>Normal<br>Separiert | TURING–Maschine | Semi-entscheidbar |

# 6.1   Sprachen und Grammatiken

**273 Definition**   MONOIDE, WÖRTER, SPRACHEN UND STRÖME
Ein *Alphabet (alphabet)* ist eine endliche, nichtleere Menge $A$, deren Elemente *Buchstaben (letters)* heißen. Die Aneinanderreihung endlich vieler Buchstaben eines Alphabets heißt ein *Wort (word, string)*. Mit $\varepsilon$ wird das *leere Wort (empty word)* bezeichnet. Die Menge $A^* := \{a_1 a_2 \ldots a_n \mid a_i \in A\} \cup \{\varepsilon\}$ aller Wörter heißt das *freie Wortmonoid (free word monoid)* über dem Alphabet $A$.

Die Bezeichnung *Monoid (monoid)* stammt aus der Algebra: Ein Monoid ist dort eine Menge $M$ mit einer binären Operation $\cdot : M \times M \to M$, die *assoziativ (associative)* ist und ein *neutrales Element (neutral element)* besitzt. Im Zusammenhang mit dem Wortmonoid ist die Menge $M = A^*$ und die binäre Operation $\cdot$ die *Konkatenation (concatenation)*, also das "Hintereinanderschreiben" zweier Wörter: Für $a_1, a_2, \ldots, a_n, b_1, b_2, \ldots, b_m \in A$ ist $a_1 a_2 \ldots a_n \cdot b_1 b_2 \ldots b_m := a_1 a_2 \ldots a_n b_1 b_2 \ldots b_m$. Die Konkatenation zweier Wörter $u, v \in A^*$ wird auch nur $uv$ geschrieben. Das neutrale Element ist das leere Wort, also $\varepsilon$. Insbesondere gilt:

$$\forall x, y, z \in A^* : (x \cdot y) \cdot z = x \cdot (y \cdot z) \qquad \textit{Assoziativität}$$
$$\forall x \in A^* : x \cdot \varepsilon = \varepsilon \cdot x = x \qquad \textit{$\varepsilon$ ist neutrales Element}$$

Man beachte, daß $\varepsilon$ zwar ein Wort ist, $\varepsilon \in A^*$, aber kein Buchstabe: $\varepsilon \notin A$.

Da das Monoid $(A^*, \cdot)$ neben jenen Gleichheitsbeziehungen, die unmittelbar aus den obigen zwei Gleichungen hergeleitet werden können, frei von weiteren Gleichheitsbeziehungen ist, spricht man auch von einem *freien (free)* Monoid. In der Menge aller arithmetischen Ausdrücke, auf denen die Gleichheitsrelation gemäß der üblichen Rechenregeln definiert ist, gilt zusätzlich zur Assoziativität der Konkatenation der arithmetischen Symbole[1] noch etwa die Gleichheitsbeziehung $2 + 3 = 1 + 4$. Als Teilmenge des Wortmonoids über $\{0, 1, 2, 3, 4, 5, 6, 7, 8, 9, +, -, *, /, (, )\}$ wäre die Menge aller arithmetischen Ausdrücke also nicht frei, wenn man Ausdrücke, deren Wert gleich ist, miteinander identifiziert. Läßt man diese Identifizierung weg und betrachtet man die arithmetischen Ausdrücke als reine Zeichenketten ohne Bedeutung, dann wäre diese Teilmenge wieder frei.

Die *Exponentialnotation* $a^i$ wird für $i$ Kopien des Buchstabens $a$ benutzt, $(ab)^i$ bezeichnet $i$ Kopien des Wortes $ab$. Somit ist $a^3 = aaa$ und $(ab)^2 = abab$.

Die Funktion $| \bullet |: A^* \to \mathbb{N}_0$ mit $| \varepsilon | := 0$ und $| a_1 a_2 \ldots a_n | := n$ für $a_1, a_2, \ldots, a_n \in A$ heißt die *Wortlänge (word length)*.

Eine *Sprache (language)* über einem Alphabet $A$ ist eine Teilmenge $\mathcal{L} \subseteq A^*$ des freien Wortmonoids über $A$. Wir können also bei Sprachen insbesondere von Durchschnitt, Vereinigung und Komplement sprechen.

Unendliche Folgen von Buchstaben sind *Ströme (streams)*. Mathematisch ist ein Strom eine Funktion $a : \mathbb{N}_0 \to A$ von den natürlichen Zahlen in das Alphabet $A$ des Stroms. Statt $a(0)a(1)a(2)\ldots$ schreibt man auch $a_0 a_1 a_2 \ldots$. Wir werden die Menge aller Ströme mit $A^\infty$ notieren. Die Menge $A^{[\infty]} := A^* \cup A^\infty$ ist die Menge aller endlichen und unendlichen Folgen von Buchstaben, also die Menge aller Wörter und Ströme über dem Alphabet $A$. Für Wörter ist auch der Begriff des endlichen Stroms gebräuchlich.

**274 Beispiel**  UNTER KONKATENATION ABGESCHLOSSEN
Eine Sprache $\mathcal{L} \subseteq A^*$ heißt *unter Konkatenation abgeschlossen (closed under concatenation)*, wenn folgendes gilt: $\forall x, y \in \mathcal{L} : x \cdot y \in \mathcal{L}$.

(1) Geben Sie jeweils zwei unter Konkatenation abgeschlossene und zwei nicht unter Konkatenation abgeschlossene Sprachen über einem von Ihnen gewählten Alphabet an.

(2) Geben Sie exemplarisch aufzählend die Sprache aller nichtnegativen ganzen Zahlen in üblicher Schreibweise und die zugehörigen Wortmonoide und Alphabete an. Ist diese Sprache unter Konkatenation abgeschlossen?

---

[1] Nicht zu verwechseln mit der Assoziativität der Operationen $+$ und $*$.

(3) Gibt es Sprachen, die unter Konkatenation abgeschlossen sind und aus endlich vielen Wörtern bestehen?


**275 Beispiel**   Präfix

Ein Wort $p \in A^*$ heißt ein *Präfix (prefix)* eines Wortes $w \in A^*$, wenn es ein Wort $q \in A^*$ gibt, daß $w = pq$ ist. Ist $p$ ein Präfix von $w$ und ist $p \neq w$, dann heißt $p$ ein *echtes (proper)* Präfix, ansonsten heißt es ein *unechtes* Präfix.

Sei $\sqsubseteq A^* \times A^*$ die Präfixrelation: $p \sqsubseteq w$ gelte genau dann, wenn $p$ ein Präfix von $w$ ist. Sei $\sqsubset A^* \times A^*$ die Relation des echten Präfix: $p \sqsubset w$ gelte genau dann, wenn $p$ ein echtes Präfix von $w$ ist. Zeigen Sie, daß $\sqsubseteq$ eine nicht strikte und $\sqsubset$ eine strikte Ordnungsrelation auf $A^*$ ist. Sind diese Relationen linear? Was sind die minimalen Elemente dieser Ordnung, wenn man sie auf der Menge $A^* \setminus \{\varepsilon\}$ betrachtet? Unter welcher Voraussetzung sind diese Elemente auch kleinste Elemente?


**276 Definition**   Kleene Sternoperation

Sei $A$ ein Alphabet. Die Kleene-*Sternoperation* (Kleene *star*) ist die Abbildung $* : \mathcal{P}(A^*) \to \mathcal{P}(A^*)$ von Sprachen auf Sprachen, welche zu einer vorgegebenen Sprache $\mathcal{L} \subseteq A^*$ die Konkatenationen von jeweils beliebig vielen (auch 0) Exemplaren von Wörtern der Sprache hinzunimmt: $*(\mathcal{L}) := \mathcal{L}^* := \{w_1 w_2 \ldots w_n \mid w_i \in \mathcal{L}\} \cup \{\varepsilon\}$.


**277 Beispiel**   Konkatenation und Kleene Stern

Zeigen Sie: Eine Sprache $\mathcal{L}$ ist genau dann unter Konkatenation abgeschlossen, wenn $\mathcal{L}^* \subseteq \mathcal{L} \cup \{\varepsilon\}$ gilt.


**278 Definition**   Regelgrammatik

Eine *Grammatik (Regelgrammatik, Phrasen-Struktur-Grammatik; phrase structure grammar)* ist ein Quadrupel $\mathcal{G} = (N, T, S, R)$ bestehend aus

(1) einer endlichen Menge $N$ von *Nichtterminalsymbolen (nonterminal symbols)*,

(2) einer endlichen Menge $T$ von *Terminalsymbolen (terminal symbols)*,

(3) einem speziell ausgezeichneten Nichtterminal $S \in N$, dem *Startsymbol (start symbol)*,

(4) einer endlichen Relation $R \subseteq [(N \cup T)^* \setminus T^*] \times [N \cup T]^*$, der *Regelmenge (set of rules)*.

Eine *Regel (rule)* aus $R$ ist also ein Paar der Form $(\mathcal{X}, \mathcal{Y}) \in R$ und wird auch $\mathcal{X} \to \mathcal{Y}$ geschrieben. Für zwei Regeln $(\mathcal{X}, \mathcal{Y}_1)$ und $(\mathcal{X}, \mathcal{Y}_2)$ zusammen schreibt man auch $\mathcal{X} \to \mathcal{Y}_1 \mid \mathcal{Y}_2$. Die linke Seite $\mathcal{X}$, das *Muster (pattern)*, ist ein Wort aus nichtterminalen und terminalen Symbolen, darf aber nicht das leere Wort sein und muß zumindest ein nichtterminales Symbol enthalten. Die rechte Seite $\mathcal{Y}$, die *Ersetzung (replacement, substitution)*, ist ein beliebiges Wort aus nichtterminalen und terminalen Symbolen, sie darf auch das leere Wort sein.

Um die nachfolgenden Aussagen leichter lesbar zu machen, benutzen wir folgende Konventionen: Terminale Symbole und Platzhalter für einzelne terminale Symbole werden klein, nichtterminale Symbole und Platzhalter für einzelne nichtterminale Symbole werden groß geschrieben, kalligraphische Symbole stehen für ein beliebiges Wort aus nichtterminalen und terminalen Symbolen oder für das leere Wort.

Sei $(\mathcal{A}, \mathcal{B}) \in \mathcal{R}$ eine Regel der Grammatik $(N, T, S, R)$ und $\mathcal{S} \in (N \cup T)^*$ ein Wort aus nichtterminalen und terminalen Symbolen, das sich in der Form $\mathcal{S} = \mathcal{X} \mathcal{A} \mathcal{Y}$ schreiben läßt, das also das Muster der Regel enthält. Dann sagt man, das Wort $\mathcal{X} \mathcal{B} \mathcal{Y}$ gehe aus dem Wort $\mathcal{S} = \mathcal{X} \mathcal{A} \mathcal{Y}$ durch *Anwendung (application)* der Regel $\mathcal{A} \to \mathcal{B}$ hervor.

Eine *Ableitung (derivation)* ist eine endliche Folge $(\mathcal{S}_1, \mathcal{S}_2, \ldots, \mathcal{S}_n)$ von Wörtern $\mathcal{S}_i$ aus nichtterminalen und terminalen Symbolen, bei der jedes Wort $\mathcal{S}_{i+1}$ durch Anwendung einer beliebigen Regel der betrachteten Grammatik aus dem vorangehenden Wort $\mathcal{S}_i$ hervorgeht.

Eine Ableitung heißt *maximal (maximal)*, wenn sie mit dem Startsymbol beginnt und mit einem Wort aus $T^*$ endet, also mit einem Wort, das nur aus terminalen Symbolen besteht. Dieses Wort kann auch das leere Wort $\varepsilon \in T^*$ sein.

Die Menge aller Wörter $w \in T^*$ aus terminalen Symbolen, die als letztes Element einer maximalen Ableitung auftreten, also die Menge aller Wörter aus terminalen Symbolen, die aus dem Startsymbol abgeleitet werden können, heißt die *durch die Grammatik definierte (erzeugte) Sprache* $\mathcal{L}(\mathcal{G})$. Ein solches Wort $w \in T^*$ heißt ein *Wort der Sprache $\mathcal{L}$*. Zwei Grammatiken heißen *äquivalent (equivalent)*, wenn sie dieselbe Sprache erzeugen.

Die Anwendung einer Regel $\mathcal{A} \to \mathcal{B}$ einer Grammatik, die aus einem Wort $\mathcal{S} = \mathcal{X} \mathcal{A} \mathcal{Y}$ macht, heiß *linksmaximal (left maximal)* (bezüglich dieser Grammatik), wenn es keine Regel der Grammatik gibt, deren Muster weiter links in $\mathcal{S}$ auftritt als das Muster $\mathcal{A}$ in der betrachteten Zerlegung $\mathcal{S} = \mathcal{X} \mathcal{A} \mathcal{Y}$. Entsprechend ist *rechtsmaximal (right maximal)* definiert. Eine *Linksableitung (left derivation)* ist eine maximale Ableitung, deren Regelanwendungen alle linksmaximal sind. Entsprechend ist eine *Rechtsableitung (right derivation)* definiert.

**279 Beispiel**   GRAMMATIK UND REGELN
Gegeben sei die Grammatik $(N, T, S, R)$ mit $N = \{S\}$, $T = \{a, b\}$ und $R =$

$\{(S,a),(S,bS),(bS,Sa)(S,SS)\}$. Diese Regelmenge kann auch so dargestellt werden:

$$S \to a \mid bS \mid SS \qquad bS \to Sa$$

Durch Anwendung der Regel $S \to a$ geht das Wort $a$ aus dem Wort $S$ hervor. Da $a$ ein Wort aus terminalen Symbolen ist, gehört es zu der von dieser Grammatik erzeugten Sprache. Seine maximale Ableitung ist $(S,a)$.

$(S,SS,SbS,SSa,bSSa,baSa,baaa)$ ist eine maximale Ableitung und das Wort $baaa$ gehört ebenfalls zu der von dieser Grammatik erzeugten Sprache. $(S,SS)$ und $(SS,Sa,aa)$ sind zwar Ableitungen, aber keine maximale Ableitungen. Das Wort $SS$ kann nicht zu der von dieser Grammatik erzeugten Sprache gehören, da es noch nichtterminale Buchstaben enthält. Das Wort $aa$ gehört zur Sprache, allerdings nicht aufgrund der Ableitung $(SS,Sa,aa)$, diese ist ja keine maximale Ableitung, sondern aufgrund der maximalen Ableitung $(S,SS,Sa,aa)$.

$(S,SS,bSS,bbSS,bbaS,bbaa)$ ist eine Linksableitung, $(S,SS,Sa,aa)$ ist eine Rechtsableitung, wie man nach Durchsicht aller Regeln feststellen kann.

**280 Beispiel**   SPRACHUMFANG
Aus wievielen Wörtern besteht die Sprache über $\{a,b\}$, die durch die Regeln

$$S \to aA \mid BA \qquad A \to bS \qquad B \to \varepsilon$$

festgelegt wird? Offensichtlich führt die erste Regelanwendung jeder maximalen Ableitung vom Startsymbol $S$ auf das Nichtterminal $A$ und dieses führt stets wieder auf das Startsymbol. Es ist also nicht möglich, durch Anwendung von Regeln ein Wort zu erreichen, das kein Nichtterminal mehr enthält. Die durch diese Grammatik festgelegte Sprache ist somit die leere Sprache $\emptyset \subseteq \{a,b\}^*$.

**281 Beispiel**   ÄQUIVALENZ VON GRAMMATIKEN
Zeigen Sie, daß die folgenden vier Grammatiken über dem Alphabet $A = \{a,b\}$ äquivalent sind, und geben Sie die von ihnen definierte Sprache an:

$$S \to \varepsilon \mid a \mid b \mid SS$$

$$S \to aS \mid bS \mid \varepsilon$$

$$S \to SaS \mid SbS \mid \varepsilon$$

$$S \to bS \mid Sa \qquad bS \to Sb \qquad Sb \to bS \qquad Sa \to aS \qquad aS \to Sa \qquad S \to \varepsilon$$

Wir zeigen die Äquivalenz der ersten beiden Grammatiken: Hierfür müssen zwei Richtungen nachgewiesen werden.

Sei zunächst $w \in A^*$ ein Wort der Sprache der zweiten Grammatik. Wir zeigen, daß es auch ein Wort der Sprache der ersten Grammatik ist. Es gibt also eine maximale Ableitung $(S_1, S_2, S_3, \ldots, S_n)$, die von $S = S_1$ durch Regelanwendungen der zweiten Grammatik auf $w = S_n$ führt. Wir werden daraus eine maximale Ableitung für $w$ konstruieren, die nur Regeln der ersten Grammatik benutzt. Dazu betrachten wir eine Regelanwendung, die von $S_i$ auf $S_{i+1}$ führt. Wurde dabei die Regel $S \to aS$ der zweiten Grammatik benutzt, so machen wir daraus zwei Regelanwendungen der ersten Grammatik der Form $S \to SS \to aS$, die zusammen dasselbe leisten. Wurde die Regel $S \to bS$ benutzt, so verfahren wir gleich. Die Regel $S \to varepsilon$ ist ohnehin schon eine Regel der ersten Grammatik.

Nun sei $w \in A^*$ ein Wort der Sprache der ersten Grammatik. Wir zeigen, daß es auch ein Wort der Sprache der zweiten Grammatik ist. Man sieht leicht, daß $w$ genau dann von der ersten Grammatik akzeptiert wird, wenn es in $A^*$ liegt: Für jedes $w \in A^*$ kann man unmittelbar eine zugehörige maximale Ableitung in der ersten Grammatik konstruieren. Das kann man dann aber auch bei der zweiten Grammatik tun.

# 6.2 Reguläre (Typ 3) Sprachen

**282 Definition** REGULÄRE UND LINEARE GRAMMATIKEN
Eine Grammatik heißt

(1) *linkslinear (leftlinear)*, wenn jede Regel links genau ein Nichtterminal hat und rechts entweder genau ein Terminal oder genau ein Nichtterminal, gefolgt von genau einem Terminal, also wenn $R \subseteq N \times [T \cup (N \cdot T)]$, also wenn jede Regel eine der folgenden zwei Formen hat:

$$A \to x \qquad A \to By$$

(2) *rechtslinear (rightlinear)*, wenn jede Regel links genau ein Nichtterminal hat und rechts entweder genau ein Terminal oder genau ein Terminal, gefolgt von genau einem Nichtterminal, also wenn $R \subseteq N \times [T \cup (T \cdot N)]$, also wenn jede Regel eine der folgenden zwei Formen hat:

$$A \to x \qquad A \to yB$$

(3) *linksregulär (leftregular)*, wenn jede Regel links genau ein Nichtterminal hat
und rechts entweder genau ein Terminal oder genau ein Nichtterminal, gefolgt
von genau einem Terminal oder das leere Wort, also wenn $R \subseteq N \times [T \cup (N \cdot T) \cup \{\varepsilon\}]$, also wenn jede Regel eine der folgenden drei Formen hat:

$$A \to x \qquad A \to By \qquad A \to \varepsilon$$

(4) *rechtsregulär (rightregular)*, wenn jede Regel links genau ein Nichtterminal hat
und rechts entweder genau ein Terminal oder genau ein Terminal, gefolgt von
genau einem Nichtterminal oder das leere Wort, also wenn $R \subseteq N \times [T \cup (T \cdot N) \cup \{\varepsilon\}]$, also wenn jede Regel eine der folgenden drei Formen hat:

$$A \to x \qquad A \to yB \qquad A \to \varepsilon$$

**283  Theorem**     Typ 3 Grammatiktheorem
Für eine Sprache $\mathcal{L} \subseteq A^*$ sind die folgenden Aussagen äquivalent:

(1) $\mathcal{L} \setminus \{\varepsilon\}$ wird durch eine *linkslineare Grammatik* beschrieben.

(2) $\mathcal{L} \setminus \{\varepsilon\}$ wird durch eine *rechtslineare Grammatik* beschrieben.

(3) $\mathcal{L}$ wird durch eine *linksreguläre Grammatik* beschrieben.

(4) $\mathcal{L}$ wird durch eine *rechtsreguläre Grammatik* beschrieben.

Eine *Sprache*, für die eine der oben angeführten äquivalenten Aussagen gilt, heißt
*reguläre Sprache (regular language)* oder *Typ 3 Sprache*.

**284  Theorem**     Typ 3 Pumping Lemma
Ist $\mathcal{L}$ eine Typ 3 Sprache über einem Alphabet $A$, dann existiert eine Zahl $p \in \mathbb{N}$
mit der folgenden Eigenschaft: Zu jedem Wort $q$ der Sprache, das mindestens die
Länge $p$ hat, $|q| \geq p$, existiert eine Zerlegung $q = uvw$ mit $u, v, w \in A^*$, nichtleerem
$v$ und $|uv| \leq p$ so, daß für jedes $i \in \mathbb{N}$ alle Wörter der Form $uv^iw$ wieder in der
Sprache $\mathcal{L}$ liegen. Mit der Notation $v^i$ ist die $i$–fache Konkatenation von $v$ gemeint,
also $v^1 = v$, $v^2 = vv$, $v^3 = vvv$ und so weiter.

**285  Theorem**     Typ 3 Abschlusstheorem
Die Klasse der Typ 3 Sprachen ist *abgeschlossen* unter *Vereinigung, Durchschnitt,
Konkatenation, Sternbildung, Komplement und Spiegelung*. Das heißt:

Sind $\mathcal{L}_1$ und $\mathcal{L}_2$ reguläre Sprachen, dann sind auch ihre Vereinigung $\mathcal{L}_1 \cup \mathcal{L}_2$, ihr
Durchschnitt $\mathcal{L}_1 \cap \mathcal{L}_2$ und die Konkatenationssprache $\{r_1r_2 \mid r_1 \in \mathcal{L}_1 \wedge r_2 \in \mathcal{L}_2\}$,
die aus der Konkatenation eines Wortes aus $\mathcal{L}_1$ und eines Wortes aus $\mathcal{L}_2$ besteht,

reguläre Sprachen. Ist $\mathcal{L}$ eine reguläre Sprache, dann sind auch die Kleene-Stern-Sprache $\mathcal{L}^*$, das Komplement $C\mathcal{L}$ der Sprache, also die Menge ihrer "Nicht-Wörter" und die Menge aller gespiegelten Wörter aus $\mathcal{L}$ wieder eine reguläre Sprache.

## 6.3 Kontextfreie (Typ 2) Sprachen

**286 Definition**    KONTEXTFREIE GRAMMATIKEN UND SPRACHEN
Eine Grammatik heißt

(1) *kontextfrei (context free)*, wenn jede Regel links genau ein Nichtterminal hat, also wenn $R \subseteq N \times [(N \cup T)^*]$ oder wenn die Regeln folgende Form haben:

$$A \to \mathcal{X}$$

(2) *in* CHOMSKY *Normalform*, wenn jede Regel links genau ein Nichtterminal hat und rechts entweder genau ein Terminal oder genau zwei Nichtterminale, also wenn $R \subseteq N \times [T \cup (N \cdot N)]$ oder wenn jede Regel eine der folgenden zwei Formen hat:

$$A \to x \qquad A \to BC$$

(3) *in* GREIBACH *Normalform*, wenn jede Regel links genau ein Nichtterminal hat und rechts stets mit einem Terminal beginnt, dem 0 oder mehr Nichtterminale folgen, also wenn $R \subseteq N \times [T \cdot N^*]$ oder wenn jede Regel eine der folgenden Formen hat:

$$A \to x \qquad A \to xB \qquad A \to xBC \qquad A \to xBCD \ldots$$

(4) *reduziert (reduced)*, wenn sie kontextfrei ist und jedes Nichtterminal ungleich dem Startsymbol links in einer Regel auftaucht, bei der rechts nur Terminale stehen, sowie jedes Nichtterminal rechts in einer Regel auftaucht, bei der links das Startsymbol steht: Für jedes Nichtterminal $A$ mit $A \neq S$ gibt es also eine Regel der Form $A \to w$, mit $w \in T^*$ und für jedes Nichtterminal $A$ gibt es eine Regel der Form $S \to \mathcal{X}A\mathcal{Y}$ mit $\mathcal{X}, \mathcal{Y} \in (N \cup T)^*$.

**287 Theorem**    TYP 2 GRAMMATIKTHEOREM
Für eine Sprache $\mathcal{L} \subseteq A^*$ sind die folgenden Aussagen äquivalent:

(1) $\mathcal{L}$ wird durch eine *kontextfreie Grammatik* beschrieben.

(2) $\mathcal{L} \setminus \{\varepsilon\}$ wird durch eine Grammatik in CHOMSKY *Normalform* beschrieben.

(3) $\mathcal{L} \setminus \{\varepsilon\}$ wird durch eine Grammatik in GREIBACH *Normalform* beschrieben.

(4) $\mathcal{L}$ wird durch eine *reduzierte Grammatik* beschrieben.

Eine *Sprache* $\mathcal{L}$, die durch eine kontextfreie Grammatik beschrieben werden kann, heißt eine *kontextfreie Sprache (contextfree language)* oder *Typ 2 Sprache*.

**288  Theorem**    TYP 2 PUMPING LEMMA
Ist $\mathcal{L}$ eine Typ 2 Sprache über einem Alphabet $A$, dann existiert eine Zahl $p \in \mathbb{N}$ mit der folgenden Eigenschaft: Zu jedem Wort $q$ der Sprache, das mindestens die Länge $p$ hat, $\mid q \mid \geq p$, existiert eine Zerlegung $q = uvwxy$ mit $v$ und $x$ nicht gleichzeitig das leere Wort und $\mid vwx \mid \leq p$, so, daß dann für jedes $i \in \mathbb{N}$ alle Wörter der Form $uv^iwx^iy$ wieder in der Sprache $\mathcal{L}$ liegen.

**289  Theorem**    TYP 2 ABSCHLUSSTHEOREM
Die Klasse der Typ 2 Sprachen ist *abgeschlossen* unter *Vereinigung, Konkatenation und Sternbildung*. Das heißt:

Sind $\mathcal{L}_1$ und $\mathcal{L}_2$ kontextfreie Sprachen, dann sind auch ihre Vereinigung $\mathcal{L}_1 \cup \mathcal{L}_2$ und die Konkatenationssprache $\{r_1 r_2 \mid r_1 \in \mathcal{L}_1 \wedge r_2 \in \mathcal{L}_2\}$, die aus der Konkatenation eines Wortes aus $\mathcal{L}_1$ und eines Wortes aus $\mathcal{L}_2$ besteht, kontextfreie Sprachen. Ist $\mathcal{L}$ eine kontextfreie Sprache, dann ist auch die KLEENE–Stern–Sprache $\mathcal{L}^*$ eine kontextfreie Sprache.

**290  Definition**    ABLEITUNGSBÄUME
Der *Ableitungsbaum (derivation tree)* eines Wortes $w \in T^*$ bezüglich einer kontextfreien Grammatik ist ein geordneter, knotenattributierter Baum mit Attributmenge $N \cup T$, der den folgenden drei Bedingungen genügt:

(1) Die *Wurzel* dieses Baumes trägt als Attribut das Startsymbol der Grammatik.

(2) Ist $p$ ein *Knoten, der kein Blatt* ist, und ist $(n_1, n_2, \ldots, n_r)$ die geordnete Folge der Nachfolgerknoten von $p$, so trägt der Knoten $p$ das Attribut $P$, seine Nachfolgerknoten $n_i$ tragen jeweils das Attribut $N_i$ und $P \to N_1 N_2 \cdots N_r$ ist eine Regel der Grammatik.

(3) Die *Blätter* tragen als Attribute terminale Symbole. Im Sinne der Ordnung des Baumes gelesen, ergeben die terminalen Symbole gerade das Wort $w$.

**291  Theorem**    THEOREM VOM ABLEITUNGSBAUM
Sei $\mathcal{G}$ eine kontextfreie Grammatik. Dann gibt es zu einem Wort $w \in T^*$ aus terminalen Symbolen genau dann einen Ableitungsbaum bezüglich der Grammatik $\mathcal{G}$, wenn $w$ ein Wort der Sprache ist. Zu jedem Ableitungsbaum eines Wortes $w$ gibt

es genau eine Linksableitung und genau eine Rechtsableitung für $w$, deren Wörter aus terminalen und nichtterminalen Symbolen den Attributen von Knotenfronten entsprechen, die sich im Baum von der Wurzel zu den Blättern ausbreiten. Umgekehrt gibt es zu jeder Linksableitung und zu jeder Rechtsableitung genau einen entsprechenden Ableitungsbaum.

Wir könnten die letzten beiden Aussagen natürlich präziser formulieren. Wegen des dafür aber notwendigen formalen Aufwandes wäre dies für eine anschauliche Vorstellung von der Situation leider nur wenig dienlich. Deshalb betrachte man das später folgende Beispiel.

**292 Definition**    EINDEUTIGKEIT
Eine *kontextfreie Grammatik* heißt *eindeutig (unambiguous)*, wenn eine der folgenden drei äquivalenten Aussagen erfüllt ist:

(1) Zu jedem Wort der Sprache gibt es *genau eine Linksableitung*.

(2) Zu jedem Wort der Sprache gibt es *genau eine Rechtsableitung*.

(3) Zu jedem Wort der Sprache gibt es *genau einen Ableitungsbaum*.

Ist dies nicht der Fall, gibt es also mindestens ein Wort, zu dem mehr als eine Linksableitung, mehr als eine Rechtsableitung oder mehr als ein Ableitungsbaum existiert, so heißt die *Grammatik mehrdeutig (ambiguous)*.

Eine *Sprache* heißt *eindeutig (unambiguous)*, wenn sie durch eine eindeutige Grammatik erzeugt werden kann. Man beachte, daß es zu einer eindeutigen Sprache auch mehrdeutige Grammatiken geben darf, es muß nur mindestens eine erzeugende Grammatik eindeutig sein. Eine Sprache heißt *mehrdeutig (ambiguous)*, wenn jede ihrer Grammatiken mehrdeutig ist.

**293 Beispiel**    ABLEITUNGSBAUM UND EINDEUTIGKEIT
Gegeben sei die Grammatik $S \rightarrow SS \mid a \mid b$ mit den Terminalen $a$ und $b$ und dem Nichtterminal und Startsymbol $S$. $aab$ ist ein Wort der durch diese Grammatik erzeugten Sprache. Zu $aab$ gibt es genau die folgenden zwei Ableitungsbäume:

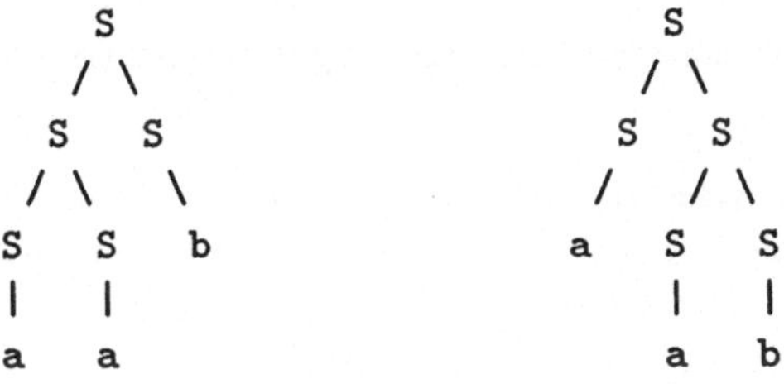

Zu jedem dieser Ableitungsbäume gehört jeweils genau eine Linksableitung und genau eine Rechtsableitung:

| | |
|---|---|
| Linksableitung des linken Baumes | $S \to SS \to SSS \to aSS \to aaS \to aab$ |
| Rechtsableitung des linken Baumes | $S \to SS \to Sb \to SSb \to Sab \to aab$ |
| Linksableitung des rechten Baumes | $S \to SS \to aS \to aSS \to aaS \to aab$ |
| Rechtsableitung des rechten Baumes | $S \to SS \to SSS \to SSb \to Sab \to aab$ |

Diese Grammatik legt die Sprache $\{a, b\}^*$ fest. Offensichtlich ist diese Grammatik mehrdeutig. Allerdings gibt es zu dieser Sprache auch eine eindeutige Grammatik: $S \to aS \mid bS \mid a \mid b$. Diese Grammatik ist sogar rechtslinear, und somit ist diese Sprache regulär.


## 6.4   Kontextsensitive (Typ 1) Sprachen

**294 Definition**     KONTEXTSENSITIVE GRAMMATIKEN UND SPRACHEN
Eine *Grammatik* heißt *kontextsensitiv (context sensitive)*, wenn keine ihrer Regeln verkürzend ist: Ist $\mathcal{X} \to \mathcal{Y}$ eine Regel der Grammatik, dann muß $|\mathcal{X}| \leq |\mathcal{Y}|$ sein. Insbesondere darf bei keiner Regel die Ersetzung $\mathcal{Y}$ das leere Wort $\varepsilon$ sein.

Eine *Sprache* heißt *kontextsensitiv (context sensitive)* oder *Typ 1 Sprache*, wenn sie durch eine kontextsensitive Grammatik erzeugt werden kann.

**295 Theorem**     TYP 1 ABSCHLUSSTHEOREM
Die Klasse der Typ 1 Sprachen ist unter *Komplementbildung abgeschlossen*: Ist $\mathcal{L} \subseteq A^*$ eine kontextsensitive Sprache über dem Alphabet $A$, dann ist ihr Komplement, also die Menge $\complement\mathcal{L} = \{w \in A^* \mid w \notin \mathcal{L}\}$ aller "Nicht-Wörter", kontextsensitiv.


## 6.5   Rekursiv aufzählbare (Typ 0) Sprachen

**296 Definition**     REKURSIV AUFZÄHLBARE GRAMMATIKEN UND SPRACHEN
Eine Grammatik heißt

(1) *allgemeine Grammatik*, wenn sie eine beliebige Regelgrammatik ohne weitere Voraussetzungen ist.

(2) *separiert (separated)*, wenn jede Regel links und rechts nur Nichtterminale enthält, oder aber die linke Seite ein Nichtterminal ist und die rechte Seite das leere Wort oder ein Terminal, also wenn $R \subseteq [(N^* \setminus \{\varepsilon\} \times N^*] \cup [N \times (T \cup \{\varepsilon\})]$, also wenn jede Regel eine der folgenden Formen hat:

$$A_1 A_2 \ldots A_n \to B_1 B_2 \ldots B_m \qquad A_1 A_2 \ldots A_n \to \varepsilon$$

$$A \to x \qquad A \to \varepsilon$$

(3) *normal (normal)*, wenn jede Regel von einem der folgenden vier Basistypen ist, also wenn $R = R_1 \cup R_2 \cup R_3 \cup R_4$ mit:

  (a) Eine *Reduktionsregel* wandelt ein Nichtterminal in das leere Wort um:

$$A \to \varepsilon$$

$$R_1 \subseteq N \times \{\varepsilon\}$$

  (b) Eine *Terminierungsregel* wandelt ein Nichtterminal in ein Terminal um:

$$A \to x$$

$$R_2 \subseteq N \times T$$

  (c) Eine *Expansionsregel* wandelt ein Nichtterminal in zwei Nichtterminale um:

$$A \to BC$$

$$R_3 \subseteq N \times (N \cdot N)$$

  (d) Eine *Doppelsubstitution* wandelt zwei Nichtterminale in zwei Nichtterminale um:

$$AB \to CD$$

$$R_4 \subseteq (N \cdot N) \times (N \cdot N)$$

**297 Theorem**    Typ 0 Grammatiktheorem
Für eine Sprache $\mathcal{L} \subseteq A^*$ sind die folgenden Aussagen äquivalent:

  (1) $\mathcal{L}$ wird durch eine *(allgemeine) Grammatik* beschrieben.

  (2) $\mathcal{L}$ wird durch eine *separierte Grammatik* beschrieben.

  (3) $\mathcal{L}$ wird durch eine *normale Grammatik* beschrieben.

Insbesondere läßt sich jede Grammatik in eine äquivalente, separierte Grammatik und in eine äquivalente, normale Grammatik umformen.

Eine Sprache $\mathcal{L}$, für welche die obigen, einander äquivalenten Aussagen gelten, heißt eine *rekursiv aufzählbar (recursively enumerable)* oder *Typ 0 Sprache*.

# 7 Maschinen

## 7.1 Automaten

**298 Definition**  AUTOMATEN
Ein Automat ist eine sehr einfache Maschine: Zu Beginn befindet er sich im Anfangszustand. Dann liest der Automat einen Buchstaben aus einem Alphabet und geht in einen neuen Zustand über, der von dem vorhergehenden Zustand und dem gelesenen Buchstaben abhängt. Bei *deterministischen* Automaten ist dieser Folgezustand eindeutig durch den aktuellen Zustand und den eingelesenen Buchstaben bestimmt, bei *nichtdeterministischen* Automaten hat die Maschine die Auswahl aus einer Menge mehrerer Folgezustände, die jedoch vom aktuellen Zustand und vom eingelesenen Buchstaben abhängen können.

Ein *(endlicher) Automat (finite automaton)* ist ein Quadrupel $\mathcal{A} = (Z, A, S, \tau)$ aus

(1) einer endlichen Menge $Z$ von *Zuständen (states)*,

(2) einer endlichen Menge $A$, dem sogenannten *Eingabealphabet (alphabet)*,

(3) einem speziellen Zustand $S \in Z$, genannt *Anfangszustand (initial state)* und

(4) einer Funktion $\tau : Z \times A \to \mathcal{P}(Z)$, der *Status–Übergangsfunktion (state transition function)*. $\tau(z, a)$ ist die Menge jener Folgezustände, die der Automat einnehmen kann, wenn er im Zustand $z \in Z$ den Eingabebuchstaben $a \in A$ liest. $\tau(z, a)$ sei stets ungleich der leeren Menge.

Ein Automat heißt *deterministisch (deterministic)*, wenn die Menge $\tau(z, a)$ der möglichen Nachfolgezustände für alle Paare $(z, a)$ jeweils genau ein Element enthält, und *nichtdeterministisch (nondeterministic)*, wenn es mindestens ein Paar $(z, a)$ gibt, bei dem die Menge $\tau(z, a)$ möglicher Nachfolgezustände mehr als ein Element enthält.

Sei $a = a_1 a_2 \ldots a_n \in A^*$ ein Wort aus Eingabebuchstaben. Eine Sequenz $z = z_0 z_1 z_2 \ldots z_n \in Z^*$ von Zuständen des Automaten heißt eine zu $a$ gehörige *Schaltsequenz (sequence of states)*, wenn sie mit dem Startzustand des Automaten beginnt und jedes Fortschreiten in der Sequenz durch einen Statusübergang des Automaten beschrieben werden kann: $z_0 = S$ und $\forall i \in \{0, 1, \ldots, n-1\} : z_{i+1} \in \tau(z_i, a_{i+1})$ gilt.

**299 Definition**    Automatengraph und Automatentafel
Die Status–Übergangsfunktion $\tau : Z \times A \to \mathcal{P}(Z)$ eines Automaten kann als *Automatengraph* und als *Automatentafel* dargestellt werden:

Der *Graph eines Automaten* ist ein gerichteter, kantenattributierter Multigraph mit Schlaufen: Die *Knotenmenge* des Graphen ist die Menge $Z$ der Automatenzustände. Die *Kantenmenge* $V$ des Graphen ist die Menge aller Tripel der Form $(z, a, z')$ mit $z' \in \tau(z, a)$. Jedem möglichen Statusübergang des Automaten entspricht genau eine Verbindungskante. Insbesondere ist $V \subseteq Z \times A \times Z$. Die *Abbildung* $\omega : V \to Z \times Z$, welche die Anfangs- und Endpunkte der Verbindungskanten angibt, ist die Abbildung $(z, a, z') \mapsto (z, z')$. Die Verbindungskante $(z, a, z')$ führt also vom Zustand $z$ in den Zustand $z'$. Falls $z = z'$ gilt, so ist diese Kante eine Schlaufe. Die *Kantenattributierung* ist durch die Attributmenge, die das Eingabealphabet ist, und durch die zweite Projektion auf der Menge der Verbindungskanten $\pi_2 : V \to A$, $(z, a, z') \mapsto a$ als attributierende Abbildung gegeben. Der Startzustand des Automaten wird zumeist durch einen auf den entsprechenden Knoten weisenden Pfeil markiert.

Die *Automatentafel* ist eine rechteckige Tabelle der folgenden Form:

|  | $a_1 \in A$ | $a_2 \in A$ | $\ldots$ | $a_n \in A$ |
|---|---|---|---|---|
| $z_1 \in Z$ | $\tau(z_1, a_1)$ | $\tau(z_1, a_2)$ | $\ldots$ | $\tau(z_1, a_n)$ |
| $z_2 \in Z$ | $\tau(z_2, a_1)$ | $\tau(z_2, a_2)$ | $\ldots$ | $\tau(z_2, a_n)$ |
| $\vdots$ | $\vdots$ | $\vdots$ | $\vdots$ | $\vdots$ |
| $z_m \in Z$ | $\tau(z_m, a_1)$ | $\tau(z_m, a_2)$ | $\ldots$ | $\tau(z_m, a_n)$ |

Es ist $A = \{a_1, a_2, \ldots, a_n\}$ und $Z = \{z_1, z_2, \ldots, z_m\}$. In der Kopfzeile der Tabelle stehen die einzelnen Eingabebuchstaben und in der Kopfspalte die einzelnen Zustände des Automaten. Im Schnittpunkt der Zeile, die mit $z_i$ beginnt und der Spalte, die mit $a_j$ überschrieben ist, steht die Menge $\tau(z_i, a_j)$ der möglichen Nachfolgezustände. Der Startzustand des Automaten befindet sich zumeist am Beginn der ersten Zeile der Automatentafel.

**300 Beispiel**    Menü Steuerung
Ein Programm habe die folgende Menüstruktur: Das Hauptmenü besteht aus den Auswahlmöglichkeiten 1, 2, 3, 4, 5. Die Menüpunkte 1, 2 und 5 haben jeweils 3 Unterpunkte, die ebenfalls mit 1, 2, 3 bezeichnet sind. Der Benutzer kann mit dieser Oberfläche auf folgende Arten interagieren: Durch Eintippen von **START** gelangt er vom Anfangszustand (Kommandozeile) in das Hauptmenü. Befindet er sich in einem Menü, so kann er folgendes tun:

(1) Durch Drücken der Taste ESC (Escape) gelangt er von einer Menüebene in die nächsthöhere, so diese existiert, ansonsten bleibt er, wo er ist.

(2) Durch Drücken der Taste END (Ende) gelangt er von der aktuellen Menüebene wieder zurück in die Kommandozeile.

(3) Nach Anwahl eines Menüpunktes, was durch Drücken einer entsprechenden anwählbaren Ziffer geschehen kann, läuft ein kurzes Programm ab, nach dessen Terminierung er wieder auf derselben Ebene der Menüstruktur landet.

Modellieren Sie diese Benutzeroberfläche durch einen Automaten.

**301 Definition**    AKZEPTIERENDER AUTOMAT
Ein *akzeptierender endlicher Automat (finite state acceptor)* ist ein Quintupel $\mathcal{A} = (Z, A, S, \tau, E)$, das aus einem endlichen Automaten $(Z, A, S, \tau)$ und einer Menge $E \subseteq Z$ akzeptierender (terminaler) Zustände (accepting states) besteht.

Ein *nichtleeres Wort* aus Eingabebuchstaben heißt *vom Automaten akzeptiert*, wenn es zu diesem Wort (mindestens) eine Schaltsequenz gibt, die in einem akzeptierenden Zustand des Automaten endet. Das *leere Wort* wird als *akzeptiert* angesehen, wenn der Startzustand des Automaten ein akzeptierender Zustand ist. Zu jedem akzeptierenden endlichen Automaten $\mathcal{A}$ gibt es also eine Sprache $\mathcal{L}(\mathcal{A}) \subseteq A^*$ von Wörtern, die der Automat akzeptiert. Statt "akzeptierender endlicher Automat" sagt man oft auch nur "Automat". In der Automatentafel und im Automatengraph werden die akzeptierenden Zustände meist durch Einkreisen oder Unterstreichen markiert.

**302 Beispiel**    AKZEPTIERENDER AUTOMAT UND SPRACHE
Die Sprache $\{aa, aba, abba, abbba, \ldots\}$ wird durch den Automaten mit Zustandsmenge $Z = \{1, 2, 3, 4\}$, Startzustand 1, Eingabealphabet $\{a, b\}$, der Menge $\{3\}$ akzeptierender Zustände und der folgenden Automatentafel akzeptiert:

|   | $a$ | $b$ |
|---|---|---|
| 1 | 2 | 4 |
| 2 | $\underline{3}$ | 2 |
| $\underline{3}$ | 4 | 4 |
| 4 | 4 | 4 |

Die zugehörige Automatentafel ist in Abb. 17 gegeben. Würde man diesem deterministischen Automaten zusätzlich einen Übergang von Zustand 2 nach Zustand 4 bei Lesen des Eingabebuchstabens $b$ gestatten, so würde der Automat nichtdeterministisch, er würde aber immer noch dieselbe Sprache akzeptieren.

**303 Beispiel**    GETRÄNKEAUTOMAT
Ein Getränkeautomat verkauft Orangensaft zu 60 Groschen. Es dürfen Münzen zu

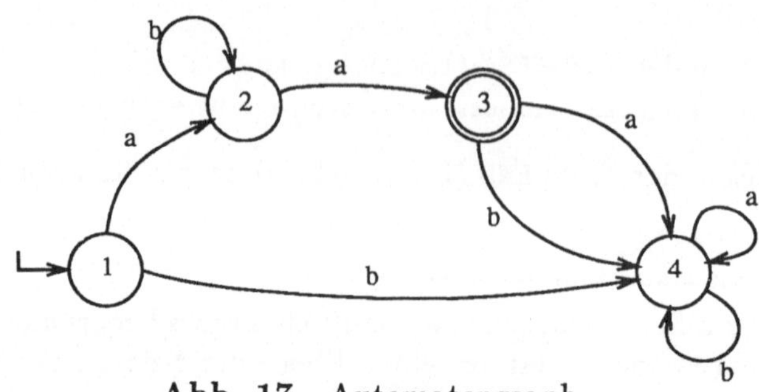

**Abb. 17**  Automatengraph.

10, 20 und 50 Groschen eingeworfen werden. Konstruieren Sie einen Automaten, der – ausgehend von einem Anfangszustand $z_0$ – solche Münzen entgegennimmt und genau dann im akzeptierenden Zustand $z_e$ landet, wenn insgesamt 60 oder mehr Groschen eingeworfen wurden. Geben Sie alle fünf Bestandteile dieses Automaten an, und stellen Sie die Funktion des Automaten in einem Graphen und in einer Automatentafel dar.

**304  Definition**    ÄQUIVALENTE AUTOMATEN

Zwei Automaten $\mathcal{A}_1$ und $\mathcal{A}_2$ mit demselben Eingabealphabet heißen *äquivalent (equivalent)*, wenn sie dieselbe Sprache akzeptieren: $\mathcal{L}(\mathcal{A}_1) = \mathcal{L}(\mathcal{A}_2)$. Man sieht leicht, daß die Äquivalenz von Automaten tatsächlich eine Äquivalenzrelation ist.

Zu einer Sprache $\mathcal{L} \subseteq A^*$, die von einem Automaten akzeptiert wird, gehört eine ganze Äquivalenzklasse von Automaten, die alle diese Sprache akzeptieren. Um Speicherplatz und Rechenzeit zu sparen, wollen wir einen möglichst einfachen Automaten finden, der diese Sprache akzeptiert. Zu diesem Zweck werden wir die folgenden drei Transformationen von Automaten untersuchen:

(1) Die *Determinisierung*, sie transformiert einen Automaten in einen äquivalenten, deterministischen Automaten.

(2) Die *Vereinfachung*, sie transformiert einen Automaten in einen äquivalenten Automaten ohne unerreichbare Zustände.

(3) Die *Reduzierung*, sie transformiert einen Automaten in einen äquivalenten Automaten, der keine Mehrfachkopien funktionsgleicher Teilautomaten enthält.

**305  Theorem**    DETERMINISTISCH–MACHEN VON AUTOMATEN

Jeder Automat kann *deterministisch* gemacht werden. Genauer: Zu jedem Automaten $\mathcal{A}$ existiert ein äquivalenter deterministischer Automat $\mathcal{A}'$: *Ein*[1] solcher

---

[1]Es gibt nämlich zu jedem nichtdeterministischen Automaten unendlich viele äquivalente deterministische Automaten.

deterministischer Automat, der *Potenzautomat (power automaton)*, kann wie folgt konstruiert werden:

(1) $Z' := \mathcal{P}(Z)\backslash\{\emptyset\}$: Die Zustandsmenge des Potenzautomaten ist die Menge aller nichtleeren Mengen von Zuständen des ursprünglichen Automaten. Ein Zustand des Potenzautomaten ist eine Menge von Zuständen des ursprünglichen Automaten.

(2) $A := A'$: Potenzautomat und Automat haben dasselbe Eingabealphabet.

(3) $S' := \{S\}$: Der Anfangszustand des Potenzautomaten ist die Menge, die aus dem Anfangszustand des ursprünglichen Automaten besteht.

(4) $\tau'(X) := \cup_{z \in X}\tau(z)$: Der Nachfolgezustand eines Zustandes $X$ des Potenzautomaten ist die Vereinigung der möglichen Nachfolgezustände über alle Elemente der Menge $X \subseteq Z$.

(5) $E' := \{X \subseteq Z \mid X \cap E \neq \emptyset\}$: Ein Zustand des Potenzautomaten ist ein akzeptierender Zustand, wenn er, als Menge betrachtet, einen akzeptierenden Zustand des ursprünglichen Automaten enthält.

Ein deterministischer Automat besitzt gegenüber einem nichtdeterministischen den folgenden Vorteil: Wenn wir wissen wollen, ob ein Wort von einem nichtdeterministischen Automaten akzeptiert wird, so müssen wir eine akzeptierende Schaltsequenz des Automaten finden. Aufgrund des Nichtdeterminismus sind wir gezwungen, viele unterschiedliche Schaltsequenzen zu betrachten. Bei einem deterministischen Automaten gibt es zu jedem Wort aus Eingabebuchstaben aber nur eine Schaltsequenz. Es genügt also, diese Sequenz zu ermitteln und zu prüfen, ob sie mit einem akzeptierenden Zustand endet.

**306 Beispiel**    DETERMINISTISCH–MACHEN VON AUTOMATEN
Gegeben sei ein Automat mit Startzustand $a$, akzeptierendem Zustand $c$, einem weiteren Zustand $b$ und der folgenden Automatentafel:

|   | 1 | 2 | 3 |
|---|---|---|---|
| $a$ | $a,c$ | $a,b$ | $c$ |
| $b$ | $a,b$ | $c$ | $a$ |
| $c$ | $b,c$ | $b$ | $b,c$ |

Die Automatentafel des Potenzautomaten ist gegeben durch

|           | 1            | 2            | 3            |
|-----------|--------------|--------------|--------------|
| $\{a\}$           | $\{a,c\}$       | $\{a,b\}$       | $\{c\}$         |
| $\{b\}$           | $\{a,b\}$       | $\{c\}$         | $\{a\}$         |
| $\{c\}$           | $\{b,c\}$       | $\{b\}$         | $\{b,c\}$       |
| $\{a,b\}$         | $\{a,b,c\}$     | $\{a,b,c\}$     | $\{a,c\}$       |
| $\{a,c\}$         | $\{a,b,c\}$     | $\{a,b\}$       | $\{b,c\}$       |
| $\{b,c\}$         | $\{a,b,c\}$     | $\{b,c\}$       | $\{a,b,c\}$     |
| $\{a,b,c\}$       | $\{a,b,c\}$     | $\{a,b,c\}$     | $\{a,b,c\}$     |

Geben Sie noch die Graphen dieser beiden Automaten an.

**307  Definition**    ERREICHBARKEIT UND EINFACHHEIT
Ein Zustand $z \in Z$ eines Automaten heißt *erreichbar (reachable)*, wenn es möglich
ist, daß der Automat nach Lesen eines geeigneten Wortes aus Eingabebuchstaben
aus dem Anfangszustand $S$ in den Zustand $z$ gelangt, wenn es also ein Wort $w \in A^*$
und eine Schaltsequenz des Automaten gibt, die zu $w$ gehört, welche im Zustand $z$
endet. Der Anfangszustand eines Automaten ist immer erreichbar. Ein Automat
heißt *einfach (simple)*, wenn alle seine Zustände erreichbar sind.

**308  Theorem**    VEREINFACHEN VON AUTOMATEN
Jeder Automat kann *vereinfacht* werden. Genauer: Zu jedem Automaten $A$ gibt es
einen äquivalenten einfachen Automaten $A'$: Ein solcher einfacher Automat kann
konstruiert werden, indem man alle unerreichbaren Zustände aus der Menge aller
Zustände streicht.

Im nichtdeterministischen Automaten von Abb. 18 etwa sind die Zustände 4 und 5
nicht erreichbar und können ohne Einfluß auf die Funktionalität gestrichen werden.

**309  Beispiel**    VEREINFACHEN VON AUTOMATEN
Zeigen Sie, daß die Vereinfachung von Automaten eine wohldefinierte Operation ist,
die von einem Automaten wieder auf einen Automaten führt.

Überlegen Sie, weshalb das Streichen unerreichbarer Zustände problemlos möglich
ist. Nach diesem Streichvorgang muß sich wieder ein sinnvoll definierter Automat ergeben. Insbesondere darf also der Anfangszustand nicht gestrichen werden, und für
alle verbleibenden Zustände $z$ im neuen Automaten müssen die Nachfolgezustände
$z'$ bekannt sein, dürfen also nicht gestrichen worden sein.

**310  Beispiel**    VEREINFACHUNG
Gegeben sei ein Automat mit Startzustand $a$, akzeptierendem Zustand $c$ und folgender Automatentafel:

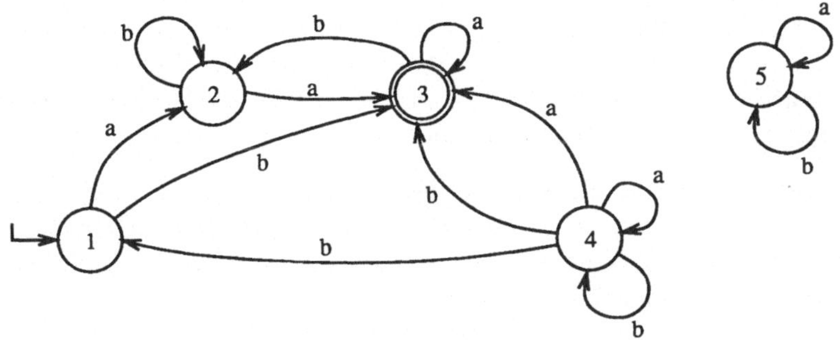

**Abb. 18**   Unerreichbare Zustände.

|   | 1 | 2 | 3 |
|---|---|---|---|
| $a$ | $b$ | $b$ | $\underline{c}$ |
| $b$ | $\underline{c}$ | $\underline{c}$ | $\underline{c}$ |
| $c$ | $a$ | $a$ | $a$ |
| $d$ | $b$ | $\underline{c}$ | $d$ |

Geben Sie den Graphen dieses Automaten an. Bestimmen Sie die Automatentafel und den Graphen eines äquivalenten einfachen Automaten.

**311 Definition**   ÄQUIVALENTE ZUSTÄNDE
Zwei Zustände $z_1, z_2 \in Z$ eines Automaten $(Z, A, S, \tau, E)$ heißen *äquivalent (equivalent)*, wenn die Automaten $(Z, A, z_1, \tau, E)$ und $(Z, A, z_2, \tau, E)$ äquivalent sind. Man kann sich überlegen, daß diese binäre Relation auf der Menge aller Zustände eines Automaten eine Äquivalenzrelation ist.

Ein Automat heißt *reduziert (reduced)*, wenn keine zwei seiner Zustände zueinander äquivalent sind. Anschaulich bedeutet das folgendes: Die Automaten $(Z, A, z_1, E, \tau)$ und $(Z, A, z_2, E, \tau)$ entstehen aus dem Automaten $(Z, A, S, E, \tau)$ durch Wahl eines anderen Startsymbols. Sind diese Automaten äquivalent, so bedeutet das, daß sich der Automat $(Z, A, z_1, E, \tau)$ vom Zustand $z_1$ an "gleich verhält", wie wenn er im Zustand $z_2$ wäre. "Gleich verhalten" bedeutet in diesem Zusammenhang das Akzeptieren derselben Sprache. Wenn ein Automat zwei äquivalente Zustände besitzt, so enthält er also auch zwei funktionell gleichwertige Teilautomaten.

**312 Theorem**   REDUZIERUNG
Jeder deterministische Automat kann *reduziert* werden. Genauer: Zu jedem deterministischen Automaten $(Z, A, S, E, \tau)$ gibt es einen äquivalenten deterministischen Automaten $(Z', A', S', E', \tau')$, der reduziert ist. Ein solcher Automat, der *Quotientenautomat (quotient automaton)*, kann durch folgendes Konstruktionsverfahren erhalten werden:

(1) Bestimmen Sie die Relation $\sim_0 \subseteq Z \times Z$, die durch die Bedingung $z_1 \sim_0 z_2 \Leftrightarrow$ $(z_1 \in E \wedge z_2 \in E) \vee (z_1 \notin E \wedge z_2 \notin E)$ festgelegt ist. Es gilt also $z_1 \sim_0 z_2$ genau dann, wenn die Zustände $z_1$ und $z_2$ entweder beide akzeptierende sind oder beide nicht akzeptierende Zustände sind.

(2) Bestimmen Sie Schritt für Schritt die Relationen $\sim_1, \sim_2, \ldots \subseteq Z \times Z$ aus der Rekursionsgleichung $z_1 \sim_n z_2 \Leftrightarrow [z_1 \sim_{n-1} z_2 \wedge \forall a \in A : \tau(z_1, a) \sim_{n-1} \tau(z_2, a)]$. Da alle obigen Relationen $\sim_n$ Äquivalenzrelationen sind, genügt es, jeweils deren Äquivalenzklassen anzugeben.

(3) Hat der Automat $m$ Zustände, dann wird diese Folge von Relationen nach spätestens $m$ Relationen *stationär (stationary)*: $\sim_{m-1} = \sim_m = \sim_{m+1} = \ldots$. Sei $\sim$ die Relation, mit welcher diese Folge stationär wird.

(4) Seien nun $K_1, K_2, \ldots, K_l$ die Äquivalenzklassen der Relation $\sim$. Nun können wir den neuen Automaten anschreiben:

    (1) Der neue Zustandsraum $Z' := \{K_1, K_2, \ldots, K_l\}$ ist die Menge der sich schließlich ergebenden Äquivalenzklassen.

    (2) $A' = A$, das Eingabealphabet bleibt also gleich.

    (3) $S'$ ist die Äquivalenzklasse $[S]_\sim$ des urspünglichen Anfangszustandes $S$.

    (4) $E'$ ist die Menge aller Äquivalenzklassen $K$, welche einen Endzustand des ursprünglichen Automaten, also ein Element von $E$ enthalten.

    (5) $\tau'$ ist definiert durch $\tau'(K, a) := [\tau(z, a)]_\sim$, wobei $z \in K$ ein beliebiges Element der betrachteten Äquivalenzklasse ist. Diese Definition von $\tau'$ ist sinnvoll, da die Äquivalenzklasse von $\tau(z, a)$ unter $\sim$ nicht von der Wahl des Elementes $z \in K$, sondern nur von der Äquivalenzklasse $K$ abhängt.

Derartige Quotientenkonstruktionen sind Standardtechniken in der Mathematik. Sie kommen bei vielen algebraischen Objekten zum Einsatz.

**313 Beispiel**　　Reduzierung

Wir betrachten den Automaten mit der Zustandsmenge $Z = \{S, B, C, D, E, G, H\}$, dem Alphabet $A = \{a, b\}$, dem Anfangszustand $S$, den Endzuständen $C$, $E$ und $G$ sowie der folgenden Automatentafel:

|   | $a$ | $b$ |
|---|---|---|
| $S$ | $B$ | $C$ |
| $B$ | $B$ | $D$ |
| $C$ | $C$ | $E$ |
| $D$ | $B$ | $H$ |
| $E$ | $G$ | $C$ |
| $G$ | $G$ | $G$ |
| $H$ | $H$ | $D$ |

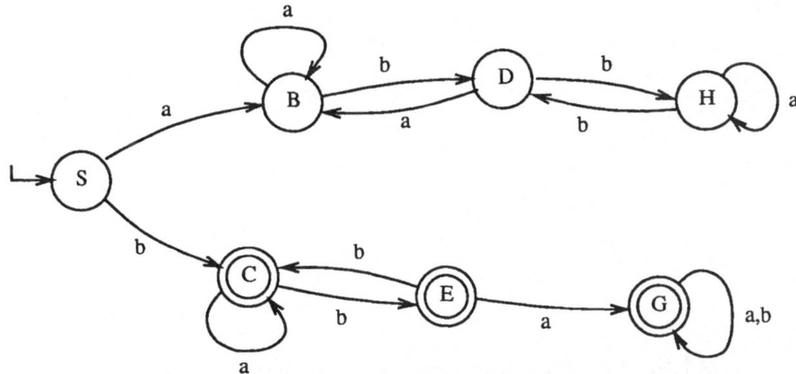



**Abb. 19**  Graph des noch nicht reduzierten Automaten.

Der Automat hat den in Abb. 19 dargestellten Graphen. Die Zustände $B$, $D$ und $H$ haben für das Verhalten des Automaten zur Spracherkennung offenbar dieselbe Bedeutung, ebenso die Zustände $C$, $E$ und $G$. Vermutlich lassen sie sich jeweils zu einem Zustand zusammenfassen.

Wir berechnen die Äquivalenzklassen von $\sim_0$: $\{S, B, D, H\}$ und $\{C, E, G\}$.

Für $\sim_1$ ergeben sich die Äquivalenzklassen: $\{S\}$, $\{B, D, H\}$ und $\{C, E, G\}$.
Für $\sim_2$ bekommt man: $\{S\}$, $\{B, D, H\}$ und $\{C, E, G\}$. Weitere Berechnungen ergeben $\sim$, das aber bereits mit $\sim_2$ identisch ist.

Wir definieren: $K_1 := \{S\}$, $K_2 := \{B, D, H\}$ und $K_3 := \{C, E, G\}$. Für den neuen Automaten erhalten wir die Zustandsmenge $Z' := \{K_1, K_2, K_3\}$ und das Alphabet $A' := A$. Der Anfangszustand $S \in Z$ liegt in der eindeutig festgelegten Äquivalenzklasse $K_1$, also ist $K_1$ der Anfangszustand des neuen Automaten. Nur die Äquivalenzklasse $K_3$ enthält Endzustände des alten Automaten, also hat der neue Automat auch nur diese einzige Äquivalenzklasse $K_3$ als Endzustand. Für den neuen Automaten erhält man die folgende Automatentafel und den in Abb. 20 dargestellten Graphen.

|       | $a$   | $b$   |
|-------|-------|-------|
| $K_1$ | $K_2$ | $K_3$ |
| $K_2$ | $K_2$ | $K_2$ |
| $K_3$ | $K_3$ | $K_3$ |

**314 Beispiel**  REDUZIERUNG
Gegeben sei ein Automat mit Startzustand $a$, akzeptierendem Zustand $c$, einem weiteren Zustand $b$ und der folgenden Automatentafel:

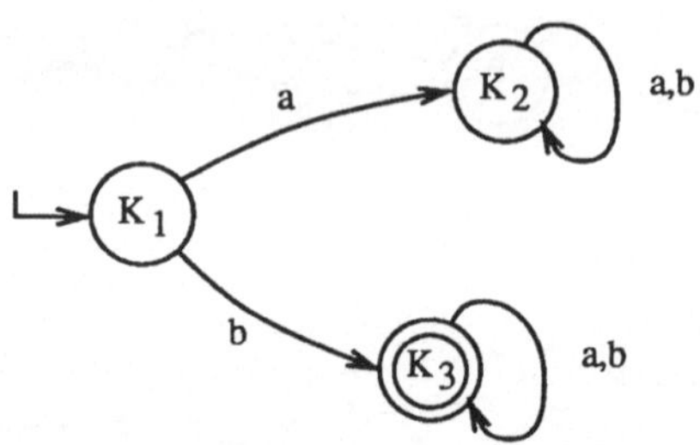

**Abb. 20**   Graph des reduzierten Automaten.

|     | 1 | 2 | 3 |
| --- | --- | --- | --- |
| $a$ | $b$ | $b$ | $\underline{c}$ |
| $b$ | $\underline{c}$ | $\underline{c}$ | $\underline{c}$ |
| $\underline{c}$ | $a$ | $a$ | $a$ |
| $d$ | $b$ | $\underline{c}$ | $d$ |

Zeichnen Sie den Graphen dieses Automaten und konstruieren Sie einen äquivalenten, reduzierten Automaten. Geben Sie seine Automatentafel und seinen Automatengraphen an.

**315 Beispiel**   REDUZIERUNG
Gegeben sei ein Automat mit dem Graph aus Abb. 21. Bestimmen Sie die Automatentafel dieses Automaten. Konstruieren Sie schrittweise einen äquivalenten, reduzierten Automaten. Geben Sie die zu ihm gehörenden Mengen (Zustandsmenge und Eingabealphabet), seine Automatentafel und seinen Automatengraphen an.

**316 Theorem**   MINIMIERUNGSTHEOREM VON MYHILL–NERODE
Zu jedem Automaten $\mathcal{A}$ gibt es bis auf Isomorphie genau einen äquivalenten deterministischen Automaten mit minimaler Anzahl von Zuständen, den sogenannten *Minimalautomaten* zu $\mathcal{A}$. Dieser Automat ist einfach und reduziert. Man kann ihn durch Determinierung, Vereinfachung und schließlich Reduzierung konstruieren.

Mit "bis auf Isomorphie" meinen wir hier, daß wir Automaten, die sich nur in der konkreten Bezeichnung der Elemente der Zustandsmengen unterscheiden, als gleich ansehen wollen. Man vergleiche mit ähnlichen Situationen in der Graphentheorie. Eine genauere Theorie der Homomorphismen und Isomorphismen von Automaten findet man in der Literatur.

**317 Beispiel**   MINIMIERUNG
Gegeben sei ein Automat mit Startzustand $a$, akzeptierendem Zustand $c$, zwei wei-

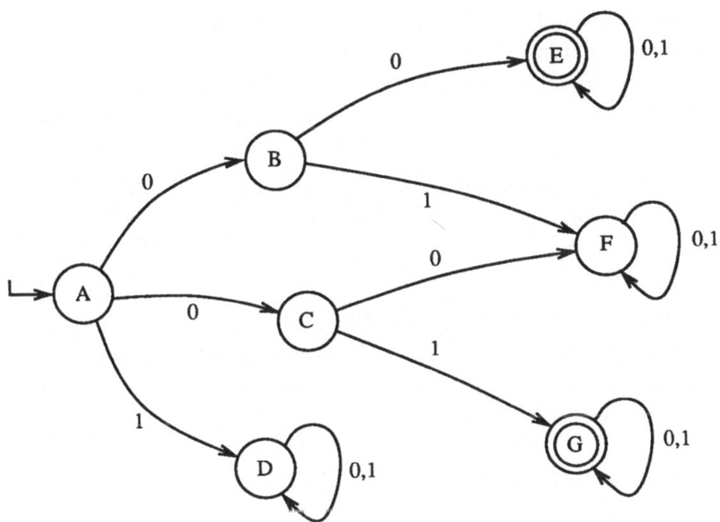

**Abb. 21**  Automatengraph zu Beispiel 315.

teren Zuständen $b$ und $d$ und der folgenden Automatentafel:

|       | 1          | 2          | 3          |
|-------|------------|------------|------------|
| $a$   | $a, b$     | $b$        | $\underline{c}$ |
| $b$   | $\underline{c}$ | $\underline{c}$ | $\underline{c}$ |
| $\underline{c}$ | $a, \underline{c}$ | $a$        | $a$        |
| $d$   | $b, \underline{c}$ | $\underline{c}$ | $d$        |

Zeichnen Sie den Graphen dieses Automaten und konstruieren Sie den zugehörigen Minimalautomaten.

## 7.2   Kellerautomaten

**318 Definition**    KELLERSPEICHER

Ein *Kellerspeicher (stack)* über einer endlichen Menge $K$, dem Kelleralphabet, ist ein abstrakter Datentyp. Der Keller wird durch ein Wort aus Kellerbuchstaben, also durch die Menge $K^*$ repräsentiert. Das leere Wort $\varepsilon$ stellt den leeren Keller dar. Auf dem Keller operieren die folgenden drei Funktionen:

$$\textbf{push}: K^* \times K^* \to K^* \quad \textbf{push}(w, k) = wk$$
$$\textbf{pop}: K^* \setminus \{\varepsilon\} \to K^* \quad \textbf{pop}(k_0 k_1 k_2 \ldots k_n) = k_1 k_2 \ldots k_n \quad (k_i \in K)$$
$$\textbf{top}: K^* \setminus \{\varepsilon\} \to K \quad \textbf{top}(k_0 k_1 k_2 \ldots k_n) = k_0 \quad (k_i \in K)$$

Anschaulich kann man sich unter einem Kellerspeicher den Tellerstapel einer Cafeteria vorstellen: Unter den Tellern befindet sich eine Feder, die jeweils genau einen Teller (den **top** des Kellers) auf der Theke erscheinen läßt. Wenn dieser oberste Teller entfernt wird (durch Ausführen von **pop**), so erscheint der darunter liegende Teller auf der Theke. Wird ein neuer Teller (durch **push**) auf den Stapel gelegt, so werden alle Teller nach unten gedrückt, und nur mehr der neue Teller ist sichtbar. Die Feder sei so lang, daß sie jede beliebige Anzahl von Tellern im Stapel aufnehmen kann.

**319  Definition**    KELLERAUTOMATEN

Ein *Kellerautomat (stack automaton, push down automaton)* ist ein endlicher Automat mit zusätzlichem Zugriff auf einen Kellerspeicher. Formal ist er ein Siebentupel $(Z, A, K, S, \kappa, E, \tau)$ bestehend aus

(1) einer endlichen Menge $Z$ von *Zuständen (states)*,

(2) einer endlichen Menge $A$, dem *Eingabealphabet (input alphabet)*,

(3) einer endlichen Menge $K$, dem *Kelleralphabet (stack alphabet)*,

(4) einem speziellen Zustand $S \in Z$, genannt *Anfangszustand (initial state)*,

(5) einem speziellen Kellerbuchstaben $\kappa \in K$, genannt *Anfangskellerzeichen (initial stack symbol)*,

(6) einer Menge $E \subseteq Z$ von Zuständen, die *akzeptierende (terminale; accepting)* Zustände oder *Endzustände* heißen und

(7) einer Funktion $\tau : Z \times (A \cup \{\varepsilon\}) \times K \to \mathcal{P}(Z \times K^*)$, der *Status–Übergangsfunktion (state transition function)*.

Am Anfang befindet sich der Kellerautomat im Anfangszustand $S \in Z$, und der Keller enthält nur das Anfangskellerzeichen $\kappa \in K$. Nun sei der Kellerautomat im Zustand $z \in Z$, das oberste Zeichen des Kellers sei der Kellerbuchstabe $k \in K$, und das nächste Zeichen des Eingabewortes, das gelesen werden könnte, sei der Buchstabe $a \in A$. Jetzt betrachten wir zwei Bedingungen. Ist eine dieser Bedingungen erfüllt, so verfährt der Kellerautomat wie beschrieben; sind beide erfüllt, so ist der Kellerautomat frei, einen der beiden Pfade auszuwählen; ist keine der Bedingungen erfüllt, so hält der Kellerautomat an:

(1) Die Menge $\tau(z, a, k)$ ist nicht leer. In diesem Fall wählt der Kellerautomat ein Element $(z', k')$ dieser Menge aus, geht in den Zustand $z'$, entfernt den obersten Buchstaben $k$ des Kellers durch **pop** und schreibt mittels **push** das Wort $k'$ auf den Keller.

(2) Die Menge $\tau(z, \varepsilon, k)$ ist nicht leer. In diesem Fall liest der Kellerautomat das anliegende Eingabezeichen noch nicht, es bleibt quasi im Buffer. Der Kellerautomat wählt ein Element $(z', k')$ der Menge $\tau(z, \varepsilon, k)$ aus, geht in den Zustand $z'$, entfernt den obersten Buchstaben $k$ des Kellers und schreibt das Wort $k'$ auf den Keller.

Ist $k'$ das leere Wort $\varepsilon$, so entfernt der Kellerautomat zwar den obersten Buchstaben des Kellers, schreibt aber nichts mehr auf den Keller. Soll der Keller unverändert bleiben, so muß man Vorsorge treffen, daß der stets entfernte oberste Buchstabe wieder auf den Keller zurückgeschrieben wird. Kommt der Kellerautomat in einen Endzustand $z \in E$, wird sein Keller leer oder hat er das ganze Eingabewort gelesen, so hält er an.

Ein Kellerautomat heißt *deterministisch (deterministic)*, wenn von den Bedingungen (1) und (2) jeweils höchstens eine wahr ist und die Mengen $\tau(z, a, k)$ und $\tau(z, \varepsilon, k)$ jeweils höchstens ein Element beinhalten. In diesem Fall ist das Verhalten des Kellerautomaten in jeder Situation eindeutig bestimmt. In allen anderen Fällen heißt der Kellerautomat *nichtdeterministisch (non deterministic)*.

Diese Funktionsweise läßt sich folgendermaßen formalisieren: Eine *Konfiguration (configuration)* des Kellerautomaten ist ein Tripel $(z, e, k) \in Z \times A^* \times K^*$, das aus einem Zustand $z$, einem Wort $e$ über dem Eingabealphabet und einem Wort $k$ über dem Kelleralphabet besteht. Die Relation $\rightarrow \subseteq (Z \times A^* \times K^*) \times (Z \times A^* \times K^*)$ beschreibt die Konfigurationsänderungen, die ein Kellerautomat durchführen kann: Es gilt (mit $z \in Z, a \in A, w \in A^*, b \in K, v \in K^*, k' \in K^*$):

$$
\begin{aligned}
(z, aw, bv) &\rightarrow (z', w, k'v) &\Leftrightarrow\quad (z', k') &\in \tau(z, a, b) \\
(z, aw, bv) &\rightarrow (z', aw, k'v) &\Leftrightarrow\quad (z', k') &\in \tau(z, \varepsilon, b) \\
(z, \varepsilon, bv) &\rightarrow (z', \varepsilon, k'v) &\Leftrightarrow\quad (z', k') &\in \tau(z, \varepsilon, b)
\end{aligned}
$$

Sei $w \in A^*$ ein Wort aus Eingabebuchstaben. Eine Folge $(\mathcal{K}_1, \mathcal{K}_2, \ldots, \mathcal{K}_n)$ von Konfigurationen eines Kellerautomaten heißt eine zu $a$ gehörige *Schaltsequenz (sequence of states)*, wenn sie mit der Anfangskonfiguration $\mathcal{K}_1 = (S, w, \kappa)$ beginnt, gemäß der Relation $\rightarrow$ fortschreitet, $\forall i, 1 \le i \le n - 1 : \mathcal{K}_i \rightarrow \mathcal{K}_{i+1}$, und am Ende das gesamte Eingabewort $w$ gelesen wurde: $\mathcal{K}_n = (z', \varepsilon, v')$ mit $z' \in Z, v' \in K^*$.

**320 Definition**   KELLERAUTOMATEN ALS SPRACHAKZEPTOREN
Sei $\mathcal{A}$ ein Kellerautomat. Ein Wort $w$ aus Eingabebuchstaben heißt

(1) *akzeptiert*, wenn es zu $w$ eine Schaltsequenz gibt, die in einer Konfiguration $(z, \varepsilon, \varepsilon)$ mit leerem Keller und akzeptierendem Zustand $z \in E$ endet.

(2) *kellerakzeptiert*, wenn es zu $w$ eine Schaltsequenz gibt, die in einer Konfiguration $(z, \varepsilon, \varepsilon)$ mit leerem Keller endet.

(3) *zustandsakzeptiert*, wenn es zu $w$ eine Schaltsequenz gibt, die in einer Konfiguration $(z, \varepsilon, k)$ mit akzeptierendem Zustand $z \in E$ endet.

Wie bei den nichtdeterministischen Automaten kann es bei Kellerautomaten zu einem Eingabewort mehrere verschiedene Schaltsequenzen geben. Für die Akzeptanz eines Wortes wird nur die Existenz (mindestens) einer entsprechenden Schaltsequenz gefordert.

**321 Theorem**    Variantentheorem für Kellerautomaten
Für eine Sprache $\mathcal{L} \subseteq A^*$ sind äquivalent:

(1) $\mathcal{L}$ wird von einem Kellerautomaten *akzeptiert*.

(2) $\mathcal{L}$ wird von einem Kellerautomaten *kellerakzeptiert*.

(3) $\mathcal{L}$ wird von einem Kellerautomaten *zustandsakzeptiert*.

Eine Sprache, für die eine der drei äquivalenten Bedingungen gilt, heißt eine *Kellersprache (stack language)*.

Zu jedem Kellerautomaten $\mathcal{A}$ gibt es eine Sprache, die von $\mathcal{A}$ akzeptiert wird, eine Sprache, die von $\mathcal{A}$ kellerakzeptiert wird, und eine Sprache, die von $\mathcal{A}$ zustandsakzeptiert wird. Diese drei Sprachen können unterschiedlich sein. Ebenso sind zu einer bestimmten Sprache $\mathcal{L}$ die drei Kellerautomaten dieses Theorems zumeist unterschiedlich.

**322 Bemerkung**    Deterministisch–Machen von Kellerautomaten
Im Gegensatz zu anderen Maschinenkonzepten kann ein Kellerautomat nicht immer deterministisch gemacht werden: Es gibt Sprachen, die nur durch nichtdeterministische Kellerautomaten, aber nicht durch deterministische Kellerautomaten erkannt werden können. Solche *Sprachen* nennt man *nichtdeterministisch*. Das einfachste Beispiel für eine nichtdeterministische Sprache ist $\{a^i b^j c^k \mid (i = j) \vee (j = k)\}$.

# 7.3    Turing–Maschinen

**323 Definition**    Turing–Maschine
Eine Turing–Maschine ist ein endlicher Automat, der über einen beliebig großen Speicher mit sequentieller Zugriffsstruktur verfügt.

Eine Turing–Maschine besteht aus einem *endlichen Automaten*, einem *Speicherband* und einem *Schreib-Lese-Kopf*. Das Band besteht aus einzelnen Positionen, in denen jeweils genau ein Buchstabe des Bandalphabets steht. Das Band ist nach beiden Seiten unendlich lang.  Zu jedem Zeitpunkt stehen nur auf endlich vielen Positionen des Bandes Zeichen des Bandalphabets, die vom Leerzeichen verschieden sind.  Abhängig vom Zustand des endlichen Automaten und vom Buchstaben, der unterhalb des Schreib-Lese-Kopfes auf dem Band steht, geht die TURING-Maschine in einen anderen Zustand über und führt eine der folgenden vier Aktionen aus: Band um eine Position nach links spulen, Band um eine Position nach rechts spulen, ein Zeichen des Bandalphabets auf das Band schreiben, anhalten.

Eine TURING-*Maschine (*TURING *machine)* ein Sechstupel $(Z, A, B, S, \#, \tau)$ aus

(1) einer endlichen Menge $Z$ von *Zuständen,*

(2) einem endlichen *Eingabealphabet* $A$,

(3) einem endlichen *Bandalphabet* $B \supseteq A$,

(4) einem *Startzustand* $S \in Z$,

(5) einem *Leerzeichen* $\# \in B$,

(6) einer *Status-Übergangsfunktion* $\tau : Z \times B \to \mathcal{P}(Z \times (\{\mathcal{L}, \mathcal{R}, \mathcal{H}\} \cup B))$. Für ein beliebiges Paar $(z, b) \in Z \times B$ sei die Menge $\tau(z, b)$ stets nichtleer.

Am Anfang befindet sich eine TURING-Maschine im Startzustand $S$, und das Band ist so positioniert, daß sich alle vom Leerzeichen $\#$ unterschiedlichen Positionen unmittelbar rechts vom Schreib-Lese-Kopf befinden.  Befindet sich eine TURING-Maschine im Zustand $z$ und liegt am Kopf das Symbol $s \in B$ des Bandalphabets an, so wählt die Maschine aus der Menge $\tau(z, s)$ ein Paar der Form $(z', s')$ aus.  Der endliche Automat geht in den neuen Zustand $z'$ über, und die Maschine führt die Aktion $s'$ aus:

| $s'$ | Bedeutung der Aktion |
|---|---|
| $\mathcal{L}$ | Bewege den Schreib-Lese-Kopf um eine Position nach links. |
| $\mathcal{R}$ | Bewege den Schreib-Lese-Kopf um eine Position nach rechts. |
| $\mathcal{H}$ | Halte an, keine weiteren Verarbeitungsschritte. |
| $\in B$ | Schreibe den Bandbuchstaben $s'$ in aktueller Kopfposition auf das Band. |

Eine TURING-Maschine heißt *deterministisch (deterministic)*, wenn für alle Paare $(z, s)$ die Menge $\tau(z, s)$ aus genau einem Paar $(z', s')$ besteht, sie heißt *nichtdeterministisch (nondeterministic)*, wenn es ein Paar $(z, s)$ gibt, für das die Menge $\tau(z, s)$ mehr als ein Element enthält.

**324 Definition**   TURING-MASCHINEN ALS SPRACHAKZEPTOREN
Ein Wort $w \in A^*$ über dem Eingabealphabet einer TURING-Maschine heißt von dieser Maschine *akzeptiert*, wenn diese TURING-Maschine, mit einem Band gestartet,

auf dem das Wort $w$ unmittelbar rechts vom Schreib–Lese–Kopf steht, irgendwann einmal die Halteoperation $\mathcal{H}$ ausführt. Zwei TURING–Maschinen heißen *äquivalent*, wenn sie dieselbe Sprache akzeptieren.

**325 Theorem**  DETERMINISTISCH–MACHEN VON TURING–MASCHINEN
Zu jeder TURING–Maschine gibt es eine *äquivalente deterministische* TURING–Maschine.

**326 Theorem**  VARIANTENTHEOREM FÜR TURING–MASCHINEN
Von der TURING–Maschine wurden wie bei den anderen Maschinenkonzepten eine Reihe von Varianten studiert:

(1) Die *Mehrband (multi tape)* TURING–*Maschine* besitzt statt eines Speicherbandes eine endliche Anzahl von Speicherbändern, die alle gleichzeitig oder, je nach Variante, nur einzeln angesprochen werden können.

(2) Die *Mehrkopf (multi head)* TURING–*Maschine* besitzt zwar nur ein Speicherband, auf diesem gibt es aber mehrere Köpfe, die alle gleichzeitig oder, je nach Variante, nur einzeln angesprochen werden können.

(3) Die *zustandsakzeptierende* TURING–*Maschine* verfügt über eine ausgezeichnete Menge $E$ von akzeptierenden Zuständen. Sie akzeptiert ein Wort genau dann, wenn sie sich nach Ausführen einer Halteoperation in einem akzeptierenden Zustand befindet.

Die erwähnten Varianten von TURING–Maschinen sind, vom Standpunkt akzeptierter Sprachen aus betrachtet, zueinander äquivalent.


# 7.4 Linear beschränkte Automaten

**327 Definition**  EINGABE–BESCHRÄNKTE AUTOMATEN
Ein *durch die Eingabe beschränkter Automat (input bounded automaton)* ist eine TURING–Maschine, die nicht mehr Platz auf dem Speicherband benutzt, als bereits durch das Eingabewort belegt ist. Man kann sich das so vorstellen: Rechts und links vom Eingabewort stehen zwei Kontrollzeichen. Der Schreib–Lese–Kopf der TURING–Maschine steht am Anfang auf dem linken Kontrollzeichen. Das Verhalten der TURING–Maschine ist nun so, daß sie unabhängig vom speziellen Eingabewort ihren Schreib–Lese–Kopf während der Berechnung nie außerhalb dieser beiden Kontrollzeichen positioniert.

Der durch die Eingabe beschränkte Automat kommt einem realen Computer viel näher als eine allgemeine TURING-Maschine, die abhängig vom Eingabewort beliebig viel Speicher zur Ablage von Zwischenresultaten auf dem unendlich langen Band reklamieren kann. Programmiert man einen durch die Eingabe beschränkten Automaten auf einem realen Computer, dann ist klar, daß eine Berechnung, deren Eingabe in den Speicher paßt, auch während der Berechnung nie an die Grenzen vorhandenen Speichers stoßen wird.

Zu einem durch die Eingabe beschränkten Automaten gehört die *Sprache* aller Eingabewörter, die durch diese Maschine durch Anhalten akzeptiert werden.

**328 Definition**    LINEAR BESCHRÄNKTE AUTOMATEN
Ein *linear beschränkter Automat (linear bounded automaton)* ist eine TURING-Maschine mit folgender Eigenschaft: Es gibt eine Konstante $c$ derart, daß für jedes Eingabewort der Länge $l$ der Schreib–Lese–Kopf der TURING-Maschine während ihres Betriebes höchstens $c * l$ unterschiedliche Felder des Bandes berührt.

Zu einem linear beschränkten Automaten gehört die *Sprache* aller Eingabewörter, die durch diese Maschine durch Anhalten akzeptiert werden.

**329 Theorem**    THEOREM VON DER BANDKOMPRESSION
Die Klasse der durch die Eingabe beschränkten Automaten und die Klasse der linear beschränkten Automaten ist vom Standpunkt der akzeptierten Sprachen aus äquivalent: Eine Sprache $\mathcal{L}$ kann genau dann durch einen durch die *Eingabe beschränkten* Automaten akzeptiert werden, wenn sie durch einen *linear beschränkten* Automaten akzeptiert werden kann.

Ein durch die Eingabe beschränkter Automat ist ein spezieller linear beschränkter Automat, bei dem $c = 1$ ist. Die eine Richtung des Theorems ist somit trivial. Die andere Richtung des Theorems besagt, daß eine TURING-Maschine, die maximal $c * l$ Felder am Speicherband benötigt, durch eine äquivalente TURING-Maschine ersetzt werden kann, die nur $1 * l$ Felder benötigt: Der *Speicherbedarf* einer TURING-Maschine an Bandpositionen kann für jedes vorgegebene $c > 0$ um den Faktor $1/c$ *komprimiert* werden.

# 7.5    Automaten mit Ausgabewerten

Endliche Automaten können keine, akzeptierende endliche Automaten nur zwei Ausgabewerte erzeugen: Das Akzeptieren oder Zurückweisen der Eingabesequenz. Wollen wir endliche Automaten zu Berechnungen verwenden, so ist eine Erweiterung ihrer Ausgabefähigkeiten erforderlich. Wir haben zwei Möglichkeiten, die sich als äquivalent herausstellen werden: MOORE Automaten haben eine Ausgabefunktion, deren Wert nur vom Zustand des Automaten abhängt, während bei MEALY Automaten die Ausgabefunktion zusätzlich von dem zuletzt eingelesenen Wert abhängt.

**330 Definition**    MOORE AUTOMATEN
Ein MOORE *Automat* ist ein Sechstupel $(Z, E, S, \tau, A, \omega)$ aus

(1) einer endlichen Menge $Z$ von *Zuständen*,

(2) einer endlichen Menge $E$, dem *Eingabealphabet (input alphabet)*,

(3) einem speziellen Zustand $S \in Z$, dem *Anfangszustand*,

(4) einer Funktion $\tau : (Z \times E) \to Z$, der *Status–Übergangsfunktion*,

(5) einer endlichen Menge $A$, dem *Ausgabealphabet (output alphabet)* und

(6) einer Abbildung $\omega : Z \to A$, der *Ausgabeabbildung (output function)*, die den Ausgabewert $\omega(z)$ angibt, der auf dem Ausgabegerät des Automaten angezeigt wird, wenn sich der Automat im Zustand $z$ befindet.

**331 Definition**    MEALY AUTOMATEN
Ein MEALY *Automat* ist ein Sechstupel $(Z, E, S, \tau, A, \omega)$ aus

(1) einer endlichen Menge $Z$ von *Zuständen*,

(2) einer endlichen Menge $E$, dem *Eingabealphabet (input alphabet)*,

(3) einem speziellen Zustand $S \in Z$, dem *Anfangszustand*,

(4) einer Funktion $\tau : (Z \times E) \to Z$, der *Status–Übergangsfunktion*,

(5) einer endlichen Menge $A$, dem *Ausgabealphabet (output alphabet)* und

(6) einer Abbildung $\omega : Z \times E \to A$, der *Ausgabeabbildung (output function)*, die den Ausgabewert $\omega(z, a)$ angibt, der auf dem Ausgabegerät des Automaten angezeigt wird, wenn sich der Automat im Zustand $z$ befindet und den Eingabebuchstaben $a$ gelesen hat.

**332 Bemerkung**    SEMANTIK VON MOORE UND MEALY AUTOMATEN
MOORE und MEALY Automaten sind Maschinen, die ein Wort oder einen Strom aus Eingabebuchstaben in ein gleich langes Wort oder einen Strom von Ausgabebuchstaben umwandeln: Ist also $\mathcal{A}$ ein solcher Automat mit Eingabealphabet $E$ und Ausgabealphabet $A$, so entspricht ihm eine *Stromabbildung* $\Phi(\mathcal{A}) : E^{[\infty]} \to A^{[\infty]}$. MOORE und MEALY Automaten unterscheiden sich in der Art der Abarbeitung der Eingabe:

- Der MOORE Automat befindet sich in einem Zustand, liest einen Buchstaben, geht in einen neuen Zustand und zeigt einen Ausgabewert an, der nur von diesem neuen, gerade erreichten Zustand abhängt.

- Der MEALY Automat befindet sich in einem Zustand, liest einen Buchstaben, zeigt einen Ausgabewert an, der von dem aktuellen Zustand und dem eingelesenen Buchstaben abhängt, und geht erst nach dieser Anzeige in einen neuen Zustand über.

Vom Standpunkt der Stromabbildung sind MOORE und MEALY Automaten gleich leistungsfähig: Eine Stromabbildung kann genau dann durch einen MOORE Automaten realisiert werden, wenn sie durch einen MEALY Automaten realisiert werden kann. Eine Stromabbildung, die durch einen solchen Automaten realisiert werden kann, heißt *regulär (regular)*.

**333 Bemerkung**   MOORE, MEALY UND KONTROLLAUTOMATEN
Ein gewöhnlicher Automat kann alle Berechnungen eines MOORE respektive MEALY Automaten überprüfen respektive eine Stromabbildung auf ihre Richtigkeit kontrollieren: Ist $\Phi : E^{[\infty]} \to A^{[\infty]}$ eine reguläre Stromabbildung, dann gibt es einen endlichen Automaten mit Eingabealphabet $E \times A$, der ein Wort $(e_0, a_0)(e_1, a_1) \ldots (c_n, a_n)$ aus $(E \times A)^*$ genau dann akzeptiert, wenn $\Phi(e_0 e_1 \ldots e_n) = a_0 a_1 \ldots a_n$ ist. Dieser Automat heißt ein *Kontrollautomat* zu $\Phi$.
Umgekehrt kann jede durch einen gewöhnlichen Automaten akzeptierte Sprache auch durch eine reguläre Stromabbildung (also einen MOORE oder MEALY Automaten) überprüft werden: Zu jedem Automaten mit Eingabealphabet $E$ existiert eine reguläre Stromabbildung $\Phi : E^{[\infty]} \to \{W, F\}^{[\infty]}$ mit folgender Eigenschaft: Ein nichtleeres Wort $a_0 a_1 \ldots a_n$ wird vom Automaten genau dann akzeptiert, wenn das Wort $\Phi(a_0 a_1 \ldots a_n)$ auf $W$ endet.

**334 Beispiel**   GETRÄNKEAUTOMATEN
Ein Getränkeautomat verkauft Orangensaft, Apfelsaft und Mineralwasser. Orangensaft und Apfelsaft kosten 50 Groschen, Mineralwasser kostet 30 Groschen. Der Getränkeautomat akzeptiert 5, 10 und 20 Groschenstücke als Eingabe und quittiert den Einwurf durch Anzeige des gesamten, bisher eingegebenen Betrages. Weiters können drei Knöpfe für Orangensaft, Apfelsaft und Mineralwasser gedrückt werden. Falls der korrekte Betrag oder mehr eingeworfen wurde, gibt der Automat das gewählte Getränk aus. Wurde zu wenig Geld eingeworfen, so gibt der Automat einen Warnton ab. Werden nach Einwerfen des Höchstbetrages von 50 Groschen oder mehr noch weitere Münzen eingeworfen, so schluckt der Automat diese, auf der Anzeige wird aber der Betrag von 50 Groschen angezeigt, und auch an keiner anderen Verhaltensänderung des Automaten kann man feststellen, daß zu viel Geld eingeworfen wurde. Modellieren Sie diesen Getränkeautomaten als MOORE und als

MEALY Automat.

### 335 Beispiel    VERKEHRSAMPEL

Modellieren Sie eine Verkehrsampel als MOORE und als MEALY Automat. Benutzen
Sie als Eingabealphabet die einelementige Menge $\{\surd\}$. Das Lesen eines Eingabebuchstabens entspricht dem Verstreichen einer Sekunde, gibt also den Zeittakt an.
Die angezeigten Lichtsignale modellieren Sie als Ausgabewert. Erstellen Sie den Automaten so, daß es für drei Sekunden rot, dann für eine Sekunde gelb und letztlich
für fünf Sekunden grün ist. Hierauf beginnt der Zyklus von neuem.

### 336 Beispiel    ZAHLENKONVERTIERUNG

Geben Sie einen MOORE und einen MEALY Automaten an, der Zahlen in Binärdarstellung liest und deren Oktaldarstellung ausgibt, und geben Sie einen Kontrollautomaten für die Stromabbildung an. Weshalb ist es zweckmässig, wenn Sie
die Automaten die Eingabe von rechts nach links lesen lassen? Beachten Sie, daß
eine Oktalstelle von drei Binärstellen abhängt. Verwenden Sie deshalb ein Ausgabealphabet der Form $\{0, 1, 2, 3, 4, 5, 6, 7, ?\}$, bei welcher die Ziffern 0 bis 7 die
oktalen Zahlzeichen darstellen und das Symbol ? in der Ausgabe andeutet, daß vor
einem weiteren Entscheid über ein Oktalzeichen noch Eingabesymbole gelesen werden müssen.

### 337 Beispiel    MOORE UND GEWÖHNLICHE AUTOMATEN

Geben Sie einen endlichen Automaten an, der alle jene Wörter über dem Eingabe-
alphabet $\{a, b, c\}$ akzeptiert, die mit $a$ beginnen, auf $c$ enden und mindestens vier
Buchstaben enthalten. Geben Sie zu diesem Automaten einen MOORE und einen
MEALY Automaten an, der diese Sprache akzeptiert.

### 338 Beispiel    ENDLICHE AUTOMATEN ALS ADDIERER

Wir wollen einen MOORE und einen MEALY Automaten konstruieren, der zwei Zahlen in Binärdarstellung von rechts nach links liest und addiert. Als Eingabealphabet
wählen wir die Menge $E = \{(0, 0), (0, 1), (1, 0), (1, 1)\}$ von Bitpaaren: Der Automat
liest also in einem Schritt jeweils ein Bit beider Summanden. Als Ausgabealphabet
wählen wir $A = \{0, 1\}$.

Für den MEALY Automaten wählen wir als Zustandsmenge $Z = \{0, 1\}$. Anschaulich
hat ein Zustand diese Bedeutung eines Übertrags. Wird bei bekanntem Übertrag
eine weitere Stelle der Summanden gelesen, so kann daraus die nächste Stelle der
Ausgabezahl bestimmt werden. Der Anfangszustand ist 0. Die Werte der Status-
Übergangsfunktion und der Ausgabeabbildung hängen beide von $Z$ und $E$ ab und
können tabellarisch wie folgt dargestellt werden:

| Status–Übergangsfunktion | | | | | Ausgabeabbildung | | | |
|---|---|---|---|---|---|---|---|---|
| | (0,0) | (0,1) | (1,0) | (1,1) | | (0,0) | (0,1) | (1,0) | (1,1) |
| 0 | 0 | 0 | 0 | 1 | 0 | 0 | 1 | 1 | 0 |
| 1 | 0 | 1 | 1 | 1 | 1 | 1 | 0 | 0 | 1 |

Für den Fall des MOORE Automaten hängt der ausgegebene Wert nur mehr vom Zustand ab. Wir erweitern deshalb die Zustände des MEALY Automaten um eine Stelle, die sich den auszugebenden Wert merken soll: $Z = \{(0,0),(0,1),(1,0),(1,1)\}$. Die Ausgabeabbildung ist die zweite Projektion auf der Zustandsmenge $\pi_2 : Z \to \{0,1\}$. Geben Sie die Status–Übergangsfunktion an.

Diese beiden Automaten können aber nur unendlich lange Binärdarstellungen, also Bit-Ströme, korrekt behandeln, da sie nicht in der Lage sind, das Ende einer eingelesenen Zahl zu detektieren und den allenfalls noch verbliebenen Übertrag korrekt zu behandeln. Wir wollen deshalb unser Eingabealphabet um das Zeichen ¶ erweitern, welches das linke Ende einer Binärdarstellung markieren soll. Zudem treffen wir die in der Computerarchitektur sinnvolle Annahme, daß beide Summanden gleich lang sind – widrigenfalls statten wir sie mit führenden Nullen aus. Unser neues Eingabealphabet ist nunmehr die Menge $E = \{(0,0),(0,1),(1,0),(1,1),(¶,¶)\}$. Geben Sie die Automatentafeln von MOORE und eines MEALY Automaten an, welche auch endliche Binärdarstellungen korrekt addieren.

# 8 Maschinen und Sprachen

In diesem Kapitel sollen durch *Sprachtheoreme* Querverbindungen zwischen Sprachen und Maschinen hergestellt werden.

**339 Theorem**    Typ 3 Sprachtheorem
Die folgenden Aussagen sind für eine Sprache $\mathcal{L}$ über einem Alphabet $A$ äquivalent:

(1) Die Sprache $\mathcal{L}$ ist *vom Typ 3 (regulär)*.

(2) Die Sprache $\mathcal{L}$ kann durch einen *deterministischen, endlichen Automaten* akzeptiert werden.

(3) Die Sprache $\mathcal{L}$ kann durch einen *nichtdeterministischen, endlichen Automaten* akzeptiert werden.


**340 Bemerkung**    Konstruktion von Automaten
Ausgehend von einer rechtslinearen Grammatik kann nach folgendem Verfahren ein endlicher Automat konstruiert werden, der die von der Grammatik erzeugte Sprache akzeptiert:

(1) Die *Menge der Zustände* des Automaten ist die Menge der Nichtterminalsymbole der Grammatik sowie zwei weitere Zustände, symbolisiert durch * und ?. Der Zustand * entspricht einem Akzeptieren, der Zustand ? einem Nicht-und-nie-mehr-akzeptieren.

(2) Das *Eingabealphabet* des Automaten ist die Menge der Terminalsymbole der Grammatik.

(3) Der *Anfangszustand* des Automaten ist das Startsymbol der Grammatik.

(4) Der einzige *akzeptierende Zustand* des Automaten ist der Zustand *.

(5) Für jede *Grammatikregel* der Form $A \to aB$ wird ein Übergang $\tau(A, a) = B$ des Automaten definiert, für jede Regel der Form $A \to a$ ein Übergang $\tau(A, a) = *$.

(6) Für alle Paare $(A, a)$, für die bis jetzt noch kein Übergang $\tau(A, a)$ definiert
wurde, wird $\tau(A, a) = ?$ definiert.

Für linkslineare und für reguläre Grammatiken gibt es analoge Verfahren, die man
sich anhand von Beispielen leicht klarmachen kann.

**341   Beispiel**   Konstruktion von Automaten
Konstruieren Sie einen Automaten, der die Sprache zum Alphabet $\{a, b\}$ akzeptiert,
welche durch die Grammatik

$$S \to aS \mid aAA \to bA \mid b$$

beschrieben wird. Geben Sie den Automaten durch seine Tafel und seinen Graphen
an, und konstruieren Sie den zugehörigen minimalen Automaten.

Ebenso bei der Grammatik

$$S \to aS \mid bA \mid aA \to aS \mid bA \mid b$$

**342   Theorem**   Typ 2 Sprachtheorem
Eine Sprache $\mathcal{L}$ ist genau dann *vom Typ 2 (kontextfrei)*, wenn sie eine *Kellersprache*
ist.

**343   Bemerkung**   Kontextfreie Parsertechnologie
Das Überprüfen beliebiger kontextfreier Sprachen mittels Kellerautomaten kann je
nach der Form der Grammatik sehr zeitaufwendig sein.  Aus diesem Grund hat
man eine Vielzahl von kontextfreien Sprachen mit speziellen Zusatzeigenschaften
untersucht, etwa die Sprachklassen LALR, LALL, SLR und andere, bei denen die
Überprüfung schneller geht.  Dies ist für den Compilerbau von großer Bedeutung.

**344   Theorem**   Typ 1 Sprachtheorem
Zu jeder *Typ 1 (kontextsensitiven)* Sprache $\mathcal{L}$ gibt es einen *linear beschränkten Automaten*, der genau diese Sprache akzeptiert.  Ist $\mathcal{L}$ eine Sprache, die von einem
*linear beschränkten Automaten* akzeptiert wird, dann ist $\mathcal{L} \setminus \{\varepsilon\}$ *vom Typ 1 (kontextsensitiv)*.

**345   Definition**   Sprachzugehörigkeit
Wir haben Sprachen und Maschinen bisher nur unter dem Gesichtspunkt der Akzep-
tanz untersucht: Hat eine Maschine auf die Eingabe eines Wortes auf eine bestimmte
Art reagiert, so haben wir dieses Wort "akzeptiert" genannt. Bei deterministischen
Automaten und Kellerautomaten haben uns diese Maschinen auch auf sehr einfache
Weise gezeigt, wenn ein Wort nicht Element der Sprache war. Jetzt wollen wir einen

neuen Gesichtspunkt hinzunehmen:

Eine Sprache $\mathcal{L}$ heißt *entscheidbar (decidable)*, wenn es eine TURING–Maschine mit folgender Eigenschaft gibt: Startet man die TURING–Maschine mit einem Wort $w$ auf dem Band unmittelbar rechts vom Schreib–Lese–Kopf, so wird die Maschine nach einer gewissen Zeit eine Halteoperation durchführen. Unter dem Schreib–Lese–Kopf steht dann das Leerzeichen #, wenn das Wort $w$ Element der Sprache ist, sonst steht dort ein anderes Zeichen.

Im Kontext dieser neuen Terminologie nennt man eine Sprache $\mathcal{L}$ *semi-entscheidbar (semi-decidable)*, wenn sie von einer TURING–Maschine akzeptiert wird, und *co-semi-entscheidbar (co-semi-decidable)*, wenn ihr Komplement von einer TURING–Maschine akzeptiert wird.

Bei einer entscheidbaren Sprache erhalten wir also nach kürzerer oder längerer Rechenzeit eine positive oder negative Antwort, ob ein vorgegebenes Wort Element dieser Sprache ist. Bei einer semi-entscheidbaren Sprache erhalten wir nur dann eine (positive) Antwort, wenn das vorgegebene Wort Element der Sprache ist, ist es jedoch nicht Element der Sprache, so führt die betreffende TURING–Maschine nie eine Halteoperation aus. Dies stellt uns vor ein praktisches Problem, wenn wir eine TURING–Maschine fragen, ob ein bestimmtes Wort zu einer Sprache gehört und die Maschine nach drei Tagen noch keine Antwort gegeben hat. Entweder ist das Wort Element der Sprache, dann wird noch eine (positive) Antwort kommen, die aber vielleicht noch 500 Jahre auf sich warten läßt, oder das Wort ist nicht Element der Sprache, dann wird nie eine Antwort kommen.

**346 Definition**     AUFZÄHLBARKEIT
Eine Sprache $\mathcal{L}$ heißt *aufzählbar (enumerable)*, wenn es eine TURING–Maschine gibt, die ihr Band mit Wörtern der Sprache, durch je ein Leerzeichen # voneinander getrennt, so beschreibt, daß im Laufe der Zeit jedes Wort der Sprache genau einmal auf das Band geschrieben wird.

Eine Sprache $\mathcal{L}$ heißt *monoton aufzählbar (monotone enumerable)*, wenn es eine aufzählende TURING–Maschine gibt, die ihr Band mit den Wörtern der Sprache in wachsender Länge so beschreibt, daß jedes Wort genau einmal auf das Band geschrieben wird: Zuerst kommen alle Wörter der Sprache der Länge 0, dann der Länge 1, dann der Länge 2 und so weiter.

**347 Theorem**     AUFZÄHLBAR UND ENTSCHEIDBAR

(1) Eine Sprache ist genau dann *entscheidbar*, wenn sie *semi-entscheidbar* und *co-semi-entscheidbar* ist.

(2) Eine Sprache ist genau dann *aufzählbar*, wenn sie *semi-entscheidbar* ist.

(3) Eine Sprache ist genau dann *monoton aufzählbar*, wenn sie *entscheidbar* ist.

**348  Theorem**    TYP 0 SPRACHTHEOREM
Für eine Sprache $\mathcal{L}$ sind äquivalent:

(1) Die Sprache $\mathcal{L}$ wird durch eine *Regelgrammatik* beschrieben, ist also eine *Typ 0 Sprache*.

(2) Die Sprache $\mathcal{L}$ wird durch eine TURING–*Maschine akzeptiert*.

(3) Die Sprache $\mathcal{L}$ ist *aufzählbar*.

(4) Die Sprache $\mathcal{L}$ ist *semi-entscheidbar*.

**349  Theorem**    TYP 1–2–3 ENTSCHEIDBARKEITSTHEOREM
Die Sprachen des Typs 1, 2 und 3 sind alle *entscheidbar* und *monoton aufzählbar*.

**350  Theorem**    HIERARCHIETHEOREM
Die CHOMSKY Hierarchie ist eine *lineare Hierarchie*, das heißt die einzelnen Sprachklassen können durch folgende lineare Ordnungsrelation angeordnet werden:

$$\mathcal{T}_3 \subset \mathcal{T}_2 \subset \mathcal{T}_1 \subset \mathcal{T}_0 \subset \mathcal{L}$$

Hierbei ist $\mathcal{T}_i$ die Klasse aller Sprachen vom Typ $i$, und $\mathcal{L}$ ist die Klasse aller Sprachen überhaupt. Die Teilmengenrelation ist überall *strikt*, es sind keine zwei dieser Sprachklassen gleich. Insbesondere gibt es Sprachen, die *nicht vom Typ 0* sind.

**351  Bemerkung**    KONSEQUENZEN DES HIERARCHIETHEOREMS
Als Folge des Hierarchietheorems ergibt sich eine große Anzahl unterschiedlicher Konsequenzen für Grammatiken und Maschinen. Die wichtigsten sind die folgenden:

(1) HIERARCHIE VON MASCHINEN
Aufgrund der einzelnen Sprachtheoreme ergibt sich auch eine Hierarchie auf den Maschinenklassen. So läßt sich etwa ein endlicher Automat durch einen Kellerautomaten simulieren, ein Kellerautomat durch einen linear beschränkten Automaten und letzterer durch eine TURING–Maschine.

(2) DARSTELLUNGSMÖGLICHKEITEN
Aufgrund der einzelnen Grammatiktheoreme ergeben sich weitere Aussagen über Transformationen von Grammatiken. So läßt sich etwa jede linkslineare Grammatik in eine äquivalente Grammatik in GREIBACH Normalform bringen.

(3) SPRACHTHEOREME

Die einzelnen Sprachtheoreme können längs der Hierarchie abgeschwächt werden. So gibt es zu jeder regulären Sprache nicht nur einen Automaten, sondern auch einen Kellerautomaten, einen linear beschränkten Automaten und eine TURING-Maschine, welche die Sprache akzeptieren.

# 9 Techniken und Beispiele formaler Sprachen

In diesem Kapitel werden einige wichtige Techniken und Beispiele aus der Bereich der formalen Sprachen vorgestellt. Sie dienen einerseits zur Illustration der vorangegangenen Kapitel und sollen andererseits wichtige Anwendungsbereiche formaler Sprachen und weitere in diesem Bereich erforderliche Techniken vorstellen.

## 9.1 Einfache Beispiele

**352 Beispiel**    REGULÄRE SPRACHE
Geben Sie eine linkslineare und eine rechtslineare Grammatik an, welche die Sprache aller Wörter über dem Alphabet $\{a, b\}$ erzeugt, die aus einer beliebigen positiven Anzahl von $a$'s, gefolgt von einer beliebigen positiven Anzahl von $b$'s besteht. Geben Sie einen Automaten an, der diese Sprache akzeptiert und konstruieren Sie den zugehörigen Minimalautomaten.

Nun betrachten Sie die Sprache aller Wörter über dem Alphabet $\{a, b\}$, die aus einer beliebigen positiven Anzahl von $a$'s gefolgt von einer beliebigen nichtnegativen Anzahl von $b$'s besteht, sowie aus den Wörtern, die eine positive, geradzahlige Anzahl $a$'s enthalten.

**353 Beispiel**    ABSCHLUSSTHEOREM UND GRAMMATIKEN
Illustrieren Sie das Typ 3 Abschlußtheorem: Gegeben sei die folgende Grammatik über dem Alphabet $\{a, b, c, d\}$:

$$S \rightarrow aaS \mid abS \mid acS \mid d$$

für eine Sprache $\mathcal{L}_1$ und die Grammatik

$$S \rightarrow abS \mid ccS \mid d$$

für eine Sprache $\mathcal{L}_2$.

(1) Beschreiben Sie die beiden Sprachen anschaulich und geben Sie jeweils eine linkslineare, eine rechtslineare Grammatik, eine Grammatik in CHOMSKY Normalform und eine in GREIBACH Normalform an.

(2) Konstruieren Sie für diese Sprachen akzeptierende Automaten und bestimmen Sie die zugehörigen Minimalautomaten.

(3) Betrachten Sie nun Vereinigung, Durchschnitt, Konkatenation, Sternbildung, Komplement und Spiegelung dieser Sprachen. Geben Sie für jede dieser Sprachen Grammatiken und Automaten an. Versuchen Sie, allgemeine Regeln anzugeben, wie man etwa aus zwei akzeptierenden Automaten zweier Sprachen einen akzeptierenden Automaten der Vereinigungssprache konstruiert, oder wie man aus einer Grammatik einer Sprache eine Grammatik für ihre Spiegelung oder ihre Sternsprache erhält.

**354 Beispiel**    DARSTELLUNG REGULÄRER SPRACHEN
Geben Sie zu den folgenden Sprachen minimale Automaten und links- und rechts-reguläre Grammatiken an:

(1) Die Sprache aller Wörter aus $\{a, b\}^*$, die *ba* als Teilwort enthalten.

(2) Die Sprache aller Wörter aus $\{a, b\}^*$, die *ba* nicht als Teilwort enthalten.

(3) Die Sprache aller Wörter aus $\{a, b\}^*$, die *bab* als Teilwort enthalten.

(4) Die Sprache aller Wörter aus $\{a, b\}^*$, die *bab* nicht als Teilwort enthalten.

# 9.2   Vollständige Induktion

**355 Definition**   PEANO AXIOME
Die Menge der *natürlichen Zahlen (natural numbers)* $\mathsf{N}_0$ wird durch die fünf Axiome von GIUSEPPE PEANO eindeutig festgelegt:

(1) 0 ist eine natürliche Zahl.

(2) Zu jeder natürlichen Zahl $n$ gibt es eine weitere natürliche Zahl $n'$, genannt der *Nachfolger (successor)* von $n$. Den Nachfolger schreiben wir als Funktion $' : \mathsf{N}_0 \to \mathsf{N}_0$. Oft benutzt man auch das Funktionssymbol $S$ (für englisch "successor").

(3) Sind die Nachfolger zweier natürlicher Zahlen gleich, dann sind die natürlichen Zahlen selber gleich: $n' = m' \Rightarrow n = m$. Die Nachfolgerfunktion ist also *injektiv*.

(4) 0 ist *nicht Nachfolger* einer natürlichen Zahl: $\forall n \in \mathsf{N}_0 : n' \neq 0$.

(5) Sei $T \subseteq \mathsf{N}_0$ eine Teilmenge der Menge $\mathsf{N}_0$ der natürlichen Zahlen mit den folgenden zwei Eigenschaften:

    (i) 0 liegt in der Teilmenge: $0 \in T$.

    (ii) Mit jeder Zahl, die in der Teilmenge $T$ liegt, ist auch deren Nachfolger in $T$: $\forall n : n \in T \Rightarrow n' \in T$.

Dann ist $T$ bereits die Menge $\mathsf{N}_0$ aller natürlichen Zahlen.

**356 Theorem**    PRINZIP DER VOLLSTÄNDIGEN INDUKTION
Sei $A : \mathsf{N}_0 \rightarrow \{W, F\}$ eine Eigenschaft natürlicher Zahlen, für welche die folgenden zwei Aussagen gelten:

(1) *Induktionsverankerung:* Es gilt $A(0)$.

(2) *Induktionsschritt:* Für beliebiges $n$ gilt: Falls $A(n)$, die *Induktionsvoraussetzung* oder *Induktionsannahme*, gilt, dann gilt auch $A(n + 1)$, die *Induktionsbehauptung*.

Dann gilt $A(n)$ für alle natürlichen Zahlen $n \in \mathsf{N}_0$.

BEWEIS:
Dieses *Prinzip der vollständigen Induktion (principle of complete induction)* folgt unmittelbar aus dem fünften Axiom von PEANO: Die Menge $\mathcal{W}(A) = \{n \in \mathsf{N}_0 \mid A(n) = W\} \subseteq \mathsf{N}_0$ ist eine Teilmenge der natürlichen Zahlen. Laut Voraussetzung ist $0 \in \mathcal{W}(A)$, und für beliebiges $n$ gilt $n \in \mathcal{W}(A) \Rightarrow n + 1 \in \mathcal{W}(A)$. Nach dem fünften Axiom von PEANO folgt daraus $\mathcal{W}(A) = \mathsf{N}_0$. $\square$

**357 Beispiel**    BEWEIS DURCH VOLLSTÄNDIGE INDUKTION
Beweisen Sie die folgenden Aussagen durch vollständige Induktion:

$$1 + 2 + \ldots + n = \frac{n(n + 1)}{2}$$

$$1 * 2 * 3 + 2 * 3 * 4 + \ldots + n * (n + 1) * (n + 2) = \frac{n(n + 1)(n + 2)(n + 3)}{4}$$

$n^4 - 4n^2$ ist ohne Rest durch 3 teilbar.

$$1^3 + 2^3 + \ldots + n^3 = \frac{n^2(n + 1)^2}{4}$$

BEWEIS:
Die erste Aussage führt auf die folgenden Überlegungen:
Sei $A(n)$ die Aussage $1 + 2 + \ldots + n = \frac{n(n+1)}{2}$. Die Verankerung $A(1)$: $1 = \frac{1*(2)}{2}$ ist trivialerweise richtig. Nun zeigen wir, daß aus der Gültigkeit der Induktionsannahme $1 + 2 + \ldots + n = \frac{n(n+1)}{2}$ die Gültigkeit der Induktionsbehauptung $1 + 2 + \ldots + n + (n+1) = \frac{(n+1)((n+1)+1)}{2}$ folgt. Aufgrund der Induktionsannahme ist $1 + 2 + \ldots + n + (n+1) = \frac{n(n+1)}{2} + (n+1)$. Eine einfache Umformung zeigt nun $\frac{n(n+1)}{2} + (n+1) = \frac{(n+1)((n+1)+1)}{2}$, und wir sind fertig. $\square$

**358 Beispiel**    TÜRME VON HANOI

Betrachten Sie das als *Türme von Hanoi* bekannt gewordene Spiel: Wir haben $n$ runde Scheiben, $S_1, S_2, \ldots, S_n$. Die Scheibe $S_i$ hat den Radius $i$, in der Mitte jeder Scheibe befindet sich eine Bohrung. Ferner haben wir drei Stäbe $A, B, C$, auf welche diese Scheiben aufgesteckt werden können. Am Anfang des Spiels sind alle Scheiben, der Größe nach geordnet, auf Stab $A$ aufgesteckt, und zwar so, daß unten die größte Scheibe und oben die kleinste Scheibe steckt. Aufgabe ist es nun, jeweils eine Scheibe zwischen den einzelnen Stäben hin- und herzustecken. Zu keinem Zeitpunkt darf eine größere Scheibe oberhalb einer kleineren Scheibe zu liegen kommen. Am Ende des Spiels sollen alle Scheiben auf Stab $C$ stecken.

Zeigen Sie durch vollständige Induktion, daß es stets möglich ist, $n$ Scheiben in $2^n - 1$ Schritten von Stab $A$ nach Stab $C$ zu bewegen. Nun fügen wir eine weitere Bedingung hinzu, die besagt, daß Scheiben nur von Stab $A$ zu Stab $B$ oder von Stab $B$ zu Stab $C$ umgesteckt werden dürfen, aber nicht direkt von Stab $A$ zu Stab $C$. Zeigen Sie durch vollständige Induktion, daß es stets möglich ist, $n$ Scheiben in $3^n - 1$ Schritten von Stab $A$ nach Stab $C$ zu bewegen.

Schreiben Sie für das Spiel mit und ohne die weitere Bedingung ein Pascal und ein Prolog Programm, das diese Spiele simuliert und nach jedem Schritt den aktuellen Spielstand ausdruckt, also die Information, welche Scheiben auf den Stäben $A, B, C$ stecken.

**359 Bemerkung**    VERALLGEMEINERUNGEN DER INDUKTION

Das Prinzip der vollständigen Induktion kann auf verschiedene Arten verallgemeinert werden. Einige davon werden im folgenden genannt:

Wird bei der *Induktionsverankerung* statt $A(0)$ die Aussage $A(w)$ für eine ganze Zahl $w \in \mathbf{Z}$ nachgewiesen, dann folgt die Gültigkeit der Aussage $\forall x \in \mathbf{Z}, x \geq w : A(x)$.

Wird beim *Induktionsschritt* statt $A(n) \Rightarrow A(n+1)$ die Eigenschaft $A(n) \Rightarrow A(n-1)$ für $n \in \mathbf{Z}_0^-$ nachgewiesen, so folgt die Gültigkeit der Aussage $\forall n \in \mathbf{Z}_0^- : A(n)$.

Wird als Induktionsverankerung $A(1)$ gezeigt und als Induktionsschritt $A(n) \Rightarrow A(2*n)$, dann folgt die Gültigkeit der Eigenschaft $A$ für alle Zweierpotenzen $n = 2^k$.

Eigenschaften in mehr als einer Variablen können oft durch *mehrfache Induktion* bewiesen werden: Ist $\forall n \in \mathsf{N}_0 : \forall m \in \mathsf{N}_0 : A(m, n)$ zu beweisen, so definiert man zunächst eine Aussage $B(n)$ durch $\forall m \in \mathsf{N}_0 : A(m, n)$ und zeigt nun $\forall n \in \mathsf{N}_0 : B(n)$ durch vollständige Induktion. Der Nachweis der Induktionsverankerung für $B$ läuft dann auf einen Beweis von $\forall m : A(m, 0)$ hinaus, der wiederum mittels vollständiger Induktion erbracht werden kann.

**360 Beispiel**  FEHLER IM TRANSFERSCHRITT
Finden Sie den *Fehler* in folgendem "Beweis" durch vollständige Induktion: Sei $A(n)$ die Aussage: Wenn Sie einen Sack mit $n$ Kugeln haben, die schwarz oder weiß sein können, dann haben alle Kugeln dieselbe Farbe.

$A(1)$ gilt trivialerweise. $A(n) \Rightarrow A(n+1)$. Zu zeigen ist, daß in einem Sack mit $n+1$ Kugeln alle dieselbe Farbe haben, falls jeweils $n$ Kugeln aus diesem Sack dieselbe Farbe haben. Nehmen wir also eine beliebige Kugel aus dem Sack heraus. Dann haben laut Induktionsvoraussetzung die restlichen $n$ Kugeln alle dieselbe Farbe. Sei diese etwa schwarz (wäre sie weiß, so ergäbe sich eine analoge Argumentation). Nun müssen wir nur noch zeigen, daß auch die zuvor entfernte Kugel schwarz ist. Zu diesem Zweck entnehmen wir dem Sack eine weitere Kugel und legen die zuvor entfernte Kugel wieder in den Sack zurück. Wiederum haben wir $n$ Kugeln im Sack, die laut Induktionsvoraussetzung alle dieselbe Farbe haben, und zwar, wie wir bereits wissen, schwarz. Also muß auch die zuerst entfernte Kugel schwarz gewesen sein.

**361 Theorem**  DEFINITION DURCH PRIMITIVE REKURSION
Sei $n \in \mathsf{N}_0$ und seien $g : \mathsf{N}_0^n \to \mathsf{N}_0$ und $h : \mathsf{N}_0^{n+2} \to \mathsf{N}_0$ Funktionen. Dann gibt es genau eine Funktion $r : \mathsf{N}_0^{n+1} \to \mathsf{N}_0$, für welche die Gleichungen

$$r(x_1, \ldots, x_n, 0) = g(x_1, \ldots, x_n)$$

$$r(x_1, \ldots, x_n, y + 1) = h(x_1, \ldots, x_n, y, r(x_1, \ldots, x_n, y))$$

gelten. Für $n = 0$ ist $g \in \mathsf{N}_0$ eine Konstante und $h : \mathsf{N}_0^2 \to \mathsf{N}_0$ eine Funktion. Die Bedingungen für die Funktion $r : \mathsf{N}_0^1 \to \mathsf{N}_0$ lauten dann

$$r(0) = g$$

$$r(y + 1) = h(y, r(y))$$

Diese Funktion $r$ heißt *definiert durch primitive Rekursion mit der Verankerung $g$ und dem Schritt $h$.*

**362  Beispiel**  DEFINITION DURCH PRIMITIVE REKURSION
Zeigen Sie ohne Anwendung des vorangegangenen Thoerems und durch eigene Argumentation, daß es genau eine Funktion $f : \mathsf{N}_0 \to \mathsf{N}_0$ gibt, für die $f(0) = 1$ und $f(n + 1) = n * f(n)$ ist, und berechnen Sie $f(5)$.

**363  Definition**  PEANO ARITHMETIK
Die PEANO Axiome definieren nur die Menge der natürlichen Zahlen. Erst die nachfolgenden weiteren Axiome der PEANO *Arithmetik* definieren die Operationen der Addition und Multiplikation durch primitive Rekursion:

$$\forall x \in \mathsf{N}_0 : x + 0 = x \quad \forall x, y \in \mathsf{N}_0 : x + S(y) = S(x + y)$$
$$\forall x \in \mathsf{N}_0 : x * 0 = 0 \quad \forall x, y \in \mathsf{N}_0 : x * S(y) = x + (x * y)$$

**364  Beispiel**  EIGENSCHAFTEN DER PEANO ARITHMETIK
Beweisen Sie die folgenden Eigenschaften aus den PEANO Axiomen und der PEANO Arithmetik mittels vollständiger Induktion:

| | |
|---|---|
| Linksneutralität der Null | $\forall x \in \mathsf{N}_0 : 0 + x = x$ |
| Kommutativität der Addition | $\forall x, y \in \mathsf{N}_0 : x + y = y + x$ |
| Rechtsneutralität der Eins | $\forall x \in \mathsf{N}_0 : x * S(0) = x$ |
| Linksneutralität der Eins | $\forall x \in \mathsf{N}_0 : S(0) * x = x$ |
| Kommutativität der Multiplikation | $\forall x, y \in \mathsf{N}_0 : x * y = y * x$ |
| Duale Definition der Addition | $\forall x, y \in \mathsf{N}_0 : S(x) + y = S(x + y)$ |
| Duale Definition der Multiplikation | $\forall x, y \in \mathsf{N}_0 : S(x) * y = (x * y) + y$ |

Berechnen Sie ferner, ausgedrückt in $S$ und 0 und durch Anwendung der PEANO Axiome und der soeben abgeleiteten Regeln, die folgenden Ausdrücke: $S(S(S(0))) * S(S(0))$ und $S(S(0)) + S(S(0))$.

**365  Bemerkung**  EIGENSCHAFTEN DER COMPUTERARITHMETIK
Beachten Sie, daß viele aus der Arithmetik der natürlichen und reellen Zahlen bekannten Eigenschaften auf dem Computer nicht mehr gelten. Dieser kann aufgrund der dort benutzten Zahlendarstellungen natürliche Zahlen nur bis zu einer bestimmten, von der Computerarchitektur abhängigen maximalen Zahl darstellen. Größere Zahlen führen entweder auf eine Fehlermeldung oder werden vom Computer als negative Zahlen interpretiert. So kann ein Rechenwerk, das nur Zahlen kleiner als 256 darstellen kann, etwa den Ausdruck $(250 - 100) + 50$ berechnen, der Ausdruck $(250 + 50) - 100$ führt jedoch auf eine Fehlermeldung. Die Ausdrücke sind mathematisch gesehen allerdings identisch.

Viele reelle Zahlen können ebenfalls nicht exakt dargestellt werden, da am Rechner nur eine bestimmte Anzahl von Dezimalstellen gespeichert werden kann. Aus diesem Grund muß bei vielen Operationen gerundet werden. Auf einem Computer, dessen Arithmetik 3 Dezimalstellen Genauigkeit zur Verfügung stellt, gelten etwa folgende Gleichungen:

$$0.105 + 0.105 = 0.210 \quad 1.23 + 0.21 = 1.44 \quad 1.23 + (0.105 + 0.105) = 1.44$$
$$1.23 + 0.105 = 1.33 \quad 1.33 + 0.105 = 1.43 \quad (1.23 + 0.105) + 0.105 = 1.43$$

Diese Addition reeller Zahlen am Computer ist nicht assoziativ.


# 9.3  Strukturelle Induktion

**366 Definition**   INDUKTIVE DEFINITION
Eine Menge $M$ heißt *induktiv definiert (inductively defined)*, wenn ihre Definition aus den folgenden Elementen besteht:

(1) *Konstanten*, die in der Menge $M$ liegen.

(2) *Bildungsregeln* der folgenden Form: Sind $m_1, m_2, \ldots, m_k$ Elemente der Menge $M$, dann ist auch $f(m_1, m_2, \ldots, m_k)$ Element der Menge $M$, wobei $f$ eine Funktion des Typus $f : M^k \to M$ ist.

(3) Ein *Induktionsprinzip*, das meist in der Form "andere Elemente liegen nicht in $M$" formuliert ist, und folgendes besagt: Ist $S \subseteq M$ eine Teilmenge von $M$ mit folgenden zwei Eigenschaften:

   (i) Alle Konstanten aus (1) liegen in der Menge $S$.

   (ii) Wendet man eine beliebige Bildungsregel aus (2) auf Elemente von $S$ an, so liegt das sich ergebende Element wieder in $S$.

   Dann ist $S$ bereits die Menge $M$.

Eine Definition von der Art der induktiven Definition, bei der mehrere Mengen auftauchen, die auch wechselseitig aufeinander Bezug nehmen, heißt eine *simultane induktive Definition (simultaneous inductive definition)*.


**367 Theorem**   PRINZIP DER STRUKTURELLEN INDUKTION
Sei $M$ eine induktiv definierte Menge und $A : M \to \{W, F\}$ eine Eigenschaft, für welche die folgenden zwei Aussagen gelten:

(1) *Induktionsverankerung:* $A$ gilt für alle Konstanten der induktiven Definition.

(2) *Induktionsschritt:* Die Eigenschaft $A$ bleibt unter allen Bildungsregeln der induktiven Definition erhalten: Haben die Elemente $m_1, m_2, \ldots, m_k$ die Eigenschaft $A$, dann hat auch das durch eine Bildungsregel entstandene Element $f(m_1, m_2, \ldots, m_k)$ die Eigenschaft $A$.

Dann gilt die Eigenschaft $A$ für alle Elemente der Menge $M$.

Das Prinzip der strukturellen Induktion kann auch auf mehrere Mengen verallgemeinert werden, die durch simultane induktive Definition gegeben sind.

**368 Beispiel**    Sᴘʀᴀᴄʜᴇ ᴍɪᴛ Aʙᴢ䄀ʜʟᴇɪɢᴇɴsᴄʜᴀғᴛ

$M$ sei eine Sprache über dem Alphabet $\{a, b\}$ mit den folgenden Eigenschaften: Die Wörter $ab$ und $ba$ liegen in $M$. Wenn ein Wort $w$ in $M$ ist, dann sind auch die Wörter $awb$ und $bwa$ in $M$. Somit ist $M$ induktiv definiert.

Wir wollen nun durch strukturelle Induktion zeigen, daß jedes Wort in $M$ gleich viele $a$'s wie $b$'s enthält: Zur Induktionsverankerung weisen wir diese Eigenschaft für die Wörter $ab$ und $ba$ nach. Als Induktionsschritt überlegen wir uns folgendes: Hat ein Wort $w$ gleich viele $a$'s wie $b$'s, so gilt das auch für die Wörter $awb$ und $bwa$. Somit gilt diese Eigenschaft für jedes Wort der induktiv definierten Menge $M$.

**369 Beispiel**    Sɪᴍᴜʟᴛᴀɴᴇ ɪɴᴅᴜᴋᴛɪᴠᴇ Dᴇғɪɴɪᴛɪᴏɴ

Seien $G, U \subseteq \{a, b\}^*$ zwei simultan induktiv definierte Sprachen über dem Alphabet $\{a, b\}$:

(1) Konstanten: $\varepsilon \in G$, $a, b \in U$

(2) Bildungsregeln: Sind $w_1, w_2$ in $U$, dann ist die Konkatenation $w_1 w_2$ in $G$. Ist $w_1$ in $U$ und $w_2$ in $G$, dann ist die Konkatenation $w_1 w_2$ in $U$.

(3) Induktionsprinzip: Weitere Wörter liegen nicht in $G$ respektive in $U$.

Wir zeigen nun durch strukturelle Induktion, daß die Wörter aus $G$ stets gerade und die Wörter aus $U$ stets ungerade Länge besitzen:

Zur Verankerung weisen wir diese Eigenschaft für die Konstanten nach. Dann zeigen wir folgendes: Sei $w_1, w_2 \in U$, dann haben beide laut Induktionsannahme ungerade Länge, und $w_1 w_2$ ist laut Bildungsregel in $G$. Zum Beweis der Induktionsbehauptung müssen wir nun herleiten, daß $w_1 w_2$ gerade Länge hat, was aber unmittelbar ersichtlich ist. Eine analoge Überlegung müssen wir für die zweite Bildungsregel durchführen.

Man sieht durch eine einfache Überlegung, daß die Sprachen $G$ und $U$ auch durch eine kontextfreie Grammatik definiert werden können. Hierzu betrachteten wir die Nichtterminale $G$ und $U$ und die folgenden Grammatikregeln:

$$G \to \varepsilon \mid UU \qquad U \to a \mid b \mid UG$$

Wählt man $G$ als Startsymbol der Grammatik, so ergibt sich die Sprache $G$, während $U$ als Startsymbol die Sprache $U$ liefert.

**370  Bemerkung**  INDUKTIVE DEFINITION UND KONTEXTFREIE GRAMMATIK
Wie wir in Beispiel 369 sehen konnten, sind simultane induktive Definitionen und kontextfreie Grammatiken zwei verschiedene Formalisierungen desselben Prinzips:

Aus einer Menge kontextfreier Grammatikregeln entsteht eine induktive Definition, indem wir jedem Nichtterminal eine Sprache zuordnen. Grammatikregeln, deren Ersetzung nur aus Terminalen besteht, ergeben die Konstanten der induktiven Definition. Grammatikregeln, deren Ersetzung ein oder mehrere Nichtterminale enthält, entsprechen den Bildungsregeln. Für jedes Nichtterminal der Ersetzung ist eine unterschiedliche Variable der Bildungsregel zu setzen, die aus der dem Nichtterminal entsprechenden Menge stammt. Die Umkehrung dieses Verfahrens gestattet es, zu induktiven Definitionen die zugehörigen kontextfreien Grammatikregeln zu erhalten.

**371  Beispiel**    INDUKTIVE DEFINITION UND KONTEXTFREIE GRAMMATIK
Die Grammatik über dem Alphabet $\{a, b, c\}$ mit den Regeln

$$S \to a \mid b \mid aS \mid SS$$

erzeugt eine Sprache $\mathcal{L}$, die induktiv auf folgende Weise definiert werden kann:

(1) $a$ und $b$ liegen in $\mathcal{L}$.

(2) Liegt ein Wort $\mathcal{W}$ in $\mathcal{L}$, dann liegt auch das Wort $a\mathcal{W}$ in $\mathcal{L}$. Sind $\mathcal{W}_1$ und $\mathcal{W}_2$ in $\mathcal{L}$, dann ist auch $\mathcal{W}_1\mathcal{W}_2$ in $\mathcal{L}$.

(3) Weitere Wörter liegen nicht in $\mathcal{L}$.

# 9.4  Charakteristische Beispiele

Die nachfolgenden Beispiele sind charakteristisch für das jeweils illustrierte Phänomen. Auch wenn die Sprachen für sich genommen keine besondere Bedeutung haben, sollten Sie sie genau studieren und die vorgestellten Überlegungen nachvollziehen.

**372  Beispiel**    $a^i b^i$
Gegeben sei die Sprache $\mathcal{L} := \{a^i b^i \mid i \geq 1\}$ über dem Alphabet $\{a, b\}$.

(1) Zeigen Sie, daß diese Sprache nicht regulär ist.

(2) Geben Sie eine eindeutige und eine mehrdeutige kontextfreie Grammatik und eine induktive Definition für diese Sprache an.

(3) Geben Sie Kellerautomaten an, welche die Sprache $\mathcal{L}$ akzeptieren, kellerakzeptieren respektive zustandsakzeptieren.

$\mathcal{L}$ ist *keine reguläre Sprache*. Wir zeigen das durch einen indirekten Beweis: Hierfür nehmen wir an, $\mathcal{L}$ sei regulär. Dann gilt das Typ 3 Pumping Lemma für reguläre Sprachen. Es gibt also ein $p \in \mathsf{N}$, daß für jedes Wort $q \in \mathcal{L}$ mit $\mid q \mid \geq p$ die im Pumping Lemma genannte Eigenschaft gilt. Somit existiert für das Wort $a^p b^p \in \mathcal{L}$ eine Zerlegung der Form $uvw$ mit $v \neq \varepsilon$ und $\mid uv \mid \leq p$ derart, daß für jedes $i \in \mathsf{N}$ alle Wörter der Form $uv^i w$ in $\mathcal{L}$ liegen. Aufgrund der Form des Wortes $a^p b^p$ und der Ungleichung $\mid uv \mid \leq p$ ist klar, daß die Wörter $u$ und $v$ nur den Buchstaben $a$ enthalten können. Da $v \neq \varepsilon$ ist, muß $v$ aus einem oder mehreren $a$'s bestehen. Aufgrund des Pumping Lemmas muß nun für jedes $i \in \mathsf{N}$ auch das Wort $uv^i w$ wieder in $\mathcal{L}$ liegen. Also gilt dies insbesondere für $i = 2$, also für das Wort $uvvw$. Dieses Wort hat nun mehr $a$'s als $b$'s, und zwar gerade um so viele $a$'s, wie $v$ enthält. Aufgrund des Pumping Lemmas liegt dieses Wort in der Sprache. Dies steht im Widerspruch zur Tatsache, daß jedes Wort aus $\mathcal{L}$ gleich viele Buchstaben $a$ wie $b$ enthält. Die Ursache dieses Widerspruchs ist unsere falsche Annahme gewesen, $\mathcal{L}$ wäre regulär.

Eine eindeutige kontextfreie Grammatik für $\mathcal{L}$ ist durch

$$S \to aSb \mid ab$$

gegeben. Eine mehrdeutige kontextfreie Grammatik ist durch

$$S \to aSb \mid aaSbb \mid ab$$

gegeben. Eine induktive Definition von $\mathcal{L}$ ist gegeben durch: $ab$ liegt in $\mathcal{L}$. Falls $w$ in $\mathcal{L}$ liegt, dann ist auch $awb$ in $\mathcal{L}$. Führen Sie nun die (einfachen) Beweise dafür durch, daß diese Grammatiken und die induktive Definition tatsächlich auf diese Sprache führen und beweisen Sie die Eindeutigkeit respektive die Mehrdeutigkeit dieser Grammatiken.

Wir geben hier noch einen *Kellerautomaten* an, der diese Sprache *akzeptiert*. Solange $a$'s gelesen werden, schreibt der Kellerautomat Zählziegel $z$ auf den Keller, sobald ein erstes $b$ kommt, entfernt er einen Zählziegel vom Keller und geht in einen neuen Zustand über, der für jedes gelesene $b$ einen weiteren Zählziegel vom Keller entfernt, die Möglichkeit noch weitere $a$'s zu lesen aber nicht mehr vorsieht. Sobald nun am Keller das Anfangskellerzeichen $c$ erscheint, darf der Automat ohne ein Zeichen zu lesen dieses entfernen. Ist anschließend die gesamte Eingabe gelesen, so befindet sich der Automat bei leerem Keller in einem akzeptierenden Zustand, und

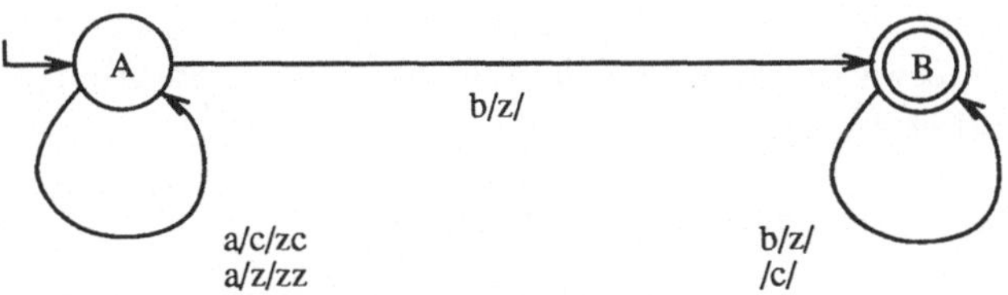


**Abb. 22**   Graph des Kellerautomaten zu Beispiel 372.

somit wird das Wort akzeptiert.

Wir erhalten als Zustandsmenge $Z = \{A, B\}$, als Kelleralphabet $K = \{c, z\}$, als Eingabealphabet $A = \{a, b\}$ und $c$ als Anfangskellerzeichen. $A \in Z$ ist Startzustand und für das Lesen der $a$'s verantwortlich, $B$ ist für das Lesen der $b$'s verantwortlich und ist akzeptierender Zustand. Die Status–Übergangsfunktion ist gegeben durch:

$$\tau(A, a, c) = \{(A, zc)\} \qquad \tau(B, b, z) = \{(B, \varepsilon)\}$$
$$\tau(A, a, z) = \{(A, zz)\} \qquad \tau(B, \varepsilon, c) = \{(B, \varepsilon)\}$$
$$\tau(A, b, z) = \{(B, c)\}$$

Alle anderen Mengen $\tau$ sind leer. Dieser Kellerautomat ist deterministisch, da die Mengen $\tau$ höchstens ein Element beinhalten und in jeder Situation das weitere Verhalten des Kellerautomaten eindeutig bestimmt ist. So steuert etwa das oberste Kellerzeichen im Zustand $B$, ob der Automat ein Zeichen liest oder nicht, und im Zustand $A$, ob bei Lesen des Zeichens $a$ das Wort $zc$ oder das Wort $zz$ auf den Keller geschrieben werden soll.

Man kann sich die Funktionsweise eines Kellerautomaten noch besser klar machen, wenn man die Informationen in einem attributierten Graphen wie in Abb. 22 darstellt: Ein Kantenattribut der Form $/a/z/zz$ an einer Kante, die vom Zustand $A$ zum Zustand $A$ führt, symbolisiert einen Übergang aus dem Zustand $A$, bei dem der Eingabebuchstabe $a$ gelesen wurde, der oberste Buchstabe des Kellers $z$ war, nach Entfernung dieses obersten Kellerbuchstabens das Wort $zz$ auf den Keller geschrieben wurde und letztlich $A$ als neuer Zustand angenommen wurde. In der Attributierung wollen wir das leere Wort $\varepsilon$ nicht anschreiben, da es bereits aufgrund der Trennsymbole / erkenntlich wird.

Geben Sie verschiedene Schaltsequenzen des Automaten an, um seine Funktionsweise im einzelnen zu verstehen. Begründen Sie anschließend, weshalb dieser Kellerautomat tatsächlich genau diese Sprache akzeptiert.

**373 Beispiel**    PALINDROME

Ein Wort heißt ein *Palindrom*, wenn es von vorne und von hinten gelesen dasselbe Wort ergibt, wie etwa die Wörter *abba* und *aba*. Sei $\mathcal{L}$ die Menge aller Palindrome über dem Alphabet $\{a, b\}$.

(1) Zeigen Sie, daß $\mathcal{L}$ keine reguläre Sprache ist.

(2) Geben Sie eine eindeutige kontextfreie Grammatik und eine induktive Definition für $\mathcal{L}$ an.

(3) Geben Sie einen Kellerautomaten an, der $\mathcal{L}$ akzeptiert, kellerakzeptiert respektive zustandsakzeptiert.

(4) Ist $\mathcal{L}$ unter Konkatenation abgeschlossen?

Die Sprache der Palindrome wird durch die folgende *eindeutige kontextfreie Grammatik* erzeugt:

$$S \to aSa \mid bSb \mid a \mid b \mid \varepsilon$$

Um das zu beweisen müssen wir zwei Dinge zeigen:

1) Ist $w$ ein Palindrom, dann kann $w$ durch diese Grammatik erzeugt werden: Wir wollen das durch vollständige Induktion über die Länge von $w$ nachweisen. Sei $A(n)$ die Aussage "jedes Palindrom der Länge $n$ kann durch diese Grammatik erzeugt werden". Wir können uns leicht überzeugen, daß die Aussagen $A(0)$ und $A(1)$ gelten. Jetzt zeigen wir, daß die Aussage $\forall n \in \mathbb{N}_0 : A(n) \Rightarrow A(n+2)$ gilt: Sei also $w$ ein Palindrom der Länge $n+2$ mit $n \in \mathbb{N}_0$. Dann besteht $w$ zumindest aus 2 Buchstaben, hat also jedenfalls einen ersten und einen letzten Buchstaben. Diese müssen aufgrund der Palindrom Eigenschaft identisch sein: $w$ kann also in der Form $ava$ oder in der Form $bvb$ dargestellt werden, wobei $v$ ein Palindrom der Länge $n$ sein muß. Laut Induktionsvoraussetzung $A(n)$ kann aber das Palindrom $v$ der Länge $n$ durch die Grammatik erzeugt werden: $S \to^* v$. Nun ergänzen wir diese Ableitung links mit einer Regelanwendung $S \to aSa$ respektive $S \to bSb$ und fügen auch bei den weiteren Wörter der Ableitung vorne und hinten je ein $a$ respektive ein $b$ hinzu. Wir bekommen $S \to aSa \to^* ava$ respektive $S \to bSb \to^* bvb$ als Ableitung für $w$. $w$ wird also von der Grammatik erzeugt.

2) Wird $w$ von der Grammatik erzeugt, dann ist $w$ ein Palindrom: Diese Aussage können wir auf zwei Arten zeigen:

Erste Art des Beweises:
Wir weisen nach, daß jedes Wort in einer Ableitung ein Palindrom ist. Das gilt dann insbesondere auch für die jeweils letzten Wörter maximaler Ableitungen, also

die Wörter, die durch die Grammatik erzeugt werden. Diesen Nachweis führen wir mittels vollständiger Induktion über die Länge der Ableitung: Sei $A(n)$ die Aussage "jede Ableitung der Länge $n$ oder kürzer enthält nur Palindrome". $A(1)$ ist leicht zu sehen. Nun wollen wir die Induktionsbehauptung $A(n + 1)$ nachweisen. Sei also $S \to S_2 \to S_3 \to \ldots \to S_n \to S_{n+1}$ eine Ableitung der Länge $n + 1$. Laut Induktionsvoraussetzung $A(n)$ enthält die Ableitung $S \to S_2 \to S_3 \to \ldots \to S_n$ der Länge nur Palindrome. Da offenbar auf $S_n$ eine Grammatikregel anwendbar ist, muß $S_n$ zumindest einmal das Nichtterminal $S$ enthalten. Da die Ersetzungen der Grammatik aber jeweils höchstens ein Nichtterminal enthalten, kann $S_n$ nur ein $S$ enthalten. Da $S_n$ laut Induktionsvoraussetzung aber ein Palindrom ist, muß dieses eine $S$ in der "Mitte", also auf der Symmetrieachse des Palindroms stehen. Die Anwendung einer weiteren Grammatikregel ersetzt dieses $S$ durch eines der Wörter $aSa$, $bSb$, $a$ oder $b$, oder löscht das $S$ weg. Das resultierende Wort $S_{n+1}$ ist somit wieder ein Palindrom. Dies war zu zeigen.

Zweite Art des Beweises:
Der kontextfreien Grammatik äquivalent ist die folgende induktive Definition: $\varepsilon$, $a$ und $b$ sind Elemente von $\mathcal{L}$. Ist $w$ ein Element von $\mathcal{L}$, dann sind auch $awa$ und $bwb$ Elemente von $\mathcal{L}$. Nun zeigen wir durch strukturelle Induktion, daß jedes Element dieser induktiv definierten Menge ein Palindrom ist: Zur Induktionsverankerung prüfen wir nach, ob die Konstanten $\varepsilon$, $a$ und $b$ Palindrome sind. Dies ist der Fall. Als Induktionsschritt führen wir folgende Überlegung durch: Angenommen die Induktionsvoraussetzung gilt, das heißt $w$ ist ein Palindrom. Die beiden Bildungsregeln generieren die Wörter $awa$ und $bwb$. Da $w$ ein Palindrom ist, sind auch diese beiden Wörter Palindrome. Somit ist die nachzuweisende Induktionsbehauptung erfüllt.

Wir geben einen *Kellerautomaten* an, der diese Sprache akzeptiert. Diesem Kellerautomaten liegt die folgende Idee zugrunde: Wenn wir das Palindrom $aabbaa$ betrachten, so können wir während des Lesens dieses Wortes der Reihe nach $a$, dann wieder $a$ und dann $b$ auf den Keller schreiben. Nun sind wir in der Mitte des Wortes angelangt, auf dem Keller steht $baac$, also die gespiegelte erste Hälfte des Palindroms. Bei den nachfolgenden Leseoperationen entfernen wir die Buchstaben wieder vom Keller und überprüfen, ob der Rest des Wortes (er ist $baa$) dem entspricht, was auf dem Keller gespeichert steht. Zum Schluß ist nur mehr $c$ auf dem Keller, und dieses Zeichen entfernen wir durch einen Schritt, bei dem wir keine weitere Eingabe mehr lesen.

Diese Idee hat noch einige Probleme: 1) Wir wissen nicht im voraus, wann wir in der Mitte des Wortes angelangt sind. Dieses Problem lösen wir, indem wir unseren Kellerautomaten nichtdeterministisch machen. Nach jedem gelesenen Buchstaben gestatten wir dem Automaten zwei mögliche Alternativen: Jene, die annimmt, wir hätten gerade jetzt die Mitte des Wortes erreicht, und jene, die annimmt, wir müßten noch weiter lesen. Durch diesen Mechanismus ist garantiert, daß ein korrektes Palindrom akzeptiert wird. Jene Schaltsequenzen für korrekte Palindrome, bei denen an einer Stelle die falsche Alternative gewählt wurde, führen dann zu einer nichtakzeptierenden Schaltsequenz, aber das macht ja nichts. Falls ein Wort kein Palindrom ist, so ist es nicht möglich, dieses Wort bis zu einer bestimmten Stelle auf den Keller zu schreiben und dann dasselbe Wort, das auf dem Keller steht, wieder in der Eingabe zu finden. 2) Wir sind bei unserer Idee davon ausgegangen, daß wir Palindrome geradzahliger Länge haben: Nur solche Palindrome haben die Gestalt eines Wortes gefolgt von der Spiegelung dieses Wortes. Eine andere Klasse von Palindromen sieht wie $b$, $aba$ oder $aabaa$ aus. Diese Palindrome müssen auch erkannt werden. Hierfür erlauben wir dem Automaten noch die nichtdeterministische Entscheidung, einen bestimmten Buchstaben zu einem beliebigen Zeitpunkt als "Spiegelbuchstaben" zu behandeln (in den Beispielen war es jeweils das $b$). Spiegelbuchstaben werden vom Automaten ignoriert. Anschließend erfolgt das Lesen des Kellers und das Prüfen des Eingabewortes wie gewohnt. 3) Wir müssen auch das leere Wort akzeptieren können.

Unser Automat hat zwei Zustände: Der Zustand $S$ ist der Anfangszustand und ist zuständig dafür, die gelesenen Buchstaben auf den Keller zu kopieren. Wir können den Zustand $S$ verlassen und zum Zustand $T$ gehen, der für das Entleeren des Kellers und die gleichzeitige Überprüfung des Restwortes zuständig ist. Von $T$ können wir aber nicht mehr nach $S$ zurück. Den Graphen dieses Kellerautomaten finden Sie in Abb. 23.

$$
\begin{aligned}
\tau(S,a,c) &= \{(S,ac)\} & \tau(S,a,a) &= \{(S,aa),(T,a)\} \\
\tau(S,b,c) &= \{(S,bc)\} & \tau(S,b,a) &= \{(S,ba),(T,a)\} \\
\tau(S,\varepsilon,a) &= \{(T,a)\} & \tau(S,\varepsilon,b) &= \{(T,b)\} \\
\tau(S,\varepsilon,c) &= \{(T,\varepsilon)\} & \tau(S,a,b) &= \{(S,ab),(T,b)\} \\
\tau(S,b,b) &= \{(S,bb),(T,b)\} & \tau(T,a,a) &= \{(T,\varepsilon)\} \\
\tau(T,b,b) &= \{(T,\varepsilon)\} & \tau(T,\varepsilon,c) &= \{(T,\varepsilon)\}
\end{aligned}
$$

**374 Beispiel**    $a^m b^n$

Gegeben sei die Sprache $\mathcal{L}_1 := \{a^n b^m \mid 1 \le m < n\}$ und die Sprache $\mathcal{L}_2 := \{a^m b^n \mid 1 \le m < n\}$ über dem Alphabet $\{a,b\}$.

Geben Sie zu beiden Sprachen kontextfreie Grammatiken und Grammatiken in CHOMSKY und GREIBACH Normalform sowie Kellerautomaten an. Zeigen Sie mit Hilfe des Typ 3 Pumping Lemmas, daß diese Sprachen nicht regulär sind. Bei einer der beiden Sprachen versagt die übliche Technik des Pumping Lemmas. Warum? Hinweis: Benutzen Sie das Typ 3 Abschlußtheorem und die Spiegelungssprache, um dieses Problem zu lösen.

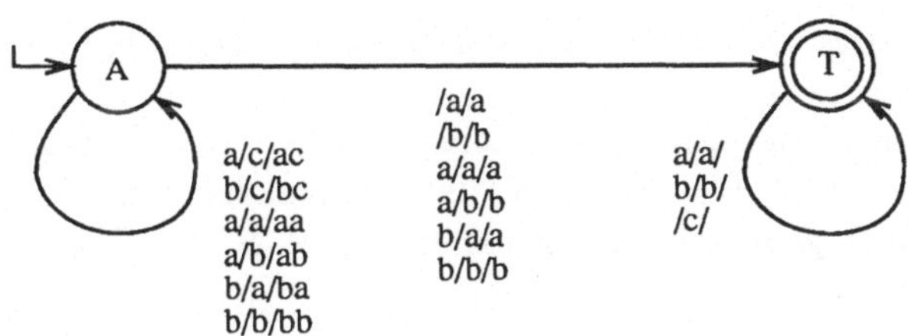


**Abb. 23**   Graph des Kellerautomaten zu Beispiel 373.

**375  Beispiel**   $a^i b^i c^i$

Gegeben sei die Sprache $\mathcal{L} := \{a^i b^i c^i \mid i \geq 1\}$ über dem Alphabet $\{a, b, c\}$.

(1) Zeigen Sie mit Hilfe des Typ 3 und des Typ2 Pumping Lemmas, daß diese Sprache $\mathcal{L}$ weder regulär noch kontextfrei ist.

(2) Zeigen Sie, daß die folgende Typ 0 Grammatik die Sprache $\mathcal{L}$ erzeugt:

$$S \to aAbc \qquad A \to aAbC \mid \varepsilon \qquad Cb \to bC \qquad Cc \to cc$$

(3) Zeigen Sie, daß die folgende Typ 1 Grammatik die Sprache $\mathcal{L}$ erzeugt:

$$S \to aAbc \mid abc \qquad A \to aAbC \mid abC \qquad Cb \to bC \qquad Cc \to cc$$

(4) Geben Sie eine TURING–Maschine an, die diese Sprache akzeptiert.

(5) Geben Sie einen durch die Eingabe beschränkten Automaten an, der diese Sprache akzeptiert. Wenn Sie die TURING–Maschine in (4) bereits entsprechend einfach konstruiert haben, brauchen Sie nur mehr zu zeigen, daß sie bereits eine durch die Eingabe beschränkte Maschine ist.

Eine mögliche Idee, eine akzeptierende TURING–Maschine zu konstruieren, ist die folgende: Zuerst überprüfen wir, ob das Wort von der Form $a^l b^m c^n$ mit $l, m, n \geq 1$ ist. Dies kann durch eine TURING–Maschine gemacht werden, wie sie durch die untere Tabelle gegeben ist. In Abb. 24 finden Sie eine graphische Darstellung dieses Verhaltens. Einer mit $\#, \mathcal{R}$ attributierten Kante von $S$ nach 1 entspricht dabei $(1, \mathcal{R}) \in \tau(S, \#)$, also einem Übergang von Zustand $S$ nach Zustand 1, der bei Lesen des Buchstabens $\#$ ausgelöst wird und die Aktion $\mathcal{R}$ bedingt. Dann fährt die Maschine erneut über das Wort und überschreibt das erste $a$, $b$ und $c$ mit einem speziellen Symbol, etwa $z$. Dann kehrt sie an den Anfang des Wortes zurück und wiederholt diesen Streichvorgang für den noch verbliebenen Rest des Wortes.

Formulieren Sie die Details aus und ergänzen Sie die Tafel und den Graphen der Maschine. Da wir nur die bereits durch die Eingabe belegten Bandpositionen benutzt haben, ist diese Maschine auch ein durch die Eingabe beschränkter Automat.

Den ersten Teil der Überprüfung kann eine TURING–Maschine mit Eingabealphabet $\{a, b, c\}$, Bandalphabet $B = \{a, b, c\#\}$ und Zustandsmenge $Z = \{S, 1, 2, 3, 4, 5, F\}$ übernehmen. Wir geben die Funktion $\tau : Z \times B \to \mathcal{P}(Z \times (\{\mathcal{L}, \mathcal{R}, \mathcal{H}\} \cup B))$. tabellarisch an:

|   | $a$ | $b$ | $c$ | $\#$ |
|---|---|---|---|---|
| $S$ | $\{(F, \#)\}$ | $\{(F, \#)\}$ | $\{(F, \#)\}$ | $\{(1, \mathcal{R})\}$ |
| $1$ | $\{(2, \mathcal{R})\}$ | $\{(F, \#)\}$ | $\{(F, \#)\}$ | $\{(F, \#)\}$ |
| $2$ | $\{(2, \mathcal{R})\}$ | $\{(3, \mathcal{R})\}$ | $\{(F, \#)\}$ | $\{(F, \#)\}$ |
| $3$ | $\{(F, \#)\}$ | $\{(3, \mathcal{R})\}$ | $\{(4, \mathcal{R})\}$ | $\{(F, \#)\}$ |
| $4$ | $\{(F, \#)\}$ | $\{(F, \#)\}$ | $\{(4, \mathcal{R})\}$ | $\{(5, \mathcal{L})\}$ |
| $5$ | Von Ihnen zu ergänzen | | | |
| $F$ | $\{(F, \#)\}$ | $\{(F, \#)\}$ | $\{(F, \#)\}$ | $\{(F, \#)\}$ |

Der Zustand $F$ ist offensichtlich ein Fehlerzustand, der ein nichtterminierendes Verhalten der Maschine garantiert, sobald sicher steht, daß ein Wort nicht in der Sprache liegt. Im Zustand 5 können Sie nun ihre Erweiterung anschließen. Die TURING–Maschine gelangt genau dann in den Zustand 5, wenn das Wort die Form $a^l b^m c^n$ mit $l, m, n \geq 1$ hat. In Abb. 24 finden Sie den Graphen zu dieser Maschine.

# 9.5   Arithmetische Ausdrücke

**376  Beispiel**   KLAMMERSPRACHEN
Ein nichtleeres Wort $w$ über dem Alphabet $\{(, )\}$ heißt ein *wohlgeformter Klammerausdruck*, wenn folgende zwei Bedingungen erfüllt sind:

(1) $w$ enthält gleich viele schließende wie öffnende Klammern.

(2) Jedes Präfix des Wortes $w$ enthält mindestens so viele öffnende Klammern wie es schließende enthält.

(()) und (()())(()) sind also wohlgeformte Klammerausdrücke in diesem Sinne. Ein wohlgeformter Klammerausdruck $w$ hat die *Tiefe n*, wenn es ein Präfix gibt, bei dem die Anzahl sich öffnender Klammern minus der Anzahl sich schließender Klammern gleich $n$ ist und dieser Wert bei keinem anderen Präfix überschritten wird.

(1) Sei $n = 2$ gegeben. Zeigen Sie, daß ein endlicher Automat für beliebige Wörter $w$ aus Klammern entscheiden kann, ob $w$ ein wohlgeformter Klammerausdruck

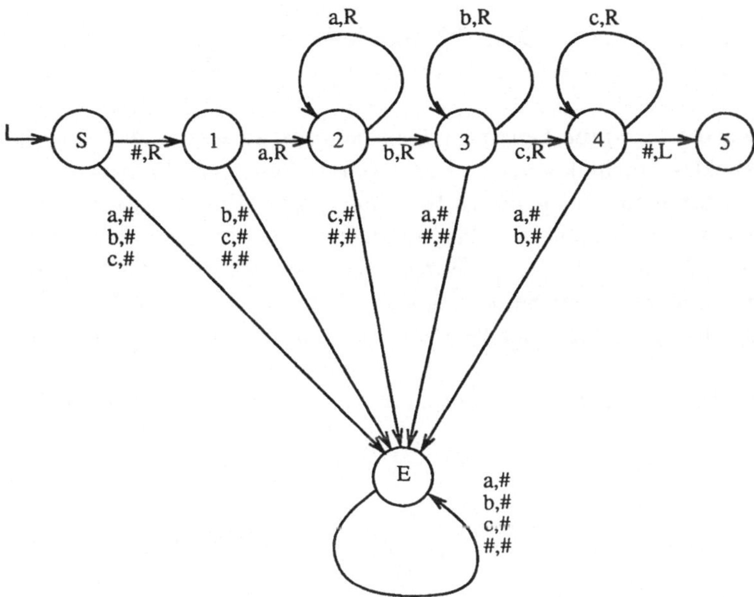


**Abb. 24**  Graph der TURING–Maschine zu Beispiel 375.

der Tiefe $n$ oder geringer ist. Geben Sie für diese Sprache eine Grammatik und einen akzeptierenden Automaten an. Zeigen Sie, daß dieses Resultat auch für ein beliebiges, festes $n$ gilt.

(2) Zeigen Sie, daß die Sprache aller wohlgeformten Klammerausdrücke ohne Beschränkung in ihrer Tiefe keine reguläre Sprache ist.

(3) Geben Sie eine mehrdeutige und eine eindeutige kontextfreie Grammatik für Klammerausdrücke (ohne Tiefenrestriktion) an.

(4) Geben Sie einen Kellerautomaten an, der Klammerausdrücke (ohne Tiefenrestriktion) akzeptiert.

**377 Beispiel**   EINFACHE ARITHMETISCHE SPRACHE
Die Sprache $\mathcal{L}$ über dem Alphabet $\{0, +\}$ sei durch folgende Grammatik festgelegt:

$$S \to 0 \mid S + S$$

Beweisen Sie durch Angabe einer maximalen Ableitung, daß $0 + 0 + 0$ ein Wort der durch die Grammatik festgelegten Sprache ist. Zeigen Sie, daß diese Grammatik mehrdeutig ist: Geben Sie für das Wort $0 + 0 + 0$ zwei unterschiedliche Linksableitungen, zwei unterschiedliche Rechtsableitungen und zwei unterschiedliche Ableitungsbäume an.

Zeigen Sie, daß $\mathcal{L}$ regulär ist, indem Sie eine linkslineare und eine rechtslineare Grammatik und einen akzeptierenden Automaten für $\mathcal{L}$ angeben.

Bis jetzt haben wir die *Pumping Lemmata* dazu benutzt, zu zeigen, daß eine Sprache nicht regulär respektive nicht kontextfrei ist. Wir wollen hier illustrieren, daß das *Typ 3 Pumping Lemma* für die reguläre Sprache $\mathcal{L}$ gilt: Hierzu setzen wir $p = 3$. Nun sei $q$ ein Wort der Sprache $\mathcal{L}$, das mindestens die Länge $p$ hat. Dann ist $q \in \{0+0, 0+0+0, 0+0+0+0, \ldots\}$. Wir können, wie im Pumping Lemma gefordert, $q$ in der Form $uvw$ zerlegen: Sei $u = 0$, $v = +0$ und $w$ sei der Rest des Wortes $q$. Man sieht nun unmittelbar, daß jedes Wort der Form $uv^iw$ wieder in der Sprache ist.

Da obige Grammatik kontextfrei ist, können wir eine *induktive Definition* für diese Sprache angeben:

(1)  0 liegt in $\mathcal{L}$.

(2)  Liegen die Wörter $\mathcal{W}_1$ und $\mathcal{W}_2$ in $\mathcal{L}$, dann liegt auch das Wort $\mathcal{W}_1 + \mathcal{W}_2$ in $\mathcal{L}$.

(3)  Weitere Wörter liegen nicht in $\mathcal{L}$.

Zeigen Sie durch strukturelle Induktion, daß jedes Wort dieser Sprache eine ungeradzahlige Länge hat.

**378  Beispiel**    MEHRDEUTIGE ARITHMETISCHE AUSDRÜCKE
Die Sprache $\mathcal{L}$ über dem Alphabet $\{\Phi, \Upsilon, \oplus, \otimes\}$ sei durch folgende Grammatik festgelegt:

$$S \to \Phi \mid \Upsilon \mid S \oplus S \mid S \otimes S$$

Zeigen Sie, daß diese Grammatik *mehrdeutig* ist: Geben Sie für das Wort $\Upsilon \oplus \Upsilon \otimes \Upsilon \oplus \Upsilon$ fünf unterschiedliche Ableitungsbäume und die zugehörigen Links- und Rechtsableitungen an. Zeigen Sie ferner, daß $\mathcal{L}$ *regulär* ist.

Geben Sie eine *induktive Definition* für diese Sprache an.

Wir wollen nun den Wörtern dieser Sprache eine Bedeutung, eine *Semantik*, zuordnen. Jedes Wort aus der Sprache $\mathcal{L}$ soll als natürliche Zahl in $\mathsf{N}_0$ interpretiert werden können. Wir wollen $\Upsilon$ als 1 und $\Phi$ als 0 interpretieren. Für was werden wohl die Zeichen $\oplus$ und $\otimes$ stehen? Wir wollen nun eine *Interpretationsabbildung* $[\![\bullet]\!] : \mathcal{L} \to \mathsf{N}_0$ definieren. es liegt nahe, die folgenden Gleichungen von dieser Abbildung zu fordern:

$$[\![\Phi]\!] = 0$$

$$[\![\Upsilon]\!] = 1$$

$$[\![\mathcal{W}_1 \oplus \mathcal{W}_2]\!] = [\![\mathcal{W}_1]\!] + [\![\mathcal{W}_2]\!]$$

$$[\![\mathcal{W}_1 \otimes \mathcal{W}_2]\!] = [\![\mathcal{W}_1]\!] * [\![\mathcal{W}_2]\!]$$

Beachten Sie bitte, daß auf der linken Seite dieser Gleichungen zwischen den $[\![\ ]\!]$ Klammern Wörter der Sprache $\mathcal{L}$ stehen und auf der rechten Seite die ihnen zugeordneten Zahlen.

Berechnen Sie unter Anwendung obiger Gleichungen den Zahlenwert, der dem Wort $\Upsilon \oplus \Phi$ zugeordnet wird.

Leider führen unsere obigen Gleichungen auf einen *Widerspruch*: Das Wort $\Upsilon \oplus \Upsilon \otimes \Upsilon \oplus \Upsilon$ kann auf mehrere Arten von der Grammatik und somit auch auf mehrere Arten von der induktiven Definition generiert werden:

$$[\![\Upsilon \oplus \Upsilon \otimes \Upsilon \oplus \Upsilon]\!] = [\![\Upsilon \oplus \Upsilon]\!] * [\![\Upsilon \oplus \Upsilon]\!]$$

Nun ist

$$[\![\Upsilon \oplus \Upsilon]\!] = [\![\Upsilon]\!] + [\![\Upsilon]\!] = 1 + 1 = 2$$

Insgesamt ist also

$$[\![\Upsilon \oplus \Upsilon \otimes \Upsilon \oplus \Upsilon]\!] = 2 * 2 = 4$$

Andererseits ist aber auch

$$[\![\Upsilon \oplus \Upsilon \otimes \Upsilon \oplus \Upsilon]\!] = [\![\Upsilon]\!] + [\![\Upsilon \otimes \Upsilon \oplus \Upsilon]\!] = [\![\Upsilon]\!] + [\![\Upsilon]\!] * [\![\Upsilon \oplus \Upsilon]\!] =$$

$$= [\![\Upsilon]\!] + 1 * [\![\Upsilon \oplus \Upsilon]\!] = [\![\Upsilon]\!] + [\![\Upsilon \oplus \Upsilon]\!] = [\![\Upsilon]\!] + [\![\Upsilon]\!] + [\![\Upsilon]\!] = 1 + 1 + 1 = 3$$

Wir erhalten somit den Widerspruch $4 = 3$. Offenbar ging hier etwas schief. Andererseits ist es in der Mathematik aber möglich, bestimmten Ausdrücken problemlos einen Wert zuzuordnen. Wir wollen uns im folgenden überlegen, weshalb unser erster Ansatz auf Schwierigkeiten führte. Um uns nicht mehr länger mit so seltsamen Zeichen wie $\Upsilon$ herumschlagen zu müssen, werden wir ab jetzt die gewohnte Symbolik benutzen. Wir müssen uns aber bewußt bleiben, daß wir dann das Zeichen 1 in der doppelten Bedeutung als Terminal unserer Sprache und als Zeichen für die Zahl "Eins" verwenden.

**379 Beispiel**   Eindeutigkeit durch Klammerung

Vermutlich können wir das Problem aus dem vorhergehenden Beispiel in den Griff bekommen, indem wir Klammern setzen. Sei also $\mathcal{L}$ die Sprache über dem Alphabet $\{0, 1, +, *, (, )\}$, die durch folgende Grammatik erzeugt wird:

$$S \to 0 \mid 1 \mid (S + S) \mid (S * S) \mid (S)$$

Geben Sie eine induktive Definition für diese Sprache an. Zeigen Sie durch strukturelle Induktion, daß jedes Wort dieser Sprache gleich viele sich öffnende Klammern wie sich schließende Klammern besitzt und daß jedes Präfix eines Wortes mindestens so viele öffnende Klammern wie schließende Klammern besitzt. Zeigen Sie durch eine anschauliche Überlegung, daß diese Grammatik *eindeutig* ist.

Zeigen Sie mit Hilfe des *Pumping Lemmas*, daß die Sprache $\mathcal{L}$ keine reguläre Sprache ist. Klammern machen eine Sprache offensichtlich syntaktisch kompliziert.

Wir wollen wiederum versuchen, dieser Sprache eine Bedeutung zuzuordnen. Für die Interpretation $[\![\bullet]\!] : \mathcal{L} \to \mathbb{N}_0$ drängen sich die folgenden Gleichungen auf:

$$[\![0]\!] = 0$$

$$[\![1]\!] = 1$$

$$[\![(\mathcal{W}_1 + \mathcal{W}_2)]\!] = [\![\mathcal{W}_1]\!] + [\![\mathcal{W}_2]\!]$$

$$[\![(\mathcal{W}_1 * \mathcal{W}_2)]\!] = [\![\mathcal{W}_1]\!] * [\![\mathcal{W}_2]\!]$$

$$[\![(\mathcal{W})]\!] = [\![\mathcal{W}]\!]$$

Nun können sich keine Widersprüche wie im vorangegangenen Beispiel mehr ergeben: Die kontextfreie Grammatik ist eindeutig. Für die daraus abgeleitete induktive Definition bedeutet das folgendes: Ist $\mathcal{W}$ ein Wort der Sprache, dann tritt *genau einer* der folgenden fünf Fälle ein:

(1) $\mathcal{W}$ ist die Konstante 0.

(2) $\mathcal{W}$ ist die Konstante 1.

(3) $\mathcal{W}$ läßt sich in der Form $(\mathcal{W}_1 + \mathcal{W}_2)$ schreiben, mit *eindeutig* bestimmten $\mathcal{W}_1$ und $\mathcal{W}_2$ aus $\mathcal{L}$.

(4) $\mathcal{W}$ läßt sich in der Form $(\mathcal{W}_1 * \mathcal{W}_2)$ schreiben, mit *eindeutig* bestimmten $\mathcal{W}_1$ und $\mathcal{W}_2$ aus $\mathcal{L}$.

(5) $\mathcal{W}$ läßt sich in der Form $(\mathcal{W}_1)$ schreiben, mit *eindeutig* bestimmtem $\mathcal{W}_1$ aus $\mathcal{L}$.

Aufgrund dieser Eindeutigkeitsaussagen können wir jedes Wort aus $\mathcal{L}$ auf genau eine Art als Zahl interpretieren. Es ist somit nicht mehr möglich, unterschiedliche Werte für ein Wort abzuleiten.

Dieses Beispiel zeigt die große Bedeutung der eindeutigen kontextfreien Grammatiken und der induktiven Definitionen für die Informatik.

Wir hätten übrigens auch $[\![0]\!] = 37$ definieren können. Dadurch hätte die Sprache $\mathcal{L}$ eine unpraktische und unnatürliche Semantik bekommen. Prinzipielle Probleme hätten sich aber nicht ergeben.

**380 Beispiel**   EINDEUTIGKEIT DURCH GRAMMATIK TRANSFORMATION
Die im vorangegangenen Beispiel betrachtete Sprache hat den Nachteil, daß wir auch dort Klammern setzen müssen, wo es aufgrund der Assoziativität der Addition und Multiplikation nicht erforderlich wäre, wie in $((1 + 1) + 1) = 1 + 1 + 1$, und wo die üblichen Konventionen eine Klammerung überflüssig machen, wie in $((1 + (1 * 1)) + 1) = 1 + 1 * 1 + 1$. Wir wollen nun eine Sprache und eine eindeutige Grammatik angeben, die auch dieses Problem löst: Betrachten Sie über dem Alphabet $\{0, 1, +, *, (, )\}$ die Grammatik mit Startsymbol $A$:

$$A \rightarrow T \mid A + T$$

$$T \rightarrow F \mid T * F$$

$$F \rightarrow 0 \mid 1 \mid (A)$$

Wir können $A$ als *Ausdruck*, $T$ als *Term* und $F$ als *Faktor* interpretieren.

Zeigen Sie, daß diese Grammatik *eindeutig* ist.

Wir geben nun eine *simultane induktive Definition* für die drei Mengen der Ausdrücke, Terme und Faktoren an:

(1) 0 und 1 sind Faktoren.

(2) Jeder Faktor ist auch ein Term.

(3) Ist $T$ ein Term und $F$ ein Faktor, dann ist $T * F$ ein Term.

(4) Jeder Term ist auch ein Ausdruck.

(5) Ist $A$ ein Ausdruck und $T$ ein Term, dann ist $A + T$ ein Ausdruck.

(6) Ist $A$ ein Ausdruck, dann ist $(A)$ ein Faktor.

(7) Es gibt keine weiteren Terme, Ausdrücke oder Faktoren.

Nun geben wir für diese drei Mengen, die in diesem Zusammenhang auch *syntaktische Kategorien* genannt werden, Interpretationen an:

$$[\![\bullet]\!]_A : A \to \mathsf{N}_0$$

$$[\![\bullet]\!]_T : T \to \mathsf{N}_0$$

$$[\![\bullet]\!]_F : F \to \mathsf{N}_0$$

Es sollen die folgenden *semantischen Gleichungen* gelten:

$$[\![0]\!]_F = 0$$

$$[\![1]\!]_F = 1$$

$$\forall a \in A : [\![(a)]\!]_F = [\![a]\!]_A$$

$$\forall f \in F : [\![f]\!]_T = [\![f]\!]_F$$

$$\forall t \in T, f \in F : [\![t * f]\!]_T = [\![t]\!]_T * [\![f]\!]_F$$

$$\forall t \in T : [\![t]\!]_A = [\![t]\!]_T$$

$$\forall a \in A, t \in T : [\![a + t]\!]_A = [\![a]\!]_A + [\![t]\!]_T$$

Berechnen Sie mit Hilfe dieser Gleichungen die Werte der Ausdrücke $1+1$, $1+1*1+1$, $1+1+1$ und $(1+1)*(1+1)$. Beachten Sie übrigens, daß das Wort $(1+1)$ syntaktisch ein Term, ein Ausdruck und ein Faktor ist und in jeder dieser Rollen die Werte $[\![(1+1)]\!]_T$, $[\![(1+1)]\!]_A$ und $[\![(1+1)]\!]_F$ hat. Aufgrund unserer Gleichungen sind diese Werte alle identisch, aber in anderen Anwendungen kann die Interpretation eines Wortes sehr wohl davon abhängen, als Angehöriger welcher syntaktischen Kategorie wir es betrachten.

Werden durch unsere Gleichungen Ausdrücke der Form $1+1+1$ linksassoziativ, also in der Form $(1+1)+1$ oder rechtsassoziativ, also in der Form $1+(1+1)$ strukturiert? Wie müßte die Grammatik abgeändert werden, wenn wir statt der Konvention $*$ vor $+$ nun die Konvention $+$ vor $*$ verwenden wollten?

# 9.6 Logische Ausdrücke

**381 Definition** AUSSAGENLOGIK
Die Sprache $\mathcal{L}_A$ der sogenannten *wohlgeformten Formeln (well formed formulae, wff)*
*der Aussagenlogik (propositional logic)* wird über dem Alphabet $\{t, f, \wedge, \vee, \Rightarrow, \Leftrightarrow,$
$\neg, (, ), v, '\}$ und der Menge $\{S, V\}$ von Nichtterminalen durch folgende Grammatik
festgelegt:

$$S \rightarrow V \mid t \mid f \mid (\neg S) \mid (S \wedge S) \mid (S \vee S) \mid (S \Rightarrow S) \mid (S \Leftrightarrow S)$$

$$V \rightarrow v \mid V'$$

$\mathcal{L}_A$ ergibt im wesentlichen jene Formeln, die wir bereits früher in der Logik kennengelernt haben. Der einzige Unterschied betrifft die verwendeten Variablen. Wir hatten
früher lateinische Großbuchstaben stellvertretend für atomare Aussagen benutzt.
Hier sind es nun die durch das Nichtterminal $V$ generierten Symbole $v, v', v'', \ldots$.
Zusätzlich werden alle Operationen geklammert.

**382 Definition** PRÄDIKATENLOGIK
Die Sprache der Prädikatenlogik umfaßt *logische Zeichen (logical symbols)*, zu denen je nach Kontext noch eine Menge *Theoriezeichen (theory symbols)* der speziell
betrachteten Theorie hinzukommen.

An *logischen Zeichen* benötigen wir:

(1) Eine abzählbar unendliche Menge von *Variablen*, $v_1, v_2, v_3, \ldots$, die ähnlich wie
    in der Aussagenlogik generiert werden können,

(2) die *aussagenlogischen Operatoren* $\wedge$, $\vee$, $\neg$, $\Rightarrow$ und $\Leftrightarrow$,

(3) die *aussagenlogischen Konstanten* $t$ und $f$,

(4) die *Quantoren* $\forall$ und $\exists$. und

(5) die *Trennzeichen* : und , und die *Klammern* ( und ).

An *Theoriezeichen* haben wir jeweils drei Mengen: Eine endliche Menge von *Funktionszeichen*, eine endliche Menge von *Relationszeichen* und eine endliche Menge von
*Konstanten*. Zu jedem Funktions- und Relationszeichen sei seine *Stelligkeit (Arität;
arity)* bekannt, die angibt, auf wieviele Argumente dieses Zeichen wirken soll. Die
entsprechenden Mengen können leer sein.

Die Sprache der Prädikatenlogik wird simultan induktiv definiert und umfaßt *Terme
(terms):*

(1) Jede Variable ist ein Term.

(2) Jedes Konstantenzeichen ist ein Term.

(3) Sind $t_1, t_2, \ldots, t_n$ Terme und ist $f$ ein $n$–stelliges Funktionszeichen, dann ist auch $f(t_1, t_2, \ldots, t_n)$ ein Term.

und *Ausdrücke (expressions):*

(1) $t$ und $f$ sind Ausdrücke.

(2) Sind $t_1, t_2, \ldots, t_n$ Terme und ist $r$ ein $n$–stelliges Relationszeichen, dann ist auch $r(t_1, t_2, \ldots, t_n)$ ein Ausdruck.

(3) Ist $a$ ein Ausdruck, dann ist auch $(\neg a)$ ein Ausdruck.

(4) Sind $a$ und $b$ Ausdrücke, dann sind auch $(a \wedge b)$, $(a \vee b)$, $(a \Rightarrow b)$ und $(a \Leftrightarrow b)$ Ausdrücke.

(5) Ist $a$ ein Ausdruck und $x$ eine Variable, dann sind auch $(\forall x : a)$ und $(\exists x : a)$ Ausdrücke.

**383 Beispiel**    PRÄDIKATENLOGIK DER ARITHMETIK

Für eine prädikatenlogische Darstellung der PEANO Arithmetik benötigen wir folgende Theoriezeichen:

| Symbol | Intendierte Bedeutung | Stelligkeit |
|:---:|:---|:---:|
| $S$ | Funktionszeichen der Nachfolgerfunktion | 1 |
| $+$ | Funktionszeichen der Addition | 2 |
| $*$ | Funktionszeichen der Multiplikation | 2 |
| $=$ | Relationszeichen der Gleichheit | 2 |
| 0 | Konstantenzeichen der Null | 0 |

**384 Theorem**    UNIQUE READING LEMMA

Die oben angegebene Grammatik der Aussagenlogik und die simultane induktive Definition der Prädikatenlogik sind eindeutig.

Anschaulich bedeutet das die folgende, für die Definition der Semantik dieser Sprachen wichtige Tatsache: Falls wir einen logischen Ausdruck $\mathcal{A}$ haben, so gibt es genau einen Ableitungsbaum für $\mathcal{A}$. Insbesondere gibt es also genau einen ersten Ableitungsschritt vom Startsymbol. Durch diesen läßt sich eindeutig erkennen, ob die "Operation auf oberster Ebene" eine Negation, Konjunktion, Disjunktion, Existenzquantifizierung, Allquantifizierung oder Relation ist.

# 9.7 Reguläre Mengen und Ausdrücke

**385 Definition** REGULÄRE MENGEN
Die Menge aller *regulärer Mengen (regular sets)* über einem endlichen Alphabet $A$ ist eine induktiv definierte Teilmenge $\mathcal{R}_M(A) \subseteq \mathcal{P}(A^*)$ aus der Menge aller Sprachen:

(1) Die *leere Menge* $\emptyset$ ist regulär.

(2) Die Menge $\{\varepsilon\}$, bestehend aus dem *leeren Wort*, ist regulär.

(3) Die *einelementigen Teilmengen (singleton sets)* des Alphabets, also die Mengen der Form $\{a\}$ mit $a \in A$, sind regulär.

(4) Die *Vereinigung* zweier regulärer Mengen ist regulär. Sind also $M_1, M_2 \subseteq A^*$ reguläre Mengen, dann ist $M_1 \cup M_2$ wieder eine reguläre Menge.

(5) Das *Komplexprodukt* zweier regulärer Mengen ist regulär. Das Komplexprodukt ist nichts anderes als die Konkatenation. Im Kontext regulärer Mengen hat sich aber auch dieser Begriff eingebürgert. Sind $M_1, M_2 \subseteq A^*$ zwei reguläre Mengen, dann ist $M_1 * M_2 := \{ab \mid a \in M_1 \wedge b \in M_2\}$ eine reguläre Menge.

(6) Der *Sternabschluß* einer regulären Menge ist regulär. Ist $M \subseteq A^*$ eine reguläre Menge, dann ist auch $M^*$ eine reguläre Menge.

(7) *Andere Mengen* sind nicht regulär.

**386 Definition** REGULÄRE AUSDRÜCKE
Sei $A$ ein endliches Alphabet, das keinen der Buchstaben $*, +, \cdot, (, ), \lambda$ und $\epsilon$ enthält. Die Menge $\mathcal{R}_E(A)$ aller *regulären Ausdrücke (regular expressions)* über $A$ ist die Sprache über dem Alphabet $A \cup \{*, +, \cdot, (, )\}$, die durch die folgende Grammatik festgelegt wird:

$$S \to \epsilon \mid \lambda \mid S^* \mid (S + S) \mid (S \cdot S)$$

Zusätzlich enthält diese Grammatik noch für jeden Buchstaben $a \in A$ die Regel $S \to a$.

Geben Sie eine induktive Definition zu dieser Grammatik an.

Zu jedem regulären Ausdruck $R \in \mathcal{R}_E(A)$ gehört eine Menge $[\![R]\!]$ von Wörtern aus $A^*$. Die Abbildung $[\![\bullet]\!] : \mathcal{R}_E(A) \to \mathcal{P}(A)$ interpretiert somit einen regulären Ausdruck als Sprache über dem Alphabet $A$. Es gelten die folgenden Gleichungen:

$$[\![\lambda]\!] = \emptyset$$

$$[\![\epsilon]\!] = \{\varepsilon\}$$

$$[\![a]\!] = \{a\}$$

$$[\![W*]\!] = ([\![W]\!])^*$$

$$[\![(W_1 + W_2)]\!] = [\![W_1]\!] \cup [\![W_2]\!]$$

$$[\![(W_1 \cdot W_2)]\!] = [\![W_1]\!] \cdot [\![W_2]\!]$$

In diesen Gleichungen bedeuten auf der rechten Seite * den KLEENEschen Stern-operator und · die Konkatenation von Sprachen.

Vergleicht man mit der Definition regulärer Mengen, so sieht man, daß die einem regulären Ausdruck $R$ zugeordnete Menge $[\![R]\!]$ eine reguläre Menge ist, und daß sich jede reguläre Menge durch (mindestens) einen regulären Ausdruck darstellen läßt: Wir erhalten eine surjektive Abbildung $[\![\bullet]\!] : \mathcal{R}_E(A) \to \mathcal{R}_M(A)$.

**387 Theorem**    DARSTELLUNGSTHEOREM FÜR REGULÄRE MENGEN
Eine Teilmenge $\mathcal{L} \subseteq A^*$ des Wortmonoids über dem Alphabet $A$ ist genau dann eine *reguläre Menge*, wenn sie eine *reguläre Sprache* ist.

**388 Beispiel**    REGULÄRE AUSDRÜCKE IN UNIX
Die Befehle `grep`, `egrep` und `fgrep` des Betriebssystems UNIX suchen nach dem Auftauchen von Elementen einer regulären Menge als Teilworte in einer Datei. Betrachten Sie die Beschreibung dieser Befehle in einem UNIX Handbuch und bringen Sie diese in Beziehung mit unseren Notationen regulärer Ausdrücke.

**389 Beispiel**    REGULÄRE AUSDRÜCKE UND MENGEN
Stellen Sie die regulären Mengen als reguläre Ausdrücke dar: $\{01, 001, 0001, \ldots\}$, $\{0,1\}^* \setminus \{0\}^*$. Welche regulären Mengen gehören zu den regulären Ausdrücken $(0 + 1) \cdot 1^*$ und $((0 + \lambda)^* + 0)$?


# 9.8   Arithmetische Sprachen

Unter dem Stichwort "arithmetische Sprachen" werden Beispiele zusammengefaßt, bei denen Sprachen über arithmetische Eigenschaften enthaltener Buchstabenanzahlen definiert sind. Sie können die Grenzen der Fähigkeiten von endlichen Automaten und Kellerautomaten illustrieren.

**390 Beispiel**   TEILBARKEIT ALS POSTFIX EIGENSCHAFT
Sei $\mathcal{L}_1$ die Sprache aller Binärdarstellungen ungerader Zahlen, also die Menge aller Wörter über $\{0,1\}$, welche, als natürliche Zahl interpretiert, ungerade sind. Sei $\mathcal{L}_2$ die Sprache aller Hexadezimaldarstellungen von Zahlen, die durch vier teilbar sind.

Geben Sie zu diesen Sprachen eine linkslineare und eine rechtslineare Grammatik an. Stellen Sie diese Sprachen als reguläre Ausdrücke und als reguläre Mengen dar. Geben Sie nichtdeterministische Automaten an, welche diese Sprachen akzeptieren und konstruieren Sie die zugehörigen Potenzautomaten.

Diese Sprachen sind regulär. Ein endlicher Automat kann also anhand der Binärdarstellung einer Zahl feststellen, ob diese Zahl gerade oder ungerade ist. Wesentliches Merkmal beider Sprachen ist ein spezielles Wortende.

**391 Beispiel**   ZIFFERNSUMME
Sei $\mathcal{L}$ die Sprache aller Dezimaldarstellungen von Zahlen, die bei Division durch 9 den Rest 5 ergeben.

Geben Sie einen endlichen Automaten an, der diese Sprache akzeptiert. Konstruieren Sie aus diesem Automaten eine rechtslineare und eine linkslineare Grammatik für diese Sprache. Beachten Sie, daß der Rest einer Zahl bei Division durch 9 gleich dem Rest der Ziffernsumme bei Division durch 9 ist. Ihr Automat wird also zehn Zustände haben.

**392 Beispiel**   PRIMZAHL–SPRACHE
Sei $\mathcal{L}$ eine Sprache, welche die Primzahleigenschaft codiert, und zwar die Menge aller Wörter, die nur aus dem Buchstaben $a$ bestehen und deren Länge eine Primzahl ist.

(1) Zeigen Sie, daß diese Sprache keine reguläre Sprache ist.

(2) Zeigen Sie, daß diese Sprache keine kontextfreie Sprache ist.

(3) Begründen Sie die folgende Aussage: Die Primzahleigenschaft kann weder durch einen endlichen Automaten noch durch einen Kellerautomaten überprüft werden.

Die Eigenschaft, eine Primzahl zu sein, ist entscheidbar ist. Es gibt somit auch eine komplizierte Typ 0 Grammatik, welche diese Primzahlensprache erzeugt.

**393 Beispiel**   QUADRATZAHL–SPRACHE
Sei $\mathcal{L}$ eine Sprache, welche die Quadratzahl–Eigenschaft codiert, und zwar die Menge aller Wörter, die nur aus dem Buchstaben $a$ bestehen und deren Länge eine Quadratzahl ist. Beweisen Sie für diese Sprache dieselben Behauptungen wie für die

Primzahl–Sprache.

**394  Beispiel**　FAKULTÄTSZAHL–SPRACHE
Sei $\mathcal{L}$ eine Sprache, welche die Fakultätszahl-Eigenschaft codiert, und zwar die
Menge aller Wörter, die nur aus dem Buchstaben $a$ bestehen und deren Länge
eine Fakultätszahl ist, also die Form $n! = 1 * 2 * \cdots * n$ hat. Beweisen Sie für diese
Sprache dieselben Behauptungen wie für die Primzahl–Sprache.


# 9.9  Programmiersprachen

**395  Beispiel**　ZAHLDARSTELLUNGEN
Die folgenden Sprachen über dem Alphabet $\{0, 1, 2, 3, 4, 5, 6, 7, 8, 9, -\}$ tauchen in
fast jeder Programmiersprache auf:

(1)  Nichtnegative ganze Zahlen, ohne führende Nullen und ohne Vorzeichen.

(2)  Nichtnegative ganze Zahlen, bei denen führende Nullen erlaubt sind, aber ohne
     Vorzeichen.

(3)  Ganze Zahlen, ein negatives Vorzeichen ist erlaubt, führende Nullen aber nicht.

(4)  Nichtnegative ganze Zahlen, führende Nullen sind erlaubt, Vorzeichen aber
     nicht, die Zahl selber muß kleiner oder gleich der Zahl 999 sein.

Zeigen Sie, daß alle diese Sprachen regulär sind, indem Sie jeweils eine linkslineare
und eine rechtslineare Grammatik angeben.


**396  Beispiel**　VARIABLENDEKLARATIONEN SIND NICHT KONTEXTFREI
Die Aussage "bevor eine Variable referenziert wird, muß sie deklariert werden" läßt
sich nicht in einer kontextfreien Grammatik festhalten. Dies ist von zentraler Bedeutung im Compilerbau. Praktisch alle Compiler führen die Überprüfung einer
Programmiersprache anhand einer kontextfreien Grammatik durch, da kompliziertere Grammatiken nicht mehr in akzeptablen Zeiten überprüfbar wären. Die Kon-
trolle der Variablendeklaration kann somit nicht als Bestandteil der syntaktischen
Überprüfung einer Programmiersprache durchgeführt werden, sondern muß durch
eigene Algorithmen bewerkstelligt werden.


Im Kapitel "Semantik von Programmiersprachen" werden wir die Syntax von vier
Programmiersprachen im einzelnen vorstellen.

# 9.10 Natürliche Sprachen

**397 Beispiel** NATÜRLICHE SPRACHEN
Gegeben ist die Grammatik mit den Nichtterminalen <Satz>, <Subjekt>, <Prädikat>, <Objekt>, <Substantiv>, den Terminalen Eltern, Kinder, beobachten, ärgern, und, dem Startsymbol <Satz> und den Regeln

```
<Satz>        →   <Subjekt> <Prädikat> <Objekt>
<Prädikat>    →   <Prädikat> und <Prädikat>
<Objekt>      →   <Substantiv>
<Subjekt>     →   <Substantiv>
<Substantiv>  →   Eltern
<Substantiv>  →   Kinder
<Prädikat>    →   beobachten
<Prädikat>    →   ärgern
```

Zeigen Sie, daß diese Sprache die folgenden "Wörter" enthält und geben Sie zugehörige maximale Ableitungen und Ableitungsbäume an:

```
Eltern beobachten Kinder
Kinder beobachten und ärgern Kinder
Kinder beobachten und ärgern und beobachten Kinder
```

Will man natürliche Sprachen mittels Regelgrammatiken darstellen, so spielen die Wörter der natürlichen Sprache die Rolle der Terminalsymbole. Sie werden als Elemente des Alphabets angesehen und nicht weiter zerteilt. Nichtterminale können eine grammatikalische Bedeutung im Sinne der Linguistik haben. Natürliche Sprachen sind sehr komplex. Sie sind kein wohldefiniertes mathematisches Objekt, da sie lokalen und sozialen Einflüssen, zeitlichen Änderungen und anderen Phänomenen unterliegen, die nicht definitorisch fixiert werden können. In der Linguistik gibt es viele weitere, der dortigen Problematik angepaßte Techniken zum Studium von Sprachen.

# 10 Semantik von Programmiersprachen

In den vorangegangenen Kapiteln haben wir einige Techniken zur Definition formaler Sprachen kennengelernt. Ohne Information, welchen Sinn eine Zeichenkette haben soll, sind Gedichte von GOETHE und Fortran Programme aber nur Wörter aus dem Wortmonoid eines endlichen Alphabets. Es hat sich gezeigt, daß natürlichsprachliche Beschreibungen von Programmiersprachen insbesondere bei ausdrucksstarken Programmiersprachen mit vielen Konstrukten nicht ausreichen und trotz scheinbar klarer Formulierungen häufig unterschiedlich interpretiert werden. Wir benötigen deshalb mathematische Techniken, die einer formalen Sprache ihre *Semantik*, also ihre *Bedeutung*, zuordnen können.

Wir wollen uns vier stark vereinfachte Programmiersprachen ansehen: Diese Sprachen gestatten keinerlei Zugriffe auf Bildschirm oder Plattenspeicher, ihre einzige Fähigkeit liegt in der Programmierung von Zahlenfunktionen. Anhand dieser Sprachen wollen wir einige Ideen kennenlernen, welche die Definition der Semantik einer Programmiersprache gestatten. Diese Sprachen werden wir auch noch im Kapitel über Berechenbarkeit benötigen. Die intensiven Forschungsaktivitäten im Umfeld der formalen Semantik beeinflussen derzeit nachhaltig die theoretische Informatik und liefern viele Konzepte, welche die Erstellung fehlerfreier Software in naher Zukunft deutlich erleichtern werden.

## 10.1 Die Programmiersprache LOOP

Die Programmiersprache LOOP enthält als wichtigstes Element ein *Schleifenkonstrukt fester Durchlaufszahl.*

**398 Definition**   SYNTAX DER PROGRAMMIERSPRACHE LOOP
Die Programmiersprache LOOP wird syntaktisch durch die folgende eindeutige, kontextfreie Grammatik über der Menge { `x`, `.`, `0`, `S`, `(`, `)`, `LOOP`, `DO`, `OD`, `;`, `:=` } von Terminalen sowie der Menge { `<Variable>`, `<Wertzuweisung>`, `<Wert>`, `<Programm>`, `<Loop>`, `<Zeile>` } von Nichtterminalen und dem Startsymbol `<Pro-`

**gramm>** definiert:

```
<Programm>         →   <Zeile> | <Zeile> ; <Programm>
<Zeile>            →   <Wertzuweisung> | <Loop>
<Wertzuweisung>    →   <Variable> := <Wert>
<Wert>             →   0 | <Variable> | S (<Wert>)
<Loop>             →   LOOP <Wert> DO <Programm> OD
<Variable>         →   x | <Variable>.
```

Die Bedeutung von . besteht darin, jede benötigte Anzahl von Variablen aus einem
endlichen Alphabet konstruieren zu können. Aus Gründen der einfacheren Lesbarkeit wollen wir x2 statt x.. schreiben und x0 statt x. Wir werden später sehen, daß S
zur Bezeichnung der sogenannten *Nachfolgerfunktion (successor function)* $n \mapsto n+1$
benutzt wird. Ebenfalls im Interesse der leichteren Lesbarkeit unserer Programme
wollen wir etwa 5 anstelle von S(S(S(S(S(0))))) schreiben. Diese Abkürzungen
hätten wir bereits in die Syntax der Sprache aufnehmen können. Dies hätte aber sowohl die Grammatik als auch die noch folgenden semantischen Gleichungen unnötig
verkompliziert.

Diese Grammatik ist kontextfrei und eindeutig. Da sich bei solchen Grammatiken bestimmte Folgen terminaler Symbole nur auf eine Art und Weise aus wohlbe-
stimmten Nichtterminalen herleiten lassen, dürfen wir von einer **<Zeile>** oder einem
**<Wert>** als eindeutig definiertem Teil eines LOOP Programms sprechen.

**399 Bemerkung**    SEMANTIK DER SPRACHE LOOP

Bis jetzt ist ein Programm der Programmiersprache LOOP nur ein sinnloses Gebilde
aus Buchstaben. Wir haben aber bereits eine bestimmte, intuitive Vorstellung von
dem, was ein solches Programm "bedeuten" soll: Variable speichern natürliche Zahlen. Variable, die nicht initialisiert wurden, die also vor einer Referenz auf diese
Variable mit keinem Wert belegt wurden, sollen den Wert Null haben. Wertzu-
weisungen haben die erwartete anschauliche Bedeutung wie in jeder Programmiersprache. S bezeichne die Nachfolgerfunktion. Der Körper **<Programm>** einer Schleifenanweisung **<Loop>** der Form LOOP **<Wert>** DO **<Programm>** OD wird genau so oft
ausgeführt, wie es der **<Wert>** beim Eintritt in die Schleife angibt. Auch wenn der
**<Wert>** eine **<Variable>** ist, die während der Schleifendurchläufe verändert wird,
so ändert das nichts an der Anzahl der Durchläufe, die bereits bei Eintritt in die
Schleife festliegt: Nach Ausführung beispielsweise des Programms

```
x1 := 3; x2 := 0; LOOP x1 DO x1 := 500; x2 := S(x2) OD
```

hat die Variable x1 den Wert 500 und die Variable x2 den Wert 3.

Um die Bedeutung dieser Programmiersprache zu definieren, werden wir eine *Semantik (semantics)* für diese Sprache angeben. Hierzu stellen wir uns in einem Gedan-

kenexperiment einen LOOP Computer vor, der unsere LOOP Programme abarbeitet. Dieser Rechner ist jeweils in einem bestimmten Zustand, und eine <Zeile> oder ein ganzes <Programm> *bedeutet* für ihn die Aufforderung zu Zustandsänderungen.

Sei $\mathcal{V} = \{\mathtt{x0}, \mathtt{x1}, \mathtt{x2}, \ldots\}$ die Menge aller <Variable> unseres Rechners. Ein *Zustand (state)* dieses Rechners ist eine Abbildung $\sigma : \mathcal{V} \to \mathsf{N}_0$, die zu jeder Variablen $v \in \mathcal{V}$ den Wert $\sigma(v)$ angibt, den die Variable in diesem Zustand gerade trägt.

Der Rechner befinde sich in einem Zustand, in dem die Variable $\mathtt{x2}$ den Wert 4 und die Variable $\mathtt{x4}$ den Wert 88 trägt. Alle anderen Variablen tragen den Wert Null. Nun wird die <Zeile> $\mathtt{x1}$ := $\mathtt{S(0)}$ ausgeführt[1]. Anschließend befindet sich der Rechner in einem neuen Zustand, in dem die Variable $\mathtt{x1}$ den Wert 1, die Variable $\mathtt{x2}$ den Wert 4 und die Variable $\mathtt{x4}$ den Wert 88 trägt, während die restlichen Variablen immer noch Null sind. In Zuständen ausgedrückt kann man diese Beobachtung auch folgendermaßen festhalten:

Der Rechner befinde sich im Zustand $\sigma$. Es ist $\sigma$ also eine Funktion $\sigma : \mathcal{V} \to \mathsf{N}_0$ und es ist $\sigma(\mathtt{x2}) = 4$, $\sigma(\mathtt{x4}) = 88$ und $\forall v \in \mathcal{V} \setminus \{\mathtt{x2}, \mathtt{x4}\} : \sigma(v) = 0$. Nach Ausführung der <Zeile> $\mathtt{x1}$ := $\mathtt{S(0)}$ befindet sich der Rechner im Zustand $\sigma' : \mathcal{V} \to \mathsf{N}_0$ mit $\sigma'(\mathtt{x1}) = 1$, $\sigma'(\mathtt{x2}) = 4$, $\sigma'(\mathtt{x4}) = 88$, $\forall v \in \mathcal{V} \setminus \{\mathtt{x1}, \mathtt{x2}, \mathtt{x4}\} : \sigma'(v) = 0$.

Die <Zeile> $\mathtt{x1}$ := $\mathtt{S(0)}$ kann als eine Funktion verstanden werden, die von einem Zustand $\sigma$ des Rechners auf einen neuen Zustand $\sigma'$ führt.

Ist $\sigma : \mathcal{V} \to \mathsf{N}_0$ ein Zustand, $v \in \mathcal{V}$ eine Variable und $u \in \mathsf{N}_0$ eine natürliche Zahl, dann bezeichne $\sigma_{u \to v}$ jenen Zustand, den man erhält, wenn man im Zustand $\sigma$ die Zahl $u$ als neuen Wert der Variablen $v$ zuweist:

$$\forall u \in \mathsf{N}_0, v, y \in \mathcal{V} : \sigma_{u \to v}(y) = \begin{cases} \sigma(y) & \Leftrightarrow & y \neq v \\ u & \Leftrightarrow & y = v \end{cases}$$

Ist der Rechner im Zustand $\sigma$, so ist er nach der Ausführung der <Zeile> $\mathtt{x1}$ := $\mathtt{S(0)}$ im Zustand $\sigma' = \sigma_{1 \to \mathtt{x1}}$. 1 ist die Zahl, als die wir den <Wert> $\mathtt{S(0)}$ interpretieren.

Wir müssen also <Wert> und <Programm> interpretieren. Beide können unterschiedliche syntaktische Ausprägungen aufweisen können. <Wert> kann etwa das Zeichen $\mathtt{0}$ sein, oder ist von der Form <Variable> oder $\mathtt{S(}$<Wert>$\mathtt{)}$. Wir müssen für alle möglichen Formen, in denen uns ein <Wert> syntaktisch begegnen kann, eine geeignete Interpretation angeben. Während die Interpretation eines <Programm> auf einen Zustandstransformator führt, so ergibt die Interpretation eines <Wert> eine

---

[1]Wir erinnern uns: $\mathtt{S(0)}$ steht für $0 + 1$, also für 1.

natürliche Zahl. <Wert> und <Programm>, die zwei Strukturen, welche bei dieser Vorgehensweise einer Interpretation bedürfen, heißen auch *syntaktische Kategorien (syntactic categories)*.  Zu ihnen gehören die Mengen $\mathcal{W}$ und $\mathcal{P}$ entsprechend geformter Wörter aus terminalen Symbolen und Interpretationsklammern:

$$[\![\bullet]\!]_{\mathcal{P}}:\quad \mathcal{P} \to Me(\mathcal{Z},\mathcal{Z})$$
$$p \mapsto [\![p]\!]_{\mathcal{P}} \quad \text{mit} \quad [\![p]\!]_{\mathcal{P}} : \mathcal{Z} \to \mathcal{Z} \quad \text{und} \quad [\![p]\!]_{\mathcal{P}}(\sigma) = \sigma' \in \mathcal{Z}$$

$$[\![\bullet]\!]_{\mathcal{W}}:\quad \mathcal{W} \to Me(\mathcal{Z},\mathsf{N}_0)$$
$$w \mapsto [\![w]\!]_{\mathcal{W}} \quad \text{mit} \quad [\![w]\!]_{\mathcal{W}} : \mathcal{Z} \to \mathsf{N}_0 \quad \text{und} \quad [\![w]\!]_{\mathcal{W}}(\sigma) \in \mathsf{N}_0$$

Man beachte, daß auch die Interpretation eines <Wert> eine Funktion ergibt. Dies wird klar, wenn man einen <Wert> betrachtet, der eine <Variable> ist. Die Bedeutung des Wortes x1 als <Wert> ist anschaulich der "Wert" der Variablen x1 im aktuellen Maschinenzustand $\sigma$, und dieser ist $\sigma(\mathtt{x1})$, mittels Interpretationsklammer geschrieben also $[\![\mathtt{x1}]\!]_{\mathcal{W}}(\sigma) = \sigma(\mathtt{x1})$. Die Interpretation eines <Wert> der syntaktischen Ausprägung 0 hingegen ist immer 0, unabhängig vom Maschinenzustand: $\forall \sigma \in \mathcal{Z} : [\![0]\!]_{\mathcal{W}}(\sigma) = 0$.

Die Interpretationsklammern werden zumeist durch sogenannte *semantische Gleichungen (semantic equations)* festgelegt. Sie geben die Bedeutung einer formalen Sprache an.

**400 Definition**    Sᴇᴍᴀɴᴛɪᴋ ᴅᴇʀ Sᴘʀᴀᴄʜᴇ Lᴏᴏᴘ
Die syntaktischen Kategorien der Programmiersprache Lᴏᴏᴘ sind durch die Nichtterminale <Wert> und <Programm> der hier verwendeten Grammatik definiert. Sie heißen *Werte* und *Programme* und legen die Mengen $\mathcal{W}$ und $\mathcal{P}$ fest. Die Interpretation der Werte wird durch $[\![\bullet]\!]_{\mathcal{W}} : \mathcal{W} \to Me(\mathcal{Z},\mathsf{N}_0)$ bewerkstelligt und durch die folgenden Gleichungen definiert, in denen $v$ ein <Wert> der syntaktischen Ausprägung <Variable>, $w$ ein beliebiger <Wert> und $\sigma \in \mathcal{Z}$ ein Zustand ist:

$$[\![0]\!]_{\mathcal{W}}(\sigma) = 0$$

$$[\![v]\!]_{\mathcal{W}}(\sigma) = \sigma(v)$$

$$[\![\mathtt{S}(w)]\!]_{\mathcal{W}}(\sigma) = [\![w]\!]_{\mathcal{W}}(\sigma) + 1$$

Die Interpretation der Programme wird durch $[\![\bullet]\!]_{\mathcal{P}} : \mathcal{P} \to Me(\mathcal{Z},\mathcal{Z})$ bewerkstelligt. Hier gelten die folgenden Gleichungen, in denen $v \in \mathcal{V}$ eine Variable, $w \in \mathcal{W}$ ein Wert, $p \in \mathcal{P}$ ein Programm und $\sigma \in \mathcal{Z}$ ein Zustand sind:

$$[\![v:=w]\!]_{\mathcal{P}}(\sigma) = \sigma_{[\![w]\!]_{\mathcal{W}}(\sigma) \to v}$$

$$[\![\texttt{LOOP } w \texttt{ DO } p \texttt{ OD}]\!]_{\mathcal{P}}(\sigma) = \begin{cases} \sigma & \Leftrightarrow & [\![w]\!]_{\mathcal{W}}(\sigma) = 0 \\ [\![p]\!]_{\mathcal{P}}(\sigma) & \Leftrightarrow & [\![w]\!]_{\mathcal{W}}(\sigma) = 1 \\ [\![p;p]\!]_{\mathcal{P}}(\sigma) & \Leftrightarrow & [\![w]\!]_{\mathcal{W}}(\sigma) = 2 \\ [\![p;p;p]\!]_{\mathcal{P}}(\sigma) & \Leftrightarrow & [\![w]\!]_{\mathcal{W}}(\sigma) = 3 \\ & \vdots & \end{cases}$$

Für die *Hintereinanderausführung (sequentielle Komposition, sequential composition)* zweier Programme oder auch Zeilen $p_1, p_2 \in \mathcal{P}$ gilt letztlich:

$$[\![p_1;p_2]\!]_{\mathcal{P}}(\sigma) = [\![p_2]\!]_{\mathcal{P}}([\![p_1]\!]_{\mathcal{P}}(\sigma))$$

**401 Bemerkung**    EIN–AUSGABE–CODIERUNG DER SPRACHE LOOP
Wir wissen nun zwar, wie jedem LOOP Programm eine Funktion von Anfangszuständen auf Endzustände zugeordnet werden kann, aber erst die Angabe, wie wir Argumente einer Funktion in den Anfangszustand eincodieren und wie wir den Funktionswert aus dem Endzustand gewinnen können, erlaubt uns, dem LOOP Programm auch eine Zahlenfunktion zuzuordnen.

Wollen wir eine bestimmte Funktion, etwa $a : \mathsf{N}_0^2 \to \mathsf{N}_0$, $a(x,y) = x + y$ auf dem LOOP Computer berechnen, so laden wir diese Maschine mit einem geeigneten Programm und codieren die Argumente $x, y$ der Reihe nach in die Variablen x1, x2 ein. Die Variable x0 und x3, x4 usw. werden mit Null initialisiert. In diesem, mit den Eingabewerten präparierten Zustand, starten wir die Ausführung des Programms. Da bei LOOP Programmen keine Endlosschleifen auftreten können, wird der Computer nach einiger Zeit in einem Endzustand anhalten, den wir mit Hilfe unserer Semantik bestimmen können. Der Wert der Variable x0 im Endzustand soll dann der Wert der durch das Programm berechneten Funktion sein.

Wenn wir ein beliebiges LOOP Programm betrachten, so können wir die Anzahl der Argumente der zugehörigen Funktion nicht ermitteln. Wird im Programm etwa nur auf die Variablen x1 und x2 lesend zugegriffen, so kann die vom Programmierer intendierte Funktion trotzdem eine von drei Argumenten gewesen sein, wie etwa die Funktion $f : \mathsf{N}_0^3 \to \mathsf{N}_0$, $f(x,y,z) = x - y$. Andererseits kann der Programmierer ja auch eine Funktion von einem Argument beabsichtigt haben, und mit dem Lesezugriff auf die Variable x2 will er die Null auslesen, die dort aufgrund der Initialisierung eincodiert wurde – auch wenn dies vielleicht kein eleganter Programmierstil sein mag. Aus diesem Grund läßt sich ein LOOP Programm für jedes vorgegebene $n \in \mathsf{N}_0$ als Funktion $f : \mathsf{N}_0^n \to \mathsf{N}_0$ von $n$ Argumenten interpretieren. Eine Funktion von 0 Argumenten ist übrigens eine Konstante.

**402 Definition**　　EIN–AUSGABE–CODIERUNG DER SPRACHE LOOP

Ist $p$ ein LOOP Programm, dann bezeichnet $[\![p]\!]_{\mathcal{P}} : \mathcal{Z} \to \mathcal{Z}$ den Zustandstransformator, welcher $p$ zugeordnet ist. Sei nun $n \in \mathbb{N}_0$ und $x_1, x_2, \ldots x_n \in \mathbb{N}_0$, bezeichne $(x_1|x_2|\ldots|x_n) \in \mathcal{Z}$ *jenen Zustand*, bei dem x1 den Wert $x_1$, x2 den Wert $x_2$, …, xn den Wert $x_n$ trage und alle übrigen Variablen inklusive x0 den Wert 0 tragen. Für $n = 0$ bezeichne () den *Nullzustand*, in dem alle Variablen den Wert 0 tragen. Startet man das Programm $p$ in diesem Zustand, so ergibt sich als Endzustand $\sigma_E = [\![p]\!]_{\mathcal{P}}(x_1|x_2|\ldots|x_n)$. In diesem Zustand trägt die Variable x0 den Wert $[\![\text{x0}]\!]_{\mathcal{W}}(\sigma_E)$, also $[\![\text{x0}]\!]_{\mathcal{W}}([\![p]\!]_{\mathcal{P}}(x_1|x_2|\ldots|x_n))$. Benutzt man also das Programm $p$ zur Berechnung einer Funktion vom Typus $\mathbb{N}_0^n \to \mathbb{N}_0$, so ist die dem Programm zugeordnete Funktion $\mathcal{D}_n(p)$ durch

$$\mathcal{D}_n(p) : \mathbb{N}_0^n \to \mathbb{N}_0$$

$$(x_1, x_2, \ldots, x_n) \mapsto \mathcal{D}_n(p)(x_1, x_2, \ldots, x_n) := [\![\text{x0}]\!]_{\mathcal{W}}([\![p]\!]_{\mathcal{P}}(x_1|x_2|\ldots|x_n))$$

gegeben.

**403 Beispiel**　　SEMANTIK VON LOOP PROGRAMMEN

Sei $p$ das Programm `LOOP x1 DO x0 := x2; x2 := S(x2); OD`. Bestimmen Sie mittels Anwendung der semantischen Gleichungen die Zustände $[\![p]\!]_{\mathcal{P}}(3|4)$ sowie $[\![p]\!]_{\mathcal{P}}(3)$. Was sind $\mathcal{D}_1(p)$ und $\mathcal{D}_2(p)$, das heißt, welche Funktionen berechnet das Programm, wenn es als Funktion einer respektive zweier Variablen interpretiert wird?


# 10.2　Die Programmiersprache WHILE

Die Programmiersprache WHILE enthält als wichtigstes Element ein *Schleifenkonstrukt mit bedingungsabhängiger Durchlaufszahl.*

**404 Definition**　　SYNTAX DER PROGRAMMIERSPRACHE WHILE

Die Programmiersprache WHILE wird syntaktisch durch die folgende eindeutige, kontextfreie Grammatik über der Menge { x, ., 0, S, P, (, ), WHILE, DO, OD, ;, := } von Terminalen und der Menge von Nichtterminalen { <Variable>, <Wertzuweisung>, <Wert>, <Programm>, <While>, <Zeile> } mit Startsymbol <Programm> definiert:

```
<Programm>        →   <Zeile> | <Zeile> ; <Programm>
<Zeile>           →   <Wertzuweisung> | <While>
<Wertzuweisung>   →   <Variable> := <Wert>
<Wert>            →   0 | <Variable> | S (<Wert>) | P (<Wert>)
<While>           →   WHILE <Variable> DO <Programm> OD
<Variable>        →   x | <Variable>.
```

Der Körper `<Programm>` der Schleifenanweisung `<While>` wird so lange ausgeführt, als die `<Variable>` einen von Null verschiedenen Wert trägt. Das bedeutet insbesondere:

(1) Es ist bei Eintritt in eine Schleife im allgemeinen noch nicht klar, wie oft diese Schleife ausgeführt wird und ob sie überhaupt wieder verlassen wird.

(2) Vorgänge während der Abarbeitung einer Schleife können einen Einfluß darauf haben, ob und wann die Schleife wieder verlassen wird.

(3) Es ist auch möglich, daß eine Schleife überhaupt nicht mehr verlassen wird. Endlosschleifen und nicht-terminierende Programme können in WHILE geschrieben werden.

**405 Bemerkung**    SEMANTIK DER SPRACHE WHILE

Da die Abarbeitung eines WHILE Programms nicht notwendigerweise terminiert, können wir Programme nicht mehr als Zustandstransformatoren modellieren: Was soll der Endzustand eines nicht-terminierenden Programms sein? Wir benutzen deshalb die Technik der *Programmfortsetzungen (program continuations)*, bei der ein Programm $p$ die Bedeutung einer Funktion $[\![p]\!]_{\mathcal{P}} : \mathcal{Z} \to \mathcal{Z} \times \mathcal{P}_{\dagger}$ besitzt. Hier ist $\mathcal{P}_{\dagger}$ die Menge aller WHILE Programme zusammen mit dem Symbol $\dagger$, das für die Termination steht. Ein Programm $p$, im Zustand $\sigma$ gestartet, kann nun nach einem Schritt im Endzustand $\sigma'$ terminieren, was wir $[\![p]\!]_{\mathcal{P}}(\sigma) = (\sigma', \dagger)$ schreiben. Es kann aber auch sein, daß das Programm zwar den Folgezustand $\sigma'$ ergibt, aber noch nicht terminiert, weil noch ein Restprogramm $p'$ auszuführen bleibt. Dies notieren wir $[\![p]\!]_{\mathcal{P}}(\sigma) = (\sigma', p')$. Dieses Restprogramm $p'$ wird nun auf den Zustand $\sigma'$ ausgeführt und es ergibt sich etwa $[\![p']\!]_{\mathcal{P}}(\sigma') = (\sigma'', p'')$. Dieser Prozeß wird nun weiter fortgesetzt. Ergibt sich nach endlich vielen Schritten ein Paar $(\sigma_E, \dagger)$, wird also das Restprogramm zu $\dagger$, dann sagen wir, daß das Programm $p$ nach Start im Zustand $\sigma$ im Zustand $\sigma_E$ *terminiert*. Für diesen Endzustand schreiben wir auch $\sigma_E = [\![p]\!]_{\mathcal{P}}^{*}(\sigma)$ und deuten mit dem $*$ an, daß sich dieser Zustand in einem oder erst mehreren Schritten erreichen ließ. Kann dieser Prozeß aber immer weiter fortgesetzt werden, ohne daß wir jemals das Restprogramm $\dagger$ erreichen, so sagen wir, daß das Programm $p$ nach Start im Zustand $\sigma$ *nicht terminiert*. In diesem Fall gibt es auch keinen Endzustand.

Wegen dieses Phänomens von Endlosschleifen liefert nicht jedes WHILE Programm für jeden Eingabewert auch einen Ausgabewert, weshalb man diese Programme nicht als Funktionen, sondern nur als *partielle Funktionen* interpretieren kann.

**406 Definition**    PARTIELLE FUNKTIONEN

Eine *partielle Funktion (partial function)* ist eine *rechtseindeutige Relation* $f \subseteq A \times B$. Man beachte den Sprachgebrauch: Eine "partielle Funktion" ist nicht eine

"Funktion" mit der speziellen Eigenschaft, partiell zu sein, sondern ein neu definiertes Objekt. Will man explizit machen, daß es sich bei einer Relation nicht um eine partielle Funktion sondern um eine Funktion im eigentlichen Sinn handelt, so spricht man von *totalen Funktionen (total functions)*.

Bei partiellen Funktionen $f \subseteq A \times B$ werden ebenfalls die Schreibweisen $f : A \to B$ und $f(a)$ benutzt, allerdings gibt es nicht mehr für jedes $a \in A$ ein $b \in B$ mit $(a, b) \in f$, also $b = f(a)$. Der Ausdruck $f(a)$ hat nur für bestimmte Argumente $a \in A$ eine sinnvolle Bedeutung. Die Menge dieser Argumente nennt man den *Definitionsbereich (domain)* der Funktion $f$, $\mathcal{D}(f) := \{a \in A \mid \exists b \in B : (a, b) \in f\}$. Existiert zu einem $a \in A$ kein solches $b$, so schreibt man das auch gerne als $f(a) = \bot$. Das Symbol $\bot$ liest man als *undefiniert (undefined, bottom)*.

Eine partielle Funktion $f : A \to B$ kann durch *Einschränkung der Quelle* oder *Erweiterung des Ziels* zu einer (totalen) Funktion gemacht werden: Schränkt man eine partielle Funktion $f$ auf jene Werte ein, für die wirklich ein Funktionswert definiert ist, so erhält man die (totale) Funktion $f^{\circ} : \mathcal{D}(f) \to B$ mit $f^{\circ} := f \mid_{\mathcal{D}(f)}$. Bis auf die kleinere Quellmenge $\mathcal{D}(f)$ ist das dieselbe Funktion wie $f$. Erweitert man die Zielmenge um das Element $\bot$, so kann man die totale Funktion $f^{\bot} : A \to B \cup \{\bot\}$ mit

$$f^{\bot}(x) := \begin{cases} f(a) & \Leftrightarrow & a \in \mathcal{D}(f) \\ \bot & \Leftrightarrow & a \notin \mathcal{D}(f) \end{cases}$$

definieren. Oft schreibt man $f(x) = \bot$, wo eigentlich $f^{\bot}(x) = \bot$ gemeint ist.

Zwei (totale) *Funktionen* $f : A \to B$ und $g : C \to D$ heißen *gleich*, $f = g$, wenn ihre Quellen und Ziele gleich sind, $A = C$ und $B = D$, und sie als Relationen gleich sind: $\forall a \in A : f(a) = g(a)$. Zwei *partielle Funktionen* $f : A \to B$ und $G : C \to D$ heißen *gleich*, wenn ihre Definitionsbereiche und Ziele gleich sind, $\mathcal{D}(f) = \mathcal{D}(g)$ und $B = D$, und sie als Relationen gleich sind: $\forall a \in \mathcal{D}(f) : f(a) = g(a)$.

**407 Definition**  SEMANTIK DER SPRACHE WHILE
Die syntaktischen Kategorien der Programmiersprache WHILE sind wie bei LOOP die Programme und Werte. Für die Interpretation der Werte verwenden wir die Funktion $[\![\bullet]\!]_{\mathcal{W}} : \mathcal{W} \to Me(\mathcal{Z}, \mathsf{N}_0)$ und die folgenden Gleichungen, in denen $v \in \mathcal{V}$, $w \in \mathcal{W}$ und $\sigma \in \mathcal{Z}$:

$$[\![0]\!]_{\mathcal{W}}(\sigma) = 0$$

$$[\![v]\!]_{\mathcal{W}}(\sigma) = \sigma(v)$$

$$[\![\mathsf{s}(w)]\!]_{\mathcal{W}}(\sigma) = [\![w]\!]_{\mathcal{W}}(\sigma) + 1$$

$$[\![\mathbf{P}(w)]\!]_W(\sigma) = \begin{cases} [\![w]\!]_W(\sigma) - 1 & \Leftrightarrow & [\![w]\!]_W(\sigma) \geq 1 \\ 0 & \Leftrightarrow & [\![w]\!]_W(\sigma) = 0 \end{cases}$$

P bezeichnet also die *Vorgängerfunktion (predecessor)*.

Für die Interpretation der Programme benutzen wir $[\![\bullet]\!]_\mathcal{P} : \mathcal{P} \to Me(\mathcal{Z}, \mathcal{Z} \times \mathcal{P}_\dagger)$ und die folgenden Gleichungen mit denselben Bezeichnungen wie bei LOOP:

$$[\![v := w]\!]_\mathcal{P}(\sigma) = (\sigma_{v := [\![w]\!]_W(\sigma)}, \dagger)$$

$$[\![\mathtt{WHILE}\ v\ \mathtt{DO}\ p\ \mathtt{OD}]\!]_\mathcal{P}(\sigma) = \begin{cases} (\sigma, \dagger) & \Leftrightarrow & [\![v]\!]_W(\sigma) = 0 \\ (\sigma, p;\ \mathtt{WHILE}\ v\ \mathtt{DO}\ p\ \mathtt{OD}) & \Leftrightarrow & [\![v]\!]_W(\sigma) \neq 0 \end{cases}$$

Man beachte, daß die Gleichung für die <While> Schleife den Zustand $\sigma$ zunächst nicht ändert, sondern nur ein geeignetes Restprogramm generiert. Für die Hintereinanderausführung einer Zeile und eines Programms gilt je nach Art der ersten Zeile eine der zwei folgenden Gleichungen:

$$[\![v := w; p]\!]_\mathcal{P}(\sigma) = (\sigma_{[\![w]\!]_W(\sigma) \to v}, p)$$

$$[\![\mathtt{WHILE}\ v\ \mathtt{DO}\ p\ \mathtt{OD}; p_2]\!]_\mathcal{P}(\sigma) =$$

$$= \begin{cases} (\sigma, p_2) & \Leftrightarrow & [\![v]\!]_W(\sigma) = 0 \\ (\sigma, p_1;\ \mathtt{WHILE}\ v\ \mathtt{DO}\ p_1\ \mathtt{OD};\ p_2) & \Leftrightarrow & [\![v]\!]_W(\sigma) \neq 0 \end{cases}$$

Man sagt, ein Programm $p \in \mathcal{P}$ *terminiere* bei Anfangszustand $\sigma \in \mathcal{Z}$ im Endzustand $\sigma_E \in \mathcal{Z}$, falls $[\![p]\!]_\mathcal{P}(\sigma) = (\sigma_E, \dagger)$ ist oder falls es Zustände $\sigma_1, \sigma_2, \ldots, \sigma_n = \sigma_E \in \mathcal{Z}$ und Programme $p_1, p_2, \ldots, p_n \in \mathcal{P}$ gibt, derart daß folgendes gilt:

$$[\![p]\!]_\mathcal{P}(\sigma) = (\sigma_1, p_1)$$
$$[\![p_1]\!]_\mathcal{P}(\sigma_1) = (\sigma_2, p_2)$$
$$[\![p_2]\!]_\mathcal{P}(\sigma_2) = (\sigma_3, p_3)$$
$$\ldots$$
$$[\![p_n]\!]_\mathcal{P}(\sigma_n) = (\sigma_E, \dagger)$$

In diesem Fall schreibt man $[\![p]\!]_\mathcal{P}^*(\sigma) = \sigma_E$. Ansonsten heißt das Programm $p$ *nichtterminierend* bei Anfangszustand $\sigma$, und $[\![p]\!]_\mathcal{P}^*(\sigma)$ ist undefiniert. Man schreibt dafür auch $[\![p]\!]_\mathcal{P}^*(\sigma) = \bot$. $[\![\bullet]\!]_\mathcal{P}^*$ ist also eine totale Funktion der Form $[\![\bullet]\!]_\mathcal{P}^* : \mathcal{P} \to Me_p(\mathcal{Z}, \mathcal{Z})$, wobei $Me_p(\mathcal{Z}, \mathcal{Z})$ die Menge aller partiellen Funktionen von $\mathcal{Z}$ nach $\mathcal{Z}$ ist: Jedem Programm $p \in \mathcal{P}$ kommt eine Bedeutung $[\![p]\!]_\mathcal{P}^*$ zu. Diese ist eine partielle Funktion zwischen Zuständen.

**408 Definition**    EIN–AUSGABE–CODIERUNG DER SPRACHE WHILE
Sei $p$ ein WHILE Programm, das zur Berechnung einer partiellen Funktion von $n$ Argumenten verwendet werden soll. Die dem Programm zugeordnete partielle Funktion $\mathcal{D}_n(p)$ ist gegeben durch:

$$\mathcal{D}_n(p) : \mathbb{N}_0^n \to \mathbb{N}_0$$

$$(x_1, x_2, \ldots, x_n) \mapsto \mathcal{D}_n(p)(x_1, x_2, \ldots, x_n) =$$

$$= \begin{cases} \bot & \Leftrightarrow & [\![p]\!]^*_{\mathcal{P}}(x_1|x_2|\ldots|x_n) = \bot \\ [\![\texttt{x0}]\!]_{\mathcal{W}}([\![p]\!]^*_{\mathcal{P}}(x_1|x_2|\ldots|x_n) & \Leftrightarrow & \text{sonst} \end{cases}$$

Jene Argumente, für welche die partielle Funktion $\mathcal{D}_n(p)$ nicht definiert ist, und jene ihnen entsprechenden Anfangszustände, für die das Programm $p$ nicht terminiert, hängen also unmittelbar zusammen.

**409  Beispiel**    MULTIPLIKATION IN WHILE
Schreiben Sie ein WHILE Programm zur Multiplikation zweier Zahlen und vollziehen Sie alle Details der Semantik anhand der Berechnung von $2 * 3$ nach.

# 10.3   Die Programmiersprache GOTO

Die Programmiersprache GOTO enthält *bedingte Sprungbefehle*.

**410  Definition**    DIE PROGRAMMIERSPRACHE GOTO
Die Programmiersprache GOTO ist syntaktisch ähnlich wie die Sprachen LOOP und WHILE definiert. Wir gehen hier aber einen etwas anderen Weg als bisher und überprüfen die Sprache in drei Phasen. Diese Vorgangsweise wird auch bei handelsüblichen Compilern angewandt.

In der *lexikalischen Analyse* werden einzelne Buchstaben zu Objekten, den sogenannten *Tokens*, zusammengesetzt. Die Wörter LOOP und WHILE, die wir bisher als terminale "Buchstaben" behandelt haben, sind Beispiele für derartige Tokens. Diese werden zumeist mittels regulärer Ausdrücke definiert und können dann durch einen endlichen Automaten erkannt werden. Auch das Erkennen der früher besprochenen Abkürzungen wie etwa 3 für S(S(S(0))) kann elegant in die lexikalische Analyse verlagert werden. Analog können wir uns von der seltsamen Schreibweise der Variablen trennen und beliebige Buchstabenfolgen als Variablen zulassen.

In der *syntaktischen Analyse* werden die in der lexikalischen Analyse erkannten Tokens in den Rahmen einer Phasenstrukturgrammatik eingebunden. Dies schließt die Lücke zwischen LOOP als Wort aus vier Buchstaben und LOOP als terminales Symbol oder Token.

Viele Programmiersprachen, so auch GOTO, sind keine kontextfreien Sprachen im strengen Sinn, da bei ihnen zusätzliche Kriterien an ihre Syntax nötig sind, die sich einer kontextfreien Behandlung entziehen. Da diese Bedingungen in einer eigenen Analysephase sehr leicht überprüft werden können, preßt man sie nicht gewaltsam in eine Grammatik, die dann nicht mehr kontextfrei wäre. Stattdessen benutzt man eine kontextfreie Grammatik, die eigentlich eine etwas zu große Sprache definiert, und überprüft hernach die Zusatzkriterien. Da diese häufig erst im Kontext der Bedeutung der Programmiersprache motiviert werden können, spricht man dabei auch von *semantischer Analyse*.

(1) LEXIKALISCHE ANALYSE FÜR GOTO

Wir benutzen die nachfolgenden Token:

```
<Wort>  →  ( A | B | C | ... | Z ) ( A | B | C | ... | Z )*
<Zahl>  →  ( 1 | 2 | 3 | ... | 9 ) ( 0 | 1 | 2 | 3 | ... | 9 )*
<if>    →  IF
<goto>  →  GOTO
```

(2) SYNTAKTISCHE ANALYSE FÜR GOTO

Wir verwenden neben den aus (1) bekannten Token noch die folgende Grammatik:

```
<Programm>        →  <Zeile> | <Zeile> ; <Programm>
<Zeile>           →  <Wertzuweisung> | <Sprung>
<Wertzuweisung>   →  <Variable> := <Wert>
<Wert>            →  <Zahl> | <Variable> | S (<Wert>) | P (<Wert>)
<Sprung>          →  <if> <Wert> <goto> <Zeile>
<Variable>        →  <Wort>
<Zeile>           →  <Zahl>
```

(3) SEMANTISCHE ANALYSE FÜR GOTO

Wir denken uns die einzelnen Programmzeilen, also die vom Nichtterminal `<Zeile>` erzeugten Bestandteile, aufsteigend durchnumeriert. Die `<Zeile>` IF x1 GOTO 13 bewirkt eine Fortsetzung der Programmausführung in der `<Zeile>` mit Nummer 13, falls die Variable x1 einen Wert ungleich Null trägt, ansonsten setzt die Ausführung des Programms in der unmittelbar folgenden Zeile fort. In der semantischen Analyse soll geprüft werden, ob es zu allen in einem `<goto>` Konstrukt erwähnten Zeilennummern eine entsprechende `<Zeile>` dieser Nummer gibt.

Die Semantik der Sprache GOTO kann ähnlich wie die von WHILE festgelegt werden.

# 10.4   Die Programmiersprache Recur

Die Programmiersprache Recur enthält *rekursive Funktionsdefinitionen*. Diese sind
das Kernelement funktionaler Programmiersprachen wie Lisp oder SML und haben
auch bei imperativen Sprachen eine große Bedeutung.

**411   Definition**   Syntax der Programmiersprache Recur

(1) Lexikalische Analyse für Recur
Wir definieren folgende Token:

```
<Wort>    →   ( A | B | C | ...| Z ) ( A | B | C | ...| Z )*
<Zahl>    →   ( 1 | 2 | 3 | ...| 9 ) ( 0 | 1 | 2 | 3 | ...| 9 )*
<if>      →   IF
<then>    →   THEN
<else>    →   ELSE
<endif>   →   ENDIF
<is>      →   IS
```

(2) Syntaktische Analyse für Recur
Recur genügt der folgenden Grammatik:

```
<Programm>     →    <Definition> | <Definition> ; <Programm>
<Definition>   →    <Name> (<Vliste>) <is> <Wert>
<Name>         →    S | P | <Wort>
<Vliste>       →    <Variable> | <Variable> , <Vliste>
<Wert>         →    <Zahl> | <Name> (<Wliste>) | <Variable> |
                    <if> <Wert> <then> <Wert> <else> <Wert> <endif>
<Wliste>       →    <Wert> | <Wert> , <Wliste>
<Variable>     →    <Wort>
```

Man beachte, daß diese Grammatik aufgrund der Zeile `<Name>` → S | P |
`<Wort>` nicht eindeutig ist. Eigentlich hätte ja `<Name>` → `<Wort>` genügt.
Wir wollen damit für den Leser andeuten, daß die Funktionsnamen S und P
eine besondere Bedeutung tragen sollen.

(3) Semantische Analyse für Recur
Folgende Tests, die vielleicht erst nach der Behandlung der Semantik von Recur völlig einleuchten werden, müssen durchgeführt werden:

- Jeder Funktionsname, der in einem Funktionsaufruf verwendet wird, muß
  in einer Funktionsdefinition auftauchen.

- Ein Funktionsname darf höchstens einmal in einer Funktionsdefinition
  links von IS auftauchen.

- Ein Funktionsname muß bei jedem Auftauchen in derselben Stelligkeit, also mit derselben Anzahl von Argumenten, benutzt werden.

- S und P haben die Stelligkeit 1.

- In einer Funktionsdefinition dürfen rechts von IS nur jene Variablen auftauchen, die auch links von IS aufgetaucht sind.

**412 Bemerkung**    RECUR ALS FUNKTIONALGLEICHUNG
Interpretiert man das RECUR Programm

```
A(X,Y) IS IF X THEN S(A(P(X),Y)) ELSE Y ENDIF
```

als Funktionalgleichung für die unbekannte Funktion $A$, so sieht man, daß es die Addition $A(X,Y) = X + Y$ berechnet: Die Gleichung

$$A(X,Y) = \begin{cases} S(A(P(X),Y)) & \Leftrightarrow & X \neq 0 \\ Y & \Leftrightarrow & X = 0 \end{cases}$$

kann mit Hinblick auf die intendierte Interpretation von S und P nämlich auch

$$\forall X, Y \in \mathsf{N}_0 : [A(0,Y) = Y] \wedge [A(X+1,Y) = A(X,Y) + 1]$$

geschrieben werden, woraus sich $A(X,Y) = X + Y$ leicht durch vollständige Induktion über $X$ zeigen läßt. Ähnlich kann man sich überlegen, daß das zweizeilige RECUR Programm

```
M(X,Y) IS IF X THEN A(M(P(X),Y),Y) ELSE O ENDIF;
A(X,Y) IS IF X THEN S(A(P(X),Y)) ELSE Y ENDIF;
```

die Multiplikation $M(X,Y) = X * Y$ berechnet. $A$ ist nach wie vor die Addition, spielt aber, nicht in der ersten Zeile des Programms stehend, nur die Rolle einer Hilfsfunktion.

Anhand des nächsten Beispiels soll die tiefere Problematik dieses Ansatzes illustriert werden:

```
F(X,Y) IS IF G(X,Y) THEN F(X, F(P(X), S(Y)) ) ELSE S(Y) ENDIF;
G(X,Y) IS IF X THEN IF Y THEN G(P(X), P(Y)) ELSE X ENDIF ELSE Y ENDIF
```
Wir schreiben die zweite Zeile als Gleichung und erhalten

$$G(X,Y) = \begin{cases} Y & \Leftrightarrow & X = 0 \\ X & \Leftrightarrow & X \neq 0 \wedge Y = 0 \\ G(X-1,Y-1) & \Leftrightarrow & X \neq 0 \wedge Y \neq 0 \end{cases}$$

Hieraus ist leicht zu sehen, daß $G(X, Y) = |X - Y|$ ist. Insbesondere gilt $G(X, Y) = 0$ genau dann, wenn $X = Y$ ist. Somit erhalten wir:

$$F(X, Y) = \begin{cases} Y + 1 & \Leftrightarrow & X = Y \\ F(X, F(X - 1, Y + 1)) & \Leftrightarrow & X \neq Y \wedge X \neq 0 \\ F(0, F(0, Y + 1)) & \Leftrightarrow & X \neq Y \wedge X = 0 \end{cases}$$

Wir können diese Formel wieder als eine Funktionalgleichung für die unbekannte Funktion $F$ auffassen. Die partielle Funktion, die das RECUR Programm berechnet, soll dann jene Funktion $F$ sein, welche diese Gleichung für alle $X$ und $Y$ erfüllt. Wir werden aber feststellen, daß es sehr *viele verschiedene* Funktionen gibt, welche diese Gleichung erfüllen. Wir wollen drei solche partielle Funktionen angeben:

$$f_1(x, y) := x + 1$$

$$f_2(x, y) := \begin{cases} x + 1 & \Leftrightarrow & y \leq x \\ y - 1 & \Leftrightarrow & y > x \end{cases}$$

$$f_3(x, y) := \begin{cases} x + 1 & \Leftrightarrow & y \leq x \wedge x - y \equiv 0 (mod 2) \\ \bot & \Leftrightarrow & \text{sonst} \end{cases}$$

Man sieht leicht, daß $f_1$ diese Gleichung erfüllt: Für $x = y$ ergibt sich $f_1(x, y) = y + 1$. Ferner erhält man $f_1(x, f_1(x - 1, y + 1)) = x + 1 = f_1(x, y)$ sowie $f_1(0, f_1(0, y + 1)) = f_1(0, 1) = 1 = f_1(0, y)$.

Anhand des Argumentepaares $(2, 5)$ läßt sich zeigen, daß diese drei Funktionen tatsächlich paarweise voneinander verschieden sind: $f_1(2, 5) = 3$, $f_2(2, 5) = 4$ und $f_3(2, 5) = \bot$.

Somit ist klar, daß die Interpretation eines RECUR Programms als Funktionalgleichung für die durch das Programm berechnete Funktion nicht unmittelbar auf eine sinnvolle Semantik führen kann: Es gibt Situationen, in denen dieser Ansatz mehrere Funktionen ergibt. Wir wollen einem RECUR Programm aber auf eindeutige Weise eine Bedeutung zuordnen.

**413 Bemerkung**    RECUR ALS UMFORMUNGSREGEL
Ein anderer Ansatz ist die Interpretation eines RECUR Programms als Umformungsregel: Der zu berechnende Term wird so lange umgeformt, bis sich ein Zahlenwert ergibt: Betrachten wir das RECUR Programm

```
F(X,Y) IS IF X THEN F(P(X),F(X,Y)) ELSE 1 ENDIF
```

und versuchen wir mittels dieser Strategie den Wert $F(1, 0)$ zu berechnen. Während hier die Umformung

$$\underline{F}(1,0) = F(0, \underline{F}(1,0)) = F(0, F(0, \underline{F}(1,0))) = \ldots$$

eine nicht-terminierende Berechnung und somit $F(1,0) = \bot$ nahelegt, suggeriert

$$\underline{F}(1,0) = \underline{F}(0, F(1,0)) = 1$$

den Wert 1.

Auch dieser Ansatz kann also auf mehrdeutige Situationen führen. Wie wir im folgenden jedoch darlegen werden, lassen sich unsere beiden Ansätze durch zusätzliche Ideen retten und führen dann zu einer eindeutigen Interpretation für RECUR Programme.

**414 Definition**   FIXPUNKTSEMANTIK DER SPRACHE RECUR
Zu jedem einzeiligen RECUR Programm gibt es genau eine Funktion $F$, genannt der *minimale Fixpunkt (least fixed point)* des RECUR Programmes, mit den folgenden hier nur intuitiv formulierten Eigenschaften:

(1) $F$ erfüllt die mathematische Gleichung, als die das RECUR Programm angesehen werden kann.

(2) Alle anderen Lösungen dieser Gleichung stimmen mit $F$ auf dem Definitionsbereich von $F$ überein, können außerhalb aber beliebige Werte besitzen oder undefiniert sein.

Bei mehrzeiligen Programmen gibt es für jede Definitionszeile eine derartige Funktion. Die Funktion, die der ersten Zeile entspricht, ist jene, die dem Programm als Ganzes zugeordnet wird, die anderen Funktionen spielen, wie im obigen Beispiel, nur die Rolle von Hilfsfunktionen. Salopp ausgedrückt ist der minimale Fixpunkt die am wenigsten definierte Funktion von allen Funktionen, welche die Gleichung erfüllen, als die das RECUR Programm interpretiert werden kann.

**415 Definition**   REDUKTIONSSTRATEGIEN FÜR RECUR PROGRAMME
Eine Reduktionsstrategie für ein RECUR Programm gibt an, welches Funktionssymbol bei einer Umformung als nächstes an die Reihe kommt. Die nachfolgend aufgeführten Reduktionsstrategien sind die bekanntesten. Im angegebenen Beispiel warten fünf Funktionssymbole $f$ auf ihre Umformung. Die in der jeweiligen Strategie tatsächlich ausgewählten sind unterstrichen:

(1) *Leftmost-innermost* reduziert den linkesten reduzierbaren Term, der selber keine reduzierbaren Teilterme enthält:

$$f(0, \underline{f}(0,1)) + f(f(2,0), f(3,1))$$

(2) *Leftmost-outermost* reduziert den linkesten reduzierbaren Term:

$$\underline{f}(0, f(0,1)) + f(f(2,0), f(3,1))$$

(3) *Parallel-innermost* reduziert simultan alle reduzierbaren Terme, die selber keine reduzierbaren Teilterme enthalten:

$$f(0, \underline{f}(0,1)) + f(\underline{f}(2,0), \underline{f}(3,1))$$

(4) *Parallel-outermost* reduziert simultan alle reduzierbaren Terme, die nicht Teilterm eines reduzierbaren Terms sind:

$$\underline{f}(0, f(0,1)) + \underline{f}(f(2,0), f(3,1))$$

(5) *Free-argument* reduziert simultan alle reduzierbaren Terme, bei denen zumindest ein Teilterm nicht reduzierbar ist:

$$\underline{f}(0, \underline{f}(0,1)) + f(\underline{f}(2,0), \underline{f}(3,1))$$

(6) *Full-substitution* reduziert simultan alle reduzierbaren Terme:

$$\underline{f}(0, \underline{f}(0,1)) + \underline{f}(\underline{f}(2,0), \underline{f}(3,1))$$

**416 Beispiel**    REDUKTIONSSTRATEGIEN
Gegeben sei das RECUR Programm

```
F(X,Y) IS IF X THEN F(P(X), F(X,Y)) ELSE 1 ENDIF;
```

Die Leftmost-innermost Strategie führt für $F(1,0)$ auf eine nicht-terminierende Folge von Reduktionsschritten:

$$\underline{F}(1,0) = F(0, \underline{F}(1,0)) = F(0, F(0, \underline{F}(1,0))) = \ldots$$

Leftmost-outermost Reduktion liefert für denselben Ausdruck den Wert 1:

$$\underline{F}(1,0) = \underline{F}(0, F(1,0)) = 1$$

Nun betrachten wir das folgende Programm:

```
G(X,Y) IS IF X THEN G(G(P(X), Y), G(P(P(X)), Y)) ELSE 0 ENDIF;
```

Leftmost-innermost Reduktion führt für $G(1,0)$ auf den Wert 0:

$$\underline{G}(1,0) = G(\underline{G}(0,0), G(0,0)) = G(0, \underline{G}(0,0)) = \underline{G}(0,0) = 0$$

Leftmost-outermost liefert ebenfalls den Wert 0:

$$\underline{G}(1,0) = \underline{G}(G(0,0), G(0,0)) =$$

$$= \text{IF } \underline{G}(0,0) \text{ THEN } G(G(P(G(0,0))), G(0,0)), G(P(P(G(0,0))), G(0,0)))$$

$$\text{ELSE } 0 \text{ ENDIF } = 0$$

Das letzte Beispiel illustriert den ausschließlich textuellen Charakter der Umform-ungen: Kann an einer Stelle noch nicht entschieden werden, welcher Teil des **IF** zuständig ist – im Beispiel kennen wir den Wert von $G(0,0)$ zunächst nicht – so muß die **IF THEN ELSE** Struktur als Ganzes eingefügt werden. Bei weiteren Umform-mungen erstreckt sich die Reduktionsstrategie auch auf diesen bedingten Ausdruck. Sobald dieser aber ausgewertet werden kann – im Beispiel nach der Erkenntnis, daß $G(0,0) = 0$ ist – so wird er auch ausgewertet, unabhängig von der benutzten Re-duktionsstrategie.

**417 Definition**　　Reduktionssemantik der Sprache Recur
Zu einem Recur Programm und einer Reduktionsstrategie gehört jeweils eine parti-elle Funktion, nämlich jene, zu deren Berechnung die gewählte Reduktionsstrategie verwendet wird.

**418 Theorem**　　Semantiktheorem der Sprache Recur
Die drei partiellen Funktionen, die einem Recur Programm gemäß *Fixpunktseman-tik*, gemäß *Reduktionssemantik in Parallel-outermost Strategie* und gemäß *Redukti-onssemantik in Full-substitution Strategie* zugeordnet werden, sind identisch.

Reduktionssemantiken mit einer anderen Strategie können auf die oben genannte partielle Funktion führen oder auf eine Einschränkung von ihr: Sie können also bei manchen Argumenten nicht-terminierende Umformungen liefern, bei denen Full-substitution oder Parallel-outermost terminieren. Andere Funktionswerte als diese Strategien können sie aber nicht liefern.

**419 Bemerkung**　　Reduktionsstrategien bei Compilern
Die Compiler der meisten Programmiersprachen behandeln rekursive Strukturen so, daß sie nach der Leftmost-innermost Strategie berechnet werden, da deren Im-plementierung oft viel effizienter als jene der Full-substitution oder der Parallel-outermost Strategie ist. Dies ergibt Programme, bei denen der Compiler Code er-zeugt, der nicht alle Werte der Funktion korrekt berechnen kann, da er für manche Argumente nicht terminiert. Verifizieren Sie diese Behauptung anhand des folgen-den Programms

```
F(X,Y) IS IF X THEN F(P(X), F(X,Y)) ELSE 1 ENDIF
```

für die Compiler, die Sie benutzen. Wenn Sie Programme schreiben, die rekursive Techniken nutzen, sollten Sie die Arbeitsweise Ihrer Compiler kennen.

## 10.5   Techniken zur Semantikdefinition

Wir haben in diesem Kapitel einige Ansätze kennengelernt, wie man einer Programmiersprache eine konkrete Bedeutung zuordnen kann. Die Grundgedanken solcher Techniken sind im folgenden kurz skizziert:

(1) OPERATIONELLE SEMANTIK
Ein Programm *läuft auf einem Rechner ab*. Dieser Rechner ist in einem bestimmten Zustand, und kann von einem Zustand in einen anderen wechseln, wobei die Zustandswechsel vom konkreten Programm abhängen. Ein *Programm ist eine Fole von Zuständen*. Man benutzt häufig die Technik der *Fortsetzungen*, bei der ein Programm, angewandt auf einen Zustand des Rechners, einen neuen Zustand ergibt und ein noch auszuführendes Fortsetzungsprogramm.

(2) DENOTATIONELLE SEMANTIK
Ein *Programm ist eine Bezeichnung (=Denotation)* für ein konkretes mathematisches Objekt, das meist eine partielle Funktion von Eingabewerten auf Ausgabewerte ist.

(3) AXIOMATISCHE SEMANTIK
Durch die sogenannte HOARE–Logik kann man Eigenschaften von Eingabezuständen formalisieren. Ein *Programm transformiert Eigenschaften* von Eingabezuständen in Eigenschaften von Ausgabezuständen. Überlegen Sie sich, was wohl die folgenden Formeln aus der HOARE–Logik ausdrücken:

$$\{(X = 3) \wedge (Y = 2)\}\ \texttt{X := X*Y}\ \{(X = 6) \wedge (Y = 2)\}$$

$$\{X > 3\}\ \texttt{X := X+1}\ \{x > 4\}$$

(4) ALGEBRAISCHE SEMANTIK
Ein Datum ist ein Objekt einer sogenannten Algebra. Ein *Programm ist eine Funktion*, die von Elementen der Algebra auf neue Elemente der Algebra führen. Algebraische Gleichungen beschreiben die Wirkung von Programmkonstrukten auf die Daten.

Diese Techniken haben viele Anwendungen: Die Definition der Bedeutung einer Programmiersprache, genauer als das mit einer natürlichsprachlichen Beschreibung möglich ist, das automatische Generieren von Compilern für eine Programmiersprache aus der Beschreibung ihrer Semantik, der Nachweis von Eigenschaften eines Programms, das automatische Transformieren eines Programms in eine andere Programmiersprache, die Analyse des Laufzeitverhaltens von Programmen, Quellcode–Optimierungen und viele andere mehr.

# 11 Berechenbarkeit

In den vorangegangenen Abschnitten haben wir die Fähigkeiten von Maschinen zur Überprüfung formaler Sprachen analysiert. Für diese Fragen interessiert man sich vor allem im Zusammenhang mit dem Compilerbau. Andererseits haben wir bei einer Reihe von Maschinen bereits sehr enge Grenzen ihrer Leistungsfähigkeit zur Kenntnis nehmen müssen. So war weder ein endlicher Automat noch ein Kellerautomat in der Lage, festzustellen, ob eine Zahl eine Primzahl ist. In diesem Kapitel fragen wir uns, wo die *absoluten Grenzen der Berechenbarkeit*, selbst für die mächtigsten Maschinenkonzepte und uns Menschen selber, liegen. Welche Funktionen und Aufgaben sind algorithmisch, also durch eine Maschine oder einen Menschen nach Vorgabe von Rechenregeln, lösbar? Sind alle Fragestellungen maschinell entscheidbar? Sind alle Funktionen durch eine Maschine berechenbar?

Wir haben auf diese Fragen bereits in Theorem 135 eine vorläufige und negative Antwort gegeben: Die Menge aller Funktionen natürlicher Zahlen ist überabzählbar, während die Menge aller Rechenregeln, Algorithmen und Computerprogramme abzählbar ist. Somit gibt es viele Funktionen natürlicher Zahlen, deren Werte weder durch einen Menschen noch durch eine Maschine berechnet werden können. Wir wollen uns in diesem Kapitel fragen, welche Funktionen tatsächlich berechnet werden können, während uns im letzten Kapitel dieses Buches jene Probleme beschäftigen werden, die durch einen Computer nicht gelöst werden können.

## 11.1 Primitiv rekursive Funktionen

**420 Definition** ELEMENTARE FUNKTIONEN
Die folgenden Funktionen heißen *elementare Funktionen (elementary functions)*:

(1) DIE NULL FUNKTION
   $Z : \mathsf{N}_0 \to \mathsf{N}_0$ und $\forall n \in \mathsf{N}_0 : Z(n) := 0$

(2) DIE NACHFOLGER–FUNKTION
   $S : \mathsf{N}_0 \to \mathsf{N}_0$ und $\forall n \in \mathsf{N}_0 : S(n) := n' = n + 1$

(3) Die Projektionsfunktionen

$$\forall m, k \in \mathsf{N}, k \leq m : P_k^m : \mathsf{N}_0^m \to \mathsf{N}_0, \forall x_1, \ldots, x_m \in \mathsf{N}_0 : P_k^m(x_1, \ldots, x_m) := x_k$$

**421 Definition**    Primitiv rekursive Konstruktionsprinzipien

Die Menge der *primitiv rekursiven Funktionen (primitive recursive functions)* ist eine induktiv definierte Teilmenge aller Funktionen eines Typus der Art $\mathsf{N}_0^n \to \mathsf{N}_0$ mit $n \in \mathsf{N}$:

(1) Elementare Funktionen

Die elementaren Funktionen (Null, Nachfolger, Projektionen) sind primitiv rekursiv.

(2) Komposition

Die Komposition von primitiv rekursiven Funktionen ist primitiv rekursiv: Sind $m, n \in \mathsf{N}$ und sind die Funktionen $g : \mathsf{N}_0^m \to \mathsf{N}_0$ und $f_i : \mathsf{N}_0^n \to \mathsf{N}_0$ für $i = 1, \ldots, m$ primitiv rekursiv, dann ist auch die Funktion $r : \mathsf{N}_0^n \to \mathsf{N}_0$ definiert durch

$$r(x_1, \ldots, x_n) := g(f_1(x_1, \ldots, x_n), \ldots, f_m(x_1, \ldots, x_n))$$

primitiv rekursiv.

(3) Primitive Rekursion

Sind für $n \in \mathsf{N}_0$ die Funktionen $g : \mathsf{N}_0^n \to \mathsf{N}_0$ und $h : \mathsf{N}_0^{n+2} \to \mathsf{N}_0$ primitiv rekursiv, dann ist auch die Funktion $r : \mathsf{N}_0^{n+1} \to \mathsf{N}_0$, definiert durch die sogenannte primitive Rekursion

$$r(x_1, \ldots, x_n, 0) = g(x_1, \ldots, x_n)$$

$$r(x_1, \ldots, x_n, y + 1) = h(x_1, \ldots, x_n, y, r(x_1, \ldots, x_n, y))$$

primitiv rekursiv. Für $n = 0$ ist das so zu interpretieren: Ist $g \in \mathsf{N}_0$ eine Konstante und $h : \mathsf{N}_0^2 \to \mathsf{N}_0$ primitiv rekursiv, dann ist auch die Funktion $r : \mathsf{N}_0^1 \to \mathsf{N}_0$, definiert durch

$$r(0) = g$$

$$r(y + 1) = h(y, r(y))$$

primitiv rekursiv.

(4) Andere Funktionen sind nicht primitiv rekursiv.

**422 Beispiel**   DEFINITION DURCH PRIMITIVE REKURSION
Im folgenden sind die Funktionen $g$ und $h$, wie sie in der Definition der primitiven Rekursion verwendet werden, angegeben. Welche Funktionen ergeben sich dann für die durch primitive Rekursion über $g$ und $h$ definierte Funktion $r$?

(1) $g = 0$, $h(x, y) = x$.

(2) $g = 0$, $h(x, y) = y$.

(3) $g(x) = x$, $h(x, y, z) = z + 1$.

(4) $g(x) = 1$, $h(x, y, z) = (y + 1) * z$.

Begründen Sie, warum die Funktion $r$ durch die Vorschrift der primitiven Rekursion eindeutig für alle Argumentwerte definiert ist. Es wäre ja denkbar, daß die primitiv rekursiven Gleichungen nicht für alle Argumentwerte eine Herleitung des Funktionswertes erlauben.

**423 Definition**   DIAGONALFUNKTIONEN
Wir haben uns bereits früher anschaulich überlegt, daß es eine Bijektion vom Typ $\mathsf{N}_0^2 \to \mathsf{N}_0$ geben könnte. Da wir eine solche nun öfter brauchen werden, wollen wir uns diese Funktion auch genauer ansehen:

Ausgehend von einer Abzählung von Zahlenpaaren in der Reihenfolge $(0, 0)$, $(0, 1)$, $(1, 0)$, $(0, 2)$, $(1, 1)$, $(2, 0)$, $(0, 3)$, $(1, 2)$, ... erhält man eine Bijektion $C_2 : \mathsf{N}_0^2 \to \mathsf{N}_0$ mit $C_2(m, n) = (m + n)(m + n + 1)/2 + m$.

Für höherdimensionale kartesische Potenzen erhält man entsprechende Bijektionen $C_k : \mathsf{N}_0^k \to \mathsf{N}_0$ durch die folgenden Rekursionsformeln: $C_{k+1}(x_1, \ldots, x_k, x_{k+1}) = C_2(x_1, C_k(x_2, \ldots, x_k, x_{k+1}))$.

Will man sich das Schreiben der einzelnen Indizes ersparen, so verwendet man die Spitzklammerschreibweise. $< a, b >:= C_2(a, b)$, $< a, b, c >:= C_3(a, b, c)$, und so weiter.

Die Funktionen $C_k : \mathsf{N}_0^k \to \mathsf{N}_0$ heißen die *Diagonalfunktionen (diagonal functions)*. Sie sind alle bijektive Abbildungen. Als solche haben sie auch Umkehrabbildungen. Diese sind die Abbildungen $J_k : \mathsf{N}_0 \to \mathsf{N}_0^k$. Für den Fall $k = 2$ schreibt man diese Umkehrfunktion gerne als *Linksfunktion* und *Rechtsfunktion* in der folgenden Form:

$$L : \mathsf{N}_0 \to \mathsf{N}_0, m \mapsto L(m) = P_1^2(J_2(m))$$

$$R : \mathsf{N}_0 \to \mathsf{N}_0, m \mapsto R(m) = P_2^2(J_2(m))$$

$$J_2(x) = (L(x), R(x))$$

$$C_2(L(x), R(x)) = < L(x), R(x) > = x$$

$$L(C_2(a, b)) = L(< a, b >) = a$$

$$R(C_2(a, b)) = R(< a, b >) = b$$

**424  Satz**   DIAGONALFUNKTIONEN SIND PRIMITIV REKURSIV
Die Diagonalfunktionen $C_k$, $< \bullet, \bullet >$ und ihre inversen Funktionen $L$, $R$, $J_k$ sind primitiv rekursiv.

**425  Beispiel**   DIAGONALFUNKTIONEN
Berechnen Sie die folgenden Werte der Diagonalfunktionen:
$C_2(3, 6)$, $< 4, 5, 6 >$, $< 2, 4, 5 >$, $L(9)$, $R(9)$, $L(< 2, 4, 5 >)$, $R(< 2, 4, 5 >)$ und
$< 4, 5 >$.

**426  Theorem**   DEFINITION DURCH FALLUNTERSCHEIDUNG
Wenn eine Funktion durch Fallunterscheidungen aus primitiv rekursiven Funktionen definiert werden kann, dann ist die Funktion primitiv rekursiv. Genauer:

Seien $f_1, f_2, \ldots, f_n$ und $g_1, g_2, \ldots, g_n$ primitiv rekursive Funktionen vom Typ $\mathsf{N}_0^m \to \mathsf{N}_0$. Für jede Stelle $(x_1, \ldots, x_m) \in \mathsf{N}_0^m$ gebe es genau ein $i$, für das $g_i(x) = 0$, dann ist die Funktion $f : \mathsf{N}_0^m \to \mathsf{N}_0$ definiert durch

$$f(x) := \begin{cases} f_1(x) & \Leftrightarrow & g_1(x) = 0 \\ f_2(x) & \Leftrightarrow & g_2(x) = 0 \\ \vdots & \\ f_n(x) \Leftrightarrow g_n(x) = 0 \end{cases}$$

primitiv rekursiv.

Bei vielen Funktionen ist eine Definition durch Fallunterscheidung leichter aufzustellen, als eine durch Komposition und primitive Rekursion.

**427  Beispiel**   PRIMITIV REKURSIVE FUNKTIONEN
Zeigen Sie, daß die folgenden Funktionen primitiv rekursiv sind:

(1) DIE ADDITION
$+ : \mathsf{N}_0 \times \mathsf{N}_0 \to \mathsf{N}_0, (a, b) \mapsto (a + b)$.

(2) DIE MULTIPLIKATION
$* : \mathsf{N}_0 \times \mathsf{N}_0 \to \mathsf{N}_0, (a, b) \mapsto (a * b)$.

(3) DIE EXPONENTIALFUNKTION ZUR BASIS 2
$$exp_2 : \mathsf{N}_0 \to \mathsf{N}_0,\, a \mapsto 2^a$$

(4) DIE SIGNUM FUNKTION

$$sgn : \mathsf{N}_0 \to \mathsf{N}_0$$

$$sgn(n) := \begin{cases} 0 & \Leftrightarrow & n = 0 \\ 1 & \Leftrightarrow & n \neq 0 \end{cases}$$

(5) DIE FAKULTÄT

$$n! := 1 * 2 * \cdots * n = \prod_{i=1}^{n} i$$

(6) DIE VORGÄNGER–FUNKTION

$$P : \mathsf{N}_0 \to \mathsf{N}_0$$

$$P(n) := n -_n 1$$

$$P(0) := 0$$

$$P(n) := n - 1 \Leftrightarrow n \geq 1$$

(7) DIE NATÜRLICHE SUBTRAKTION

$$-_n : \mathsf{N}_0 \times \mathsf{N}_0 \to \mathsf{N}_0$$

$$a -_n b := \begin{cases} a - b & \Leftrightarrow & a \geq b \\ 0 & \Leftrightarrow & a < b \end{cases}$$

(8) DAS IDENTITÄTSPRÄDIKAT

$$i : \mathsf{N}_0 \times \mathsf{N}_0 \to \mathsf{N}_0$$

$$i(a,b) := \begin{cases} 0 & \Leftrightarrow & a = b \\ 1 & \Leftrightarrow & a \neq b \end{cases}$$

# 11.2   Total und partiell rekursive Funktionen

**428  Definition**   ACKERMANN–FUNKTION
Die ACKERMANN–*Funktion* ist die durch die folgenden Gleichungen eindeutig definierte Funktion $A : \mathsf{N}_0^2 \to \mathsf{N}_0$.

$$A(0,0) = 1$$

$$A(0,1) = 2$$

$$A(0, y+2) = y+4$$

$$A(x+1, 0) = A(x, 1)$$

$$A(x+1, y+1) = A(x, A(x+1, y))$$

**429  Beispiel**   ACKERMANN–FUNKTION
Zeigen Sie, daß die ACKERMANN–Funktion durch die obigen Gleichungen bereits eindeutig festgelegt ist. Beweisen Sie durch vollständige Induktion die folgenden Gleichungen:

$$\forall y \geq 1 : A(1, y) = 2 * y$$

$$\forall y \geq 0 : A(2, y) = 2^y$$

$$\forall x \geq 0 : A(x, 1) = 2$$

$$\forall x \geq 0 : A(x, 2) = 4$$

Die ersten beiden Gleichungen lassen befürchten, daß der Wert der ACKERMANN–Funktion, insbesondere bei einem großen ersten Argument, sehr groß wird.

Berechnen Sie die Werte $A(1,1)$, $A(2,2)$, $A(3,3)$, $A(4,4)$, $A(5,5)$ der ACKERMANN–Funktion. Schreiben Sie ein Programm zur Berechnung der ACKERMANN–Funktion.

**430  Satz**   BERECHENBARKEIT DER ACKERMANN–FUNKTION
Die ACKERMANN–Funktion ist *keine primitiv rekursive Funktion.*

Die Definitionsgleichung $A(x+1, y+1) = A(x, A(x+1, y))$ sieht so ähnlich aus wie eine primitive Rekursion. Die Definition primitiv rekursiver Funktionen verlangt aber, daß die Funktionen $g$ und $h$ in der primitiven Rekursion bereits bekannte primitiv rekursive Funktionen sind. In der Definitionsgleichung der ACKERMANN–Funktion steht auf der rechten Seite des Gleichheitszeichens aber die durch diese

Gleichung erst definierte, also noch nicht bekannte ACKERMANN–Funktion $A$. Nun könnte es aber eine andere Form primitiv rekursiver Gleichungen geben, welche die ACKERMANN–Funktion definieren. Man kann aber in einem längeren Beweis zeigen, daß die ACKERMANN–Funktion tatsächlich nicht primitiv rekursiv ist.

Nach der Entdeckung der primitiv rekursiven Funktionen hat man einige Zeit lang vermutet, daß jede Funktion, die intuitiv gesprochen "durch einen Satz endlich vieler, wohldefinierter Regeln eindeutig festgelegt ist" und "von einem Menschen mittels Papier und Bleistift ausgerechnet werden kann", primitiv rekursiv ist. Die ACKERMANN–Funktion ist ein Gegenbeispiel für diese Vermutung.

Man hat sich deshalb nach neuen Konstruktionsprinzipien umgesehen, um mathematisch präzise jene Klasse von Funktionen definieren zu können, die anschaulich "von einem Menschen mittels Papier und Bleistift ausgerechnet werden kann". Es ist dies die Klasse der partiell rekursiven Funktionen.

**431 Definition**   PARTIELL REKURSIVE FUNKTIONEN
Die Menge der *partiell rekursiven Funktionen (partial recursive functions)* ist eine induktiv definierte Teilmenge aller partiellen Funktionen eines Typus der Art $\mathsf{N}_0^n \to \mathsf{N}_0$ mit $n \in \mathsf{N}$:

(1) ELEMENTARE FUNKTIONEN
Die elementaren Funktionen (Null, Nachfolger, Projektionen) sind partiell rekursiv.

(2) KOMPOSITION
Die Komposition von partiell rekursiven Funktionen ist partiell rekursiv. Formal: Sind $m, n \in \mathsf{N}$ und sind die partiellen Funktionen $g : \mathsf{N}_0^m \to \mathsf{N}_0$ und für $i = 1, \ldots, m$ $f_i : \mathsf{N}_0^n \to \mathsf{N}_0$ für $i = 1, \ldots, m$ partiell rekursiv, dann ist auch die Funktion $r : \mathsf{N}_0^n \to \mathsf{N}_0$ definiert durch

$$r(x_1, \ldots, x_n) := g(f_1(x_1, \ldots, x_n), \ldots f_m(x_1, \ldots, x_n))$$

partiell rekursiv.

Ist eine der Funktionen $f_i$ an einer Stelle $(x_1, \ldots, x_n)$ nicht definiert (also $f_i(x_1, \ldots, x_n) = \bot$ oder exakter $f_i^\bot(x_1, \ldots, x_n) = \bot$) oder ist die Funktion $g$ selber an der Stelle $(f_1(x_1, \ldots, x_n), \ldots f_m(x_1, \ldots, x_n))$ nicht definiert, dann ist die Funktion $r$ an der Stelle $(x_1, \ldots, x_n)$ nicht definiert. Dies ist unabhängig davon, ob das konkrete Resultat der Funktion $f_i$ tatsächlich benötigt wird oder nicht. Seien etwa $g(x, y) = x$, $f_1(x, y) = x * y$ und $f_2(x, y)$ nirgends definiert. Dann ist die Funktion $r(x, y) = g(f_1(x, y), f_2(x, y))$ nicht die Funktion $r(x, y) = x * y$, sondern ebenfalls nirgends definiert.

(3) PRIMITIVE REKURSION

Sind für ein $n \in \mathbb{N}_0$ die Funktionen $g : \mathbb{N}_0^n \to \mathbb{N}_0$ und $h : \mathbb{N}_0^{n+2} \to \mathbb{N}_0$ partiell rekursiv, dann ist auch die Funktion $r : \mathbb{N}_0^{n+1} \to \mathbb{N}_0$, definiert durch die primitive Rekursion

$$r(x_1, \ldots, x_n, 0) = g(x_1, \ldots, x_n)$$

$$r(x_1, \ldots, x_n, y+1) = h(x_1, \ldots, x_n, y, r(x_1, \ldots, x_n, y))$$

partiell rekursiv.

Die Funktion $r$ ist an der Stelle $(x_1, \ldots, x_n, y+1)$ genau dann definiert, wenn

(i) $g(x_1, \ldots, x_n)$ definiert ist, und

(ii) $r(x_1, \ldots, x_n, u)$ für alle $u$ mit $0 \leq u \leq y$ definiert ist, und

(iii) $h(x_1, \ldots, x_n, y, r(x_1, \ldots, x_n, y))$ definiert ist.

Anschaulich kann man das so formulieren: Stolpert man bei der schrittweisen Abarbeitung einer primitiven Rekursion einmal auf eine undefinierte Stelle, so ist von dieser Stelle an alles undefiniert.

Für $n = 0$ ist das, gleich wie bei den primitiv rekursiven Funktionen, so zu interpretieren: Ist $g \in \mathbb{N}_0$ eine Konstante und $h : \mathbb{N}_0^2 \to \mathbb{N}_0$ partiell rekursiv, dann ist auch die Funktion $r : \mathbb{N}_0^1 \to \mathbb{N}_0$, definiert durch

$$r(0) = g$$

$$r(y+1) = h(y, r(y))$$

partiell rekursiv.

(4) MINIMIERUNG

Ist für ein $n \in \mathbb{N}$ die Funktion $f : \mathbb{N}_0^{n+1} \to \mathbb{N}_0$ partiell rekursiv, dann ist die Funktion $\mu(f) : \mathbb{N}_0^n \to \mathbb{N}_0$ partiell rekursiv.

Die Funktion $\mu(f)$ ist folgendermaßen definiert:

$$[\mu(f)](x_1, \ldots, x_n) :=$$

$$= \begin{cases} x & \Leftrightarrow & f(x_1,\ldots,x_n,x) = 0 \text{ und} \\ & & \forall y < x : f(x_1,\ldots,x_n,y) \text{ definiert und} \neq 0 \\ \bot & \Leftrightarrow & \text{sonst} \end{cases}$$

Somit ist $[\mu(f)](x_1,\ldots,x_n)$ gleich der kleinsten Nullstelle der Funktion $f$, wenn man das am weitesten rechts stehende Argument von $f$ variiert und $(x_1,\ldots x_n)$ als die verbleibenden Variablen ansieht. Es ist undefiniert, wenn entweder $f$ total ist, aber keine geeignete Nullstelle hat, oder aber wenn $f$ partiell ist und keine geeignete Nullstelle im größten Intervall der Form $[0,n]$, auf dem $f$ vollständig definiert ist, hat. Alle diese Phänomene hängen natürlich von den Werten der Variablen $x_1,\ldots,x_n$ ab.

(5) Andere Funktionen sind nicht partiell rekursiv.

Eine (totale) Funktion $f : \mathsf{N}_0^n \to \mathsf{N}_0$ heißt *rekursiv (recursive)*, wenn sie als partielle Funktion interpretiert eine partiell rekursive Funktion ist, ansonsten aber eben eine totale Funktion ist.

**432 Beispiel**    Minimierung
Berechnen Sie die Minimierungen $\mu(f)$ für die folgenden Funktionen:

$$f(x,y) = (x - y)^2$$

$$f(x,y) = y^2 - 4$$

$$f(x,y) = 9$$

$$f(x,y) = (x - y^2)^2$$

$$f(x,y,z) = \text{wenn } z \text{ gerade dann } (x - y)^2 \text{ sonst undefiniert}$$

**433 Theorem**    Definition durch Fallunterscheidung
Wenn eine Funktion durch Fallunterscheidung aus rekursiven (partiell rekursiven) Funktionen definiert werden kann, dann ist die Funktion rekursiv (partiell rekursiv). Genauer:

Seien $f_1, f_2, \ldots, f_n$ and $g_1, g_2, \ldots, g_n$ rekursive Funktionen vom Typ $\mathsf{N}_0^m \to \mathsf{N}_0$. Für jede Stelle $(x_1,\ldots,x_m) \in \mathsf{N}_0^m$ gebe es genau ein $i$, für das $g_i(x) = 0$, dann ist die Funktion $f : \mathsf{N}_0^m \to \mathsf{N}_0$ definiert durch

$$f(x) := \begin{cases} f_1(x) & \Leftrightarrow & g_1(x) = 0 \\ f_2(x) & \Leftrightarrow & g_2(x) = 0 \\ \vdots \\ f_n(x) & \Leftrightarrow & g_n(x) = 0 \end{cases}$$

rekursiv.

Seien $f_1, f_2, \ldots, f_n$ and $g_1, g_2, \ldots, g_n$ partiell rekursive Funktionen vom Typ $\mathsf{N}_0^m \to \mathsf{N}_0$. Für jede Stelle $(x_1, \ldots, x_m) \in \mathsf{N}_0^m$ gebe es höchstens ein $i$, für das $g_i(x) = 0$, dann ist die Funktion $f : \mathsf{N}_0^m \to \mathsf{N}_0$ definiert durch

$$
f(x) := \begin{cases}
f_1(x) & \Leftrightarrow & g_1(x) = 0 \\
f_2(x) & \Leftrightarrow & g_2(x) = 0 \\
& \vdots & \\
f_n(x) & \Leftrightarrow & g_n(x) = 0 \\
\bot & \Leftrightarrow & \text{sonst}
\end{cases}
$$

partiell rekursiv.

Bei vielen Funktionen ist eine Definition durch Fallunterscheidung leichter aufzustellen, als eine durch Komposition, primitive Rekursion oder Minimierung.

**434  Definition**    Funktionen mit mehreren Werten
Eine (partielle) Funktion $f : \mathsf{N}_0^n \to \mathsf{N}_0^m$ heißt rekursiv (total rekursiv), wenn alle ihre einzelnen Koordinatenfunktionen $P_1^m \circ f, P_2^m \circ f, \ldots, P_m^m \circ f$ diese Eigenschaft besitzen.

Das nachfolgende Theorem ist vor allem von theoretischer Bedeutung und zeigt, daß sich alle Fragestellungen über rekursive Funktionen auf Fragestellungen über rekursive Funktionen in einer Variablen reduzieren lassen:

**435  Theorem**    Reduktion der Argumenteanzahl
Eine (totale) Funktion $f : \mathsf{N}_0^m \to \mathsf{N}_0^n$ ist genau dann rekursiv, wenn ihre Darstellung als Funktion einer Variablen mit einem Wert, nämlich die Funktion $C_n \circ f \circ J_m : \mathsf{N}_0 \to \mathsf{N}_0$ rekursiv ist.

Eine partielle Funktion $f : \mathsf{N}_0^m \to \mathsf{N}_0^n$ ist genau dann partiell rekursiv, wenn ihre Darstellung als partielle Funktion einer Variablen mit einem Wert, nämlich die partielle Funktion $C_n \circ f \circ J_m : \mathsf{N}_0 \to \mathsf{N}_0$ partiell rekursiv ist.

**436  Definition**    Beschränkte Minimierung
Für $b \in \mathsf{N}_0$ und eine (totale) Funktion $f : \mathsf{N}_0^{n+1} \to \mathsf{N}_0$ heißt die Funktion

$$
[\mu_b(f)](x_1, \ldots, x_n) := \begin{cases}
min\{y \mid f(x_1, \ldots, x_n, y) = 0, y \leq b\} \\
b + 1 \text{ falls kein solches } y \text{ existiert}
\end{cases}
$$

die *beschränkte Minimierung (bounded minimisation)* der Funktion $f$. Der Wert $[\mu_b(f)](x_1, \ldots, x_n)$ ist also gleich der kleinsten Nullstelle der Funktion $f$, wenn man das am weitesten rechts stehende Argument von $f$ variiert und $(x_1, \ldots, x_n)$ als die verbleibenden Variablen ansieht – sofern diese kleinste Nullstelle auch kleiner oder gleich $b$ ist. Ansonsten, wenn man also keine Nullstelle finden kann, oder aber die kleinste Nullstelle größer als $b$ ist, ist der Wert gleich $b + 1$.

Für $b \in \mathbb{N}_0$ und eine (totale) Funktion $f : \mathbb{N}_0^{n+1} \to \mathbb{N}_0$ heißt die Funktion

$$[\mu^b(f)](x_1, \ldots, x_n) := \begin{cases} max\{y \mid f(x_1, \ldots, x_n, y) = 0, y \leq b\} \\ b + 1 \text{ falls kein solches } y \text{ existiert} \end{cases}$$

die *beschränkte Maximierung (bounded maximisation)* der Funktion $f$. Es ist also $[\mu^b(f)](x_1, \ldots, x_n)$ gleich der größten Nullstelle kleiner gleich $b$ der Funktion $f$, wenn man das am weitesten rechts stehende Argument von $f$ variiert und $(x_1, \ldots, x_n)$ als die verbleibenden Variablen ansieht – sofern diese größte Nullstelle auch kleiner oder gleich $b$ ist. Ansonsten, wenn man also keine Nullstelle kleiner gleich $b$ finden kann, ist der Wert gleich $b + 1$.

**437 Theorem**  BESCHRÄNKTE MINIMIERUNG UND MAXIMIERUNG
Ist $f : \mathbb{N}_0^{n+1} \to \mathbb{N}_0$ eine primitiv rekursive Funktion, dann sind die beschränkte Minimierung als Funktion $(x_1, \ldots, x_n, b) \mapsto [\mu_b(f)](x_1, \ldots, x_n)$ und die beschränkte Maximierung als Funktion $(x_1, \ldots, x_n, b) \mapsto [\mu^b(f)](x_1, \ldots, x_n)$ wieder primitiv rekursiv.

**438 Beispiel**  BESCHRÄNKTE MINIMIERUNG UND MAXIMIERUNG
Zeigen Sie mittels beschränkter Minimierung und Maximierung, daß die nachfolgenden Funktionen primitiv rekursiv sind:

(1) DIE QUADRATWURZEL
$\sqrt{\phantom{x}} : \mathbb{N}_0 \to \mathbb{N}_0$, wobei $\sqrt{n}$ die ganzzahlige Wurzel aus der größten Quadratzahl, die kleiner oder gleich $n$ ist, sein soll.

(2) DAS PRIMPRÄDIKAT
$q : \mathbb{N}_0 \to \mathbb{N}_0$ mit $q(n) = 1$ genau dann, wenn $n$ Primzahl ist und $q(n) = 0$ sonst.

(3) DIE PRIMZAHLAUFZÄHLUNG
$p : \mathbb{N}_0 \to \mathbb{N}_0$, wobei $p(0) = 0$ und $p(n)$ die $n$–te Primzahl ist.

# 11.3  Die CHURCHsche These

**439 Definition**  BERECHENBARKEIT DURCH PROGRAMMIERSPRACHEN
Eine Funktion $f : \mathbb{N}_0^n \to \mathbb{N}_0$ heißt LOOP– (WHILE–, GOTO–, RECUR–) *berechenbar (computable)*, wenn es ein LOOP (WHILE, GOTO, RECUR) Programm gibt, das

diese Funktion berechnet, das heißt, die diesem Programm aufgrund der Semantik der betreffenden Sprache zugeordnete Funktion ist gerade die Funktion $f$.

**440  Theorem**    LOOP THEOREM
Eine Funktion ist genau dann *primitiv rekursiv*, wenn sie LOOP–*berechenbar* ist.

**441  Beispiel**    LOOP PROGRAMME
Geben Sie ein LOOP Programm an, das die Vorgänger-Funktion $P : \mathsf{N}_0 \to \mathsf{N}_0, (n + 1) \mapsto n, 0 \mapsto 0$, die Addition, die Multiplikation respektive die natürliche Subtraktion berechnet.

**442  Theorem**    WHILE–GOTO–RECUR THEOREM
Für eine Funktion $f : \mathsf{N}_0^m \to \mathsf{N}_0$ sind äquivalent:

(1) Die Funktion $f$ ist *partiell rekursiv*.

(2) Die Funktion $f$ ist WHILE–*berechenbar*.

(3) Die Funktion $f$ ist GOTO–*berechenbar*.

(4) Die Funktion $f$ ist RECUR–*berechenbar*.

**443  Bemerkung**    INTERPRETATION DES WHILE–GOTO–RECUR THEOREMS
Programmiersprachen mit bedingten Schleifen, bedingten Sprungbefehlen respektive rekursiven Definitionen gleich mächtig. Insbesondere sind diese Konstrukte wechselseitig aufeinander reduzierbar.

Es gibt keine Programmiersprache, mit der man mehr Funktionen berechnen kann als die Klasse der partiell rekursiven Funktionen. In diesem Sinne sind alle "mächtigen" Sprachen wie SMALLTALK, LISP, PROLOG, EIFFEL, C++, SML, HASKELL, OBJ3, APL, PL1, MIRANDA und OCCAM gleich mächtig wie unsere drei Minimalsprachen WHILE, GOTO und RECUR. Die moderneren Sprachkonzepte haben aber andere Vorteile, weil sie für den Menschen leichter lesbar sind, einen einfacheren Programmierstil erlauben, Konzepte wie Wiederverwendbarkeit, Parallelverarbeitung oder Objektorientieung unterstützen. Vom berechnungstheoretischen Standpunkt sind sie aber alle gleichwertig.

Jedes Programm der Sprachen WHILE, GOTO und RECUR kann in ein funktionsgleiches der Sprache LOOP umgeschrieben werden, sofern die berechnete Funktion primitiv rekursiv ist. Das in den meisten Fällen der praktischen Programmierung der Fall. Dies ist vorteilhaft, da die Sprache LOOP sehr einfach ist und nie zu Endlosschleifen führen kann.

Die gängigen imperativen Programmiersprachen realisieren rekursive Funktionsaufrufe, indem sie Zwischenresultate in Form lokaler Variablen sowie Rücksprungadressen auf den sogenannten "Runtime Stack" legen. Dieser wächst also pro Aufruf einer rekursiv definierten Funktion um einen bestimmten Betrag und kann ein nur schwer kontrollierbares Anwachsen an Speicherbedarf verursachen. Da man aber jedes RECUR Programm in ein WHILE Programm umwandeln kann, ist dieses Problem vermeidbar.

Ähnlich kann man jedes in der Sprache C geschriebene Programm in ein funktionsgleiches der Sprache Fortran umwandeln, obwohl C rekursive Funktionsaufrufe unterstützt, Fortran aber nur bedingte Sprungbefehle zur Verfügung stellt. Ein inhärent rekursiver Algorithmus wie der "Quicksort" kann also auch in Fortran programmiert werden. Diese Umwandlung ist aber in vielen Fällen recht mühselig.

Bedingte Sprünge stellen optimierende, vektorisierende und parallelisierende Compiler und Programmanalysatoren vor größere Probleme als WHILE. Sprünge können zu unvorhersehbaren Reihenfolgen in der Programmabarbeitung führen, während Schleifen noch teilweise kontrollierbares Ausführen vom Anfang zum Ende eines Programms bewirken. Durch Transformation von GOTO Programmen in WHILE Programme kann man dieses Problem vermeiden.

Alle diese Aussagen gelten natürlich nur unter der Annahme, daß die einzelnen Speicherstellen eines Rechners eine natürliche Zahl darstellen können. Hier ist man zwar nicht durch die Wortbreite im Speicher beschränkt, da man mehrere Wörter zu einer Speicherstelle einer Zahl zusammenfassen kann, aber durch die Tatsache, daß der Speicher insgesamt endlich ist.

**444 Definition**   TURING–MASCHINEN ALS BERECHNUNGSKONZEPT
Bei der Theorie formaler Sprachen haben wir TURING–Maschinen als Sprachakzeptoren kennengelernt. TURING–Maschinen können aber auch zur Berechnung von Funktionen herangezogen werden:

Sei $A$ ein endliches Alphabet, $\heartsuit$ ein spezielles Trennzeichen und # das leere Bandsymbol. Eine partielle Funktion $f : (A^*)^n \to (A^*)^m$ heißt TURING–*berechenbar* (TURING *computable*), wenn es eine TURING–Maschine mit Eingabealphabet $A \cup \{\heartsuit, \#\}$ gibt, so, daß folgendes gilt: Startet man die TURING–Maschine auf dem Bandinhalt $w_1 \heartsuit w_2 \heartsuit w_3 \cdots \heartsuit w_n$, so hält die TURING–Maschine genau dann, wenn $(w_1, w_2, \ldots, w_n) \in \mathcal{D}(f)$. In diesem Fall steht das Resultat $u_1 \heartsuit u_2 \heartsuit u_3 \cdots \heartsuit u_m$ auf dem Band und es ist $f(w_1, w_2, \ldots, w_n) = (u_1, u_2, \ldots, u_m)$.

Betrachten wir partielle Funktionen $f : \mathsf{N}_0^n \to \mathsf{N}_0^m$, so wählen wir als Eingabealphabet das einbuchstabige Alphabet $A = \{\bullet\}$ und als Codierung von $\mathsf{N}_0$ die folgende *unäre* Zahlendarstellung: $0 \simeq \varepsilon$, $1 \simeq \bullet$, $2 \simeq \bullet\bullet$ und so weiter. Die Funktion $f : \mathsf{N}_0^n \to \mathsf{N}_0^m$ heißt TURING–berechenbar, wenn sie als Funktion vom Typus $f : (A^*)^n \to (A^*)^m$ interpretiert, TURING–berechenbar ist.

**445 Theorem**     TURING–MASCHINEN THEOREM

Eine Funktion $f : \mathsf{N}_0^n \to \mathsf{N}_0^m$ ist genau dann TURING–*berechenbar*, wenn sie *partiell rekursiv* ist.

Diese Aussage bleibt gültig, wenn man die Vorgangsweise leicht modifiziert, etwa durch Verwendung anderer Codierungen der natürlichen Zahlen (etwa binäre, oktale oder dezimale), wenn man nur deterministische oder nur nichtdeterministische TURING-Maschinen benutzt, wenn man TURING-Maschinen mit mehreren Bändern oder mit mehreren Köpfen betrachtet und so weiter.

**446 Beispiel**     ADDITION MITTELS TURING–MASCHINE

Wir betrachten die TURING-Maschine mit der Zustandsmenge {}, dem Eingabe- und Bandalphabet $\{\bullet, \#, \heartsuit\}$, dem Startzustand 1 und folgender TURING-Tabelle:

| | $\bullet$ | $\heartsuit$ | $\#$ |
|---|---|---|---|
| 1 | $\{(E,\mathcal{L})\}$ | $\{(E,\mathcal{L})\}$ | $\{(2,\mathcal{R})\}$ |
| 2 | $\{(E,\mathcal{L})\}$ | $\{(3,\#)\}$ | $\{(E,\mathcal{L})\}$ |
| 3 | $\{(E,\mathcal{L})\}$ | $\{(E,\mathcal{L}\}$ | $\{(4,\mathcal{R})\}$ |
| 4 | $\{(5,\heartsuit)\}$ | $\{(5,\heartsuit)\}$ | $\{(E,\mathcal{L})\}$ |
| 5 | $\{(E,\mathcal{L})\}$ | $\{(6,\mathcal{R})\}$ | $\{(E,\mathcal{L})\}$ |
| 6 | $\{(6,\mathcal{R})\}$ | $\{(7,\bullet)\}$ | $\{(E,\mathcal{L})\}$ |
| 7 | $\{(7,\mathcal{L})\}$ | $\{(7,\mathcal{L})\}$ | $\{(7,\#)\}$ |
| $E$ | $\{(E,\mathcal{L})\}$ | $\{(E,\mathcal{L})\}$ | $\{(E,\mathcal{L})\}$ |

Wird die Maschine auf das Band $\ldots \#\#\heartsuit\bullet\bullet\heartsuit\bullet\bullet\heartsuit\#\#\ldots$ mit einem unmittelbar links vor der Eingabe positionierten Schreib-Lese-Kopf gestartet, so wird sie mit dem Band $\ldots \#\#\heartsuit\bullet\bullet\bullet\heartsuit\#\#\#\ldots$ terminieren. Offenbar scheint diese TURING-Maschine natürliche Zahlen zu addieren. Stimmt das Resultat auch, wenn einer der Eingabewerte oder beide den Wert Null haben? Falls nicht, identifizieren Sie das Problem und modifizieren Sie die TURING-Maschine entsprechend.

**447 Theorem**     UNIVERSELLE TURING–MASCHINE

Es gibt eine *universelle* TURING–*Maschine*, welche die Arbeitsweise einer beliebigen TURING-Maschine simuliert:

Zu jeder TURING-Maschine existiert eine endliche Beschreibung ihrer Arbeitsweise in Form ihrer TURING-Tabelle. Man kann diese als ein Wort einer formalen Sprache auffassen, indem man sie etwa zeilenweise hintereinander schreibt. Gegeben sei eine TURING-Maschine $T$ und ein Band $E$. Startet man die Maschine $T$ mit dem Band

$B$, so terminiert diese Maschine nach endlicher Zeit mit dem Bandinhalt $A$, oder sie terminiert nie.

Nun codieren wir die TURING–Tabelle der Maschine $T$ und ihre Eingabe $E$ hintereinander auf ein einziges Band $E'$. Wenn wir nun eine universelle TURING–Maschine $U$ auf das Band $E'$ ansetzen, so entspricht das resultierende Verhalten genau dem Verhalten der Maschine $E$. Die universelle MAschine $U$ terminiert genau dann, wenn auch die Maschine $T$ terminiert, und im Falle der Termination stehen auf den Bändern beider Maschinen nach der Halteoperation identische Zeichen. Eine universelle TURING–Maschine ist also ein *Interpreter für* TURING–*Maschinen*. Sie liest die TURING–Tabelle einer TURING–Maschine $T$ und die für sie intendierten Daten $E$. Anschließend verhält sie sich, was das Ausgabeverhalten entspricht, wie $T$.

**448 Bemerkung**    CHURCHSCHE THESE
Eine Funktion kann genau dann "von einem Menschen mit Papier und Bleistift nach klar vorgegebenen Regeln berechnet werden", wenn sie *partiell rekursiv* ist.

Diese These erklärt die interessante Tatsache, daß alle Programmiersprachen dieselbe Klasse von Funktionen berechnen können. Eine Ausnahme stellen hier Sprachen wie LOOP dar, denen offensichtlich ein Konstrukt fehlt. Wesentlich ist aber, daß wir bis jetzt noch keine Programmiersprache kennen, mit der sich Funktionen berechnen lassen, die nicht partiell rekursiv sind. Konzepte der Berechenbarkeit, also insbesondere auch Programmiersprachen und Maschinen, mit denen man alle partiell rekursiven Funktionen berechnen kann, nennt man *berechnungsvollständig (computational complete)*.

Es gibt zwar Techniken, mit denen man Funktionen beschreiben kann, die nicht partiell rekursiv sind. Allerdings gibt es zu diesen Funktionen dann kein Programm und auch keinen natürlichsprachlich beschriebenen Algorithmus, mit dessen Hilfe ein Computer oder ein Mensch alle Werte dieser Funktion ausrechnen könnte.

# 11.4   Berechenbarkeit bei Mengen

**449 Definition**    CHARAKTERISTISCHE FUNKTIONEN
Sei $X$ eine beliebige Menge und $Y \subseteq X$ eine Teilmenge, dann heißt die (totale) Funktion $\chi_{Y \subseteq X} : X \to \{0, 1\}$

$$\chi_{Y \subseteq X}(p) = \begin{cases} 1 & \Leftrightarrow & p \in Y \\ 0 & \Leftrightarrow & p \notin Y \end{cases}$$

die *totale charakteristische Funktion (total characteristic function)* von $Y$ bezüglich

$X.$

Die *partielle charakteristische Funktion (partial characteristic function)* von $Y$ bezüglich $X$ ist eine partielle Funktion, die genau auf $Y$ definiert ist: $\chi^{\perp}_{Y \subseteq X} : X \to \{1\}$

$$\chi^{\perp}_{Y \subseteq X}(p) = \begin{cases} 1 & \Leftrightarrow & p \in Y \\ \perp & \Leftrightarrow & p \notin Y \end{cases}$$

**450  Definition**   ENTSCHEIDBARKEIT VON MENGEN
Eine Teilmenge $A \subseteq \mathsf{N}_0$ der natürlichen Zahlen heißt

*entscheidbar (decidable)*, wenn die totale charakteristische Funktion $\chi_{A \subseteq \mathsf{N}_0}$ dieser Teilmenge rekursiv ist.

*semi-entscheidbar (semi-decidable)*, wenn die partielle charakteristische Funktion $\chi^{\perp}_{A \subseteq \mathsf{N}_0}$ dieser Teilmenge partiell rekursiv ist.

*co-semi-entscheidbar (co-semi-decidable)*, wenn das Komplement $\complement A$ dieser Menge semi-entscheidbar ist.

Eine Menge ist genau dann entscheidbar, wenn sie semi-entscheidbar und co-semi-entscheidbar ist. Die beiden "semi"–Eigenschaften stellen also jeweils eine Hälfte der Entscheidbarkeit dar. Fehlen beide "semi"–Eigenschaften, so heißt die Teilmenge *unentscheidbar (undecidable)*. Fehlt nur eine "semi"–Eigenschaft, ist die Teilmenge also semi-entscheidbar aber nicht co-semi-entscheidbar (oder umgekehrt), so nennen wir sie *nicht entscheidbar*.

Beachten Sie bitte, daß nicht überall zwischen "unentscheidbar" und "nicht entscheidbar" streng unterschieden wird: In manchen Werken wird "unentscheidbar" auch im Sinne von "nicht entscheidbar" verwendet.

**451  Theorem**   ZWEI HÄLFTEN DER ENTSCHEIDBARKEIT
Eine Teilmenge $A \subseteq \mathsf{N}_0$ der natürlichen Zahlen ist genau dann entscheidbar, wenn sie semi-entscheidbar und co-semi-entscheidbar ist. Die beiden "semi"–Eigenschaften stellen also jeweils eine Hälfte der Entscheidbarkeit dar.

**452  Bemerkung**   BEDEUTUNG VON ENTSCHEIDBARKEIT
Ist eine Teilmenge $A$ entscheidbar, so gibt es einen Algorithmus, der für jedes $n \in \mathsf{N}_0$ in endlicher Zeit die Frage beantwortet, ob ein gegebenes $n$ in $A$ liegt oder nicht: Nach endlich vielen Berechnungsschritten sagt der Algorithmus "ja" oder "nein". Man muß zu diesem Zweck nur den Wert von $\chi_{A \subseteq \mathsf{N}_0}$ zum Argument $n$ berechnen,

der für jede natürliche Zahl $n$ definiert ist.

Ist eine Teilmenge $A$ nur semi-entscheidbar aber nicht co-semi-entscheidbar, so gibt es zwar einen Algorithmus, der für jedes $n \in \mathsf{N}_0$, das in der Teilmenge $A$ liegt, nach endlicher Zeit terminiert und die Frage positiv beantwortet. Für jedes $n \in \mathsf{N}_0$ aber, das nicht in der Teilmenge liegt, terminiert der Algorithmus nicht. Zur Beantwortung dieser Frage muß man den Wert von $\chi^{\perp}_{A \subseteq \mathsf{N}_0}$ zum Argument $n$ berechnen. Das aber nur für jene $n$, die in der Teilmenge liegen, ein solcher Wert definiert ist, terminiert das zugehörige Programm auch nur in diesen Fällen. Das führt auf ein praktisches Problem: Will ich die Frage beantworten, ob ein $n$ in der Teilmenge $A$ liegt, so starte ich einen entsprechenden Algorithmus. Wenn ich nun nach längerer Rechenzeit noch immer keine Antwort bekommen habe, so kann das zwei Dinge bedeuten: Entweder kommt die Antwort "ja" nach einer weiteren, langen Wartezeit, oder aber die Antwort lautet "nein". In diesem Fall terminiert der Algorithmus nie und weiteres Warten würde nichts bringen.

Ist eine Teilmenge $A$ nur co-semi-entscheidbar aber nicht semi-entscheidbar, so haben wir eine analoge Situation wie bei einer semi-entscheidbaren Menge, nur mit vertauschten Wahrheitswerten: Man kann einen Algorithmus finden, der für $n \notin A$ nach endlicher Zeit eine negative Antwort auf die Frage "$n \in A$?" gibt und für $n \in A$ nicht terminiert. Während man bei semi-entscheidbaren Problemen algorithmisch "ja" aber nicht "nein" sagen kann, kann man bei co-semi-entscheidbaren Problemen algorithmisch "nein" aber nicht "ja" sagen.

**453  Definition**    AUFZÄHLBARKEIT VON MENGEN
Eine Teilmenge $A \subseteq \mathsf{N}_0$ der natürlichen Zahlen heißt

*rekursiv aufzählbar (recursively enumerable)*, wenn sie das Bild einer total rekursiven Funktion $f : \mathsf{N}_0 \to \mathsf{N}_0$ ist, wenn sie also im eigentlichen Sinne des Wortes durch eine rekursive Funktion aufzählbar ist: $A = \{f(0), f(1), f(2), \ldots\}$.

*monoton rekursiv aufzählbar (monotone recursively enumerable)*, wenn sie das Bild einer monotonen, total rekursiven Funktion $f : \mathsf{N}_0 \to \mathsf{N}_0$ ist, wenn sie also durch eine rekursive Funktion der Größe nach aufzählbar ist: $A = \{f(0), f(1), f(2), \ldots\}$ und $f(0) < f(1) < f(2) < \ldots$.

**454  Theorem**    ENTSCHEIDBARKEIT UND AUFZÄHLBARKEIT
Eine Teilmenge $A \subseteq \mathsf{N}_0$ ist genau dann *semi-entscheidbar*, wenn sie *rekursiv aufzählbar* ist, oder wenn sie die leere Menge ist.

Eine Teilmenge $A \subseteq \mathsf{N}_0$ ist genau dann *entscheidbar*, wenn sie *monoton rekursiv aufzählbar* ist, oder wenn sie nur endlich viele Elemente besitzt.

BEWEIS:
Wir wollen uns die Grundgedanken der Beweise überlegen, da wir sie später benötigen werden.

(1) $A$ entscheidbar $\Rightarrow$ $A$ monoton rekursiv aufzählbar: Ist $A$ entscheidbar, so gibt es einen Algorithmus, der die Frage "$n \in A$?" in endlicher Zeit positiv oder negativ beantwortet. Nun gehen wir der Reihe nach alle Elemente von $N_0$ durch und prüfen, ob sie in $A$ liegen oder nicht. Falls ja, notieren wir dieses Element, falls nein, gehen wir weiter. Dieses Vorgehen liefert uns eine Aufzählung aller Elemente von $A$ in aufsteigender Reihenfolge. Also ist $A$ monoton rekursiv aufzählbar.

(2) $A$ monoton rekursiv aufzählbar $\Rightarrow$ $A$ entscheidbar: Wir müssen einen Algorithmus angeben, der in endlicher Zeit die Frage, ob ein $n$ in $A$ liegt, beantworten kann. Gegeben sei also ein solches $n$. Nun zählen wir die Elemente von $A$ nach wachsender Größe auf. Entweder werden wir nach einiger Zeit fündig, die Aufzählung liefert uns ein solches $n$ und wir wissen, daß $n$ in $A$ liegt. Oder die Aufzählung gelangt, da sie ja dauernd ansteigt, schließlich zu einem Element, das größer als $n$ ist. Daraus können wir folgern, daß $n$ nicht in $A$ liegt, da ja alle in der Aufzählung noch folgenden Elemente größer als $n$ sein müssen. Der Fall einer endlichen Menge muß gesondert betrachtet werden.

(3) $A$ semi-entscheidbar $\Rightarrow$ $A$ rekursiv aufzählbar: Man könnte hier auf folgende Idee kommen: Wir gehen der Reihe nach die natürlichen Zahlen durch, und testen für $0, 1, 2, \ldots$, ob sie in $A$ liegen. Falls aber $0 \notin A$, so führt die Frage, ob 0 in $A$ liegt, auf ein nichtterminierendes Verhalten. Wir können also nicht mehr sagen "nachdem unser Unterprogramm diese Frage beantwortet hat, setzen wir mit den folgenden Schritten fort...", da es ein solches *nachdem* nicht mehr gibt. Wir können uns aber mit einer wichtigen Technik behelfen. Wegen seiner großen Bedeutung hat dieses Verfahren einen eigenen Namen. Im Englischen heißt es *dovetailing*, was mit *Schwalbenschanz* oder auch *Koordination* übersetzt werden kann.

Die *Grundidee des Koordinationsverfahrens* ist die folgende: Ich muß alle natürlichen Zahlen finden, für die ein bestimmter Test positiv ausfällt. Wenn der Test positiv ausfällt, so ist er nach endlich viele Arbeitsschritte auszuführen. Fällt er jedoch negativ aus, so zeigt sich das nur durch darin, daß ich mit dem Test nie fertig werde, also unendlich viele Arbeitsschritte benötige. Ich mache also einen Arbeitsschritt des Tests für die Zahl 0, dann einen Schritt für 0 und einen für 1, dann einen für 0, einen für 1 und einen für 2, dann jeweils einen für $0, 1, 2, 3$ und so weiter. Nach diesem Mechanismus werde ich mich im Laufe der Zeit allen natürlichen Zahlen beliebig oft widmen. Nach und nach werde ich alle jene natürlichen Zahlen finden, für die der Test nach endlich vielen Schritten mit einer positiven Antwort beendet werden kann. Ich kann also die Elemente von $A$ aufzählen, ohne durch die Nichtelemente aufgehalten zu werden. In der weiterführenden Literatur wird dieses Verfahren formal präziser beschrieben, die zugrunde liegende Idee ist aber dieselbe.

(4) $A$ rekursiv aufzählbar $\Rightarrow$ $A$ semi-entscheidbar: Gegeben ist eine Zahl $n \in \mathbb{N}_0$. Ich zähle nun alle Elemente von $A$ auf und warte, ob die Auzählung das Element $n$ erzeugt. Falls $n \in A$, werde ich nach einiger Zeit diesem Element in der Aufzählung begegnen. Falls $n \notin A$, wird dieser Prozeß nicht terminieren. $\square$

**455 Theorem**    CHARAKTERISIERUNG DER SEMIENTSCHEIDBARKEIT
Sei $S \subseteq \mathbb{N}_0$ eine Teilmenge der natürlichen Zahlen. Dann sind die folgenden Aussagen äquivalente Charakterisierungen, daß $S$ rekursiv aufzählbar ist:

(1) Die partielle charakteristische Funktion $\chi^{\perp} : \mathbb{N}_0 \to \mathbb{N}_0$ von $S$ ist partiell rekursiv.

(2) $S$ ist die leere Menge oder das Bild einer (total) rekursiven Funktion $f : \mathbb{N}_0 \to \mathbb{N}_0$. $S$ ist also im eigentlichen Sinne des Wortes (total) rekursiv aufzählbar.

(3) $S$ ist die leere Menge oder das Bild einer primitiv rekursiven Funktion $f : \mathbb{N}_0 \to \mathbb{N}_0$. $S$ ist also im eigentlichen Sinne des Wortes primitiv rekursiv aufzählbar.

(4) $S$ ist das Bild einer partiell rekursiven Funktion $f : \mathbb{N}_0 \to \mathbb{N}_0$. $S$ ist also eigentlichen Sinne des Wortes partiell rekursiv aufzählbar.

(5) $S$ ist der Definitionsbereich einer partiell rekursiven Funktion $f : \mathbb{N}_0 \to \mathbb{N}_0$.

(6) Falls $S$ unendlich ist: $S$ ist das Bild einer injektiven, (total) rekursiven Funktion $f : \mathbb{N}_0 \to \mathbb{N}_0$.

**456 Theorem**    NEGATIVRESULTATE
Die Definitionen rekursiv und rekursiv aufzählbar sind relevante Definitionen, denn:

(1) Es gibt rekursiv aufzählbare Mengen, die nicht rekursiv sind.

(2) Es gibt Mengen, die weder rekursiv aufzählbar noch co-rekursiv aufzählbar sind.

Wir werden etwas später Beispiele für solche Mengen kennenlernen.

**457 Theorem**    ABSCHLUSSEIGENSCHAFTEN
Die Klasse der rekursiven Mengen ist abgeschlossen unter Durchschnitt, Vereinigung, Komplement und Mengendifferenz. Das heißt der Durchschnitt, die Vereinigung, das Komplement und die Differenz rekursiver Mengen ist rekursiv.

Die Klasse der rekursiv aufzählbaren Mengen ist abgeschlossen unter Durchschnitt und Vereinigung. Das heißt der Durchschnitt und die Vereinigung rekursiv aufzählbarer Mengen ist rekursiv aufzählbar. Für Komplementbildung und Mengendifferenz gilt das im allgemeinen nicht mehr.

Beachte: Mit Durchschnitt und Vereinigung ist die betreffende Operation zweier Mengen gemeint. Werden diese Operationen über unendliche Familien von Mengen gebildet, so gilt die Abschlußeigenschaft im allgemeinen nicht mehr.

BEWEIS:
Diesen Eigenschaften liegen zwei Ideen zugrunde, die wir an zwei Beweisen skizzieren wollen:

Wir zeigen: Der Durchschnitt rekursiv aufzählbarer Mengen ist rekursiv aufzählbar. Seien also $A, B \subseteq \mathsf{N}_0$ zwei rekursiv aufzählbare, also semi-entscheidbare Mengen. Dann sind die partiellen charakteristischen Funktionen $\chi^{\perp}_{A \subseteq \mathsf{N}_0}$ und $\chi^{\perp}_{B \subseteq \mathsf{N}_0}$ partiell rekursiv. Man kann sich leicht überlegen, daß die partielle charakteristische Funktion des Durchschnitts zweier Mengen gleich dem Produkt der partiellen charakteristischen Funktionen dieser Mengen ist: $\chi^{\perp}_{A \cap B} = \chi^{\perp}_A * \chi^{\perp}_B$. Nun ist die Multiplikation eine partiell rekursive Funktion, insgesamt ist also $\chi^{\perp}_A * \chi^{\perp}_B$ partiell rekursiv – folglich ist $A \cap B$ semi-entscheidbar.

Wir zeigen: Die Vereinigung rekursiv aufzählbarer Mengen ist rekursiv aufzählbar. Hier gibt es zwei Möglichkeiten:

Variante 1: Seien also $A$ und $B$ rekursiv aufzählbar, also semi-entscheidbar. Wir wollen zeigen, daß $A \cup B$ semi-entscheidbar ist. Sei ein $n \in \mathsf{N}_0$ gegeben. Um die Frage, ob $n$ in der Vereinigung liegt, können wir nun nicht zuerst fragen, ob $n$ in $A$ liegt, und falls diese Antwort negativ ist, dann noch die Frage stellen, ob $n$ in $B$ liegt: Ist $n$ nicht in $A$, dann führt der Versuch, diese Frage zu klären, auf ein nichtterminierendes Verhalten. Wir wissen aber: Wenn $n$ in der Vereinigung liegt, dann können wir $n$ in endlich vielen Rechenschritten zumindest in einer der Mengen $A$ oder $B$ nachweisen. Wir verwenden also wieder unser *Koordinationsverfahren*: Wir stellen uns die Fragen "$n \in A$?" und "$n \in B$?" gleichzeitig, und wir bearbeiten diese Fragestellungen jeweils abwechselnd. Falls $n$ in zumindest einer dieser beiden Mengen liegt, so wird der zugehörige Algorithmus nach endlicher Zeit diese Eigenschaft finden. Liegt $n$ aber in keiner dieser beiden Mengen, so wird diese Suche nicht terminieren. Das ist richtig so, denn dann liegt $n$ ja auch nicht in der Vereinigung.

Variante 2: Seien $A$ und $B$ rekursiv aufzählbar. Dann gibt es einen Algorithmus, der alle Elemente von $A$ und einen anderen, der alle Elemente von $B$ aufzählt. Ein Algorithmus, der nun jeweils zwischen den von diesen beiden Algorithmen aufgezählten Elementen abwechselt, zählt die Vereinigung $A \cup B$ auf. Genauer: es gibt rekursiven Funktionen $f, g : \mathsf{N}_0 \to \mathsf{N}_0$, so daß $A = \{f(0), f(1), f(2), \ldots\}$ und $B = \{g(0), g(1), g(2), \ldots\}$. Dann ist $A \cup B = \{h(0), h(1), h(2), \ldots\}$ mit

$$h(n) = \begin{cases} f(n/2) & \Leftrightarrow & n \text{ gerade} \\ g((n-1)/2) & \Leftrightarrow & n \text{ ungerade} \end{cases}$$

Wenn $f$ und $g$ rekursiv sind, dann ist auch $h$ rekursiv. Das sieht man sofort, wenn man sich erinnert, daß rekursiv und GOTO–berechenbar äquivalent sind. Nehmen Sie an, Sie hätten zwei GOTO Programme für $f$ und $g$, und konstruieren Sie aus diesen Programmen ein GOTO Programm, das $h$ berechnet.

Achtung: Die folgende "Beweisidee" bei der Vereinigung ist naheliegende, aber falsch: $\chi^{\perp}_{A \cup B} = \max(\chi^{\perp}_A, \chi^{\perp}_B)$. Zeigen Sie zunächst, daß die Beziehung $\chi_{A \cup B} = \max(\chi_A, \chi_B)$ gilt. Dann überlegen Sie sich die Probleme, die sich bei den partiellen charakteristischen Funktionen ergeben. ⊔

**458 Theorem**  BILDER UND URBILDER PARTIELL REKURSIVER FUNKTIONEN
Sei $f : \mathsf{N}_0 \to \mathsf{N}_0$ eine partiell rekursive Funktion. Dann gilt:

(1) Das Bild von $f$, $f(\mathcal{D}(f))$, ist rekursiv aufzählbar.

(2) Das Bild $f(A)$ einer rekursiv aufzählbaren Teilmenge $A \subseteq \mathsf{N}_0$ ist wieder rekursiv aufzählbar.

(3) Das Urbild $f^{-1}(A)$ einer rekursiv aufzählbaren Teilmenge $A \subseteq \mathsf{N}_0$ ist rekursiv aufzählbar.

**459 Theorem**  BILDER UND URBILDER REKURSIVER FUNKTIONEN
Sei $f : \mathsf{N}_0 \to \mathsf{N}_0$ eine rekursive Funktion. Dann gilt:

(1) Das Bild von $f$, $f(\mathcal{D}(f))$, ist zwar immer rekursiv aufzählbar, aber nicht immer rekursiv.

(2) Das Urbild von $f$, $f^{-1}(A)$ einer rekursiven Teilmenge $A \subseteq \mathsf{N}_0$ ist rekursiv.


# 11.5   Berechenbarkeit bei formalen Sprachen

Bisher haben wir die Theorie der Berechenbarkeit nur für natürliche Zahlen betrachtet. Sie läßt sich aber auch auf formale Sprachen ausdehnen. Es gibt dazu zwei Ansätze:

(1) NEUENTWICKLUNG DER THEORIE

Ganz ähnlich wie die TURING–Berechenbarkeit einer Funktion natürlicher
Zahlen definiert wurde, kann man die Berechenbarkeit von Funktionen $f$ :
$A^* \to B^*$ zwischen Wortmonoiden oder von Funktionen $f : \mathcal{L}_1 \to \mathcal{L}_2$ zwischen formalen Sprachen definieren. Dann kann man Begriffe wie "rekursiv
aufzählbare Teilmenge eines Wortmonoids" definieren, und die ganze Theorie
für formale Sprachen neu entwickeln.

(2) TRANSFER DER THEORIE

Ein anderer Ansatz reduziert das Umfeld formaler Sprachen auf das Umfeld
natürlicher Zahlen. Vermöge eine Abbildung, der sogenannten GÖDELisierung,
kann man Wörter einer formalen Sprache als natürliche Zahlen auffassen. Dadurch kann man alle, für natürliche Zahlen bereits bekannten Begriffe, auf
formale Sprachen übertragen.

**460 Definition**     GÖDELISIERUNG

Sei $A$ ein endliches Alphabet.   Eine GÖDEL*isierung* über $A$ ist eine injektive,
TURING–berechenbare (totale) Funktion $f : A^* \to \mathsf{N}_0$, deren Bild eine entscheidbare
Menge ist.

Die bekanntesten GÖDELisierungen sind die *Standard–*GÖDEL*isierungen*: Sei $A$ ein
endliches Alphabet und $\alpha : A \to \{1, 2, \ldots, \#(A)\} \subseteq \mathsf{N}_0$ eine injektive Abbildung,
die jedem Buchstaben eine natürliche Zahl zuordnet. Bezeichne $p_n$ die $n$–te Prim-
zahl, also $p_1 = 2, p_2 = 3, \ldots$ Dann heißt die Funktion $\mathcal{G} : A^* \to \mathsf{N}_0$, $\mathcal{G}(\varepsilon) := 0$ und
$\mathcal{G}(a_1 a_2 \ldots a_k) := p_1^{\alpha(a_1)} p_2^{\alpha(a_2)} \ldots p_k^{\alpha(a_k)}$ die *Standard*GÖDEL*isierung* bezüglich $\alpha$.

**461 Theorem**     TRANSFERTHEOREM

Sei $\mathcal{G} : A^* \to \mathsf{N}_0$ eine GÖDELisierung.  Eine Sprache $\mathcal{L} \subseteq A^*$ ist genau dann entscheidbar (semi-entscheidbar, co-semi-entscheidbar), wenn ihr Bild $\mathcal{G}(\mathcal{L}) \subseteq \mathsf{N}_0$ unter der GÖDELisierung entscheidbar (semi-entscheidbar, co-semi-entscheidbar) ist.
Diese Eigenschaft hängt nicht von der Wahl der GÖDELisierung $\mathcal{G}$ ab.

# 11.6  Rekursionstheorie

**462 Theorem**     UNIVERSALITÄTSTHEOREM

Es gibt eine *universelle partiell rekursive Funktion*.  Genauer: Es gibt eine partiell rekursive Funktion $u : \mathsf{N}_0^2 \to \mathsf{N}_0$ mit der Eigenschaft, daß es zu jeder partiell
rekursiven Funktion $f : \mathsf{N}_0^n \to \mathsf{N}_0$ (mindestens) eine Zahl $\tilde{f}$ gibt, mit

$$\forall x_1, x_2, \ldots, x_n \in \mathsf{N}_0 : u(\tilde{f}, C_n(x_1, x_2, \ldots, x_n)) = f(x_1, x_2, \ldots, x_n)$$

Eine Zahl $\tilde{f}$ mit dieser Eigenschaft heißt ein *Index (index)* von $f$ bezüglich $u$.

Das Universalitätstheorem ist offenbar eine andere Formulierung des Theorems von der universellen TURING–Maschine. $u$ berechnet offensichtlich die Funktion, die einer solchen universellen TURING–Maschine entspricht.

**463 Definition** SPEZIALISIERUNG

Sei $f : \mathsf{N}_0^{n+1} \to \mathsf{N}_0$ eine Funktion von $n+1$ Argumenten und $x \in \mathsf{N}_0$ eine natürliche Zahl. Dann ist die Abbildung $f(x) : \mathsf{N}_0^n \to \mathsf{N}_0$ eine Abbildung von $n$ Argumenten, die durch $f(x)(x_1, x_2, \ldots, x_n) := f(x, x_1, x_2, \ldots, x_n)$ definiert ist. Diese Abbildung $f(x)$ heißt die *Spezialisierung (partielle Evaluation; partial evaluation)* von $f$ bezüglich $x$ als erstem Argument.

**464 Theorem** SPEZIALISIERUNGSTHEOREM

Die *Spezialisierung* einer Funktion auf ein Argument ist *(total) rekursiv*. Genauer: Es gibt eine (total) rekursive Funktion $r : \mathsf{N}_0^2 \to \mathsf{N}_0$ mit der folgenden Eigenschaft: Ist $\tilde{f}$ ein Index von $f$ bezüglich einer universellen partiell rekursiven Funktion $u$ und $x \in \mathsf{N}_0$, dann ist $r(\tilde{f}, x)$ ein Index der Spezialisierung $f(x)$.

Aus historischen Gründen heißt das Spezialisierungstheorem auch $S_n^m$-Theorem.

**465 Definition** DIAGONALMENGE

Sei $u$ eine universelle partiell rekursive Funktion. Dann heißt die Menge $\mathcal{K} := \{x \in \mathsf{N}_0 \mid u(x, x) \neq \bot\}$ die *Diagonalmenge (diagonal set)* von $u$.

**466 Theorem** DIAGONALMENGE IST SEMI-ENTSCHEIDBAR

Die Diagonalmenge $\mathcal{K}$ ist semi-entscheidbar aber nicht entscheidbar.

BEWEIS:

Wir zeigen durch indirekten Beweis, daß $\mathcal{K}$ nicht co-semi-entscheidbar ist. Wäre $\mathcal{K}$ co-semi-entscheidbar, dann wäre die partielle charakteristische Funktion $\chi^{\perp}_{\mathsf{C}\mathcal{K}}$ partiell rekursiv. In diesem Fall gäbe es einen Index $c$ zu dieser Funktion: $\forall x : \chi^{\perp}_{\mathsf{C}\mathcal{K}}(x) = u(c, x)$. Dann wäre $c \in \mathsf{C}\mathcal{K} \Leftrightarrow u(c, c) \neq \bot$. Laut Definition von $\mathcal{K}$ wäre dies äquivalent zu $c \in \mathcal{K}$. Wir erhalten den Widerspruch $c \in \mathcal{K} \Leftrightarrow c \notin \mathcal{K}$.

Man sieht leicht, daß $\mathcal{K}$ semi-entscheidbar ist, denn die Funktion $x \mapsto (u(x, x) + 1)/(u(x, x) + 1)$ ist partiell rekursiv und mit der partiellen charakteristischen Funktion von $\mathcal{K}$ identisch. $\square$

# 12 Komplexitätstheorie

In vorangegangenen Kapiteln haben wir gesehen, daß bestimmte Aufgaben durch einen Computer prinzipiell nicht gelöst werden können. Andere Problemstellungen können zwar im Prinzip durch einen Rechner behandelt werden, benötigen aber zu viel Rechenzeit oder Speicherplatz, als daß sie mit den verfügbaren Ressourcen praktisch gelöst werden können. Die Komplexitätstheorie macht quantitative Aussagen über die Rechenzeit und den Speicherplatz, der zur Lösung einer bestimmten Aufgabe und in Abhängigkeit von den Eingabedaten erforderlich ist. Da diese Abhängigkeiten nur selten genau berechnet werden können, arbeitet man mit asymptotischen Angaben. Man unterscheidet ferner

- *Worst Case Analysis*, welche den Ressourcenbedarf im ungünstigsten Fall untersucht,

- *Average Case Analysis*, die den im Mittel zu erwartenden Aufwand untersucht, wobei über alle möglichen Eingaben mit einer gewissen Wahrscheinlichkeit gemittelt wird,

- *Lower Bound Analysis*, welche die unteren Schranken für den Aufwand angibt – besser geht's nicht – und

- *Upper Bound Analysis*, welche die oberen Schranken für den Aufwand untersucht – schlimmer wird's nicht.

Wir werden in diesem Kapitel einige Techniken vorstellen, die bei der Analyse der Komplexität von Algorithmen häufig benutzt werden. Weitere Einzelheiten dieses komplexen Gebietes findet man in der Literatur.

## 12.1  Asymptotische Notationen

Asymptotische Notationen dienen zur Angabe des ungefähren Wachstumsverhaltens von Funktionen $g : \mathsf{N} \to \mathsf{R}$ bei großen Problemgrößen $n$.

**467 Definition**    GROSS $O$, GROSS OMEGA UND GROSS THETA
Eine Funktion $g : \mathsf{N} \to \mathsf{R}$ liegt in der Klasse $O(f)$ einer Funktion $f : \mathsf{N} \to \mathsf{R}$, wenn

es eine positive reelle Zahl $C \in \mathbb{R}^+$ gibt, so, daß ab einer bestimmten Zahl $N_0 \in \mathbb{N}$ für alle größeren $n \in \mathbb{N}, n \geq N_0$ die Ungleichung $g(n) \leq Cf(n)$ gilt. Anschaulich heißt das: $g$ liegt in der Klasse $O(f)$, wenn $g$ *asymptotisch höchstens so rasch wie* $f$ wächst.

Eine Funktion $g : \mathbb{N} \to \mathbb{R}$ liegt in der Klasse $\Omega(f)$ einer Funktion $f : \mathbb{N} \to \mathbb{R}$, wenn es eine positive reelle Zahl $C \in \mathbb{R}^+$ gibt, so, daß ab einer bestimmten Zahl $N_0 \in \mathbb{N}$ für alle größeren $n \in \mathbb{N}, n \geq N_0$ die Ungleichung $g(n) \geq Cf(n)$ gilt. Anschaulich heißt das: $g$ liegt in der Klasse $\Omega(f)$, wenn $g$ *asymptotisch mindestens so rasch wie* $f$ wächst.

Eine Funktion $g : \mathbb{N} \to \mathbb{R}$ liegt in der Klasse $\Theta(f)$ einer Funktion $f : \mathbb{N} \to \mathbb{R}$, wenn es positive reelle Zahlen $C_1, C_2 \in \mathbb{R}^+$ gibt, so, daß ab einer bestimmten Zahl $N_0 \in \mathbb{N}$ für alle größeren $n \in \mathbb{N}, n \geq N_0$ die Ungleichung $C_1 f(n) \leq g(n) \leq C_2 f(n)$ gilt. Anschaulich heißt das: $g$ liegt in der Klasse $\Theta(f)$, wenn $g$ *asymptotisch etwa gleich rasch wie* $f$ wächst.

| Klasse | Interpretation |
|---|---|
| $g \in O(f)$ | $g$ wächst asymptotisch höchstens so rasch wie $f$ |
| $g \in \Theta(f)$ | $g$ wächst asymptotisch genau so rasch wie $f$ |
| $g \in \Omega(f)$ | $g$ wächst asymptotisch mindestens so rasch wie $f$ |

**468 Bemerkung**    INTERPRETATION ASYMPTOTISCHER NOTATIONEN
Eine Funktion $g$ liegt in der Klasse $O(n)$, wenn es eine positive reelle Zahl $C$ und eine natürliche Zahl $N_0$ gibt, daß für $n \geq N_0$ die Ungleichung $g(n) \leq C * n$ erfüllt ist. Das heißt $g$ wächst ab einer bestimmten Anfangsphase, bei der nichts über das Verhalten der Funktion ausgesagt wird, höchstens so schnell wie eine lineare Funktion. Da wir eine beliebige Konstante $C$ frei wählen dürfen, bezieht sich diese Aussage auch nicht auf die spezifische quantitative Steigung der linearen Funktion, sondern mehr auf das qualitative Verhalten.

Eine Funktion $g$ liegt etwa in der Klasse $\Omega(n^2)$, wenn $\exists C, N_0 : \forall n \geq N_0 : g(n) \geq C * n^2$. Das heißt $g$ wächst ab einer bestimmten Anfangsphase, bei der nichts über das Verhalten der Funktion ausgesagt wird, mindestens so schnell wie eine quadratische Funktion. Da wir eine beliebige Konstante $C$ frei wählen dürfen, bezieht sich diese Aussage auch nicht auf die spezifische quantitative Steigung der quadratischen Funktion, sondern mehr auf das qualitative Verhalten.

Eine Funktion $g$, die in der Klasse $\Theta(f)$ liegt, kann man also anschaulich gesprochen, mit Ausnahme eines uninteressanten Anfangsverhaltens, zwischen zwei Versionen von $f$ begrenzen. Beide Versionen von $f$, das sind $C_1 * f$ und $C_2 * f$, unterscheiden sich nur durch eine vorangestellte Konstante.

**469 Theorem**   THETA THEOREM
Eine Funktion $g$ liegt in der Klasse $\Theta(f)$ genau dann, wenn $g$ in den Klassen $\Omega(f)$ und $O(f)$ liegt: Die Aussage *g wächst asymptotisch gleich rasch wie f* ist äquivalent zur Aussage *g wächst asymptotisch sowohl mindestens so rasch wie f, als auch höchstens so rasch wie f*.

**470 Beispiel**   ASYMPTOTISCHES WACHSTUM
Die Funktion $n^2 + 2n + 2$ hat quadratisches Wachstum, das heißt mit $g(n) := n^2 + 2n + 2$ und $f(n) := n^2$ gilt $g \in \Theta(f)$.

Die Funktion $2^n$ wächst mindestens so schnell wie die Funktion $n^4$, das heißt mit $g(n) := 2^n$ und $f(n) := n^4$ gilt $g \in \Omega(f)$. Die Funktion $2^n$ wächst sogar schneller als die Funktion $n^4$, es gilt also weder $g \in O(f)$ noch $g \in \Theta(f)$.

BEWEIS:
Wir wählen $C_1 = 1$, $C_2 = 5$ und $N_0 = 1$. Nun kann man leicht zeigen, daß für $n \in \mathbb{N}$ mit $n \geq N_0$ die Ungleichung $C_1 f(n) \leq g(n) \leq C_2 f(n)$ gilt.

Die Ungleichung $2^n \geq C n^4$ gilt genau dann, wenn die Ungleichung $\log(2^n) \geq \log(C n^4)$ gilt, da der Logarithmus eine monotone Funktion ist. Umformung der Logarithmen ergibt $n \log 2 \geq \log C + 4 \log n$. Die linke Seite wächst linear: Erhöhung von $n$ um 1 erhöht den Funktionswert immer um $\log 2$. Um das Wachstum der rechten Seite zu betrachten, bilden wir die Ableitung, sie ist $4/n$. Das bedeutet, daß bei größerem $n$ die rechte Seite immer langsamer wächst. Wählen wir insbesondere $n \geq 8/\log 2$, so wächst ab diesem Wert die rechte Seite langsamer als die lineare Funktion $0.5 * n \log 2$. Je Erhöhung von $n$ um 1 wächst dann die rechte Seite sicher um $0.5 * \log 2$ weniger als die linke Seite. Deshalb wird die linke Seite ab einem geeigneten $N_0$ die rechte aufgeholt haben. Eine analoge Argumentation können wir benutzen, um $g \notin O(f)$ und $g \notin \Theta(f)$ zu zeigen. Wir nehmen mittels indirekten Beweis das Gegenteil an. Dann müßte eine Ungleichung gelten, die aber nicht gilt. $\square$

# 12.2   Wachstumsklassen

**471 Definition**   ASYMPTOTISCHE ÄQUIVALENZ
Zwei Funktionen $f$ und $g$ heißen *asymptotisch äquivalent (asymptotically equivalent)*, $f \sim_a g$, wenn $f$ in der Klasse $\Theta(g)$ liegt.

**472 Definition**   WACHSTUMSKLASSE
Eine *(asymptotische) Wachstumsklasse (asymptotical growth class)* ist eine Äquivalenzklasse von Funktionen, die dasselbe asymptotische Wachstumsverhalten haben,

präziser ausgedrückt eine Äquivalenzklasse der oben eingeführten Relation $\sim_a$.

**473 Bemerkung**   POLYNOMIALE WACHSTUMSKLASSE
Eine *polynomiale Wachstumsklasse* ist eine Menge von Funktionen, die als $\Theta(P(n))$
angeschrieben werden kann, wobei $P$ ein geeignetes Polynom ist. Wir haben bereits
am Beispiel $n^2 + 2n + 2 \in \Theta(n^2)$ gesehen, daß für das asymptotische Wachstumsverhalten von Polynomen nur die höchste auftretende Potenz, also der *Grad (degree)*
des Polynoms, maßgeblich ist. Wir definieren deshalb:

Die *polynomiale Wachstumsklasse vom Grad $p$* ist die Funktionenmenge $\Theta(n^p)$. Hat
eine Funktion $f$ polynomiales Wachstum, das heißt, liegt sie in einer Menge $\Theta(P(n))$,
bei der $P$ ein Polynom ist, dann liegt sie auch in der polynomialen Wachstumsklasse
vom Grad $p$, wobei $p$ der Grad von $P$ ist.

Das Verhalten dieser Wachstumsklassen ist durch den Grad determiniert: Wir
betrachten ein Problem, dessen Rechenzeit polynomial von der Eingangsgröße $n$
abhängt. Verdoppelt man $n$, so verdoppelt sich der Aufwand (falls Grad $p = 1$),
oder er vervierfacht sich (falls Grad $p = 2$), oder er verachtfacht sich (falls Grad
$p = 3$), und so weiter.

Ist der Grad $p = 1$, so spricht man von *linearem Wachstum (linear growth)*, bei
$p = 2$ von *quadratischem Wachstum (quadratic growth)* und bei $p = 3$ von *kubi-
schem Wachstum (cubic growth)*.

**474 Bemerkung**   EXPONENTIELLE WACHSTUMSKLASSE
Die Menge $\Theta(b^n)$ von Funktionen, $b > 1$, heißt die *exponentielle Wachstumsklasse
zur Basis $b$*.

Charakteristisch für diese exponentiellen Klassen ist ihr extremes Wachstum. Ver-
größert man das Argument um 1, so multipliziert sich ihr Wert mit der Basis. Bei
Basis $b = 2$ bewirkt die Vergrößerung des Arguments um 1 bereits eine Verdopplung
des Funktionswertes.

**475 Bemerkung**   LOGARITHMISCHE WACHSTUMSKLASSE
Die Funktionsmenge $\Theta(\log(n))$ heißt *logarithmische Wachstumsklasse*. Da der Logarithmus zur Basis $a$ und der Logarithmus zur Basis $b$ über eine Konstante zusammenhängen, $\log_a(n) = C \log_b(n)$, ist die logarithmische Wachstumsklasse unabhängig von der Basis des benutzten Logarithmus.

Charakteristisch für die logarithmische Wachstumsklasse ist das *sublineare* Wachstum. Logarithmisch wachsende Funktionen wachsen also langsamer als lineare Funktion, also auch langsamer als ihr Argument.

**476 Bemerkung**   WEITERE WACHSTUMSKLASSEN
Die Wachstumsklassen $\Theta(n\log n)$ und $\Theta(n^2\log n)$ haben eine besondere Bedeutung, da sie bei vielen Algorithmen auftauchen. Weitere wichtige Klassen stellen die *gemischt logarithmisch-polynomial-exponentiellen Wachstumsklassen* der Form $\Theta(n^p q^n (\log n)^\alpha)$ und die *Wachstumsklasse der inversen Ackermannfunktion* dar.

# 12.3  Komplexitätsaussagen

**477 Beispiel**   SORTIERVERFAHREN
In der Theorie der Algorithmen hat man die Rechenzeit untersucht, welche die unterschiedlichen Algorithmen zum Sortieren von $n$ Zahlen benötigen. Für "Sortieren durch Einfügen" ergab sich:

$$A_E(n) = \frac{n(n-1)}{2} \quad W_E(n) = \frac{n^2}{4} + \frac{3n}{4} - 1 - \sum_{i=2}^{n} \frac{1}{i}$$

$A_E(n)$ gibt im Sinne einer average case Analyse den durchschnittlichen, über alle möglichen Eingaben gemittelten Zeitbedarf an, $W_E(n)$ im Sinne einer worst case Analyse den maximalen Zeitbedarf. Unter "Zeitbedarf" ist hier weniger die genaue Rechenzeit auf einem bestimmten Computer zu verstehen, als vielmehr die Anzahl von Operationen, die der betreffende Algorithmus durchzuführen hat. Es handelt sich also um eine recht grobe Abschätzung der tatsächlichen Rechenzeit, die ja noch vom benutzten Computer, der verwendeten Programmiersprache und vielen anderen Einflüssen abhängt. Der Unterschied zwischen $A_E(n)$ und $W_E(n)$ rührt daher, daß neben der Anzahl der zu sortierenden Zahlen auch die bereits in diesen Zahlen vorhandene Ordnung eine Rolle spielt: Sind die Zahlen bereits geordnet, so muß der Algorithmus kaum Arbeit leisten.
Abschätzungen wie die oben durchgeführten liefern $A_E \in \Theta(n^2)$ und $W_E \in \Theta(n^2)$. Man sagt: "Sortieren durch Einfügen" hat im Mittel und im schlimmsten Fall quadratische Komplexität. Verdoppelt man die Anzahl zu sortierender Zahlen, so wird die Rechenzeit in etwa vervierfacht.

Für den Algorithmus "Quicksort" ergibt diese Analyse im Mittel die Zeitkomplexität $\Theta(n\log n)$ und im schlimmsten Fall die Rechenzeit $\Theta(n^2)$. Dadurch ist über die konkrete Rechenzeit des "Quicksort" im Vergleich zum anderen Algorithmus noch nicht viel gesagt: Quadratische Komplexität im schlimmsten Fall kann eine Rechenzeit von $10000 * n^2$ oder von $n^2$ bedeuten. Wir wissen aber, daß "Quicksort" im Mittel bei Vergrößerung der Anzahl zu sortierender Elemente besser "skaliert" als "Sortieren durch Einfügen". Wenn wir anstelle von $n$ Zahlen $10 * n$ Zahlen sortieren, so wird "Sortieren durch Einfügen" im Mittel 100 mal so lange brauchen, da

$(10n)^2 = 100n^2$. "Quicksort" wird wegen $(10n)\log(10n) = 10n\log n + 10n\log 10 \leq 20n\log n$ höchstens 20 mal so lange brauchen, falls $n$ mindestens 10 ist, für größere $n$ schneidet "Quicksort" im relativen Vergleich sogar noch besser ab.

**478 Bemerkung**    VERGLEICH DER WACHSTUMSKLASSEN
In nachfolgender Tabelle sind für vorgegebenes $n$ die Werte typisch charakterisierender Funktionen für verschiedene Wachstumsklassen angegeben. Die Werte werden jeweils als Sekunden interpretiert:

| $n$ | $log_{10}(n)$ | $n$ | $n^2$ | $n^3$ | $2^n$ | $e^n$ | $10^n$ |
|---|---|---|---|---|---|---|---|
| 1 | 0 | 1 | 1 | 1 | 2 | 2.718 | 10 |
| 2 | 0.3 | 2 | 4 | 8 | 4 | 7.4 | 100 |
| 3 | 0.48 | 3 | 9 | 27 | 8 | 20.1 | $17min$ |
| 4 | 0.6 | 4 | 16 | 64 | 16 | 54.6 | $2.8h$ |
| 5 | 0.7 | 5 | 25 | 125 | 32 | $2.5h$ | $27.8h$ |
| 10 | 1 | 10 | 100 | $16.7min$ | $17min$ | $6h$ | $317j$ |
| 20 | 1.3 | 20 | 400 | $2.2h$ | $12d$ | $15.4j$ | $200w$ |
| 50 | 1.7 | 50 | $41min$ | $1.4d$ | $35.000.000j$ | $1.000w$ | |
| 100 | 2 | 100 | $2.8h$ | $11.6d$ | $2w$ | | |
| 1.000 | 3 | 1.000 | $11.6d$ | $31.7j$ | | | |
| 10.000 | 4 | 10.000 | $3.2j$ | $3.000j$ | | | |
| 100.000 | 5 | 100.000 | $31.7j$ | $30.000.000j$ | | | |

Ohne Angabe von Einheiten sind die Zeiten in Sekunden, ansonsten in Minuten, Stunden, Tagen, Jahren oder in Vielfachen der Lebensdauer $w = 18 * 10^9$ Jahre des Universums angegeben. Die nicht angeführten Werte lagen jenseits der numerischen Fähigkeiten des benutzten Taschenrechners.

# 12.4   NP–Vollständigkeit

Die Theorie der NP–vollständigen Probleme behandelt Problemklassen, die so rechenaufwendig sind, daß sie in der Praxis kaum gerechnet werden können.

**479 Bemerkung**    FORMULIERUNG VON PROBLEMEN
Komplexitätsanalyse im Umfeld der NP–Vollständigkeit befaßt sich zunächst mit dem Problem der Zugehörigkeit eines Wortes $w \in A^*$ zu einer Sprache $\mathcal{L} \subseteq A^*$ und untersucht die Anzahl von Schritten, die eine TURING–Maschine zur Lösung dieses Problems in Abhängigkeit von der Länge des Wortes $w$ benötigt.
Will man also wissen, ob ein Problem NP–vollständig ist, so muß man es zuerst als Spracherkennungsproblem formulieren. Da die hiermit verbundenen Codierungen von Problemen manchmal etwas aufwendig zu beschreiben sind und keine für un-

sere Zwecke wichtigen Einsichten enthalten, wollen wir die technischen Details der weiterführenden Literatur überlassen.

**480 Definition** KOMPLEXITÄTSKLASSEN P UND NP
Die *polynomiale Komplexitätsklasse P (complexity class P)* ist die Menge aller semientscheidbaren Sprachen $\mathcal{L}$ über einem endlichen Alphabet $A$, die von einer deterministischen TURING–Maschine in polynomialer Zeit erkannt werden können: Es gibt eine deterministische TURING–Maschine und ein Polynom $P$ mit folgender Eigenschaft: Schreibt man ein Wort $w \in A^*$ auf das Eingabeband der TURING–Maschine, so führt diese genau dann irgendwann einmal die Halteoperation aus, wenn das Wort $w$ in der Sprache $\mathcal{L}$ liegt. Ist das Wort $w \in A^*$ Element der Sprache $\mathcal{L}$, dann hält die TURING–Maschine nach höchstens $P(|w|)$ Schritten[1] an.

Die *nichtdeterministisch-polynomiale Komplexitätsklasse NP (complexity class NP)* ist die Klasse Menge aller semientscheidbaren Sprachen $\mathcal{L}$ über einem endlichen Alphabet $A$, die von einer nichtdeterministischen TURING–Maschine in polynomialer Zeit erkannt werden können. Es gibt also mindestens eine Folge von höchstens $P(|w|)$ Operationen, $P$ und $w$ wie oben, nach denen die TURING–Maschine anhält, falls $w \in \mathcal{L}$.

**481 Theorem** SIMULATIONSTHEOREM
Sei $P$ ein Polynom und $\mathcal{L}$ eine Sprache, deren Wörter $w$ von einer nichtdeterministischen TURING–Maschine in höchstens $P(|w|)$ Schritten erkannt werden. Dann gibt es eine deterministische TURING–Maschine, welche die Wörter $w$ der Sprache in höchstens $c^{P(|w|)}$ Schritten erkennt, wobei $c$ eine geeignete Konstante ist.

Dieses Theorem zeigt die Hauptschwierigkeit mit der Problemklasse $NP$ auf: Hätten wir eine nichtdeterministische TURING–Maschine zur Verfügung, so könnten wir ein $NP$ Problem in polynomialer Zeit lösen, was ja nicht so schlimm ist. Da unsere Computer aber deterministische Maschinen sind, müssen wir nichtdeterministische Prozesse auf ihnen simulieren. Wenn eine nichtdeterministische Maschine zu einem bestimmten Zeitpunkt die Auswahl zwischen zwei Möglichkeiten hat, so müssen wir auf unseren deterministischen Maschinen zuerst die eine und anschließend die andere Variante durchrechnen. Eine nichtdeterministische Maschine rechnet quasi alle Varianten gleichzeitig durch, respektive ist in der Lage, die "richtige" Variante korrekt zu erraten. Die Simulation einer nichtdeterministischen Maschine führt aber im allgemeinen auf eine exponentielle Komplexitätsklasse mit einem dementsprechend gewaltigen Wachstumsverhalten der Rechenzeit bei Vergößerung der Eingabe.

Ist $\mathcal{L}$ eine Sprache, die durch eine nichtdeterministische TURING–Maschine in li-

---

[1] $|w|$ bezeichnet die Länge des Wortes $w$.

nearer Rechenzeit $P(x) = 3x$ erkannt wird, so gibt es etwa eine deterministische TURING–Maschine, die $\mathcal{L}$ in beispielsweise der exponentiellen Rechenzeit $2^{3x}$ erkennen kann. Die nachfolgende Tabelle zeigt auf, was dies bereits für kleine Werte von $x$ für die Zunahme der Rechenzeit mit wachsendem $x$ bedeutet:

| $x$ | $2^{3x}$ |
|---|---|
| 1 | 8 |
| 2 | 64 |
| 3 | 512 |
| 4 | 4096 |
| 5 | 32.768 |
| 6 | $2 * 10^5$ |
| 7 | $2 * 10^6$ |
| 8 | $2 * 10^7$ |
| 9 | $1 * 10^8$ |
| 10 | $1 * 10^9$ |
| 20 | $1 * 10^{18}$ |
| 30 | $1 * 10^{27}$ |

Probleme einer realistischen Größenordnung werden also sehr schnell so zeitaufwendig, daß man sie nicht lösen kann. Auch eine Beschleunigung der Rechengeschwindigkeit um einen Faktor 1000 bringt hier praktisch keine Beschleunigung. Solche Probleme sind zwar prinzipiell lösbar, praktisch aber unlösbar.

**482 Definition**   POLYNOMIALE REDUKTION
Seien $A, B$ endliche Alphabete und $\mathcal{L}_1 \subseteq A^*$ und $\mathcal{L}_2 \subseteq B^*$ zwei rekursiv aufzählbare Sprachen. Die Sprache $\mathcal{L}_1$ heißt *polynomial reduzierbar (polynomially reducible)* auf $\mathcal{L}_2$, $\mathcal{L}_1 \leq \mathcal{L}_2$, wenn es eine in polynomialer Zeit berechenbare Funktion $f : A \to B$ gibt, daß $x \in \mathcal{L}_1 \Leftrightarrow f(x) \in \mathcal{L}_2$ gilt.

Ist $\mathcal{L}_1 \leq \mathcal{L}_2$, so bedeutet das folgendes: Um das Spracherkennungsproblem $x \in \mathcal{L}_1$ zu lösen, genügt es, zuerst $f(x)$ zu berechnen, was in deterministisch-polynomialer Zeit geht, und dann das Problem $f(x) \in \mathcal{L}_2$ zu lösen. Bei $\mathcal{L}_1 \leq \mathcal{L}_2$ kann also das Spracherkennungsproblem für $\mathcal{L}_1$ dadurch gelöst werden, daß man jenes für $\mathcal{L}_2$ löst – samt einem kleinen zusätzlichen Transformationsaufwand.

**483 Definition**   NP–VOLLSTÄNDIG
Eine semientscheidbare Sprache $\mathcal{L}$ heißt *NP–vollständig (NP–complete)*, wenn

(1) $\mathcal{L}$ in $NP$ liegt und

(2) jede andere Sprache $\mathcal{L}'$ in NP auf $\mathcal{L}$ polynomial reduziert werden kann: $\forall \mathcal{L}' \in$ NP $: \mathcal{L}' \leq \mathcal{L}$.

Das heißt insbesondere, daß das Spracherkennungsproblem für eine NP–vollständige Sprache $\mathcal{L}$ so komplex ist, daß das Spracherkennungsproblem einer beliebigen NP Sprache durch das Spracherkennungsproblem für $\mathcal{L}$ gelöst werden kann – abgesehen von dem polynomialen Zeitaufwand für die Transformation $f$, der aber nicht ins Gewicht fällt.

**484 Theorem**   THEOREM VON COOK
Das Problem der *Erfüllbarkeit (satisfiability)* einer aussagenlogischen Formel ist NP–vollständig.

Genauer: Sei $\mathcal{L}_A \subseteq A^*$ die bereits früher definierte Sprache aller aussagenlogischer Formeln über dem Alphabet $A = \{t, f, \wedge, \vee, \Rightarrow, \Leftrightarrow, \neg, (,), v, '\}$. Wir haben eine aussagenlogische Formel *erfüllbar (satisfiable)* genannt, wenn den atomaren Aussagen Wahrheitswerte so zugeordnet werden können, daß die Formel den Wahrheitswert $W$ bekommt. Sei nun $S \subset \mathcal{L}_A \subseteq A^*$ die Menge aller erfüllbaren aussagenlogischen Formeln. $S$ kann durch eine TURING–Maschine akzeptiert werden und ist sogar eine entscheidbare Menge. Das Spracherkennungsproblem, ob ein $w \in A^*$ auch Element von $S$ ist, ist NP-vollständig. Das bedeutet: Es gibt eine nichtdeterministische TURING–Maschine und ein Polynom $P$ mit folgender Eigenschaft: Wird das Wort $w \in A^*$ auf das Eingabeband der TURING–Maschine geschrieben, so hat diese nach höchstens $P(|\,w\,|)$ Schritten festgestellt, ob $w \in S$ ist – sofern $w \in S$ ist. Die Zeitkomplexität dieser nichtdeterministischen TURING–Maschine ist also polynomial. Des weiteren kann das Erkennungsproblem jeder anderen Sprache, deren Erkennungsproblem in NP liegt, polynomial auf das Erkennungsproblem von $S$ reduziert werden.

**485 Beispiel**   NP–VOLLSTÄNDIGE PROBLEME
Die folgenden Probleme sind NP-vollständig:

(1) PROBLEM DES HANDLUNGSREISENDEN
   Vorgegeben sind Städte und ein Straßennetz, das diese Städte verbindet. Wir kennen die Längen dieser Straßen. Ein Handlungsreisender soll nun mit dem Auto so durch alle diese Städte fahren, daß er jede Stadt genau einmal besucht und am Ende der Reise wieder am Ausgangspunkt ankommt. Unter allen möglichen Routen, die er so auswählen kann soll er jene Route suchen, bei der er am wenigsten Kilometer mit dem Firmenauto fährt.

(2) RUCKSACK PROBLEM
   Vorgegeben sind $n$ Steine mit den ganzzahligen Gewichten $a_1, \ldots, a_n$ und eine ganze Zahl $b \in \mathbb{N}$. Welche Steine muß man in den Rucksack geben, damit sein Gewicht genau $b$ beträgt?

(3) SCHEDULING VON AUFGABEN
Es sollen $n$ Aufgaben erledigt werden, die jeweils die Arbeitszeiten $t_1, \ldots, t_n$ benötigen. Insgesamt stehen $m$ Maschinen zur Verfügung, von denen jede alle Aufgaben erledigen könnte. Zu ermitteln ist eine Maschinenbelegung, welche alle Aufgaben in möglichst kurzer Gesamtzeit erledigt.

(4) CHROMATISCHE ZAHL
Zu einem Graph ist die chromatische Zahl zu berechnen.

(5) REGISTERBELEGUNG
Einem Prozessor stehen neben dem Hauptspeicher auch eine kleine Anzahl sehr schneller Register zum Speichern von Zwischenresultaten zur Verfügung. Für einen vom Prozessor zu berechnenden Ausdruck ist jene Zuordnung von Zwischenresultaten zu Registern und zum Hauptspeicher zu ermitteln, für welche der Ausdruck möglichst schnell ausgewertet werden kann.

(6) HAMILTONSCHE WEGE
Zu einem Graph sind alle seine HAMILTONschen Wege gesucht.

(7) CHIP UND LEITERPLATTEN ENTWURF
Beim Entwurf eines Chips oder einer Leiterplatte sind die elektronischen Bauteile so zu plazieren, daß die dafür benötigte Fläche minimal ist, zugleich aber gewisse durch die Elektronik bedingte Nebenbedingungen erfüllt sind, wie etwa bestimmte Mindestabstände für benachbarte Leitungen.

(8) MINIMALER VERSCHNITT
Aus einer rechteckigen Aluminiumplatte sind unterschiedliche Formen auszustanzen. Wie sind diese Formen anzuordnen, daß möglichst wenig Verschnitt entsteht.

Bei diesen Problemen handelt es sich zunächst nicht um Spracherkennungsprobleme. Wir können die Aufgaben aber jeweils so umformulieren, daß sich ein Spracherkennungsproblem ergibt. Beim Problem des Handlungsreisenden etwa müssen wir die Angaben, also den Graphen und die Abstandsinformation in einer formalen Sprache geeignet codieren: Dies ergibt ein Wort $w \in A^*$, das die Problemstellung beschreibt. Eine mögliche Lösung dieser Aufgabe ist ein HAMILTONscher Weg durch den Graphen. Wir codieren nun alle möglichen HAMILTONschen Wege in einer weiteren Sprache. Ein Wort $w \cdot u$ aus der Konkatenation dieser beiden Sprachen stellt also durch das Wort $w$ eine Aufgabenstellung und durch das Wort $u$ eine mögliche Lösung dar. Nun wollen wir die Sprache aller Konkatenationen dieser Form $w \cdot u$ betrachten, bei denen $u$ tatsächlich eine kostenminimale Rundfahrt im durch $w$ codierten Graphen ist. Das Sprachzugehörigkeitsproblem dieser Sprache ist NP–vollständig. Die Lösung dieses Problems enthält zudem auch die Bestätigung, daß alle anderen Rundreisen im Graphen gleich hohe oder höhere Kosten verursachen, vom Aufwand her ist sie also der Lösung des Optimierungsproblems äquivalent.

**486 Bemerkung**  PRAKTISCHE KONSEQUENZEN

Für den Anwender ist es wichtig, typische Beispiele für NP–vollständige Probleme zu kennen und zu wissen, daß diese in der Praxis meist nicht gelöst werden können, da sie im allgemeinen zu astronomischen[2] Rechenzeiten führen. Zu diesem "im allgemeinen" gibt es einige Ausnahmen. Es kann sein, daß Sie nur *kleine Probleminstanzen* lösen müssen. So kann das Problem des Handlungsreisenden für eine kleine Anzahl von Städten noch innerhalb vernünftiger Zeit gelöst werden. Die volle Problematik dieser Aufgabe zeigt sich erst bei Städtezahlen, die ein Handlungsreisender ohnehin nicht auf einer Tour besucht. Es ist denkbar, daß ihre Aufgabenstellung gewisse *Zusatzeigenschaften* erfüllt, die eine schnellere Lösung gestatten. So haben etwa Speicherbausteine einen sehr regelmäßigen Schaltplan, der die Lösung des Plazierungsproblems erleichtert. Eine weitere Möglichkeit stellen *Näherungslösungen und Heuristiken* dar, wenn Sie nicht die optimale Lösung eines Problems benötigen, sondern bereits mit einer hinreichend günstigen zufrieden sind.

Für den Theoretiker hält das Gebiet der NP–Vollständigkeit berühmte und wichtige, noch ungelöste Fragestellungen parat. Das Simulationstheorem besagt, daß eine nichtdeterministische TURING–Maschine durch eine deterministische simuliert werden kann, falls wir bereit sind, statt polynomialer Rechenzeit exponentielle Rechenzeit in Kauf zu nehmen. Das Theorem besagt aber nicht, daß es unmöglich ist, noch raffiniertere Simulationsmethoden zu finden. Es gibt zwar sehr viele Indizien, daß wir eine nichtdeterministische TURING–Maschine nicht schneller durch eine deterministische simulieren können, als in diesem Theorem angegeben, aber man verfügt über keinen Beweis. Falls jemand eines Tages eine schnellere Simulation fände, dann könnten NP–vollständige Probleme innerhalb von polynomialer Rechenzeit gelöst werden und die Komplexitätsklassen NP und P wären identisch. Diese Frage, ob NP = P ist, gehört zu den wichtigsten offenen Fragen der Informatik überhaupt. Eine positive Antwort würde die rasche Lösung sehr vieler wichtiger Aufgaben gestatten und wäre ein phänomenaler Fortschritt für die Informatik. Man vermutet aber, daß die Antwort "nein" lautet.

---

[2]Das ist hier nicht im übertragenen Sinn gemeint. Manche Probleme führen auch auf den schnellsten heute verfügbaren Computern zu Rechenzeiten, die größer sind als die bisherige Lebensdauer des Universums.

# 13 Information und Codierung

In der *Informationstheorie* stellt man sich die Frage, was Information ist, und wie sie gemessen werden kann. Diese Problemstellung führt auf weitverzweigte, interessante und nützliche Theorien, von denen wir hier die Anfänge darstellen wollen. Da in der Informationstheorie Begriffe aus der Wahrscheinlichkeitsrechnung benutzt werden, wollen wir uns deren Grundzüge in einem ersten Abschnitt aneignen. In der *Codierungstheorie* versucht man Information durch Wörter über einem endlichen Alphabet so darzustellen, daß sie anschließend mit geringem Aufwand und möglichst fehlerfrei zwischen Rechnern übertragen werden kann.

## 13.1  Elementare Wahrscheinlichkeitsrechnung

**487 Definition**  WAHRSCHEINLICHKEITSRAUM

Ein *endlicher Wahrscheinlichkeitsraum (finite probability space)* ist ein Paar $(M, P)$ aus einer endlichen Menge $M$ und einer Abbildung $P : \mathcal{P}(M) \rightarrow [0, 1]$, der sogenannten *Wahrscheinlichkeit (probability)*. Die Teilmengen von $M$, also die Elemente der Potenzmenge $\mathcal{P}(M)$, heißen *Ereignisse (events)*. Für ein Ereignis $E \subseteq M$ gibt $P(E)$ die Wahrscheinlichkeit dieses Ereignisses an.

Einelementige Teilmengen von $M$, oder auch die Elemente von $M$ selber, heißen *elementare Ereignisse (elementary events)*. $\emptyset \in \mathcal{P}(M)$ ist das *unmögliche Ereignis* und $M \in \mathcal{P}(M)$ das *sichere Ereignis*. Sind $E_1$ und $E_2$ Ereignisse, dann heißt die Menge $E_1 \cap E_2$ das *gemeinsame Ereignis*, da sowohl $E_1$ als auch $E_2$ eintreten. Das Komplement $\complement E$ eines Ereignisses $E$ heißt sein *Gegenereignis*.

$P$ muß die *Axiome von* KOLMOGOROFF erfüllen:

(1) Die Wahrscheinlichkeit des *sicheren Ereignisses* ist 1, $P(M) = 1$, und die Wahrscheinlichkeit des *unmöglichen Ereignisses* ist 0, $P(\emptyset) = 0$.

(2) Die Wahrscheinlichkeit des *Nichteintretens* eines Ereignisses $E$, also die Wahrscheinlichkeit des Gegenereignisses $\complement E$, ist 1 minus der Wahrscheinlichkeit des Ereignisses: $P(\complement A) = 1 - P(A)$.

(3) Sind $A, B \subseteq M$ disjunkte Ereignisse, also $A \cap B = \emptyset$, dann ist $P(A \cup B) = P(A) + P(B)$. Sind $A_1, \ldots A_n \subseteq M$ paarweise disjunkte Ereignisse, also $\forall i, j : i \neq j \Rightarrow A_i \cap A_j = \emptyset$, dann ist $P(A_1 \cup \cdots \cup A_n) = P(A_1) + \cdots + P(A_n)$.

Insbesondere heißt das: Ist ein Ereignis die Vereinigung unterschiedlicher elementarer Ereignisse, so ist die Wahrscheinlichkeit des zusammengesetzten Ereignisses gleich der Summe der Wahrscheinlichkeiten seiner Elementarereignisse. Die Bedingung für $n$ Ereignisse kann übrigens aus jener für zwei Ereignisse abgeleitet werden.

Am besten macht man sich diese Begriffe anhand von Beispielen klar.

**488 Satz**    VEREINIGUNGSREGEL
Sind $A, B \subseteq M$ Ereignisse über einem Wahrscheinlichkeitsraum $(M, P)$, dann gilt:

$$P(A \cup B) = P(A) + P(B) - P(A \cap B)$$

**489 Theorem**    REGEL VON LAPLACE
Sind in einem Wahrscheinlichkeitsraum $(M, P)$ die elementaren Ereignisse alle gleichwahrscheinlich, dann kann die Wahrscheinlichkeit eines Ereignisses $E \subseteq M$ nach der Regel von LAPLACE berechnet werden[1]:

$$P(E) = \frac{\#(E)}{\#(M)}$$

Umgangssprachlich wird diese Regel auch "Anzahl der günstigen durch Anzahl der möglichen Ereignisse" formuliert.

**490 Beispiel**    EINMALIGES WÜRFELN MIT EINEM WÜRFEL
Das Würfeln mit einem Würfel kann durch einen Wahrscheinlichkeitsraum beschrieben werden: Die Menge der elementaren Ereignisse $M$ ist die Menge $\{1, 2, 3, 4, 5, 6\}$ der möglichen Augenzahlen eines Wurfes. Die Menge aller Ereignisse ist die Potenzmenge von $M$. So wird etwa das Ereignis "Würfeln einer geraden Augenzahl" durch die Teilmenge $\{2, 4, 6\}$ repräsentiert. Das sichere Ereignis, das bei jedem Wurf auftritt, ist das Ereignis $\{1, 2, 3, 4, 5, 6\}$, also $M$ selber. Das unmögliche Ereignis wird durch die leere Menge $\emptyset$ dargestellt. Das gemeinsame Ereignis der Ereignisse "Würfeln einer Augenzahl kleiner als 5" und "Würfeln einer geraden Augenzahl" ist das Ereignis $\{2, 4\}$. Das gemeinsame Ereignis "Würfeln einer geraden Augenzahl" und "Würfeln einer ungeraden Augenzahl" ist das unmögliche Ereignis: $\{2, 4, 6\} \cap \{1, 3, 5\} = \emptyset$. Das Gegenereignis zum Ereignis $\{2, 4, 6\}$ "Würfeln einer geraden Augenzahl" ist das Ereignis $\complement\{2, 4, 6\} = \{1, 3, 5\}$, also "Würfeln einer ungeraden Augenzahl".

---

[1]$\#(E)$ bezeichnet, wie wir in Kapitel 2 definiert haben, die Anzahl der Elemente der Menge $E$.

Wir wollen annehmen, daß der Würfel fair ist: Die Wahrscheinlichkeit, eine bestimmte Augenzahl zu würfeln, sei unabhängig von dieser Augenzahl. Somit dürfen wir die Regel von LAPLACE anwenden, um die Wahrscheinlichkeiten auszurechnen. So ist etwa $P(\{1,2\}) = 1/3$ und $P(\{2,4,6\}) = 1/2$. Überprüfen Sie, ob $P$ die Axiome von KOLMOGOROFF erfüllt.

**491 Definition**   BEDINGTE WAHRSCHEINLICHKEIT
Sei $(M, P)$ ein endlicher Wahrscheinlichkeitsraum und seien $A, B \subseteq M$ zwei Ereignisse. Die *bedingte Wahrscheinlichkeit (conditional probability)* $P(B \mid A)$ des Ereignisses $B$ *unter der Bedingung (Voraussetzung)* $A$ ist definiert als:

$$P(B \mid A) := \frac{P(A \cap B)}{P(A)}$$

Sie gibt die Wahrscheinlichkeit des Ereignisses $B$ unter der Voraussetzung, daß das Ereignis $A$ eingetreten ist, an.

**492 Definition**   UNABHÄNGIGE EREIGNISSE
Zwei Ereignisse $A, B \subseteq M$ über einem endlichen Wahrscheinlichkeitsraum $(M, P)$ heißen *unabhängig (independent)*, wenn die Bedingungen $P(A \mid B) = P(A)$ und $P(B \mid A) = P(B)$ gelten.

Zwei Ereignisse $A$ und $B$ sind also genau dann unabhängig, wenn die Wahrscheinlichkeit des Eintretens von $A$ nicht davon abhängt, ob auch $B$ eingetreten ist, und umgekehrt.

**493 Satz**   UNABHÄNGIGKEIT VON EREIGNISSEN
Zwei Ereignisse $A, B \subseteq M$ über einem endlichen Wahrscheinlichkeitsraum $(M, P)$ sind genau dann unabhängig, wenn $P(A \cap B) = P(A) * P(B)$ gilt.

**494 Beispiel**   MEHRMALIGES WÜRFELN MIT EINEM WÜRFEL
Wir betrachten ein Würfelspiel, bei dem mit einem Würfel zwei Mal hintereinander geworfen wird. Die Menge $M$ der elementaren Ereignisse ist die Menge $M := \{(1,1), (1,2), (1,3), \ldots, (6,6)\} = \{1,2,3,4,5,6\} \times \{1,2,3,4,5,6\}$. Das Paar $(2,3)$ bedeutet, daß beim ersten Wurf eine 2 und beim zweiten Wurf eine 3 gewürfelt wurde.

Wir wollen wieder annehmen, daß der Würfel fair ist, und fordern, daß alle 36 elementaren Ereignisse gleichwahrscheinlich sind. Das ist eine stärkere Forderung als im Beispiel mit einem Würfel: Neben der Forderung, daß bei jedem einzelnen Wurf alle 6 Augenzahlen die gleiche Wahrscheinlichkeit haben, enthält sie auch die Forderung, daß sich der Würfel beim zweiten Wurf nicht an den Ausgang des ersten "erinnern" kann: Ein Würfel etwa, der beim zweiten Wurf stets dieselbe Augenzahl wie beim ersten Wurf zeigt, wäre kein fairer Würfel.

Wir betrachten das Ereignis $E_1 := \{(3,1),(3,2),(3,3),(3,4),(3,5),(3,6)\}$ ("Im ersten Wurf wurde eine 3 gewürfelt") und das Ereignis $E_2 := \{(1,5), (2,5), (3,5), (4,5), (5,5), (6,5)\}$ ("Im zweiten Wurf wurde eine 5 gewürfelt"). Aus der Regel von LAPLACE erhalten wir $P(E_1) = P(E_2) = 6/36 = 1/6$. Ferner ist $E_1 \cap E_2 = \{(3,5)\}$, also $P(E_1 \cap E_2) = 1/36 = P(E_1) * P(E_2)$. Die Ereignisse $E_1$ und $E_2$ sind somit unabhängig.

Nun betrachten wir das Ereignis $E_3 := \{(2,1),(2,2),(2,3),(2,4),(2,5),(2,6)\}$ ("Im ersten Wurf wurde eine 2 gewürfelt") und das Ereignis $E_4 := \{(2,2)\}$ ("Bei beiden Würfen wurde eine 2 gewürfelt"). Wir erhalten $P(E_3) = 1/6$ und $P(E_4) = 1/36$, $P(E_3 \cap E_4) = 1/36$ und $1/216 = P(E_3) * P(E_4)$. Die Ereignisse $E_3$ und $E_4$ sind somit nicht unabhängig. Versuchen Sie diese Abhängigkeit und Unabhängigkeit auch anschaulich zu deuten.

Die Wahrscheinlichkeit, bei beiden Würfen eine 2 zu würfeln, ist $1/36$. Die Wahrscheinlichkeit, bei beiden Würfen eine 2 zu würfeln, unter der Voraussetzung, daß beim ersten Wurf bereits eine 2 gewürfelt wurde, ist $P(E_4 \mid E_3) = \frac{P(E_4 \cap E_3)}{P(E_3)} = 1/6$.

## 13.2  Information

Anschaulich gesehen ist Information eine Art "Überraschung". Wenn wir ein Experiment machen, so liefert uns das Eintreten eines eher unwahrscheinlichen Ereignisses mehr Information als das Eintreten eines alltäglichen Ereignisses.

Die Nachricht "Marsmensch in Paris gelandet" hat für uns einen sehr hohen Informationsgehalt, da sie, zumindest von den meisten von uns, als sehr unwahrscheinlich angesehen wird. Nun nehmen wir an, im Jahre 2001 landen tatsächlich Marsmenschen auf der Erde, und in den kommenden Jahren treibt die Erde regen Handel mit dem Mars. Der Nachricht "Marsmensch in Paris gelandet" wird dann im Jahre 2005 wesentlich weniger Informationsgehalt zukommen, da dergleichen schließlich an der Tagesordnung ist.

Information ist also immer relativ zu einer Erwartungswahrscheinlichkeit zu sehen. Letztere hängt von sehr vielen Einflußfaktoren ab. In unserem Beispiel spielt der Wissensstand des betreffenden Menschen über Leben auf dem Mars eine Rolle, aber auch seine Laune: Die Landung von Marsmenschen wird kaum einen hohen Informationsgehalt für uns haben, wenn wir gerade von einem Zahnarzt behandelt werden. Ebenfalls sind Sprachkenntnisse wichtig: Wenn ich die französische Nachricht aus

Paris nicht übersetzen kann, so kann ich sie zwar hören, aber nicht als Information aufnehmen.

Wir werden im folgenden ein Informationsmaß relativ zu bekannten Wahrscheinlichkeiten axiomatisch einführen und mit Informationsgehalt rechnen. Dieses Vorgehen wird uns auf eine sehr nützliche und allgemein gültige Theorie führen. Die Anwendung dieses Informationsmaßes kann aber, wie unser Beispiel zeigt, problematisch werden, wenn man die Wahrscheinlichkeiten der zugrundeliegenden Ereignisse nicht exakt kennt oder prinzipiell nicht kennen kann.

**495 Definition**   INFORMATION ALS AXIOMATISCHER BEGRIFF
Sei $(M, P)$ ein endlicher Wahrscheinlichkeitsraum. Eine Abbildung $I : \mathcal{P}(M) \to$ R $\cup \{+\infty\}$ heißt ein *Informationsmaß (Informationsgehalt; information content) relativ zu diesem Wahrscheinlichkeitsraum*, wenn sie die folgenden Axiome erfüllt:

(1) GESETZ DER WAHRSCHEINLICHKEITSBESTIMMTHEIT
Das Informationsmaß eines Ereignisses $E \subseteq M$ hängt *stetig* und *injektiv* von dessen Wahrscheinlichkeit ab: Es gibt eine stetige, injektive Funktion $f : [0, 1] \to$ R $\cup \{+\infty\}$, die aus der Wahrscheinlichkeit $P(E)$ eines Ereignisses dessen Informationsgehalt $I(E)$ berechnet: $I(E) = f(P(E))$.

Die *Injektivität* von $f$ garantiert, daß zwei Ereignisse, die denselben Informationsgehalt haben, auch mit derselben Wahrscheinlichkeit auftreten. Die *Stetigkeit* hat die Konsequenz, daß kleine Änderungen in der Wahrscheinlichkeit mit kleinen Änderungen im Informationsgehalt zusammenhängen.

(2) GESETZ DER UNABHÄNGIGEN ADDITIVITÄT
Sind $A, B \subseteq M$ *unabhängige* Ereignisse, dann ist der Informationsgehalt des gemeinsamen Ereignisses $A \cap B$ die *Summe* der Informationen der Einzelereignisse: $\mathcal{I}(A \cap B) = \mathcal{I}(A) + \mathcal{I}(B)$.

(3) GESETZ DER NORMIERUNG
Das *sichere Ereigniss* enthält überhaupt keine Information: $I(M) = 0$. Das *unmögliche Ereigniss* enthält beliebig viel Information: $I(\emptyset) = \infty$.

**496 Theorem**   FORMEL FÜR DAS INFORMATIONSMASS
Ist $(M, P)$ ein endlicher Wahrscheinlichkeitsraum, dann erfüllt jede Funktion $I :$ $\mathcal{P}(M) \to$ R $\cup \{+\infty\}$ der Form

$$I(E) = -\log_a P(E)$$

die axiomatisch geforderten Eigenschaften des Informationsmaßes.

Die Basis des Logarithmus können wir erst dann genau bestimmen, wenn wir für ein bestimmtes Ereignis der Wahrscheinlichkeit $p \in (0,1)$ das Informationsmaß fixieren. Diese Festlegung entspricht der *Wahl einer Einheit* zum Messen von Informationsgehalt.

Das *Bit* ist jene Einheit, für welche ein Ereignis der Wahrscheinlichkeit 1/2 den Informationsgehalt 1 hat. Als Formel für den Informationsgehalt in Bit ergibt sich

$$I(E) = -\log_2 P(E)$$

Das *Nat* ist jene Einheit, für welche ein Ereignis der Wahrscheinlichkeit $1/e$ den Informationsgehalt 1 hat. $e = 2.71828\ldots$ ist die Basis des natürlichen Logarithmus. Als Formel für den Informationsgehalt in Nat ergibt sich

$$I(E) = -\ln P(E)$$

Diese Einheiten können nach der Formel 1 Bit = 0.693 Nat ineinander umgerechnet werden.

**497 Bemerkung**    BERECHNUNG VON BINÄREN LOGARITHMEN
Ihr Taschenrechner hat wahrscheinlich keine Taste für den Logarithmus zur Basis 2, sondern nur für den natürlichen Logarithmus mit der Basis $e = 2.71828\ldots$, die Taste ist meist "Ln" oder "Log" angeschrieben, und für den dekadischen Logarithmus mit der Basis 10, die Taste ist meist "Lg", manchmal auch "Log" angeschrieben. Mit der Formel

$$\log_2 x = \frac{\log_{10} x}{\log_{10} 2} = \frac{\log_e x}{\log_e 2}$$

können Sie den Logarithmus zur Basis 2 auf einen dieser beiden Logarithmen zurückführen.

**498 Beispiel**    INFORMATIONSGEHALT EINES TOTO–SCHEINES
Beim Toto muß der Ausgang von zwölf Fußballspielen korrekt vorhergesagt werden. Jedes Spiel kann von Mannschaft 1 oder 2 gewonnen werden oder unentschieden bleiben. Ein vollständig ausgefüllter Toto–Schein ist also ein Element aus einer Menge von insgesamt $3^{12}$ möglichen Toto–Scheinen. Welcher Informationsgehalt kommt diesem Schein nun zu, wenn wir annehmen, daß alle Toto–Scheine gleichwahrscheinlich sind?

Nach der Regel von LAPLACE ergibt sich für einen einzelnen Toto–Schein die Wahrscheinlichkeit $P = 3^{-12}$ und als Informationsgehalt $-\log_2 3^{-12} = 19.02$ Bit. Der in Bit gemessene Informationsgehalt ist offenbar nicht immer ganzzahlig. Beachten Sie, daß das Bit in der Informationstheorie eine Einheit für eine kontinuierliche

Größe darstellt, während in der technischen Informatik ein Bit auf ein Baulelement hinweist, das zwei mögliche Zustände realisieren kann.


**499 Beispiel** MÜNZE AUF EINEM SCHACHBRETT
Eine Münze liegt auf einem Feld eines Schachbrettes. Wieviel Information erhalten Sie, wenn Ihnen jemand das betreffende Feld nennt? Wieviel, wenn Sie bereits vorher wußten, daß die Münze auf einem schwarzen Feld liegt?


**500 Satz** INFORMATIONSGEHALT VON BINÄRSTRUKTUREN
Ein elementares Ereignis ergebe sich durch $n$ gleichwahrscheinliche, voneinander unabhängige binäre Entscheidungen. Dann beträgt der Informationsgehalt dieses Ereignisses $n$ Bit.


BEWEIS:
Man kann sich das so vorstellen: Wir benutzen einen perfekten, binären Baum der Höhe $n$ mit $2^n$ Blättern als *Entscheidungsbaum*: Um von der Wurzel zu einem Blatt zu gelangen, müssen wir uns an $n$ Stellen des Baumes zwischen einer linken und einer rechten Alternative entscheiden. Die Blätter stellen die elementaren Ereignisse dar. Unter der Annahme, daß bei allen Entscheidungen die Wahl des linken und des rechten Astes gleichwahrscheinlich waren und daß die $n$ Entscheidungen voneinander unabhängig sind, erhalten wir die Wahrscheinlichkeit, daß unsere Entscheidung auf ein bestimmtes Blatt fällt, nach der Regel von LAPLACE als $1/(2^n)$. Der Informationsgehalt ist also $n$.


Wenn wir unsere $n$ Entscheidungen nun in einem Binärwort der Länge $n$ codieren, so erhalten wir die bekannte Aussage, daß $n$ binäre, gleichwahrscheinliche und voneinander unabhängige Stellen den Informationsgehalt $n$ Bit haben. Man spricht deshalb auch von einer einzelnen Binärstelle als von einem Bit.


**501 Beispiel** WÜRFELSPIEL
Sie sind Beobachter bei einem Würfelspiel mit einem Würfel. Plötzlich hören Sie den Aufschrei "Ich habe eine 5 gewürfelt!!". Wieviel Information haben Sie durch diesen Satz erhalten, wenn Sie annehmen, daß der Würfel fair ist. Steigt oder sinkt dieser Informationsgehalt, wenn Sie nun annehmen, daß der Würfel unfair ist und öfter eine 5 zeigt, als ein fairer Würfel?


Sie wollen das Resultat eines Wurfes auf einem Computer in einem oder mehreren binären Speicherplätzen codieren. Wieviele binäre Speicherplätze benötigen Sie mindestens? Ermitteln Sie das Ergebnis durch eine anschauliche Überlegung und bringen Sie es in Zusammenhang mit dem zuerst berechneten Informationsgehalt.

# 13.3 Informationsquellen

**502 Definition** INFORMATIONSQUELLEN
Eine *(gedächtnislose) (stationäre) Informationsquelle (source of information)* $Q$ ist
ein endlicher Wahrscheinlichkeitsraum $(M, P)$. Die Elemente der Menge $M$, also
die Elementarereignisse, übernehmen die Rolle *elementarer, kleinster Nachrichten.*
Da uns ab jetzt nur mehr die Wahrscheinlichkeiten dieser elementaren Nachrichten
interessieren, schreiben wir statt $P(\{m\})$ der Einfachheit halber $P(m)$, was einer
Interpretation von $P$ als Funktion der Form $P : M \to [0, 1]$ entspricht. Es ist
$\sum_{m \in M} P(m) = 1$. Ganz analog werden wir $I(m)$ für $I(\{m\})$ schreiben.

Die Informationsquellen, die wir betrachten, sind *gedächtnislos (memoryless)*, das
heißt die Wahrscheinlichkeit, welche elementare Nachricht als nächstes ausgesandt
wird, hängt nicht von dem zuvor abgesandten Zeichen ab. Sie sind weiters *stationär (stationary)*, das heißt die Wahrscheinlichkeit, welche elementare Nachricht
als nächstes ausgesandt wird, ist für das erste, zweite usw. ausgesandte Zeichen
gleich. In der Nachrichtentechnik werden noch wesentlich kompliziertere Informationsquellen betrachtet.

**503 Definition** ENTROPIE EINER INFORMATIONSQUELLE
Die *Entropie (entropy)* $H$ einer Informationsquelle ist die im Mittel durch eine elementare Nachricht abgegebene Informationsmenge. Als gewichteten Durchschnitt
erhält man:

$$H := \sum_{m \in M} P(m)I(m) = - \sum_{m \in M} P(m) \log_2 P(m)$$

Leser mit physikalischen Kenntnissen sollten beachten, daß die in der statistischen
Physik auftretende Entropie eine ähnliche anschauliche Bedeutung hat, aber gerade
ein anderes Vorzeichen trägt.

**504 Theorem** MAXIMALE ENTROPIE EINER INFORMATIONSQUELLE
Die *maximale Entropie*, die eine Informationsquelle mit $n$ elementaren Nachrichten haben kann, beträgt $H = \log_2 n$. Eine Informationsquelle mit $n$ elementaren
Nachrichten hat genau dann diese maximale Entropie, wenn ihre elementaren Nachrichten alle gleichwahrscheinlich sind.

Man ist aus Aufwandsgründen daran interessiert, im Mittel pro Zeichen möglichst
viel Information zu übertragen. Dieses Theorem sagt uns also, auf welche Art wir
eine Quelle durch eine Codierung transformieren müssen, um dieses Ziel zu erreichen.

**505 Beispiel** ENTROPIE EINER INFORMATIONSQUELLE
Ein Unterwasser–Beobachtungsinstrument kann die Größe von Fischen bestimmen,

die durch eine Schleuse schwimmen. Es übermittelt an den Computer, der zur Meßdatenerfassung eingesetzt wird, drei mögliche Resultate: Größenklasse $A$, $B$ oder $C$. Man weiß, daß diese Größenklassen mit den Wahrscheinlichkeiten $P(A) = 1/8$ und $P(B) = 1/3$ auftreten. Wie groß ist dann $P(C)$?

Interpretieren Sie das Meßgerät als Wahrscheinlichkeitsraum. Wieviel Information haben die Ereignisse $\{A\}$, $\{C\}$ und $\{A, C\}$? Nun fassen Sie das Meßgerät als Informationsquelle auf. Welche Entropie hat diese Informationsquelle: Welche Informationsmenge wird im Mittel durch das Meßgerät pro Übertragung an den Computer übermittelt? Nehmen Sie an, daß alle drei Sekunden ein Meßresultat übertragen wird. Welche Informationsrate in Bit pro Sekunde erzeugt das Meßgerät im Durchschnitt?

**506 Definition**  REDUNDANZ EINER INFORMATIONSQUELLE
Nach dem Satz über die maximale Entropie kann die Entropie einer Informationsquelle mit $n$ elementaren Nachrichten den Wert $\log_2 n$ nicht übersteigen. Hat eine solche Informationsquelle die Entropie $H$, so ist $\log_2 n - H$ ein Maß dafür, wieviel Information im Mittel pro Zeichen "verschenkt wird". Maximal könnten im Mittel pro Zeichen ja $\log_2 n$ Bit übertragen werden. Den "normierten Überschuß", genauer den Wert

$$R := \frac{\log_2 n - H}{\log_2 n}$$

bezeichnet man als die *Redundanz (redundancy)* der Informationsquelle. Die Redundanz $R$ liegt immer im Intervall $[0, 1]$.

Eine Informationsquelle heißt *redundant (redundant)*, wenn ihre Redundanz $R$ von 0 verschieden ist, ansonsten heißt sie *redundanzfrei (free of redundancy)*.

**507 Beispiel**  ENTROPIE UND REDUNDANZ EINES BITSTROMS
Eine Informationsquelle verfüge über zwei elementare Nachrichten $A$ und $B$, die beide mit der Wahrscheinlichkeit $P(A) = P(B) = 0.5$ auftreten. Welche Entropie und welche Redundanz hat diese Informationsquelle? Was bedeutet das anschaulich? Welche Informationsrate erhält man, wenn pro Sekunde 100 solche Nachrichten versandt werden?

Nehmen Sie nun an, daß $P(A) = 0.2$ und $P(B) = 0.8$. Welche Entropie und welche Redundanz hat diese Informationsquelle? Vergleichen Sie das Resultat mit dem zuerst erhaltenen.

Wie sollten die Wahrscheinlichkeiten der elementaren Nachrichten einer Informationsquelle mit zwei elementaren Nachrichten beschaffen sein, damit bei 100 versandten elementaren Nachrichten pro Sekunde die im Mittel übertragene Informationsmenge pro Zeiteinheit möglichst groß wird?

**508 Definition**    ERWEITERUNG EINER QUELLE
Sei $(M, P)$ eine Informationsquelle und $r \in \mathbb{N}$. Die *r–te Erweiterung (extension)* der Quelle $(M, P)$ ist die Informationsquelle $(M^r, P_r)$. Ihre elementaren Nachrichten sind $r$–Tupel von elementaren Nachrichten der ursprünglichen Quelle. Ihre Wahrscheinlichkeiten sind $P_r(m_1, m_2, \ldots, m_r) := P(m_1)P(m_2)\ldots P(m_r)$.

Anschaulich entspricht die $r$–te Erweiterung einer Quelle der Zusammenfassung von $r$ Nachrichten zu einer einzigen.

# 13.4   Quellcodierung

Eine Informationsquelle verfügt über eine Menge $M$ von elementaren Nachrichten. Viele Kanäle zur Übertragung von Information können aber nur bestimmte elementare Nachrichten übertragen. Gebräuchlich sind etwa Kanäle, die über ein binäres Alphabet $\{0, 1\}$ verfügen. Bevor die Nachricht der Quelle dem Kanal übergeben werden kann, muß sie also geeignet codiert werden. Diesen Vorgang bezeichnet man als *Quellcodierung (source coding)*. Das Ziel ist, eine Codierung zu finden, die möglichst redundanzfrei ist, pro elementare Nachricht im Mittel also möglichst viel Information anliefert.

**509 Definition**    QUELLCODIERUNG
Eine *Quellcodierung* einer Informationsquelle $(M, P)$ ist eine injektive Abbildung $C : M \to A^*$, die jeder elementaren Nachricht ein Wort über einem geeigneten endlichen Alphabet $A$ zuordnet. Die Injektivität der Quellcodierung ist notwendig, damit unterschiedliche elementare Nachrichten nicht auf dasselbe Wort abgebildet werden.

Wir können natürlich auch mehrere elementare Nachrichten zusammenfassen und gemeinsam codieren. Das würde einer Quellcodierung $C : M^r \to A^*$ einer $r$–ten Erweiterung der Quelle entsprechen.

**510 Definition**    EFFIZIENZ EINER QUELLCODIERUNG
Zur Codierung elementarer Nachrichten können, je nach Codierung $C : M \to A^*$, unterschiedlich lange Wörter über $A$ benötigt werden. Die *mittlere Codewortlänge*

$$\mu := \sum_{m \in M} P(m) * \mid C(m) \mid$$

ist[2] die im Mittel bei Codierung einer elementaren Nachricht benötigte Wortlänge.

Vor der Codierung sind die elementaren Nachrichten, die wir übertragen wollen, die Elemente von $M$, nach der Codierung sind es die Wörter $C(m) \in A^*$. Wir wollen bei der Übertragung dieser Wörter über dem Alphabet $A$ die Herkunft der einzelnen Buchstaben aus Codierungen der Form $C(m)$ vergessen und so tun, als ob die elementaren Nachrichten nun die Buchstaben aus $A$ wären. Wenn nun das Alphabet $A$ genau $a$ Buchstaben enthält, so können nach dem Theorem von der maximalen Entropie im Mittel pro Buchstabe aus $A$ höchstens $\log_2 a$ Bit Information übertragen werden. Jetzt wollen wir uns wieder daran erinnern, daß wir ja eigentlich die Elemente $m \in M$ übertragen wollen. Ist die mittlere Codewortlänge der Quellcodierung gleich $\mu$, so können also pro Codewort $C(m) \in A^*$ im Mittel höchstens $\mu * \log_2 a$ Bit übertragen werden.

Man definiert dehalb die *Effizienz* oder *Datenkompressionsrate (efficiency)* einer Quellcodierung durch folgende Formel:

$$E := \frac{H}{\mu * \log_2 a}$$

$H$ ist die Entropie der Informationsquelle.

### 511 Definition  PRÄFIXCODES
Werden bei einem Code, der etwa eine Nachricht $m_1$ auf das Codewort 111 und eine andere Nachricht $m_2$ auf das Codewort 11 abbildet, mehrere Nachrichten hintereinander codiert, respektive wird eine Erweiterung der Quelle codiert, so stellt sich die berechtigte Frage, welche Nachrichten durch die Zeichenkette 111111 codiert werden: Sind das zwei Exemplare der Nachricht $m_1$ oder drei Exemplare der Nachricht $m_2$? Ohne Kenntnis der "Trennstellen" ist das nicht zu beantworten.

Dieses Problem kann durch *Präfixcodes (prefix codes)*, die man eigentlich genauer *präfixfreie Codes* nennen sollte, vermieden werden. Bei einem Präfixcode $C : M \to A^*$ gilt: Für je zwei unterschiedliche Nachrichten $m_1$ und $m_2$ ist $C(m_1)$ nie ein Präfix von $C(m_2)$.

Geben Sie einige Beispiele für Präfixcodes an und überlegen Sie sich, weshalb das genannte Problem hier nicht auftauchen kann. Präfixcodes haben offenbar die "Trennstelle mit eingebaut".

### 512 Theorem  QUELLCODIERUNGSTHEOREM VON SHANNON
Zu einer Informationsquelle gibt es eine Erweiterung und eine präfixfreie Quellco-

---

[2]In der Formel ist $|\, C(m)\,|$ die Länge des Codewortes $C(m) \in A^*$ über dem Alphabet $A$, das die Nachricht $m \in M$ codiert.

dierung, daß die *Effizienz der Quellcodierung beliebig nahe bei dem theoretischen Optimum* von 1 liegt.

Ist bei einer Informationsquelle die pro elementare Nachricht im Mittel übertragene Informationsmenge kleiner als das theoretisch mögliche Maximum, ist die Quelle also redundant, so kann man durch geeignete präfixfreie Quellcodierung die pro Buchstabe im Mittel übertragene Information beliebig nahe an das theoretische Maximum heranführen. Unter Umständen muß man hierbei eine geeignete Anzahl von elementaren Nachrichten gemeinsam codieren (also zu einer Erweiterung übergehen).

Genauer: Sei eine Informationsquelle $(M, P)$ und ein Alphabet $A$ gegeben. Dann gibt es für ein beliebig kleines, positives $\varepsilon \in \mathsf{R}^+$ ein $r \in \mathsf{N}$ und eine Quellcodierung $C : M^r \to A^*$ der $r$–ten Erweiterung, deren Effizienz höchstens um $\varepsilon$ kleiner ist als das theoretische Optimum 1.

**513  Beispiel**  QUELLCODIERUNG
Zwei Studenten beschließen, bei einem Multiple Choice Test zu betrügen. Bei jeder Aufgabe sind die vier Antworten $a, b, c$ und $d$ möglich. Aufgrund von statistischen Analysen früherer Klausuren gehen die Studenten davon aus, daß für jede Aufgabe die korrekte Antwort mit der Wahrscheinlichkeit 0.1 $a$ lautet, mit der Wahrscheinlichkeit 0.3 $b$ lautet, und mit der Wahrscheinlichkeit 0.4 lautet sie $c$.

Interpretieren Sie die Antworten als elementare Nachrichten und berechnen Sie die Entropie und die Redundanz dieser Nachrichtenquelle. Die Studenten können während der Klausur Nachrichten nur dadurch übermitteln, daß sie mit dem linken oder dem rechten Auge zwinkern. Das Alphabet, auf das sie ihre Übertragung abstützen müssen, ist also $A := \{l, r\}$. Um mehr als eine Nachricht eindeutig dekodieren zu können, müssen sie einen Präfixcode benutzen. Berechnen Sie für die folgenden drei Quellcodierungen $C : \{a, b, c, d\} \to \{l, r\}^*$ die mittlere Codewortlänge und die Effizienz:

|   | Code 1 | Code 2 | Code 3 |
|---|--------|--------|--------|
| $A$ | $llllr$ | $lr$ | $lll$ |
| $B$ | $lllr$ | $lllr$ | $lr$ |
| $C$ | $llr$ | $llllr$ | $r$ |
| $D$ | $lr$ | $llr$ | $llr$ |

Welche Codierung würden Sie benutzen?

**514  Beispiel**  QUELLCODIERUNG MIT ERWEITERUNG
Gegeben sei eine Quelle mit den zwei gleichwahrscheinlichen elementaren Nachrichten $\alpha$ und $\beta$. Der von Ihnen benutzte Kanal verfügt über die vier Zeichen $\{0, 1, 2, 3\}$.

Welche Quellcodierung verwenden Sie?

Eine Möglichkeit stellt die Codierung $C_1 : \{\alpha, \beta\} \to \{0, 1, 2, 3\}$ mit $C_1(\alpha) = 0$ und $C_1(\beta) = 1$ dar. Die Entropie der Quelle ist $H = 1$, die mittlere Codewortlänge von $C_1$ ist $\mu_1 = 1$ und somit ist die Effizienz dieser Codierung $E_1 = 0.5$.

Offensichtlich können wir diese Quelle noch wesentlich besser codieren. Zu diesem Zweck wollen wir die zweite Erweiterung der Quelle betrachten, das heißt wir codieren nicht mehr einzelne Nachrichten, sondern jeweils zwei. Wir definieren unsere Codierung $C_2 : \{(\alpha, \alpha), (\alpha, \beta), (\beta, \alpha), (\beta, \beta)\} \to \{0, 1, 2, 3\}^*$ durch $C_2((\alpha, \alpha)) = 0$, $C_2((\alpha, \beta)) = 1$, $C_2((\beta, \alpha)) = 2$ und $C_2((\beta, \beta)) = 3$. Die Entropie der Quelle selber ist immer noch $H = 1$, die mittlere Codewortlänge von $C_2$ ist $\mu_2 = 1$ und somit ist die Effizienz dieser Codierung $E_2 = 1$. Jetzt codieren wir also optimal.

# 13.5  Kanäle

**515  Definition**    KANAL
Ein *(gedächtnisloser, stationärer) Kanal (channel)* ist ein Tripel $K - (E, A, \phi)$ bestehend aus einer endlichen Menge $E$ von *Kanaleingangszeichen*, einer endlichen Menge $A$ von *Kanalausgangszeichen* und einer Funktion $\phi : E \times A \to [0, 1]$, welche die *Übertragungswahrscheinlichkeiten (transmission probabilities)* angibt.

Der Kanal erhält auf der Eingangsseite ein Eingangszeichen $e \in E$ und gibt auf der Ausgangsseite ein Ausgangszeichen $a \in A$ aus. Bei einem *identischen Kanal* ist $E = A$, und immer, wenn ein Zeichen eingegeben wird, wird auch dasselbe Zeichen unverändert ausgegeben. In der Realität sind Kanäle aber fehlerbehaftet, und ein eingegebenes Zeichen kann mit einer gewissen Wahrscheinlichkeit verfälscht ausgegeben werden. Man spricht hier vom *Rauschen* eines Kanals. Dies wird durch $\phi$ modelliert: $\phi(e, a)$ gibt die Wahrscheinlichkeit an, mit welcher der Kanal bei Eingabe des Zeichens $e$ das Zeichen $a$ ausgibt. Man kann auch Kanäle betrachten, bei denen $E$ und $A$ unterschiedliche Mengen sind. Mit weiterführenden Techniken können auch Kanäle behandelt werden, bei denen manche Zeichen überhaupt nicht übertragen werden.

Kanäle, wie wir sie hier definiert haben, heißen *gedächtnislos (memoryless)*, da die Übertragungswahrscheinlichkeiten nicht von den zuvor übertragenen Zeichen abhängen und *stationär (stationary)*, da die Übertragungswahrscheinlichkeiten nicht vom Übertragungszeitpunkt abhängen.

**516 Bemerkung**   MOTIVATION ZUR TRANSINFORMATION

Sei $\mathcal{Q} = (E, P)$ eine Quelle und $\mathcal{K} = (E, A, \phi)$ ein Kanal. Die Wahrscheinlichkeit, daß die Quelle ein Eingangszeichen $e \in E$ in den Kanal gibt, ist dann $P(e)$. Aufgrund der Definition des Kanals ist die Wahrscheinlichkeit, daß ein Zeichen $e$ als Zeichen $a \in A$ am Ausgang des Kanals erscheint, $\phi(e, a)$.

Wenn am Ausgang des Kanals ein Zeichen $a \in A$ erscheint, so ist dieses Zeichen mit der Wahrscheinlichkeit $\phi(e, a)$ aus dem Eingangszeichen $e \in E$ entstanden. Da wir aber die Wahrscheinlichkeit $P(e)$ kennen, mit der die Quelle das Eingangszeichen $e$ erzeugt, können wir uns durch Mittelung die Wahrscheinlichkeit berechnen, mit der ein $a \in A$ am Ausgang auftaucht. Für diese Wahrscheinlichkeit wollen wir $Q(a)$ schreiben:

$$Q(a) = \sum_{e \in E} P(e)\phi(e, a)$$

Wenn wir also den Ausgang des Kanals betrachten, so wird dort mit der Wahrscheinlichkeit $Q(a)$ das Ausgangszeichen $a$ erscheinen und somit die Informationsmenge $-\log_2 Q(a)$ anliefern. Im Mittel wird also am Ausgang des Kanals pro Zeichen eine Informationsmenge von

$$\sum_{a \in A} -Q(a)\log_2 Q(a)$$

angeliefert.

Nun fixieren wir ein Eingangszeichen $e \in E$. Gemäß Definition des Kanals wird der Kanal dann mit der Wahrscheinlichkeit $\phi(e, a)$ das Zeichen $a \in A$ ausgeben. Obwohl wir das Eingangszeichen $e \in E$ fixiert haben, können am Ausgang des Kanals verschiedene Zeichen $a \in A$ mit unterschiedlichen Wahrscheinlichkeiten $\phi(e, a)$ auftauchen. Diesen Wahrscheinlichkeiten für ein Zeichen $a \in A$ entspricht die Information $-\log_2 \phi(e, a)$. Wenn wir bei fixem $e$ über alle $a \in A$ mitteln, so ergibt sich als Entropie $\sum_{a \in A} -\phi(e, a)\log_2 \phi(e, a)$. Diese Information liefert der Kanal im Mittel pro Zeichen an seinen Ausgang, obwohl wir den Eingang auf $e$ fixiert haben: Sie ergibt sich allein aus dem Rauschen des Kanals. Wir wollen nun noch von der Fixierung des Eingangs auf $e$ zu einem Mittel über alle Eingangszeichen übergehen und gewichten hierfür mit den Wahrscheinlichkeiten, mit denen die Quelle ein Eingangszeichen $e$ anliefert. Wir erhalten dadurch jene Informationsmenge, die am Ausgang des Kanals aufgrund seines Rauschens anfällt:

$$\sum_{e \in E} P(e)(\sum_{a \in A} -\phi(e, a)\log_2 \phi(e, a)) = \sum_{e \in E}\sum_{a \in A} -P(e)\phi(e, a)\log_2 \phi(e, a)$$

**517  Definition**  TRANSINFORMATION

Die *Transinformation (transinformation) eines Kanals $\mathcal{K}$ in Bezug auf eine Quelle $\mathcal{Q}$* ist die Informationsmenge, die am Ausgang des Kanals total anfällt, minus jener Informationsmenge, die am Ausgang des Kanals allein durch das Rauschen des Kanals anfällt:

$$T(\mathcal{K}, \mathcal{Q}) = \sum_{a \in A} -Q(a)\log_2 Q(a) - \sum_{e \in E}\sum_{a \in A} -P(e)\phi(e,a)\log_2 \phi(e,a)$$

Dabei ist

$$Q(a) = \sum_{e \in E} P(e)\phi(e,a)$$

Das ist jene Informationsmenge am Kanalausgang, die wirklich von der Informationsquelle stammt.

**518  Definition**  KANALKAPAZITÄT

Die *Kanalkapazität (channel capacity)* ist die maximale Transinformation, die ein Kanal für eine geeignet gewählte Quelle übertragen kann.

Zur Motivation wollen wir uns folgendes überlegen: Es kann sein, daß ein Kanal zwei Zeichen $u$ und $v$ ohne Störung überträgt, daß er die Zeichen $w$ und $x$ aber öfters ineinander umwandelt. Eine Quelle, die ausschließlich die Buchstaben $w$ und $x$ benutzt, ist an diesen Kanal offensichtlich schlecht angepaßt und es ist zu erwarten, daß die Transinformation des Kanals in Bezug auf diese Quelle sehr gering ist. Eine andere Quelle benutzt aber auch die Zeichen $u$ und $v$ und ist an den Kanal somit besser angepaßt: Es ergibt sich eine höhere Transinformation des Kanals für diese Quelle. Die Kanalkapazität ist nun die größtmögliche Transinformation für alle Quellen. Sie gibt an, welche Informationsmenge man pro Zeichen von der Quelle aus höchstens durch den Kanal senden kann, wenn die Quelle optimal an den Kanal angepaßt ist.

**519  Beispiel**  SYMMETRISCHER BINÄRER KANAL

Der Kanal $\mathcal{K}$ mit $E = A = \{0,1\}$, $\phi(0,1) = \phi(1,0) = s$ und $\phi(0,0) = \phi(1,1) = 1 - s$ heißt *symmetrischer binärer Kanal*. Er überträgt die Eingangszeichen mit der Wahrscheinlichkeit $s$ korrekt.

Wir schließen diesen Kanal eingangsseitig an eine Informationsquelle $\mathcal{Q}$ mit $M = \{0,1\}$ und $P(0) = p$, also $P(1) = 1 - p$ an.

Wir erhalten $Q(0) = p(1-s) + (1-p)s$ und $Q(1) = ps + (1-p)(1-s)$. Die Transinformation ist der längere Ausdruck $T = -(p(1-s) + (1-p)s)\log_2(p(1-s) + (1-p)s) - (ps + (1-p)(1-s))\log_2(ps + (1-p)(1-s)) + (p(1-s) + (1-p)(1-s))\log_2(1-$

$s) + (ps + (1-p)s)\log_2(s)$. Um die Kanalkapazität zu bestimmen, müssen wir jene Quelle, also jenes $p$ suchen, für das dieser Ausdruck maximal wird. Wir bilden dazu die partielle Ableitung nach $p$ und setzen diese gleich 0. Es ergibt sich, daß die Quelle, die am besten an diesen Kanal angepaßt ist, unabhängig von $s$ die Quelle mit $p = 1/2$ ist. Als Kanalkapazität erhalten wir $K(s) = 1+(1-s)\log_2(1-s)+s\log_2(s)$.

Wir wollen nun einige Spezialfälle deuten:

(1) Im Fall $s = 0$ erhalten wir einen *identischen* Kanal, seine Kapazität ist 1 Bit.

(2) Im Fall $s = 1$ erhalten wir einen Kanal, der aus dem Eingangszeichen 0 immer das Ausgangszeichen 1 macht und umgekehrt. Auch dieser Kanal hat die Kapazität 1 Bit.

(3) Im Fall $s = 1/2$ erhalten wir einen Kanal, der aus dem Eingangszeichen 0 in der Hälfte aller Fälle das Ausgangszeichen 0 und sonst das Ausgangszeichen 1 macht und mit dem Eingangszeichen 1 analog verfährt. Hier ist anschaulich klar, daß man vom Ausgangszeichen nicht auf das Eingangszeichen zurückschließen kann. Die berechnete Kanalkapazität ist 0 Bit.

In allen anderen Fällen kann der Kanal Information übertragen, jedoch mit einer gewissen Fehlerwahrscheinlichkeit.


## 13.6 Kanalcodierung

Bei den meisten realen Kanälen können statische Elektrizität, Beschädigungen an Verbindungsleitungen oder Einflüsse von Alphateilchen auf die Transistoren von Schaltelementen die Datenübertragung stören. Durch die sogenannte *Kanalcodierung* kann man viele Fehler *erkennen (error detection)* oder sogar *korrigieren (error correction)*. Gleichzeitig möchte man die Übertragungskapazität des Kanals so gut wie möglich ausnutzen.

Man kennt *Blockcodierungen (block codes)*, bei denen alle Codes dieselbe Länge haben, und *Faltungscodierungen (variable length codes)*, bei denen auch Codewörter unterschiedlicher Länge auftauchen dürfen. Wir werden hier nur Blockcodierungen über dem Alphabet $\{0,1\}$ betrachten.

**520 Definition**    BLOCKCODIERUNG
Eine *Blockcodierung* für einen Kanal $\mathcal{K} = (\{0,1\}, \{0,1\}, \phi)$ besteht aus zwei injektiven Abbildungen, der Codierregel $C : \{0,1\}^l \to \{0,1\}^m$ und der Decodierregel $D : \{0,1\}^m \to \{0,1\}^l$.

Wollen wir nun ein Wort $w$ der Länge $l$ über den Kanal senden, so wenden wir die Codierregel auf das Wort an und erhalten ein Wort der Länge $m \geq l$. Das Resultat $C(w)$ senden wir über den Kanal. Anschließend wenden wir die Decodierregel auf das übertragene Wort an. Dabei können manche Fehler, die während der Übertragung entstanden sind, teilweise korrigiert werden. Andere Fehler wiederum bleiben bestehen, und wir können für $\mathcal{K}$, $C$ und $D$ und eine an den Kanal eingangsseitig angeschlossene Quelle eine bestimmte *Fehlerwahrscheinlichkeit* für nicht korrigierte Fehler definieren. Weiters können wir die durch den Kanal und das Blockcodiersystem übertragene Information berechnen.

**521 Theorem**    KANALCODIERUNGSTHEOREM VON SHANNON
Ein Kanal kann durch einen Blockcode stets so codiert werden, daß dabei die Wahrscheinlichkeit, einen Fehler zu übersehen, beliebig klein gemacht wird und gleichzeitig die übertragene Information beliebig nahe bei dem maximalen Wert, der Kapazität des Kanals, liegt.

Es ist also möglich, durch geeignete Kanalcodierung die Kapazität eines vorgegebenen Kanals (fast) vollständig auszunutzen und gleichzeitig (fast) keinen Fehler zu machen.

Wir wollen uns in den folgenden Beispielen nur mit einigen Möglichkeiten der Fehlererkennung und Fehlerkorrektur befassen. Verfahren, welche die hier behaupteten Eigenschaften besitzen, und Formeln für Fehlerwahrscheinlichkeiten finden sich in der Literatur.

**522 Beispiel**    PARITÄTSBIT
Die Codierung $C : \{0,1\}^7 \to \{0,1\}^8$ mit $C(a_1 \cdots a_7) := (a_1 \cdots a_7 p)$ und $p$ so gewählt, daß $(a_1 \cdots a_7 p)$ stets eine gerade Anzahl von Einsen hat, heißt *Paritätscodierung* zur Parität 0. Mit ihr können pro übertragenem Wort aus 7 Datenbits und einem Paritätsbit Fehler in einem beliebigen dieser 8 Bits entdeckt werden. Eine Korrektur von Fehlern ist nicht möglich.

**523 Definition**    HAMMING–ABSTAND UND MINIMALABSTAND
Der HAMMING-*Abstand* (HAMMING *distance*) zweier Codewörter $(v_1, \ldots, v_n)$ und $(w_1, \ldots, w_n)$ gleicher Länge[3] ist die Anzahl der Positionen $i$, für die $v_i \neq w_i$ ist, also deren Buchstaben unterschiedlich sind.

Der *Minimalabstand (minimal distance)* einer Blockcodierung ist der kleinste von Null verschiedene HAMMING-Abstand, der sich zwischen zwei Codewörtern ergeben kann.

---

[3]Bei Blockcodes sind ohnehin alle Codewörter gleich lang!

**524  Theorem**    FÄHIGKEITEN VON BLOCKCODES
Hat ein Blockcode den Minimalabstand $m$, so kann er maximal $m-1$ Fehler erkennen und maximal $\lfloor (m-1)/2 \rfloor$ Fehler korrigieren.

**525  Beispiel**    (5,3)–HAMMING–CODE
Der Code $C; \{0,1\}^2 \rightarrow \{0,1\}^5$ mit

$$C(00) = 00000 \quad C(10) = 11100$$
$$C(01) = 10011 \quad C(11) = 01111$$

heißt *(5,3)–*HAMMING*–Code*.

Bestimmen Sie die HAMMING–Abstände aller Codewörter und den Minimalabstand. Begründen Sie, wehalb dieser Code ein sogenannter *SECDED (single error correction double error detection)* Code ist. Betrachten Sie alle 1–Bit–Fehler in den Codewörtern und geben Sie eine Decodierregel an, welche diese Fehler korrigiert.

**526  Beispiel**    LAUFLÄNGENCODES
Ein Beispiel für Codes variabler Länge sind die sogenannten *Lauflängencode (run length codes)*. Ihre Idee sieht man an folgendem Beispiel: 000000001111 wird codiert als "8mal eine 0, dann 4mal eine 1". Letzteres muß natürlich noch geeignet über einem Alphabet dargestellt werden.

Lauflängencodes werden bei manchen Plattenspeichern zur Erhöhung der Speicherkapazität genutzt.

**527  Bemerkung**    REDUNDANZMODIFIKATION
Codes dienen häufig der Veränderung der Redundanz:

(1) *Redundanzverminderung* erfolgt zumeist durch Quellcodierung mit dem Ziel der Datenkompression. Durch ein einzelnes Codewort soll im Mittel möglichst viel Information übertragen werden. Dies ist insbesondere bei der Speicherung von Daten von großer Bedeutung, vor allem in der digitalen Sprach-, Bild- und Tonverarbeitung.

(2) *Redundanzerhöhung* erfolgt zumeist durch Kanalcodierung mit dem Ziel der Fehlererkennung und Fehlerkorrektur. Möglichst viele Verfälschungen im Codewort sollen erkannt und eventuell sogar korrigiert werden.

(3) *Redundanzanpassung* wird nötig, wenn wir einen Kanal vorgegebener Kapazität im Sinne des Kanalcodierungstheorems optimal an eine Quelle anpassen wollen.

# 13.7 Kryptologische Codierung

Thema der Kryptologie sind Codierungen, die verschiedene Sicherheitseigenschaften aufweisen. Um eine Nachricht in einem größeren Netzwerk zu übertragen, muß sie vom Rechner des Senders an etliche Zwischenknoten im Netz, sogenannte Gateways, gesandt werden, bis sie schließlich beim Rechner des Empfängers ankommt. Man hat deshalb keine Gewähr, daß die Nachricht auf ihrem langen Weg nicht von einem Unbefugten gelesen oder verändert wurde. Da in Computernetzen auch sensible Daten, wie Bankbelege oder Abschußbefehle für Atomraketen übertragen werden, muß man versandte Daten vor Manipulationen schützen, auch wenn sie sich physikalisch nicht mehr auf einem Rechner befinden, den man unmittelbar überwachen könnte.

**528 Bemerkung** KRYPTOLOGISCHE CODIERUNGEN
Kryptologische Codierungen sind Codierungen von Nachrichten, die nur von bestimmten Personen entschlüsselt werden können. Man verwendet dazu gerne *Falltürfunktionen (trap door functions)*, bei denen zwar die Codierung leicht durchgeführt werden kann, die Decodierung aber die Kenntnis eines bestimmten Schlüssels erfordert. Man könnte ein solches System leicht knacken, wenn man alle möglichen Schlüssel durchprobiert. Durch eine geeignete Auswahl von Falltürfunktionen und Schlüsseln kann man aber die dafür notwendige Rechenzeit so groß machen, daß dieser Ansatz unrealistisch wird und auch das zufällige Auffinden eines Schlüssels extrem unwahrscheinlich ist. Bei manchen kryptologischen Codierungen würde das Durchprobieren aller Schlüssel auf dem derzeit schnellsten Rechner länger dauern, als die bisherige Lebensdauer unseres Universums. Hier gelangen insbesondere NP-vollständige Probleme zum Einsatz.

Sehr beliebt sind auch die *Public Key* Techniken. Hier wird für jeden Benutzer ein öffentlicher Schlüssel publiziert. Wenn ich nun jemandem eine vertrauliche Nachricht senden möchte, so codiere ich diese nach der veröffentlichten Methode des Adressaten. Den chiffrierten Text sende ich ab. Da nur der richtige Empfänger im Besitz des zweiten, privaten Schlüssels zur Decodierung ist, kann auch nur dieser die Nachricht lesen. Zusätzlich ist die Nachricht zumindest teilweise vor Manipulationen geschützt: Ein Dritter kann den chiffrierten Text zwar verändern, aber die Wahrscheinlichkeit, daß diese Veränderung nach Decodierung wieder eine sinnvolle Nachricht ergibt, ist extrem klein.

Das bekannteste Public Key Verfahren ist das nach den Entdeckern RIVEST, SHAMIR und ADLEMAN benannte *RSA Verfahren*. Ein etwas älteres Verfahren, das nur mit einem Schlüssel arbeitet, ist der *DES (data encryption standard)*.

**529 Bemerkung** KRYPTOLOGISCHE PROTOKOLLE
Kryptologische Protokolle sind Verfahren, die unter Anwendung kryptologischer Co-

dierungen verschiedene Sicherheitseigenschaften gewährleisten.

*Integrität einer Nachricht* bedeutet, daß eine Nachricht, wenn sie einmal ausgesandt wurde, durch Dritte nicht verändert werden kann. *Vertraulichkeit einer Übertragung* heißt, daß kein Unbefugter die Nachricht lesen kann. Bei *Authentisierung des Senders* kann der Empfänger nach Erhalt eines Dokumentes zweifelsfrei den Absender feststellen. Es kann also niemand eine Nachricht versenden, bei der es dann so aussieht, als ob sie von einer anderen Person versandt worden wäre. *Nachweis des Empfangs* bedeutet, daß ein Empfänger den Erhalt eines elektronischen Dokuments nicht bestreiten kann, entspricht also dem "Einschreiben" der Post. Die genannten Beispiele gehören zu den grundlegenden Sicherheitseigenschaften, die man von elektronischer Datenübermittlung erwartet.

Bei *Anonymität des Senders* wird garantiert, daß die Herkunft einer Nachricht nicht entschlüsselt werden kann. Ein interessantes Anwendungsgebiet sind geheime Wahlen über elektronische Medien.

Mit der Zunahme der elektronischen Märkte steigt die Bedeutung der *elektronischen Unterschrift*: Kunden finden Angebote in Form von Vertragstexten auf elektronischen schwarzen Brettern. Entscheidet sich ein Anwender zur Unterzeichnung eines Vertrages, so verschlüsselt er den Vertragstext mit dem geheimen Schlüssel eines Public Key Verfahrens und sendet ihn dem Vertragspartner zu. Die Anwendung des geheimen Schlüssels hat zur Folge, daß jeder unter Benutzung des öffentlichen Schlüssels diesen Text dechiffrieren kann. Aber es herrscht auch Gewähr darüber, wer diesen Text ursprünglich verschlüsselt hat.

Manche der genannten Aufgaben sind scheinbar bereits durch den Zugriffsschutz des Betriebssystems gelöst: Geeignete Zugriffsrechte verhindern etwa, daß eine Nachricht oder eine Datei durch Unbefugte verändert werden kann. Diese Mechanismen schützen aber nicht vor Manipulationen durch den Systembetreuer, der auf alle Dateien Zugriffsrechte besitzt.

Obwohl es bereits viele und sehr ausgefeilte Verfahren gibt, werden sie in der Praxis noch kaum eingesetzt. Die allgemein bekannten Unsicherheiten bei Kreditkarten, Bankomatsystemen und im elektronischen Zahlungsverkehr könnten durch solche Verfahren problemlos behoben werden, was allerdings eine Umrüstung der benutzten Programme erfordern würde. Der von GEORGE ORWELL in seiner Utopie "1984" geschilderte Überwachungsstaat ist bei konsequenter Anwendung kryptologischer Protokolle nicht zu etablieren. Dies würde aber die Erstellung internationaler Normen notwendig machen, damit ein weltweiter gesicherter Datenverkehr möglich wird.

Andere Aspekte, etwa aus dem Bereich der Verbrechensbekämpfung, lassen den breiten und unkontrollierten Einsatz solcher Technologien weniger wünschenswert erscheinen. Das bereits genannte und in den USA von staatlicher Seite stark geförderte Verfahren des DES hat angeblich eine absichtlich eingebaute Schwachstelle und soll nach verschiedenen unbestätigten Gerüchten sogar zu knacken sein. Wesentlich bessere Verfahren, deren Sicherheit mathematisch streng bewiesen wurde, konnten sich bei den dafür maßgeblichen Normierungsbehörden der USA bis jetzt noch nicht durchsetzen. Ein Ausschuß der amerikanischen Regierung arbeitet derzeit an einem Gesetzesvorschlag für eine sichere Codierung, bei der jedoch im Falle einer richterlichen Entscheidung das Entschlüsselungsverfahren in Einzelfällen von einer unabhängigen Behörde bekannt gemacht werden muß.

# 14 Logik

## 14.1 Deduktion in der Aussagenlogik

**530 Definition** Deduktionsrelation der Aussagenlogik
Sei $\mathcal{L}_A$ die Sprache wohlgeformter Formeln der Aussagenlogik. Um festzulegen, welche Zeichenketten unter welchen Voraussetzungen als "herleitbar" angesehen werden, benötigen wir zunächst einige Definitionen:

(1) Axiome
Folgende Wörter aus $\mathcal{L}_A$ heißen Axiome:

$$t$$

$$((\neg f) \Rightarrow t)$$

$$(t \Rightarrow (\neg f))$$

(2) Axiomenschemata
Axiomenschemata sind Regeln, wie man aus wohlgeformten Formeln neue Axiome gewinnt.

Seien $\mathcal{P}, \mathcal{Q}, \mathcal{R}$ beliebige, wohlgeformte Formeln der Aussagenlogik, dann ergeben sich aus den folgenden Axiomenschemata weitere Axiome der Aussagenlogik:

Die Axiomenschemata der Implikation:

$$(\mathcal{P} \Rightarrow (\mathcal{Q} \Rightarrow \mathcal{P}))$$

$$(((\mathcal{P} \Rightarrow \mathcal{Q}) \Rightarrow \mathcal{P}) \Rightarrow \mathcal{P})$$

$$((\mathcal{P} \Rightarrow \mathcal{Q}) \Rightarrow ((\mathcal{Q} \Rightarrow \mathcal{R}) \Rightarrow (\mathcal{P} \Rightarrow \mathcal{R})))$$

Die Axiomenschemata der NEGATION:

$$((\mathcal{P} \Rightarrow \mathcal{Q}) \Rightarrow ((\neg\mathcal{Q}) \Rightarrow (\neg\mathcal{P})))$$

$$(\mathcal{P} \Rightarrow (\neg(\neg\mathcal{P})))$$

$$((\neg(\neg\mathcal{P})) \Rightarrow \mathcal{P})$$

Die Axiomenschemata der KONJUNKTION:

$$((\mathcal{P} \wedge \mathcal{Q}) \Rightarrow \mathcal{P})$$

$$((\mathcal{P} \wedge \mathcal{Q}) \Rightarrow \mathcal{Q})$$

$$((\mathcal{P} \Rightarrow \mathcal{Q}) \Rightarrow ((\mathcal{P} \Rightarrow \mathcal{R}) \Rightarrow (\mathcal{P} \Rightarrow (\mathcal{Q} \wedge \mathcal{R}))))$$

Die Axiomenschemata der DISJUNKTION:

$$(\mathcal{P} \Rightarrow (\mathcal{P} \vee \mathcal{Q}))$$

$$(\mathcal{Q} \Rightarrow (\mathcal{P} \vee \mathcal{Q}))$$

$$((\mathcal{P} \Rightarrow \mathcal{R}) \Rightarrow ((\mathcal{Q} \Rightarrow \mathcal{R}) \Rightarrow ((\mathcal{P} \vee \mathcal{Q}) \Rightarrow \mathcal{R})))$$

Die Axiomenschemata der LOGISCHEN KONSTANTEN:

$$(t \Rightarrow (\mathcal{P} \vee (\neg\mathcal{P})))$$

$$(((\mathcal{P} \vee (\neg\mathcal{P})) \Rightarrow t)$$

$$(f \Rightarrow (\mathcal{P} \wedge (\neg\mathcal{P})))$$

$$(((\mathcal{P} \wedge (\neg\mathcal{P})) \Rightarrow f)$$

Die Axiomenschemata der ÄQUIVALENZ:

$$((\mathcal{P} \Leftrightarrow \mathcal{Q}) \Rightarrow (\mathcal{P} \Rightarrow \mathcal{Q}))$$

$$((\mathcal{P} \Leftrightarrow \mathcal{Q}) \Rightarrow (\mathcal{Q} \Rightarrow \mathcal{P}))$$

$$((\mathcal{P} \Rightarrow \mathcal{Q}) \Rightarrow ((\mathcal{Q} \Rightarrow \mathcal{P}) \Rightarrow (\mathcal{P} \Leftrightarrow \mathcal{Q})))$$

(3) SCHLUSSREGELN

Schlußregeln sind Regeln, wie man aus bereits hergeleiteten Formeln einer bestimmten Gestalt neue Formeln erhält, die wieder als herleitbar gelten.

Die Schlußregel des MODUS PONENS: Sind zwei Zeichenketten $\mathcal{P}$ und $(\mathcal{P} \Rightarrow \mathcal{Q})$ vorgegeben, dann können wir daraus die Zeichenkette $\mathcal{Q}$ bilden.

Sei $\Psi \subseteq \mathcal{L}_A$ eine endliche Menge wohlgeformter Formeln der Aussagenlogik. Die Menge aller *aus der Voraussetzung $\Psi$ herleitbaren Wörter* der Aussagenlogik ist folgende induktiv definierte Menge $M_\Psi \subseteq \mathcal{L}_A$ wohlgeformter Formeln der Aussagenlogik:

(1) Alle Wörter in $\Psi$ sind unter der Voraussetzung $\Psi$ herleitbar.

(2) Jedes Axiom ist unter der Voraussetzung $\Psi$ herleitbar.

(3) Jede aus einem Axiomenschema gewonnene wohlgeformte Formel der Aussagenlogik ist unter der Voraussetzung $\Psi$ herleitbar.

(4) Wenden wir auf eine Anzahl wohlgeformter Formeln der Aussagenlogik, die unter der Voraussetzung $\Psi$ herleitbar sind, eine geeignete Schlußregel an, so ist das erhaltene Wort wieder unter der Voraussetzung $\Psi$ herleitbar. Da wir derzeit nur eine Schlußregel betrachten, bedeutet das folgendes: Sind die Formeln $\mathcal{P}$ und $(\mathcal{P} \Rightarrow \mathcal{Q})$ unter der Voraussetzung $\Psi$ herleitbar, dann ist auch die Formel $\mathcal{Q}$ unter der Voraussetzung $\Psi$ herleitbar.

(5) Weitere Wörter sind nicht unter der Voraussetzung $\Psi$ herleitbar.

Ein Wort $w \in \mathcal{L}_A$ heißt *unter der Voraussetzung $\Psi$ herleitbar*, sofern $w \in M_\Psi$. Ein Wort heißt *herleitbar (deducible)* oder auch *voraussetzungsfrei herleitbar*, wenn es unter der Voraussetzung $\emptyset$ herleitbar ist.

Die *Deduktionsrelation der Aussagenlogik (deduction relation of propositional logic)* ist die Relation $\vdash \subseteq \mathcal{P}(\mathcal{L}_A) \times \mathcal{L}_A$ definiert durch $\Psi \vdash w$ genau dann, wenn $w$ unter der Voraussetzung $\Psi$ herleitbar ist. Die Deduktionsrelation kann leicht zu einer binären Relation $\vdash \subseteq \mathcal{P}(\mathcal{L}_A) \times \mathcal{P}(\mathcal{L}_A)$ auf einer Menge erweitert werden: $\Psi \vdash \Phi$ mit $\Psi, \Phi \subseteq \mathcal{L}_A$ gelte genau dann, wenn jede Formel in $\Phi$ unter der Voraussetzung $\Psi$ hergeleitet werden kann.

**531 Theorem** EIGENSCHAFTEN DER DEDUKTIONSRELATION
Die Deduktionsrelation $\vdash \subseteq \mathcal{P}(\mathcal{L}_A) \times \mathcal{P}(\mathcal{L}_A)$ hat die folgenden Eigenschaften:

(1) **Reflexivität**
Für jede Menge $S$ wohlgeformter Formeln gilt $S \vdash S$, das heißt jede Formel respektive Formelmenge ist unter sich selbst als Voraussetzung herleitbar.

(2) **Monotonie**
Falls $R \vdash S$ und $Q \supseteq R$, dann ist auch $Q \vdash S$, das heißt je mehr Voraussetzungen man hat, umso mehr Aussagen kann man aus ihnen herleiten. Insbesondere kann durch die Hinzunahme weiterer Voraussetzungen keine zuvor herleitbare Formel "verschwinden", also nicht mehr herleitbar werden.

**532 Bemerkung**    Nichtmonotone Logiken
In der künstlichen Intelligenz studiert man auch Deduktionssysteme und Logiken, die nicht mehr monoton sind. Dies entspricht auch vielen Situationen im Alltag. Ich gehe etwa, solange ich keine gegenteilige Information erhalte, davon aus, daß ein Tier, das "Vogel" genannt wird, auch fliegen kann. Erhalte ich aber nun die Zusatzinformation, daß ein bestimmter Vogel, etwa der Vogel Strauß, trotz seines Namens nicht fliegen kann, so ist die vor dieser Zusatzinformation herleitbare Formel *Der Vogel Strauß kann fliegen, weil er ein Vogel ist* nachher nicht mehr zulässig.

**533 Theorem**    Deduktionstheorem der Aussagenlogik
Ist $\Psi \subseteq \mathcal{L}_A$ eine endliche Menge wohlgeformter Formeln der Aussagenlogik und sind $\mathcal{A}, \mathcal{B}$ wohlgeformte Formeln der Aussagenlogik, dann gilt folgendes Metatheorem: $\Psi \cup \{\mathcal{A}\} \vdash \{\mathcal{B}\}$ gilt genau dann, wenn $\Psi \vdash \{\mathcal{A} \Rightarrow \mathcal{B}\}$ gilt.

Anschaulich gesagt sind also Deduktion und Implikation auf Ebene der Aussagenlogik im wesentlichen dasselbe.

**534 Theorem**    Konsistenz der Aussagenlogik
Die Aussagenlogik ist *konsistent (consistent)*, das heißt insbesondere

(1) Nicht jede wohlgeformte Formel der Aussagenlogik ist herleitbar. Insbesondere ist die wohlgeformte Formel $f$ nicht herleitbar, formal $\nvdash f$, und für keine wohlgeformte Formel $\mathcal{P}$ ist die Formel $(\mathcal{P} \wedge (\neg \mathcal{P}))$ herleitbar, formal $\nvdash (\mathcal{P} \wedge (\neg \mathcal{P}))$.

(2) Für keine wohlgeformte Formel $\mathcal{P}$ sind gleichzeitig die Formel selber und deren Negation herleitbar. Es gelten also nicht gleichzeitig $\vdash \mathcal{P}$ und $\vdash (\neg \mathcal{P})$.

Bei Herleitungen mit Voraussetzungen vererbt sich Inkonsistenz der Voraussetzungen auf die Menge aller Schlußfolgerungen.

Eine Menge $\Phi$ von Formeln heißt *inkonsistent (widersprüchlich, inconsistent)*, wenn eine der folgenden äquivalenten Aussagen gilt:

(1) Unter der Voraussetzung $\Phi$ läßt sich die aussagenlogische Formel $f$ herleiten, formal $\Phi \vdash f$.

(2) Es existiert eine aussagenlogische Formel $\mathcal{P}$, so daß sich unter der Voraussetzung $\Phi$ die Formel $(\mathcal{P} \wedge (\neg\mathcal{P}))$ herleiten läßt, formal $\Phi \vdash (\mathcal{P} \wedge (\neg\mathcal{P}))$.

(3) Es existiert eine aussagenlogische Formel $\mathcal{P}$, so daß sich unter der Voraussetzung $\Phi$ die Formel und deren Negation herleiten lassen, formal $\Phi \vdash \mathcal{P}$ und $\Phi \vdash (\neg\mathcal{P})$.

(4) Unter der Voraussetzung $\Phi$ läßt sich jede beliebige aussagenlogische Formel herleiten.

Ansonsten heißt die Formelmenge *konsistent (widerspruchsfrei, consistent)*.

Anschaulich bedeutet das folgendes:

(1) Charakterisierendes Merkmal widersprüchlicher Voraussetzungen ist, daß man unter ihnen jede beliebige Formel beweisen kann, daß es also nicht möglich ist, echte Aussagen zu treffen, da ohnehin alles herleitbar ist.

(2) Charakterisierendes Merkmal widerspruchsfreier Voraussetzungen ist, daß man gewiße Formeln herleiten kann, andere aber nicht, daß man also echte Aussagen treffen kann.

(3) Die leere Voraussetzung $\emptyset$ is widerspruchsfrei.

**535 Beispiel**   WIDERSPRÜCHLICH
Welche der nachfolgenden Formelmengen sind widersprüchlich?

$$\{P\}$$

$$\{P, (\neg P)\}$$

$$\{(P \wedge Q), ((\neg P) \wedge Q)\}$$

$$\{(P \wedge Q), ((\neg P) \wedge (\neg Q))\}$$

$$\{(P \Rightarrow Q), P, Q\}$$

$$\{(P \Rightarrow Q), P, (\neg Q)\}$$

Zeigen Sie für widersprüchliche Formelmengen, daß eine der oben angeführten Aussagen gilt. Geben Sie für widerspruchsfreie Formelmengen eine Formel an, die nicht aus der Formelmenge hergeleitet werden kann, und begründen Sie das anschaulich.

## 14.2　Semantik der Aussagenlogik

Die Semantik der Aussagenlogik legt fest, was mögliche Bedeutungen von Wörtern aus $\mathcal{L}_A$ sind. Hierfür muß zunächst eine Klasse *möglicher* Welten (sogenannter Modelle) definiert werden. Dann muß festgelegt werden, unter welchen Voraussetzungen eine wohlgeformte Formel der Aussagenlogik in einem solchen Modell *tatsächlich* gültig ist, also vorhandene Tatsachen beschreibt.

**536　Definition**　Belegungen
In der Aussagenlogik stehen die atomaren Aussagen stellvertretend für Aussagen, die ihren Wahrheitswert aufgrund einer Interpretation in einem äußeren, nicht näher berücksichtigten Rahmen beziehen.

Bezeichne $\mathcal{V}$ die Menge der Variablen (Menge der atomaren Aussagen), die in der aussagenlogischen Sprache $\mathcal{L}_A$ zur Verwendung kommen. $\mathcal{V}$ ist also jene Sprache, die man erhält, wenn man in obiger Grammatik der Aussagenlogik das Symbol $V$ anstelle von $S$ als Startsymbol verwendet.

Eine Funktion $\mathcal{I}_V : \mathcal{V} \to \{W, F\}$, die jeder Variablen (=atomaren Aussage) einen Wahrheitswert zuordnet, heißt eine *Variablenbelegung (variable valuation)*.

Eine Funktion $\mathcal{I} : \mathcal{L}_A \to \{W, F\}$, die jeder aussagenlogischen Formel einen Wahrheitswert zuordnet, heißt eine *Belegung (Interpretation, valuation)*, wenn sie die folgenden Gleichungen für beliebige aussagenlogische Formeln $\mathcal{P}$ und $\mathcal{Q}$ erfüllt:

$$\mathcal{I}((\mathcal{P} \wedge \mathcal{Q})) = \mathcal{I}(\mathcal{P}) \wedge \mathcal{I}(\mathcal{Q})$$

$$\mathcal{I}((\mathcal{P} \vee \mathcal{Q})) = \mathcal{I}(\mathcal{P}) \vee \mathcal{I}(\mathcal{Q})$$

$$\mathcal{I}((\mathcal{P} \Rightarrow \mathcal{Q})) = \mathcal{I}(\mathcal{P}) \Rightarrow \mathcal{I}(\mathcal{Q})$$

$$\mathcal{I}((\neg\mathcal{P})) = \neg\mathcal{I}(\mathcal{P})$$

$$\mathcal{I}(t) = W$$

$$\mathcal{I}(f) = F$$

In diesen Gleichungen bedeuten die Zeichen wie $\wedge$ links vom Gleichheitszeichen einen nichtinterpretierten Buchstaben der formalen Sprache $\mathcal{L}_A$ der Aussagenlogik, rechts vom Gleichheitszeichen repräsentieren sie die bereits früher definierten Operationen auf Wahrheitswerten. Belegungen sind also Zuordnungen von Wahrheitswerten zu aussagenlogischen Formeln, welche die Bedeutung der Operationen wie $\wedge$ auf den Wahrheitswerten respektieren.

**537 Theorem**    BELEGUNGEN UND VARIABLENBELEGUNGEN
Jede Variablenbelegung kann auf genau eine Art und Weise zu einer Belegung fortgesetzt werden, und jede Belegung kann auf eine Variablenbelegung eingeschränkt werden.

**538 Beispiel**    BELEGUNGEN
Seien $(A \wedge B)$ und $(\neg(R \vee S))$ aussagenlogische Ausdrücke in den Variablen $A$, $B$, $R$, und $S$ und sei $\mathcal{I} : \mathcal{V} \to \{W, F\}$ eine Variablenbelegung mit $\mathcal{I}(A) = \mathcal{I}(R) = W$ und $\mathcal{I}(B) = \mathcal{I}(S) = F$. Zur Variablenbelegung gehört eine Belegung. Geben Sie die Werte der aussagenlogischen Ausdrücke $(A \wedge B)$ und $(\neg(R \vee S))$ unter dieser Belegung an.

Gegeben sei eine Belegung aussagenlogischer Ausdrücke, unter der die Ausdrücke $(A \vee B)$ und $(A \Rightarrow B)$ beide den Wert $W$ haben. Welche Möglichkeiten läßt dies für die Belegung der Variablen $A$ und $B$?

**539 Definition**    MODELLRELATION
Die *Modellklasse* der Aussagenlogik ist die Menge $\mathcal{M}$ aller aussagenlogischen Belegungsfunktionen.

Sei $\mathcal{I} : \mathcal{L}_A \to \{W, F\}$ eine aussagenlogische Interpretation und $\mathcal{Q}$ eine aussagenlogische Formel. Man sagt nun $\mathcal{Q}$ ist *wahr (valid) in der Interpretation $\mathcal{I}$ oder $\mathcal{I}$ ist ein Modell von $Q$*, wenn $\mathcal{I}(Q) = W$. Die Elemente von $\mathcal{M}$, also die Elemente der Modellklasse, bezeichnet man oft auch schlichtweg als Modelle. Man verwechsle die Bezeichnungen "Modell" und "Modell von" nicht!

Die *Modellrelation (model relation)* ist die Relation $\models \subseteq \mathcal{M} \times \mathcal{L}_A$. Es gilt $\mathcal{I} \models Q$, genau dann, wenn $\mathcal{I}$ ein Modell der Formel $Q$ ist.

Die Modellrelation kann auf natürliche Art und Weise auf $\models \subseteq \mathcal{M} \times \mathcal{P}(\mathcal{L}_A)$, also auf Mengen von Formeln ausgedehnt werden: Ist $\mathcal{X}$ eine Menge von Formeln und $\mathcal{I}$ ein Modell, so ist $\mathcal{I} \models \mathcal{X}$, also $\mathcal{I}$ ein Modell von $\mathcal{X}$, falls $\mathcal{I}$ Modell jeder Formel in $\mathcal{X}$ ist.

**540 Definition**    FORMELN UND MODELLE
Eine einzelne aussagenlogische Formel heißt

(1) *erfüllbar (satisfiable)*, wenn es ein Modell gibt, das ein Modell für diese Formel ist.

(2) *widerlegbar (refutable)*, wenn es ein Modell gibt, das nicht Modell für diese Formel ist.

(3) *tautologisch (tautological)*, wenn jedes Modell der Modellklasse auch ein Modell für diese Formel ist, wenn die Formel also in jedem nur erdenklichen Modell wahr ist.

(4) *kontradiktorisch (contradictory)*, wenn kein Modell der Modellklasse ein Modell für diese Formel ist, wenn die Formel also in keinem einzigen Modell wahr ist.

Man beachte, daß diese Begriffe einander gegenseitig nicht ausschließen. Es gibt die folgenden drei zueinander disjunkten Möglichkeiten:

(1) Tautologisch und erfüllbar – die Formel gilt in allen Modellen.

(2) Erfüllbar und widerlegbar – die Formel gilt in manchen Modellen, in anderen nicht.

(3) Kontradiktorisch und widerlegbar – die Formel gilt in keinem Modell.

Eine Menge $\Psi$ von Formeln heißt *erfüllbar (satisfiable)*, wenn es ein Modell gibt, das ein Modell jeder Formel aus $\Psi$ ist.

**541  Beispiel**    FORMELN UND MODELLE
Welche der nachfolgenden Formeln sind erfüllbar, widerlegbar, tautologisch oder kontradiktorisch?

$$A$$

$$(A \vee B)$$

$$(A \vee (\neg A))$$

$$(A \wedge (\neg A))$$

Zeigen Sie, daß die folgenden Formelmengen erfüllbar sind, indem Sie ein Modell, also eine Belegung, angeben:

$$\{A, B, C\}$$

$$\{(A \wedge B), (A \vee B)\}$$

$$\{(A \vee (\neg A))\}$$

**542  Definition**    FOLGERUNGSRELATION
Die *Folgerungsrelation (consequence relation)* ist die Relation $\Vdash \subseteq \mathcal{P}(\mathcal{L}_A) \times \mathcal{P}(\mathcal{L}_A)$. Sind $\Phi$ und $\Psi$ Mengen aussagenlogischer Formeln, so ist $\Psi \Vdash \Phi$ genau dann der Fall, wenn jedes Modell, das ein Modell der Formelmenge $\Psi$ ist, auch ein Modell der Formelmenge $\Phi$ ist, formal also $\forall \mathcal{I} \in \mathcal{M} : (\mathcal{I} \models \Psi) \Rightarrow (\mathcal{I} \models \Phi)$.

**543 Beispiel**   FOLGERUNGSRELATION
Zeigen Sie unter unmittelbarer Anwendung der Definition der Folgerungsrelation die nachfolgenden Beziehungen:

$$\{A, B, C\} \Vdash \{A\}$$

$$\{A, B\} \Vdash \{(A \wedge B), (A \vee B)\}$$

$$\{(A \wedge B), C\} \Vdash \{A, B\}$$

**544 Theorem**   KORREKTHEIT DER AUSSAGENLOGIK
Die Aussagenlogik ist *korrekt (correct)*. Das heißt:

(1) ANSCHAULICH
   Eine unter bestimmten Voraussetzungen[1] herleitbare Formel ist unter diesen Voraussetzungen auch wahr und gültig.

(2) FORMAL
   Seien $\Psi$ und $\Phi$ Mengen aussagenlogischer Formeln. Wenn $\Psi \vdash \Phi$ gilt, dann gilt auch $\Psi \Vdash \Phi$. Kann man also $\Psi \vdash \Phi$ beweisen, dann gilt auch $\Phi$ in jedem Modell, in dem $\Psi$ gültig ist.

(3) INTERPRETATION
   Alles was bewiesen wurde ist wahr. Der maschinelle, automatisierte Beweisvorgang liefert aus den Voraussetzungen nur solche Formeln, die auch in allen Modellen wahr sind, welche diese Voraussetzungen erfüllen.

**545 Theorem**   VOLLSTÄNDIGKEIT DER AUSSAGENLOGIK
Die Aussagenlogik ist *vollständig (complete)*. Das heißt:

(1) ANSCHAULICH
   Eine unter bestimmten Voraussetzungen[2] gültige Formel ist aus diesen Voraussetzungen auch herleitbar.

(2) FORMAL
   Seien $\Psi$ und $\Phi$ Mengen aussagenlogischer Formeln. Wenn $\Psi \Vdash \Phi$ gilt, dann gilt auch $\Psi \vdash \Phi$. Gilt also $\Phi$ in jedem Modell, in dem $\Psi$ gültig ist, so kann man auch $\Psi \vdash \Phi$ beweisen.

(3) INTERPRETATION
   Alles was wahr ist, kann auch bewiesen werden. Der maschinelle, automatisierte Beweisvorgang liefert aus den Voraussetzungen nur solche Formeln, die auch in allen Modellen wahr sind, welche diese Voraussetzungen erfüllen.

---

[1]Schließt auch die leere Voraussetzung $\emptyset$ ein.
[2]Schließt auch die leere Voraussetzung $\emptyset$ ein.

**546 Bemerkung**    Vollständigkeit und Korrektheit

Die Aussagenlogik ist vollständig und korrekt. Kurz gesagt bedeutet das $\vdash\,=\,\vDash$, anschaulich also *syntaktische Deduktion = semantische Folgerung*.

**547 Definition**    Unvollständigkeit

Eine Menge $\Psi$ von aussagenlogischen Formeln heißt *syntaktisch unvollständig*, wenn es eine aussagenlogische Formel $P$ gibt, derart, daß weder die Formel $P$ selber noch deren Negation $(\neg P)$ aus der Formelmenge $\Psi$ herleitbar ist. Formal: $\exists P : \Psi \nvdash P, \Psi \nvdash (\neg P)$.

Eine Menge $\Psi$ von aussagenlogischen Formeln heißt *semantisch unvollständig*, wenn es eine aussagenlogische Formel $P$ gibt, derart, daß weder die Formel $P$ selber noch deren Negation $(\neg P)$ aus der Formelmenge $\Psi$ folgt. Formal: $\exists P : \Psi \nvDash P, \Psi \nvDash (\neg P)$.

Unvollständigkeit im Modellsinne gibt es nicht. Für ein Modell $\mathcal{I}$ und eine Formel $P$ ist die Formel entweder im betrachteten Modell $\mathcal{I}$ gültig oder nicht.

Man beachte, daß der Begriffe "vollständig" und "unvollständig" nicht sehr viel mit einander zu tun haben. Insbesondere ist "unvollständig" etwas anderes als "nicht vollständig".

**548 Beispiel**    Unvollständigkeit der Aussagenlogik

Zeigen Sie, daß die Menge $\{(A \lor B), C\}$ aussagenlogischer Formeln syntaktisch unvollständig sind, indem Sie eine Formel angeben, so, daß weder die Formel noch deren Negation aus dieser Formelmenge folgt.

**549 Bemerkung**    Unvollständigkeit der Aussagenlogik

Die Unvollständigkeit der Aussagenlogik kann konstruktiv behoben werden. Nimmt man geeignete neue Axiome und Axiomenschemata zur Aussagenlogik hinzu, so erhält man ein erweitertes System, das nicht mehr unvollständig ist. Dieser Vorgang kann durch einen Algorithmus nachvollzogen werden, da alle auftretenden Funktionen und Relationen rekursiv sind. Dieser Erweiterungsprozeß ist nicht eindeutig und ergibt je nach Konstruktion unterschiedliche logische Systeme. Diese sind außerdem nicht sonderlich interessant, da sie den aussagenlogischen Formeln ihre "Freiheit" nehmen, für jede, auch jede atomare Formel, etwa $C$, ist bereits festgelegt, ob sie herleitbar ist oder nicht. Solche Systeme entsprechen also bereits Modellen.

**550 Theorem**    Erfüllbarkeit und Widerspruchsfreiheit

Eine endliche Menge $\Psi$ von Formeln der Aussagenlogik ist genau dann erfüllbar, wenn sie widerspruchsfrei ist. Insbesondere kann man für endlich viele Formeln bereits dann ein Modell finden, wenn diese Formeln keinen Widerspruch enthalten.

**551 Bemerkung**   BEWEISE AUSSAGENLOGISCHER FORMELN
Will man zeigen, daß eine bestimmte aussagenlogische Formel $\mathcal{P}$ unter einer Voraussetzung $\Psi$ herleitbar ist (respektive gültig, das ist ja, wie wir gesehen haben, dasselbe) so kann man folgende Wege gehen:

(1) Man zeigt, daß $\mathcal{P}$ unter der Voraussetzung $\Psi$ herleitbar ist, benutzt also syntaktische Methoden.

(2) Man zeigt, daß $\mathcal{P}$ in jedem möglichen Modell, das Modell von $\Psi$ ist, gültig ist, benutzt also semantische Methoden. Dies entspricht insbesondere der Methode der Wahrheitstafeln, die wir bereits kennengelernt haben. Dieser Ansatz funktioniert aus folgendem Grund: Der Wahrheitswert einer aussagenlogischen Formel hängt nur von den in der Formel auftretenden atomaren Aussagen ab. Bei $n$ atomaren Aussagen gibt es aber höchstens $2^n$ Möglichkeiten für deren Wahrheitswert.

Durch Verwendung des Deduktionstheorems kann man ferner Voraussetzungen in die Formel verschieben: Anstatt $(A \wedge B) \vdash B$ zu zeigen, zeigt man eben $\vdash ((A \wedge B) \Rightarrow B)$. Für ersteres müßte man nach der semantischen Methode für alle Modelle von $(A \wedge B)$ etwas zeigen, für den zweiten Ansatz sind alle Modelle heranzuziehen.


# 14.3   Normalformen der Aussagenlogik

**552 Definition**   NORMALFORMEN
Eine wohlgeformte Formel der Aussagenlogik heißt in *konjunktiver Normalform* *(conjunctive normalform)*, wenn sie eine Konjunktion von Disjunktionen von Atomen oder negierten Atomen ist: $D_1 \wedge D_2 \wedge \ldots \wedge D_n$, wobei $D_i = (D_i = L_{i,1} \wedge L_{i,2} \wedge \ldots \wedge L_{i,j})$ und $L_{k,l}$ ist ein Atom oder die Negation eines Atoms. Unnötige Klammern sind ausgelassen.

Eine wohlgeformte Formel der Aussagenlogik heißt in *konjunktiver Hauptnormalform* *(principal conjunctive normal form)*, wenn sie in konjunktiver Normalform ist und zusätzlich folgendes gilt:

(1) Jede atomare Teilformel, die in der gesamten Normalform auftritt, taucht genau einmal in jedem Disjunktionsblock $D_i$ auf.

(2) Die atomaren (negiert atomaren) Teilformeln jedes Disjunktionsblockes sind alphabetisch geordnet.

(3) Die Disjunktionsblöcke sind paarweise verschieden.

(4) Die einzelnen Disjunktionsblöcke unterscheiden sich somit nur mehr durch die Stellen, an denen Negationen bei den atomaren Teilformeln stehen. Interpretiert man die Stellen ohne Negation als 0 und jene mit Negation als 1, so sind die Disjunktionsblöcke innerhalb der Konjunktion nach steigenden zugehörigen Binärzahlenwerten geordnet.

Eine wohlgeformte Formel der Aussagenlogik heißt in *disjunktiver Normalform (disjunctive normal form)*, wenn sie eine Disjunktion von Konjunktionen von Atomen oder negierten Atomen ist: $K_1 \vee K_2 \vee \ldots \vee K_n$, wobei $K_i = (K_i = L_{i,1} \vee L_{i,2} \vee \ldots \vee L_{i,j})$ und $L_{k,l}$ ist ein Atom oder die Negation eines Atoms.

Eine wohlgeformte Formel der Aussagenlogik heißt in *disjunktiver Hauptnormalform (principal disjunctive normal form)*, wenn sie in disjunktiver Normalform ist, und zusätzlich folgendes gilt:

(1) Jede atomare Teilformel, die in der gesamten Normalform auftritt, taucht genau einmal in jedem Konjunktionsblock $D_i$ auf, die logischen Konstanten $t$ und $f$ tauchen nicht auf.

(2) Die atomaren (negiert atomaren) Teilformeln jedes Konjunktionsblockes sind alphabetisch geordnet.

(3) Die Konjunktionsblöcke sind paarweise verschieden.

(4) Die einzelnen Konjunktionsblöcke unterscheiden sich somit nur mehr durch die Stellen, an denen Negationen bei den atomaren Teilformeln stehen. Interpretiert man die Stellen ohne Negation als 0 und jene mit Negation als 1, so sind die Konjunktionsblöcke innerhalb der Disjunktion nach steigenden zugehörigen Binärzahlenwerten geordnet.

**553 Theorem**   NORMALFORMEN DER AUSSAGENLOGIK

Zu jeder wohlgeformten aussagenlogischen Formel gibt es genau eine äquivalente in disjunktiver Hauptnormalform und genau eine äquivalente in konjunktiver Hauptnormalform. Insbesondere sind zwei wohlgeformte aussagenlogische Formeln genau dann äquivalent, wenn sie dieselbe disjunktive Hauptnormalform besitzen respektive dieselbe konjunktive Hauptnormalform. Die Umformung einer wohlgeformten aussagenlogischen Formel in ihre disjunktive und konjunktive Hauptnormalform ist eine total rekursive Funktion.

Konstruktion der Normalformen:

(1) Ersetzen aller logischen Operatoren durch Konjunktor, Disjunktor und Negator.

(2) Ersetzen der logischen Konstanten durch $(A \wedge \neg A)$ respektive $(A \vee \neg A)$.

(3) Aufstellen der Normalform durch Anwendung der Distributivitätsgesetze.

(4) Aufstellen der Hauptnormalform durch Anwendung der Kommutativität, Assoziativität und Distributivität und durch Expansion, wenn atomare Ausdrücke fehlen.

**554 Beispiel**  Normalformen
Bringen Sie die folgenden logischen Ausdrücke auf disjunktive und konjunktive Hauptnormalform:

$$(A \Rightarrow (B \wedge C))$$

$$((\neg(A \wedge B)) \vee B)$$

**555 Bemerkung**  Minimierung
Sollen aussagenlogische Formeln durch logische Gatter elektronisch realisiert werden, so ist man daran interessiert, den Aufwand an logischen Gattern möglichst gering zu halten. Ähnlich wie bei den endlichen Automaten gibt es auch bei den aussagenlogischen Formeln eine Technik zum Ermitteln einer Darstellung, die unmittelbar zu einer aufwandsminimalen Realisierung durch elektronische Gatter führt.

Im Kontext von Minimierungen und Realisierungen von Gattern hat sich die Schreibweise der Konjunktion als unmittelbares Hintereinanderschreiben und der Negation als Querstrich oberhalb der negierten Formel durchgesetzt.

Bei einer dieser Techniken wird etwa zuerst eine Hauptnormalform eines logischen Ausdrucks erstellt, zum Beispiel

$$A B \bar{C} D \vee A \bar{B} \bar{C} \bar{D} \vee \bar{A} B C D \vee \bar{A} B C \bar{D} \vee \bar{A} \bar{B} C \bar{D}$$

und diese dann geeignet minimiert:

$$A \bar{C} \vee B D \vee \bar{A} C \bar{D}$$

Die Technik nach Quine–McCluskey, die Methode der Primimplikanden und die graphische Methode von Karnaugh, welche alle im wesentlichen das selbe leisten, sind in der Literatur ausführlich beschrieben. Sie bestehen alle aus mehr oder weniger komplizierten kombinatorischen Überlegungen, die wir zwar nicht im einzelnen auswendig kennen müssen, aber bei jedem konkreten Entwurf logischer Gatter anwenden sollten.

# 14.4   Deduktion in der Prädikatenlogik

**556  Definition**   SUBSTITUTION
Seien $x, y$ Variable und $\mathcal{P}$ ein prädikatenlogischer Ausdruck.  Dann bezeichnet $[x \to y](\mathcal{P})$ jenen prädikatenlogischen Ausdruck, den man erhält, wenn man jedes $\mathcal{P}$ zuerst durch Umbenennung allfälliger gebundener Auftauchen von $y$ so umbenennt, daß $y$ in $\mathcal{P}$ nicht mehr gebunden auftaucht, und dann jedes freie Auftreten von $x$ in $\mathcal{P}$ durch $y$ ersetzt.

**557  Definition**   DEDUKTIONSRELATION DER PRÄDIKATENLOGIK
Im Vergleich mit der Aussagenlogik stellt man fest, daß die Ausdrücke der Prädikatenlogik sich aus den wohlgeformten Formeln der Aussagenlogik ergeben, indem man die aussagenlogischen Variablen durch Relationszeichen und quantifizierte Ausdrücke ersetzt.
Um festzulegen, welche Zeichenketten unter welchen Voraussetzungen als "herleitbar" angesehen werden, benötigen wir zunächst folgende Definitionen:

(1)  AXIOME
Folgende Wörter aus $\mathcal{L}_P$ heißen Axiome:

$$t$$

$$((\neg f) \Rightarrow t)$$

$$(t \Rightarrow (\neg f))$$

(2)  AXIOMENSCHEMATA
Axiomenschemata sind Regeln, wie man aus wohlgeformten Formeln neue Axiome gewinnt.

Seien $\mathcal{P}, \mathcal{Q}, \mathcal{R}$ beliebige Ausdrücke der Prädikatenlogik und ist $t_1$ ein beliebiger Term der Prädikatenlogik, dann ergeben sich aus den folgenden Axiomenschemata weitere Axiome der Prädikatenlogik:

Sämtliche Axiomenschemata der Aussagenlogik.

Das Axiomenschema der VORDEREN GENERALISIERUNG[3]:

$$(\forall x : \mathcal{P}) \Rightarrow [x \to t_1](\mathcal{P})$$

---

[3] $\forall$ heißt auch *Generalisator*.

Das Axiomenschema der HINTEREN PARTIKULARISIERUNG[4]:

$$[x \to t_1](\mathcal{P}) \;\Rightarrow\; (\exists x : \mathcal{P})$$

(3) SCHLUSSREGELN

Die Schlußregel des *Modus Ponens*: Sind zwei Ausdrücke $\mathcal{P}$ und $(\mathcal{P} \Rightarrow \mathcal{Q})$ vorgegeben, dann können wir daraus den Ausdruck $\mathcal{Q}$ bilden.

Die Schlußregel der *Generalisation*: Ist ein Ausdruck $\mathcal{P}$ vorgegeben, dann können wir daraus den Ausdruck $(\forall x : \mathcal{P})$ bilden.

Die *Umbenennungsregel*: Ist ein Ausdruck $\mathcal{P}$ vorgegeben, dann können wir gebundene Variable in $\mathcal{P}$ nach den Regeln aus Kapitel 3 umbenennen.

Die Definition der Deduktionsrelation erfolgt ganz analog zur Aussagenlogik.

**558 Theorem**    EIGENSCHAFTEN DER DEDUKTIONSRELATION
Die Deduktionsrelation $\vdash \subseteq \mathcal{P}(\mathcal{L}_P) \times \mathcal{P}(\mathcal{L}_P)$ der Prädikatenlogik ist reflexiv und monoton.

**559 Theorem**    DEDUKTIONSTHEOREM DER PRÄDIKATENLOGIK
Ist $\Psi \subseteq \mathcal{L}_P$ eine endliche Menge von Ausdrücken der Prädikatenlogik und $\mathcal{A}, \mathcal{B}$ Ausdrücke der Prädikatenlogik, dann gilt folgendes Metatheorem: Falls $\Psi \cup \{\mathcal{A}\} \vdash \{\mathcal{B}\}$ gilt und bei der Ableitung von $\mathcal{B}$ keine Generalisation über eine Variable, die frei in $\mathcal{A}$ auftaucht, verwendet wird, dann gilt auch $\Psi \vdash \{\mathcal{A} \Rightarrow \mathcal{B}\}$.
Falls $\Psi \vdash \{\mathcal{A} \Rightarrow \mathcal{B}\}$ gilt, so gilt stets auch $\Psi \cup \{\mathcal{A}\} \vdash \{\mathcal{B}\}$.

**560 Bemerkung**    DEDUKTIONSTHEOREM UND GENERALISATION
In der Prädikatenlogik spielen $\vdash$ und $\Rightarrow$ teilweise unterschiedliche Rollen. Man kann sich das an folgenden Beispielen klar machen:

$\{0 * x = 0\} \vdash (\forall x : 0 * x = 0)$ ist so zu lesen: "Wenn man ohne weitere Voraussetzungen $0 * x = 0$ herleiten kann, so kann man $(\forall x : 0 * x = 0)$ herleiten."

$\{x = 3\} \vdash (\forall x : x = 3)$ ist so zu lesen: "Wenn man ohne weitere Voraussetzungen $x = 3$ herleiten kann (oder eben $x = 3$ selber als Voraussetzung heranzieht), so kann man $(\forall x : x = 3)$ daraus herleiten."

Das Axiomenschema der Generalisation bedeutet, daß eine Formel wie etwa $0 * x = 0$ mit freier Variable $x$, aber ohne Quantor automatisch als allquantifizierte Formel zu

---

[4] $\exists$ heißt auch *Partikularisator*.

lesen ist.

Sowohl $\{0 * x = 0\} \vdash (\forall x : 0 * x = 0)$ als auch $\{x = 3\} \vdash (\forall x : x = 3)$ sind korrekte Anwendungen der Schlußregel der Generalisation. Andererseits kann man daraus aufgrund des Deduktionstheorems weder $0 * x = 0 \Rightarrow (\forall x : 0 * x = 0)$ noch $x = 3 \Rightarrow (\forall x : x = 3)$ folgern, da die Voraussetzungen die Generalisation über eine freie Variable des jeweils auf die rechte Seite des $\vdash$ verschobenen Terms benutzten.

$(x = 3 \Rightarrow x * x = 9)$ ist so zu lesen: "Wenn $x = 3$ ist, dann ist $x * x = 9$". Dies kann unter der Voraussetzung der PEANO Arithmetik abgeleitet werden. Unter der automatischen Generalisation wird das zu $(\forall x : ((x = 3) \Rightarrow (x * x = 9)))$.

Statt der Generalisation als Schlußregel, so wie wir sie oben formuliert haben, kann man auch folgende zwei Schlußregeln verwenden, die auf dem Hintergrund dieser Problematik nun eher einsichtig sind:

(1) SCHLUSSREGEL DER HINTEREN GENERALISIERUNG
Falls $y$ nicht frei in $\mathcal{A}$, aber frei in $\mathcal{B}$ auftaucht, gilt

$$\{(\mathcal{A} \Rightarrow \mathcal{B})\} \vdash (\mathcal{A} \Rightarrow (\forall x : [y \to x](\mathcal{B})))$$

Taucht eine Variable nicht auf der linken (=vorderen) Seite einer Implikation frei auf, aber auf der rechten (=hinteren) Seite, so kann über sie auf der rechten (=hinteren) Seite generalisiert werden.

(2) SCHLUSSREGEL DER VORDEREN PARTIKULARISIERUNG
Falls $y$ frei in $\mathcal{A}$, aber nicht frei in $\mathcal{B}$ auftaucht, gilt

$$\{(\mathcal{A} \Rightarrow \mathcal{B})\} \vdash (\exists x : ([y \to x](\mathcal{A}) \Rightarrow \mathcal{B}))$$

Taucht eine Variable auf der linken (vorderen) Seite einer Implikation frei auf, nicht aber auf der rechten (=hinteren) Seite, so kann über sie auf der linken (=vorderen) Seite partikularisiert werden.

**561 Theorem**   KONSISTENZ DER PRÄDIKATENLOGIK
Die Prädikatenlogik ist ebenso wie die Aussagenlogik *konsistent* und vererbt die Inkonsistenz von Voraussetzungen auf die Menge aller Schlußfolgerungen.


# 14.5   Semantik der Prädikatenlogik

**562 Definition**   STRUKTUREN
Eine *Interpretation (Struktur; interpretation, structure)* $(\Omega, \mathcal{I})$ besteht aus

(1) einer nichtleeren *Trägermenge (Individuenbereich, carrier)* $\Omega$,

(2) einer Abbildung $\mathcal{I}$, die jedem Funktionszeichen $f$ der Stelligkeit $n$ eine Funktion $\mathcal{I}(f) : \Omega^n \to \Omega$ zuordnet,

(3) einer Abbildung[5] $\mathcal{I}$, die jedem Relationszeichen $r$ der Stelligkeit $n$ eine Relation $\mathcal{I}(r) \subseteq \Omega^n$ zuordnet, und

(4) einer Abbildung $\mathcal{I}$, die jedem Konstantensymbol $c$ ein Element $\mathcal{I}(c) \in \Omega$ des Individuenbereichs zuordnet.

Eine *Variablenbelegung (variable valuation)* ist eine Abbildung $\phi : \mathcal{V} \to \Omega$, die jeder Variablen ein Element des Individuenbereiches zuordnet.

Ist $\phi : \mathcal{V} \to \Omega$ eine Variablenbelegung, so kann jedem Term $t$ ein Element des Individuenbereiches als Wert zugeordnet werden, der mit $\mathcal{I}(t)$ bezeichnet wird:

(1) Ist der Term $t$ eine Variable $v$, so ist sein Wert gleich dem Wert $\phi(v)$ der Variablen unter dieser Variablenbelegung.

(2) Ist der Term $t$ ein Konstantenzeichen $c$, so ist sein Wert gleich der Interpretation $\mathcal{I}(c)$ des Konstantenzeichens im Modell.

(3) Ist der Term $t$ von der Gestalt $f(t_1, t_2, \ldots, t_n)$ und sind $t_1, \ldots, t_n$ Terme und $f$ ein $n$–stelliges Funktionszeichen, so ist der Wert gleich $\mathcal{I}(f)(\mathcal{I}(t_1), \ldots, \mathcal{I}(t_n))$, also gleich dem Wert der dem Funktionssymbol $f$ im Modell zugeordneten Funktion $\mathcal{I}(f)$ an der Stelle, die man erhält, wenn man die den Termen $t_1, \ldots, t_n$ selber zugeordneten Werte $\mathcal{I}(t_1), \ldots, \mathcal{I}(t_n)$ bestimmt.

Ist $\phi : \mathcal{V} \to \Omega$ eine Variablenbelegung, so kann jedem Ausdruck $a$ ein Wahrheitswert in $\{W, F\}$ zugeordnet werden, der mit $\mathcal{I}(a)$ bezeichnet wird:

(1) Den Termen $t$ und $f$ werden die Wahrheitswerte $W$ und $F$ zugeordnet.

(2) Ist der Ausdruck von der Gestalt $r(t_1, t_2, \ldots, t_n)$ und sind $t_1, t_2, \ldots, t_n$ Terme und ist $r$ ein $n$–stelliges Relationszeichen, dann ist der Wahrheitswert des Ausdrucks genau dann $W$, wenn $\mathcal{I}(t_1), \ldots, \mathcal{I}(t_n)) \in \mathcal{I}(r)$ gilt, also wenn das Tupel der Werte, die den Termen zugeordnet sind, in der Relation $\mathcal{I}(r)$ liegt, die dem Relationszeichen $r$ im Modell zugeordnet wird. Ansonsten ist der Wahrheitswert gleich $F$.

(3) Ist der Ausdruck von der Form $(\neg a)$, dann ist sein Wahrheitswert gleich der Negation des Wahrheitswertes $\mathcal{I}(a)$, der dem Ausdruck $a$ zugeordnet wird.

---

[5]Üblicherweise auch $\mathcal{I}$ geschrieben, wie die Abbildung unter (2) und alle anderen Interpretationsabbildungen.

(4) Ist der Ausdruck von einer der Formen $(a \wedge b)$, $(a \vee b)$ und $(a \Rightarrow b)$, dann ist sein Wert gleich der Konjunktion, Disjunktion respektive Implikation der Wahrheitswerte, die den entsprechenden Teilausdrücken zugeordnet sind.

(5) Ist der Ausdruck von der Gestalt $(\forall x : a)$, dann ist sein Wahrheitswert genau dann gleich $W$, wenn der Wahrheitswert, der dem Ausdruck $a$ unter der Variablenbelegung $\phi$ zugeordnet wird, gleich $W$ ist und dies auch für alle anderen Variablenbelegungen gilt, die man aus $\phi$ erhält, wenn man $\phi$ an der Stelle $x$ beliebig abändert. Ansonsten ist sein Wert $F$.

(6) Ist der Ausdruck von der Gestalt $(\exists x : a)$, dann ist sein Wahrheitswert genau dann gleich $W$, wenn der Wahrheitswert, der dem Ausdruck $a$ unter der Variablenbelegung $\phi$ zugeordnet wird, gleich $W$ ist oder dies zumindest für eine andere Variablenbelegung gilt, die man aus $\phi$ erhält, wenn man $\phi$ an der Stelle $x$ beliebig abändert. Ansonsten ist sein Wert $F$.

**563 Definition**    MODELLKLASSE DER PRÄDIKATENLOGIK
Die *Modellklasse* der Prädikatenlogik ist die Menge $\mathcal{M}$ aller Interpretationen.

Ausdrücke, die in einem Modell $(\Omega, \mathcal{I})$ für alle Variablenbelegungen denselben Wahrheitswert zugeordnet bekommen, heißen *wahrheitsdefinit*. Insbesondere die geschlossenen Ausdrücke, das sind solche ohne freie Variablen, sind wahrheitsdefinit.

Ein prädikatenlogischer Ausdruck $\mathcal{P}$ heißt *wahr (valid)* in einem Modell $(\Omega, \mathcal{I})$ und das Modell $(\Omega, \mathcal{I})$ heißt ein Modell des Ausdrucks $\mathcal{P}$, wenn der Ausdruck wahrheitsdefinit ist und für alle Variablenbelegungen $\phi : \mathcal{V} \to \Omega$ den Wahrheitswert $W$ zugeordnet bekommt.

Die *Modellrelation (model relation)* ist die Relation $\models \subseteq \mathcal{M} \times \mathcal{L}_P$. Es gilt $\mathcal{I} \models \mathcal{P}$ genau dann, wenn $\mathcal{I}$ ein Modell des Ausdrucks $\mathcal{P}$ ist.

Die Modellrelation kann auf natürliche Art und Weise auf $\models \subseteq \mathcal{M} \times \mathcal{P}(\mathcal{L}_P)$, also auf Mengen von Formeln ausgedehnt werden: Ist $\Phi$ eine Menge von Formeln und $\mathcal{I}$ ein Modell, so ist $\mathcal{I} \models \Phi$, also $\mathcal{I}$ ein Modell von $\Phi$, falls $\mathcal{I}$ Modell jeder Formel in $\Phi$ ist.

**564 Definition**    FOLGERUNGSRELATION
Die *Folgerungsrelation (consequence relation)* ist die Relation $\Vdash \subseteq \mathcal{P}(\mathcal{L}_P) \times \mathcal{P}(\mathcal{L}_P)$. Sind $\Phi$ und $\Psi$ Mengen prädikatenlogischer Ausdrücke, so ist $\Psi \Vdash \Phi$ genau dann der Fall, wenn jedes Modell, das ein Modell der Formelmenge $\Psi$ ist, auch ein Modell der Ausdrucksmenge $\Phi$ ist, formal also $\forall \mathcal{I} \in \mathcal{M} : (\mathcal{I} \models \Psi) \Rightarrow (\mathcal{I} \models \Phi)$.

**565 Theorem**   KORREKTHEIT UND VOLLSTÄNDIGKEIT
Die *Prädikatenlogik* ist *korrekt* und *vollständig*.

**566 Theorem**   UNVOLLSTÄNDIGKEIT
Die Prädikatenlogik ist unvollständig.

**567 Theorem**   SEMI-ENTSCHEIDBARKEIT DER PRÄDIKATENLOGIK
Die Prädikatenlogik ist nicht entscheidbar, aber semi-entscheidbar. Das hat folgende
Konsequenzen:

(1) Ist $\mathcal{P}$ ein herleitbarer respektive ein unter der Voraussetzung einer endlichen
Ausdrucksmenge $\Phi$ herleitbarer Ausdruck, so kann algorithmisch ein Beweis
gefunden werden.

(2) Ist $\mathcal{P}$ jedoch kein herleitbarer respektive kein unter der Voraussetzung einer
endlichen Ausdrucksmenge $\Phi$ herleitbarer Ausdruck, so kann dies algorithmisch nicht nachgewiesen werden.

(3) Die Menge aller herleitbaren Ausdrücke ist rekursiv aufzählbar.

**568 Bemerkung**   UNVOLLSTÄNDIGKEIT DER PRÄDIKATENLOGIK
Die Unvollständigkeit der Prädikatenlogik kann ähnlich wie bei der Aussagenlogik
behoben werden, mangels eines Entscheidungsalgorithmus für die Prädikatenlogik
geht das aber nicht notwendigerweise konstruktiv, also durch einen Algorithmus mit
rekursiven Funktionen.

**569 Theorem**   ERFÜLLBARKEIT UND WIDERSPRUCHSFREIHEIT
Eine endliche Menge $\Psi$ von Formeln der Prädikatenlogik ist genau dann erfüllbar,
wenn sie widerspruchsfrei ist. Insbesondere kann man für endlich viele Formeln bereits dann ein Modell finden, wenn diese Formeln keinen Widerspruch enthalten.


# 14.6   Normalformen der Prädikatenlogik

**570 Definition**   SPEZIELLE PRÄDIKATENLOGISCHE FORMEN
Eine wohlgeformter prädikatenlogischer Ausdruck heißt in

(1) *pränexer Normalform (prenex normal form)*, wenn er die Form $(Q_1 x_1 : (Q_2 x_2 :$
$\ldots (Q_n x_n : A) \ldots ))$ hat, bei der die $Q_i$ Quantoren, die $x_i$ Variablen und $A$ ein
quantorenfreier Ausdruck ist.

(2) *klausaler Form (clausal form)*, wenn er die Form einer Disjunktion von atomaren Ausdrücken oder deren Negationen hat.

**571  Theorem**  Normalformen der Prädikatenlogik
Zu jedem prädikatenlogischen Ausdruck $A$ gibt es einen Ausdruck $B$ in pränexer
Normalform, sodaß $A \Rightarrow B$ und $B \Rightarrow A$ voraussetzungsfrei wahr sind.


# 14.7  Zur Logik der Arithmetik und Informatik

Die Logik der Arithmetik hat zusätzlich zum Problem der Unentscheidbarkeit der
Prädikatenlogik noch ein weiteres Problem, nämlich daß sie inhärent unvollständig
ist. Dieses auf Kurt Gödel zurückgehende Resultat hat folgende Gesichter:

**572  Theorem**  Gödelsches Unvollständigkeitstheorem
Bezeichne $N$ die Menge der Axiome der Peano Arithmetik. Die Peano Axiome
(1)–(4) und die arithmetischen Axiome lassen sich unmittelbar in der Prädikatenlogik formulieren, für das Axiom (5) nehmen wir folgendes Axiomenschema:

$$(A(0) \,\wedge\, (\forall n : (A(n) \,\Rightarrow\, A(n+1)))) \,\Rightarrow\, (\forall n : A(n))$$

in dem $A$ einen beliebigen Ausdruck bezeichnet. Sei $N_0$ das klassische Modell der
Peano Axiome, wie wir sie im Kapitel über Berechenbarkeit formuliert haben.

(1) Syntaktische Unvollständigkeit
   Die Peano Arithmetik $N$ ist syntaktisch unvollständig, es gibt also einen
   Ausdruck $P$, sodaß weder $N \vdash P$ noch $N \vdash (\neg P)$ gelten.

(2) Semantische Unvollständigkeit
   Die Peano Arithmetik $N$ ist semantisch unvollständig, es gibt also einen
   Ausdruck $P$, sodaß weder $N \Vdash P$ noch $N \Vdash (\neg P)$ gelten.

(3) Modellmehrdeutigkeit
   Die Peano Arithmetik $N$ hat mehrdeutige Modelle, es gibt also einen Ausdruck $P$ und Modelle $M_1$ und $M_2$, sodaß

$$M_1 \models N \cup \{P\}$$

$$M_2 \models N \cup \{(\neg P)\}$$

Insbesondere muß es neben dem uns bekannten Modell $N_0$ der Peano Arithmetik $N$ noch weitere Modelle geben, die man durch solche Ausdrücke wie
obiges $P$ von einander unterscheiden kann. $N_0$ ist durch $N$ nicht eindeutig
festgelegt. Der tiefere Grund dafür ist, daß das Peano Axiom (5) nicht genau in unsere Prädikatenlogik übersetzt werden kann, hierzu wird eine andere
Logik benötigt, bei der sich dann aber andere Schwierigkeiten zeigen werden.

(4) NICHTAUFZÄHLBARKEIT ARITHMETISCHER WAHRHEIT
Die Menge aller Ausdrücke, die im Standardmodell $N_0$ der Arithmetik festgelegt sind, ist nicht rekursiv aufzählbar.

(5) INHÄRENTE UNVOLLSTÄNDIGKEIT
Es ist nicht möglich, diese Unvollständigkeitsphänomene dadurch zu lösen, indem man eine endliche Anzahl von Axiomen, Axiomenschemata oder rekursiven Regeln zur PEANO Arithmetik $\mathcal{N}$ hinzunimmt. Das Problem liegt also nicht in einem bestimmten, fehlenden Axiom begründet, sondern ist ein prinzipielles Problem formaler Methoden.

**573 Theorem**   ARITHMETISCHE WAHRHEITEN SIND NICHT AUFZÄHLBAR
Sei $\mathcal{L}_{ar}$ die Menge aller geschlossenen arithmetischen Formeln, also die Menge aller geschlossenen prädikatenlogischen Ausdrücke, in denen die Theoriezeichen der Arithmetik auftauchen. Eine solche Formel ist etwa $\exists x : \exists y : x * y = S(0)$.

Die Frage, ob eine solche Formel gültig ist, ist nicht entscheidbar. Im Gegensatz dazu ist aber die Menge aller arithmetischen Formeln, die sich aus den Axiomen der Arithmetik *beweisen* lassen, rekursiv aufzählbar, wie sich aus der rekursiven Aufzählbarkeit aller prädikatenlogischen Formeln ergibt.

**574 Bemerkung**   KONSEQUENZEN FÜR DIE INFORMATIK
Wenn wir Eigenschaften über Programme, die mit Elementen von $N_0$ rechnen, untersuchen wollen, so unterliegen wir nicht nur den Beschränkungen der Berechenbarkeitstheorie, etwa der Unentscheidbarkeit des Korrektheits–Problems. Zusätzlich zu dieser Unsicherheit tritt die Tatsache, daß man nicht einmal alle wahren arithmetischen Ausdrücke rekursiv aufzählen kann. Es gibt arithmetische Gesetze, die in $N_0$ gelten, durch die PEANO Axiome $\mathcal{N}$ aber nicht bewiesen werden können.

Als Hauptresultat zeigt sich: Formale Methoden sind sehr nützlich, sie haben aber auch ihre Grenzen.

# 15 Grenzen von Computern

In diesem Kapitel werden wir feststellen, daß es viele wichtige und interessante Probleme gibt, die nicht durch einen Computer gelöst werden können. Diese Limitierung liegt nicht in einer Beschränkung oder gar einem Fehler heutiger Rechnerkonzepte begründet, sondern ist ein generelles Phänomen, das sich auch in der Logik wiederfindet. Zu jedem hinreichend mächtigen Konzept zur Beschreibung und Lösung von Problemen kann man Aufgabenstellungen finden, bei denen dieses Konzept versagen muß.

## 15.1  Erste Beispiele

**575  Definition**   BUSY BEAVER FUNKTION FÜR WHILE
Wir wollen die Anzahl der Strichpunkte ;, die in einem WHILE Programm vorkommen, seine *Länge* nennen. Jenen Zustand eines WHILE Rechners, in dem alle Variablen den Wert Null haben, wollen wir den *Nullzustand* nennen.

Für jede natürliche Zahl $n \in \mathbb{N}$ gibt es endlich viele WHILE Programme der Länge $n$. Sei nun $\mathcal{W}_n$ die endliche Menge aller WHILE Programme der Länge $n$, die terminieren, wenn sie im Nullzustand gestartet wurden. Zu jedem dieser Programme gibt es einen Ausgabewert $\beta(n)$. Es sei $\beta(0) = 0$.

Die dadurch festgelegte (totale) Funktion $\beta : \mathbb{N}_0 \to \mathbb{N}_0$ heißt die *Busy Beaver Funktion* für WHILE Programme. Der Wert $\beta(n)$ ist der maximale Ausgabewert, den ein WHILE Programm der Länge $n$ liefern kann, wenn man alle Variablen 0 setzt.

**576  Lemma**   MONOTONIE DER BUSY BEAVER FUNKTION
Die *Busy Beaver* Funktion $\beta$ ist *streng monoton*: Ist $n < m$, dann ist auch $\beta(n) < \beta(m)$.

BEWEIS:
Anschaulich ist das eigentlich klar: Längere Programme haben mehr Möglichkeiten, einen größeren Ausgabewert zu konstruieren, als kürzere.

Wir können das aber auch formal beweisen. Sei $n < m$, $k = m - n > 0$ und $\beta(n) = y$. Das heißt, der maximale Ausgabewert eines Programms der Länge $n$, das nach dem Start im Nullzustand terminiert, ist $y$. Sei $P$ ein solches Programm. Nun hängen wir hinten an das Programm $P$ $k$–mal die Zeile `x0 := S(x0);` an und erhalten dadurch ein Programm der Länge $m$. Wenn wir dieses Programm im Nullzustand starten, so terminiert es mit dem Ausgabewert $y + k$. Aufgrund der Definition der Busy Beaver Funktion muß nun $\beta(m) \geq y + k$ sein. Insgesamt ist also $\beta(n) = y < y + k \leq \beta(m)$.
□

**577 Theorem**   BUSY BEAVER FUNKTION NICHT BERECHENBAR
Die *Busy Beaver* Funktion $\beta$ für WHILE Programme ist nicht WHILE–berechenbar, also *nicht partiell rekursiv*: Wir können zwar einige Werte von $\beta$ berechnen, so ist etwa $\beta(1) = 1$, es gibt aber kein WHILE Programm, das $\beta$ für alle Argumentwerte berechnet. Diese Aussage gilt für alle anderen Programmiersprachen in analoger Form, also auch für GOTO, Pascal oder Fortran.

BEWEIS:
Wir wollen dies durch einen indirekten Beweis zeigen. Hierzu nehmen wir an, die Funktion $\beta$ könne durch ein WHILE Programm berechnet werden. Dann wäre auch die Funktion $h(n) := \beta(2n)$ WHILE berechenbar und es gäbe ein WHILE Programm H, das $h$ berechnet. Dieses Programm H habe die Länge $m$. Nun konstruieren wir ein neues Programm $T$, das aus $m + 1$ Zeilen `x1 := S(x1)` und anschließend dem Programm H besteht:

$$\texttt{x1 := S(x1); x1 := S(x1); ... x1 := S(x1); H}$$

Das Programm T berechnet eine Funktion $t : \mathsf{N}_0 \to \mathsf{N}_0$. Wie man leicht nachprüft, ist $t(0) = \beta(2 * (m + 1))$: T inkrementiert zuerst die Variable `x1`, bis diese den Wert $m + 1$ hat. Anschliessend wird das Programm H aufgerufen, das die Funktion $h$ berechnet, also $h(m + 1)$. Das ist aber $\beta(2 * (m + 1))$. Das Programm T hat offenbar die Länge $(m + 1) + m = 2m + 1$. Da das Programm $T$ nach Start im Nullzustand mit dem Wert $\beta(2 * (m + 1))$ terminiert, muß dieser Wert auch kleiner gleich dem Wert der Busy Beaver Funktion von der Länge von $T$ sein – so war die Busy Beaver Funktion ja definiert. Also $t(0) \leq \beta(2m + 1)$. Andererseits wissen wir aber $t(0) = \beta(2 * (m + 1))$. Somit muß die Ungleichung $\beta(2m + 2) \leq \beta(2m + 1)$ gelten. Dies steht im Widerspruch zur strengen Monotonie von $\beta$ aus Lemma 576.   □

**578 Theorem**   HALTEPROBLEM
Sei $\mathcal{P}$ die Menge aller WHILE Programme und $\mathcal{G} : \mathcal{P} \to \mathsf{N}_0$ eine bijektive GÖDEL-isierung: Zu jedem WHILE Programm $P \in \mathcal{P}$ gibt es genau eine natürliche Zahl $\mathcal{G}(p) \in \mathsf{N}_0$, aber auch jede natürliche Zahl $n$ kann als WHILE Programm $\mathcal{G}^{-1}(n) \in \mathcal{P}$ interpretiert werden.

Beim Halteproblem für WHILE Programme stellt man sich die folgende Frage: Gegeben ist ein WHILE Programm $P \in \mathcal{P}$ und eine Zahl $x$. Terminiert das Programm $P$ für die Eingabe $x$?

Das Halteproblem für WHILE Programme ist nicht entscheidbar, aber semi-entscheidbar: Es gibt kein WHILE Programm, das nach Eingabe der Werte $\mathcal{G}(P)$ und $x$ nach endlicher Zeit anhält und dann eine 1 ausgibt, wenn das Programm $P$ auf die Eingabe von $x$ terminiert, und eine 0, falls nicht. Es gibt also auch keine rekursive Funktion $h : \mathbb{N}_0^2 \to \{0,1\}$, die dasselbe leistet.

BEWEIS:
Wir führen einen indirekten Beweis und nehmen an, daß es ein Programm $T$ gibt, das dieses Problem für beliebige WHILE Programme $P$ und Eingabewerte $x$ entscheidet. $T$ erhält also zwei Eingaben: In der Variablen x1 die Zahl $\mathcal{G}(P)$, die das zu testende Programm darstellt, und in der Variablen x2 die Eingabe $x$, für die das Programm $P$ zu überprüfen ist. Das Programm $T$ terminiere mit x0 = 1, wenn $P$ auf $x$ terminiert und mit x0 = 0, wenn $P$ auf $x$ nicht terminiert.

Wir erweitern das Programm $T$ nun zum Diagonalprogramm $D$:

```
x2 := x1;
T;
WHILE x0 ≠ 0 DO x0 := x0 OD
```

Nun starten wir das Diagonalprogramm $D$ auf der Eingabe $\mathcal{G}(D)$, also seiner eigenen GÖDELzahl, die in die Variable x1 eincodiert wird. $D$ terminiert auf diese Eingabe laut Annahme genau dann, wenn das Programm $T$ dies auch feststellt, und das ist genau dann der Fall, wenn $T$ auf die Eingaben $\mathcal{G}(D)$ als Variable x1 (in der Rolle als Programmcode) und $\mathcal{G}(D)$ als Variable x2 (in der Rolle als Eingabedatum) mit x0 = 1 terminiert. Genau in diesem Fall terminiert aber $D$ nicht, wie eine Analyse des Programmtextes von $D$ zeigt. Wir erhalten einen Widerspruch und nach dem Prinzip des indirekten Beweises die Aussage, daß es kein solches Programm $T$ geben kann.

### 579 Bemerkung HALTEPROBLEM
Das Halteproblem ist ein sehr wichtiges Problem in der Informatik. Programme, die aufgrund eines Programmierfehlers für bestimmte Eingaben nicht terminieren, obwohl sie es eigentlich sollten, zählen zu den unangenehmen Erfahrungen jedes Programmierers.

Es ist unmittelbar klar, daß das Halteproblem semi-entscheidbar ist. Ein naives Verfahren, mit dem ich die Frage, ob ein Programm $P$ für die Eingabewerte $x_1, \ldots, x_n$

terminiert, untersuchen ("semi-entscheiden") kann, ist, das Programm für diese Eingabewerte laufen zu lassen. Wenn dieses Programm terminiert, dann werde ich nach einiger Zeit die Bestätigung für sein Terminieren erhalten. Terminiert es nicht, so wird auch dieses naive Verfahren nicht terminieren.

Es wäre nun aber denkbar, daß es ein besseres Verfahren gibt, um diese Frage zu *entscheiden*: Ein Programm also, welches das Programm $P$ und die Eingabewerte $x_1, \ldots, x_n$ einliest, und dann nach endlicher Zeit sagt, ob $P$ terminiert oder nicht. Das obige Theorem hat uns gezeigt, daß es ein solches Programm nicht geben kann: Es gibt kein mächtigeres Verfahren, um die Terminierung eines Programmes festzustellen, als dieses Programm laufen zu lassen.

**580 Theorem**    HALTEPROBLEME
Mit dem Halteproblem sind eine Reihe weiterer Fragestellungen verbunden.

(1) Das *Totalitäts–Problem* lautet: "Vorgegeben ist ein Programm. Ist die durch dieses Programm realisierte Funktion eine totale Funktion?" respektive "Terminiert das Programm für jede Eingabe?"

(2) Das *Partialitäts–Problem* lautet: "Vorgegeben ist ein Programm. Ist die durch dieses Programm realisierte Funktion eine partielle Funktion?" respektive "Gibt es Eingabewerte, für die das Programm nicht terminiert?"

(3) Das *Loop–Problem* lautet: "Vorgegeben ist ein Programm. Ist die durch dieses Programm realisierte Funktion die nirgends definierte Funktion?" respektive "Terminiert dieses Programm für keinen Eingabewert?"

(4) Das *Domain–Problem* ist das *klassische Halteproblem*. Es lautet "Vorgegeben ist ein Programm und ein Eingabewert. Terminiert das Programm für diesen Eingabewert?"

(5) Das *Co–Domain–Problem* lautet: "Vorgegeben ist ein Programm und ein Eingabewert. Terminiert das Programm für diesen Eingabewert nicht?"

Wir erhalten folgende Resultate:

| Problem | Entscheidbar | Semi-entscheidbar | Co-semi-entscheidbar | Co-Problem |
|---|---|---|---|---|
| Totalität | Nein | Nein | Nein | Partialität |
| Partialität | Nein | Nein | Nein | Totalität |
| Loop | Nein | Nein | Nein | |
| Domain | Nein | Ja | Nein | Co–Domain |
| Co–Domain | Nein | Nein | Ja | Domain |

**581  Definition**  ÄQUIVALENZ UND KORREKTHEIT VON PROGRAMMEN
Zwei Programme $P_1$ und $P_2$ heißen *äquivalent (equivalent)*, wenn sie für dieselben
Eingaben terminieren und für jene Werte, für die beide Programme terminieren,
dieselben Ausgaben erzeugen, oder anders, wenn die ihnen zugeordneten partiellen
Funktionen identisch sind.

Ein Programm $P$ heißt *korrekt (correct) in Bezug auf eine partielle Funktion $f$ :
$N_0^m \to N_0$*, wenn das Programm $P$ tatsächlich die partielle Funktion $f$ berechnet.

**582  Theorem**  ÄQUIVALENZ- UND KORREKTHEITS–PROBLEME

(1) Das *Äquivalenz–Problem* lautet: "Gegeben sind zwei Programme $P_1$ und $P_2$.
Sind diese zwei Programme äquivalent?"

(2) Das *Äquivalenz–Problem bei Totalität* lautet: "Gegeben sind zwei Programme
$P_1$ und $P_2$, die für alle Eingabewerte terminieren. Sind diese zwei Programme
äquivalent?"

(3) Das *Korrektheits–Problem* bezüglich einer Funktion $f$ lautet: "Gegeben ist ein
Programm $P$. Berechnet $P$ tatsächlich die Funktion $f$?"

(4) Das *Korrektheits–Problem bei Totalität* bezüglich einer Funktion $f$ lautet:
"Gegeben ist ein Programm $P$, das für alle Eingabewerte terminiert. Berechnet es tatsächlich die Funktion $f$?"

Wir erhalten:

| Problem | Entscheidbar | Semi-entscheidbar | Co-semi-entscheidbar |
|---|---|---|---|
| Äquivalenz | Nein | Nein | Nein |
| Äquivalenz bei Totalität | Nein | Nein | Ja |
| Korrektheit | Nein | Nein | Nein |
| Korrektheit bei Totalität | Nein | Nein | Ja |

**583  Bemerkung**  ÄQUIVALENZ UND KORREKTHEIT
Die Fragen, ob zwei Programme äquivalent sind, oder ob ein Programm korrekt
ist, gehören zu den bedeutendsten Fragen der Informatik überhaupt. Leider sind
beide Fragen unentscheidbar. Insbesondere bedeutet das, daß es keine wirksamere
Methode gibt, um die Korrektheit eines Programms zu überprüfen, als eine Serie
von Testläufen.

Ähnlich wie beim Halteproblem können wir ein naives Verfahren anwenden, um das
Korrektheits–Problem bei Totalität zu beantworten: Ist $f$ eine totale Funktion und

$P$ ein Programm, das für alle Eingabewerte terminiert – diese Eigenschaft können
wir leider nicht überprüfen, aber wir nehmen an, sie wäre erfüllt. Wenn $P$ nun die
Funktion $f$ nicht berechnet, das heißt die Antwort auf das Korrektheits–Problem
bei Totalität negativ ist, dann gibt es Eingabewerte $x_1, x_2, \ldots, x_n$, für die sich der
Ausgabewert des Programms und der Wert der Funktion unterscheiden. Das naive
Verfahren, systematisch alle möglichen Eingabewerte durchzuprobieren, wird also
nach endlicher Zeit diese negative Antwort liefern. Falls das Programm $P$ jedoch
die Funktion $f$ korrekt berechnet, so werden wir nie auf eine Situation stoßen, der
wir das ansehen können. In diesem Fall wird das naive Verfahren nicht terminieren. Dies deckt sich mit der Aussage, daß das Korrektheits–Problem bei Totalität
co-semi-entscheidbar ist. Da dieses Problem aber nicht entscheidbar ist, gibt es kein
Verfahren, das uns besser Auskunft über die Korrektheit von $P$ geben kann, als
systematisches Testen.

Nun betrachten wir eine partielle Funktion $f$ und ein Programm $P$, von dem wir
nicht wissen, ob es für alle Eingabewerte terminiert. In diesem Fall versagt das
beschriebene naive Verfahren: Ein möglicher Grund für eine negative Antwort für
das Korrektheits–Problem kann darin liegen, daß die Funktion $f$ für ein bestimmtes
Argument definiert ist, das Programm für diesen Eingabewert aber nicht terminiert. Diese Situation können wir auch durch systematisches Testen nicht erkennen,
da wir die Nichttermination eines Programms bekanntlich nicht innerhalb endlicher
Zeit feststellen können. Diese Beobachtung deckt sich mit der Aussage, daß das
Korrektheits–Problem weder semi- noch co-semi-entscheidbar ist.


## 15.2  Allgemeine Probleme der Programmierung

Aufgrund der Erkenntnisse des letzten Abschnitts stellt sich die wichtige Frage, ob
es überhaupt Eigenschaften von Funktionen gibt, die man durch Analyse eines Programms dieser Funktion entscheiden kann. Sei etwa ein Programm $P$ gegeben, das
eine Funktion $f : \mathbb{N}_0 \to \mathbb{N}_0$ realisiert. Uns interessieren nun etwa Fragen folgender
Art: "Ist f(2) gleich 7?" oder "Ergibt f, angewendet auf eine gerade Zahl, wieder
eine gerade Zahl?" oder "Ist f die Funktion $x \mapsto x^2$?". Keine dieser Fragen kann
durch Testen des Programms $P$ entschieden werden: Denn wie soll ich diese Fragen
entscheiden, wenn das Programm nach 3 Jahren Rechenzeit immer noch nicht zu
Ende gerechnet hat? Vielleicht gibt es aber bessere Methoden, um diese Fragen zu
entscheiden, als das Testen. Die Antwort ist leider betrüblich.

*Erste Kernaussage* dieses Abschnitts ist, daß es im wesentlichen *keine Eigenschaft*
einer Funktion gibt, die durch Analyse eines beliebigen realisierenden Programms
*entschieden* werden kann.

*Zweite Kernaussage* dieses Abschnitts ist, daß *nur jene Eigenschaften* einer Funktion durch Analyse eines beliebigen realisierenden Programms semi-entschieden oder co-semi-entschieden werden kann, die bereits durch *endlich viele Funktionswerte* festgelegt werden.

Beides soll im folgenden präzisiert werden.

**584 Bemerkung**   FUNKTIONSSPEZIFISCHE EIGENSCHAFTEN
Sei $\mathcal{P}$ die Menge aller Programme einer bestimmten Programmiersprache. Eine Eigenschaft eines Programms ist eine Abbildung des Typus $E : \mathcal{P} \to \{W, F\}$. Wenn wir die Wahrheitswerte $W$ und $F$ durch die Zahlen 1 und 0 darstellen, so ist sie vom Typus $E : \mathcal{P} \to \mathsf{N}_0$. Da sich Programme durch GÖDELisierung in natürliche Zahlen transformieren lassen, gehört zu dieser Eigenschaft von Programmen auch eine Eigenschaft natürlicher Zahlen. Wir nennen eine Eigenschaft eines Programms *entscheidbar (semi-entscheidbar, co-semi-entscheidbar)*, wenn die Menge aller Programme, welche diese Eigenschaft besitzen, entschiebar (semi-entscheidbar, co-semi-entscheidbar) ist. Genauer: Wenn die Menge aller GÖDELnummern dieser Programme als Teilmenge von $\mathsf{N}_0$ die betreffende Eigenschaft hat.

Eine Eigenschaft $E$ eines Programms heißt eine *Eigenschaft der realisierten Funktion oder funktionsspezifisch*, falls die folgende Bedingung erfüllt ist: Sind $P_1$ und $P_2$ zwei äquivalente Programme, dann ist $E(P_1) = E(P_2)$. So ist etwa die Eigenschaft eines Programms, mehr als 300 Zeilen lang zu sein, keine Eigenschaft der realisierten Funktion. Die Eigenschaft eines Programms aber, die Quadratfunktion für Argumente kleiner als 250 korrekt zu berechnen, ist eine Eigenschaft der realisierten Funktion. Die Analyse spezifischer Eigenschaften eines Programms ist in der Informatik sicher wichtig. Viel wesentlicher sind aber die Eigenschaften der durch ein Programm realisierten Funktion: Diese charakterisieren die Korrektheit und sind im Pflichtenheft der Programmierer festgehalten.

Sei $E : \mathcal{P} \to \mathsf{N}_0$ eine Eigenschaft von Programmen, die auch eine Eigenschaft der realisierten Funktion ist, und sei $f$ eine partiell rekursive Funktion. Hat nun ein beliebiges Programm für $f$ die Eigenschaft $E$, dann haben sie alle Programme für $f$. In diesem Fall wollen wir sagen, $f$ habe die Eigenschaft $E$, obwohl $E$ eigentlich nur für Programme definiert wurde.

**585 Theorem**   THEOREM VON RICE
Eine Eigenschaft $E : \mathcal{P} \to \mathsf{N}_0$ von Programmen, die auch eine Eigenschaft der realisierten Funktion ist, ist genau dann *entscheidbar*, wenn sie die *immer erfüllte* Eigenschaft $(\forall P \in \mathcal{P} : E(P) = 1)$ oder die *nie erfüllte* Eigenschaft $(\forall P \in \mathcal{P} : E(P) = 0)$ ist.

Somit: Keine nichttriviale Eigenschaft einer Funktion ist durch Analyse eines beliebigen, sie realisierenden Programms entscheidbar.

**586 Definition**      ENDLICHE RESTRIKTION

Sei $f : N_0 \to N_0$ eine (partielle oder totale) Funktion. Eine weitere (partielle oder totale) Funktion $g : N_0 \to N_0$ heißt eine *endliche Restriktion (finite restriction)* der Funktion $f$, wenn

   (1) $g$ einen *endlichen Definitionsbereich* hat und

   (2) $g$ eine *Einschränkung* von $f$ ist, das heißt $g$ ist höchstens an jenen Stellen definiert, an denen $f$ definiert ist und hat dort denselben Wert wie $f$.

Anschaulich gesagt ist eine endliche Restriktion einer Funktion $f$ die Funktion selber, die an allen bis auf endlich viele Stellen undefiniert gemacht wurde.

**587 Theorem**      THEOREM VON RICE UND SHAPIRO

Eine Eigenschaft $E : \mathcal{P} \to N_0$ von Programmen, die auch eine Eigenschaft der realisierten Funktion ist, ist genau dann semi-entscheidbar, wenn folgendes gilt: Eine (partielle oder totale) Funktion $f : N_0 \to N_0$ hat die Eigenschaft $E$ genau dann, wenn es eine endliche Restriktion von $f$ gibt, welche diese Eigenschaft besitzt.

Anschaulich bedeutet diese Bedingung folgendes:

   (1) Wenn eine Funktion die Eigenschaft $E$ besitzt, dann besitzt auch jede endliche Restriktion dieser Funktion diese Eigenschaft.

   (2) Wenn eine Funktion mit endlichem Definitionsbereich die Eigenschaft $E$ besitzt, dann besitzt auch jede Erweiterung dieser Funktion diese Eigenschaft.

Grob gesprochen heißt das, daß $E$ eine Eigenschaft ist, die bereits von einer endlichen Wertetabelle festgelegt wird.

**588 Beispiel**      TOTALITÄTSPROBLEM

Man kann mit dem Theorem von RICE und SHAPIRO sehr leicht zeigen, daß das Totalitätsproblem nicht semi-entscheidbar sein kann: Sei $f$ eine Funktion, die total ist. Eine endliche Restriktion von $f$ ist dann sicher nicht total. Die Eigenschaft einer Funktion, total zu sein, erfüllt nicht das notwendige Kriterium des Theorems von RICE und SHAPIRO. Somit kann Totalität keine Eigenschaft einer Funktion sein, die durch Analyse eines beliebigen Programms dieser Funktion semi-entscheidbar ist.

**589 Bemerkung**      "HINTERTÜREN"

Man mag mit Recht einwerfen, daß viele Eigenschaften einer Funktion unmittelbar durch Analyse des Programmtextes ersichtlich sind. So sieht man sofort, daß das

Program READ (x); WRITE (x*2); die Funktion $x \mapsto x * 2$ realisiert. Insbesondere sieht man, daß der Ausgabewert stets gerade ist und viele andere Eigenschaften mehr. An einem 100.000 zeiligen Programm, das genau dieselbe Funktion realisiert, ist dies aber nicht so leicht ersichtlich.

Wir haben gesehen, daß die Eigenschaft, ob ein Programm die Funktion $x \mapsto x * 2$ realisiert, nicht entscheidbar ist. Das heißt, es gibt keinen Algorithmus, der diese Frage für *alle* Programme entscheidet. Es gibt aber durchaus Algorithmen, die diese Frage für viele Programme korrekt beantworten, und für manche Programme zu keiner Aussage über diese Frage fähig sind.

# 15.3 Probleme der Sprachtheorie

**590 Definition**    ENTSCHEIDUNGSPROBLEME DER SPRACHTHEORIE

(1) Problem der *Zugehörigkeit*: "Vorgegeben ist eine Grammatik und ein Wort. Liegt dieses Wort in der durch die Grammatik erzeugten Sprache?"

(2) Problem der *Äquivalenz*: "Vorgegeben sind zwei Grammatiken. Erzeugen diese Grammatiken dieselbe Sprache?"

(3) Problem der *Inklusion*: "Vorgegeben sind zwei Grammatiken. Ist die durch die erste Grammatik erzeugte Sprache eine Teilmenge der durch die zweite Grammatik erzeugten Sprache?"

(4) Problem der *Endlichkeit*: "Vorgegeben ist eine Grammatik. Enthält die durch diese Grammatik erzeugte Sprache endlich viele Wörter?"

(5) Problem der *Unendlichkeit*: "Vorgegeben ist eine Grammatik. Enthält die durch diese Grammatik erzeugte Sprache unendlich viele Wörter?"

(6) Problem der *Leerheit*: "Vorgegeben ist eine Grammatik. Gibt es überhaupt ein Wort in dieser Grammatik?"

(7) Problem der *Totalität*: "Vorgegeben ist eine Grammatik. Ist die durch diese Grammatik erzeugte Sprache das ganze Wortmonoid?"

(8) Problem der *Disjunktheit*: "Vorgegeben sind zwei Grammatiken. Sind die durch diese Grammatiken erzeugten Sprachen disjunkt?"

**591 Theorem**    ENTSCHEIDUNGSPROBLEME DER SPRACHTHEORIE
Alle oben angeführten Entscheidungsprobleme gehören zu den täglichen Fragestellungen im Umgang mit formalen Sprachen. Abhängig davon, welche Sprachklasse

in der CHOMSKY Hierarchie man betrachtet, ergeben sich die folgenden Aussagen:

| Problem | Typ 3 | Typ 2 | Typ 1 | Typ 0 |
|---|---|---|---|---|
| Zugehörigkeit | entscheidbar | entscheidbar | entscheidbar | semi-ent. |
| Äquivalenz | entscheidbar | co-semi-ent. | co-semi-ent. | co-semi-ent. |
| Inklusion | entscheidbar | co-semi-ent. | co-semi-ent. | ? |
| Endlichkeit | entscheidbar | entscheidbar | ? | unentscheidbar |
| Unendlichkeit | entscheidbar | entscheidbar | ? | unentscheidbar |
| Leerheit | entscheidbar | entscheidbar | co-semi-ent. | co-semi-ent. |
| Totalität | entscheidbar | co-semi-ent. | co-semi-ent. | co-semi-ent. |
| Disjunktheit | entscheidbar | co-semi-ent. | co-semi-ent. | co-semi-ent. |

**592 Theorem**    ENTSCHEIDUNGSPROBLEME KONTEXTFREIER SPRACHEN
Kontextfreie Sprachen sind vor allem deshalb besonders wichtig, weil sie üblicherweise zur Definition von Programmiersprachen benutzt werden. Die folgenden Fragestellungen sind für kontextfreie Sprachen wichtig:

(1) Das Problem der *Regularität* ("Vorgegeben ist eine kontextfreie Grammatik. Ist die durch diese Grammatik erzeugte Sprache regulär?") ist nicht entscheidbar.

(2) Das Problem der *Mehrdeutigkeit* ("Vorgegeben ist eine kontextfreie Grammatik. Ist diese Grammatik mehrdeutig?") ist semi-entscheidbar, aber nicht entscheidbar. Ein Algorithmus zur Semientscheidung dieser Frage ist der folgende: Man generiert Ableitungsschritte für die vorgegebene Grammatik. Falls diese Grammatik mehrdeutig ist, so wird man das auch nach endlich langem, systematischem Probieren herausfinden können.

(3) Das Problem der *Eindeutigkeit* ("Vorgegeben ist eine kontextfreie Grammatik. Ist diese Grammatik eindeutig?") ist co-semi-entscheidbar, aber nicht entscheidbar. Dieses Problem ist das komplementäre Problem zur Mehrdeutigkeit. Da das Mehrdeutigkeitsproblem semi-entscheidbar, aber nicht entscheidbar ist, ist das Eindeutigkeitsproblem co-semi-entscheidbar, aber nicht entscheidbar.

**593 Theorem**    POSTSCHE KORRESPONDENZEN
Sei $A$ ein endliches Alphabet. Eine endliche Liste $((L_1, R_1), (L_2, R_2), \ldots, (L_m, R_m))$ von Wortpaaren $L_i, R_i \in A^*$ heißt ein POST*sches Korrespondenzproblem*.

Ein POSTsches Korrespondenzproblem heißt *lösbar*, falls es ein $n \in \mathbb{N}$ gibt und $n$ Indizes

$$i_1, i_2, \ldots, i_n \in \{1, 2, \ldots, m\}$$

sodaß

$$L_{i_1} L_{i_2} \cdots L_{i_n} = R_{i_1} R_{i_2} \cdots R_{i_n}$$

So hat etwa das POSTsche Korrespondenzproblem $((a, abb), (bba, abb), (bba, a))$ eine Lösung, denn es ist

$$L_1 L_2 L_2 L_2 L_3 = R_1 R_2 R_2 R_2 R_3$$

denn

$$abbabbabbabba = abbabbabbabba$$

Das POSTsche Korrespondenzproblem $((a, ab), (ba, ab))$ hat hingegen keine Lösung.

Die Frage, ob ein gegebenes POST*sches Korrespondenzproblem eine Lösung besitzt, ist semi-entscheidbar*, aber nicht entscheidbar. Die besondere Bedeutung des POSTschen Korrespondenzproblems liegt darin, daß es eines der ersten Probleme war, an denen das Phänomen nicht-entscheidbarer Fragestellungen untersucht wurde.

Ähnlich wie bei berechenbaren Funktionen gibt es auch bei formalen Sprachen ein sehr weitreichendes Unentscheidbarkeitsresultat von RICE und RICE und SHAPIRO. Das erstere soll hier erwähnt werden:

**594 Theorem**   THEOREM VON RICE ÜBER FORMALE SPRACHEN
In der Klasse der Typ 0 Sprachen ist keine nichttriviale Eigenschaft der Sprache durch Analyse einer beliebigen, sie beschreibenden Regelgrammatik entscheidbar. Die einzigen, durch Analyse einer Regelgrammatik entscheidbaren Mengen von Typ 0 Sprachen sind die leere Menge und die Menge aller Typ 0 Sprachen.

# 15.4   Probleme aus Logik und Arithmetik

**595 Theorem**   AUSSAGENLOGIK IST ENTSCHEIDBAR
Sei $P$ eine beliebige aussagenlogische Formel. Die Frage, ob $P$ eine Tautologie ist, ist entscheidbar. Wir haben dazu bereits ein Entscheidungsverfahren kennengelernt. Man muß nur die Wahrheitstafel der aussagenlogischen Formel $P$ aufstellen und dort eine endliche Anzahl von Fällen, genauer 2 hoch der Anzahl atomarer Teilaussagen in $P$, untersuchen.

**596 Theorem**   PRÄDIKATENLOGIK IST SEMI-ENTSCHEIDBAR
Sei $P$ eine beliebige prädikatenlogische Formel. Die Frage, ob $P$ in jedem Modell wahr ist, ist semi-entscheidbar. Im Lichte oben angeführter Resultate hat dies für die Logik die folgenden zentralen Konsequenzen:

(1) Die Menge aller herleitbaren prädikatenlogischen Formeln ist aufzählbar. Man kann einen Computer also so programmieren, daß er alle herleitbaren prädikatenlogischen Formeln ausdruckt. Jede einzelne herleitbare Formel wird dabei mehrmals, sogar beliebig oft, ausgedruckt werden. Es ist nicht möglich, das Programm so umzuschreiben, daß die Formeln der Länge nach geordnet ausgedruckt werden, die kürzeren zuerst, dann die längeren.

(2) Wir können einen Computer folgendermaßen programmieren: Wenn wir eine prädikatenlogische Formel $P$ eingeben, so wird der Computer nach endlich langer Zeit einen Beweis für diese Formel ausdrucken, sofern diese Formel herleitbar ist, und in eine Endlosschleife gehen, wenn diese Formel nicht herleitbar ist – weil eben kein Beweis für diese Formel gefunden werden kann.

(3) Es ist nicht möglich, einen Computer so zu programmieren, daß er nach Eingabe einer beliebigen prädikatenlogische Formel $P$ nach endlicher Zeit sagt, ob die Formel herleitbar oder nicht herleitbar ist.

**597  Theorem**     10. HILBERTSCHES PROBLEM
Zur Jahrhundertwende trug der berühmte Mathematiker DAVID HILBERT auf einem Kongreß eine Anzahl zentraler Probleme vor, deren Bearbeitung er für das folgende Jahrhundert anregen wollte. Als *10.* HILBERT*sches Proble* ist die folgende Fragestellung bekannt:

Gegeben ist eine polynomiale Gleichung mit ganzzahligen Koeffizienten, etwa $5 * x^2 * y = 34x^3 + 24$. Hat diese Gleichung eine Lösung, und, wenn ja, wie lauten alle ihre Lösungen? Gesucht ist ein Algorithmus, der für jede solche Gleichung diese Frage beantwortet.

Dieses berühmte Problem wurde inzwischen gelöst: Die Frage, ob eine *polynomiale Gleichung* mit ganzzahligen Koeffizienten eine Lösung besitzt, ist *semi-entscheidbar*, aber nicht entscheidbar. Es kann also keinen Algorithmus geben, der für jede polynomiale Gleichung die Frage nach der Existenz einer Lösung korrekt beantwortet.

**598  Theorem**     INKLUSIONSPROBLEM DES GAME OF LIFE
Das Game of Life von CONWAY ist ein bekanntes mathematisches Spiel mit vielen interessanten Eigenschaften. Man betrachtet ein unendlich großes Schachbrett, repräsentiert durch die Menge $Z \times Z$. Auf jedem Feld des Schachbretts kann ein kleines Wesen leben. Dies kann durch eine Funktion $\phi : Z \times Z \to \{0, 1\}$ beschrieben werden: Lebt auf dem Feld $(x, y)$ ein solches mathematisches Wesen, dann ist $\phi(x, y) = 1$, ansonsten ist $\phi(x, y) = 0$. Jedes Feld unseres Schachbretts hat acht Nachbarn, vier direkte Nachbarn und vier Diagonalnachbarn. Zu jeder Sekunde ändert sich nun die Population des gesamten Brettes nach folgenden Regeln:

(1) ÜBERLEBENSREGEL
Hat ein Lebewesen zwei oder drei Nachbarn, so überlebt es.

(2) STERBEREGEL
Hat ein Lebewesen vier oder mehr Nachbarn so stirbt es an Überpopulation; hat es nur einen oder gar keinen Nachbarn, so stirbt es an Einsamkeit.

(3) GEBURTSREGEL
In ein leeres Feld, das genau drei Nachbarn hat, wird ein neues Lebewesen hineingeboren.

Das Game of Life läßt eine Reihe sehr interessanter Fragestellungen zu. Es stammt aus der Familie der zellulären Automaten und kann sogar zur Berechnung rekursiver Funktionen benutzt werden. Uns interessiert die folgende Frage: Gegeben zwei Populationen $\phi_1, \phi_2 : \mathbb{Z} \times \mathbb{Z} \to \{0, 1\}$ unseres Brettes. Ist es möglich, daß sich aus der Population $\phi_1$ im Laufe der Zeit die Population $\phi_2$ entwickelt. Dieses sogenannte *Inklusionsproblem des Game of Life* ist semi-entscheidbar, aber nicht entscheidbar.

# Literaturverzeichnis

Dieses Literaturverzeichnis ist ein Leitfaden durch klassische Werke der theoretischen Informatik, anhand welcher sich der Leser in verschiedene Spezialgebiete einarbeiten kann. Innerhalb der einzelnen Abschnitte habe ich versucht – auch wenn viele Werke nicht unmittelbar vergleichbar sind und unterschiedliche Schwerpunkte behandeln – die Zitate nach aufsteigendem Schwierigkeitsgrad zu ordnen.

## Einführende Literatur


S. Wiitala, Discrete Mathematics – A Unified Approach. 1987, McGraw–Hill.

J. P. Tremblay, R. Manohar, Discrete Mathematical Structures with Applications to Computer Science. 1975, McGraw–Hill.

P. Bachmann, Mathematische Grundlagen der Informatik. 1992, Akademie Verlag.

E. Peters, Einführung in die mathematischen Methoden der Informatik. 1974, Bibliographisches Institut.

G. Baron, P. Kirschenhofer, Einführung in die Mathematik für Informatiker, 3 Bände. 1992, Springer.

J. K. Truss, Discrete Mathematics for Computer Scientists. 1991, Addison–Wesley.

H. Lewis, C. Papadimitriou, Elements of the Theory of Computation. 1981, Prentice–Hall.


## Mengen, Relationen, Strukturen


E. Kamke, Mengenlehre. Sammlung Goeschen Band 999. 1965, de Gruyter.

P. A. Fejer, D. A. Simovici, Mathematical Foundations of Computer Science. Vol. 1: Sets, Relations and Induction. 1991, Springer.

# Formale Sprachen und mathematische Maschinen

J. Albert, T. Ottmann, Automaten, Sprachen und Maschinen für Anwender. 1983, Bibliographisches Institut.

M. Shields, Serielle und parallele Automaten. 1989, VCH Verlagsgesellschaft.

H. Maurer, Theoretische Grundlagen der Programmiersprachen: Theorie der Syntax. 1969, Bibliographisches Institut.

T. Sudkamp, Languages and Machines. 1988, Addison–Wesley.

J. Hopcroft, J. Ullman, Einführung in die Automatentheorie, formale Sprachen und Komplexitätstheorie. 1990, Addison–Wesley.

A. Salomaa, Formale Sprachen. 1978, Springer.

# Berechenbarkeit, Rekursionstheorie

D. Cohen, Computability and Logic. 1987, Wiley.

E. Engeler, P. Läuchli, Berechnungstheorie für Informatiker. 1988, Teubner.

H. Hermes, Aufzählbarkeit, Entscheidbarkeit, Berechenbarkeit. 1961, Springer.

Z. Manna, Mathematical Theory of Computation. 1974, McGraw–Hill.

K. Weihrauch, Computability. 1987, Springer.

H. Rogers, Theory of Recursive Functions and Effective Computability. 1987, MIT Press.

M. Davis, Computability and Unsolvability. 1982, Dover.

H. P. Barendregt, The Lambda Calculus. 1984, North–Holland.

# Komplexitätstheorie

R. Garey, D. Johnson, Computers and Intractability. 1979, Freeman.

J. Hopcroft, J. Ullman, Einführung in die Automatentheorie, formale Sprachen und Komplexitätstheorie. 1990, Addison–Wesley.

E. Boerger, Berechenbarkeit, Komplexität, Logik. 1992, Vieweg.

K. Mehlhorn, Data Structures and Algorithms, Vol. 2: Graph Algorithms and NP-Completeness. 1984, Springer.


# Informations- und Codierungstheorie

F. Topsoe, Informationstheorie: Eine Einführung. 1974, Teubner.

R. Hamming, Information und Codierung. 1987, Englewood Cliffs.

J. van Lint, Introduction to Coding Theory. 1982, Springer.

J. Adamek, Foundations of Coding. 1991, Wiley.

A. Salomaa, Public–Key Cryptography. 1990, Springer.

G. Chaitin, Algorithmic Information Theory. 1987, Cambridge University Press.


# Programmiersprachen, Semantik

E. Dijkstra, Formal Development of Programs and Proofs. 1990, Addison–Wesley.

R. Tennent, Semantics of Programming Languages. 1991, Prentice–Hall.

L. Allison, A Practical Introduction to Denotational Semantics. 1986, Cambridge University Press.

G. Winskel, The Formal Semantics of Programming Languages. 1993, MIT Press.

M. Marcotty, H. Ledgard, Programming Language Landscape: Syntax, Semantics, and Implementation. 1986, Science Research Associates.

M. Manes, E. Arbib, Algebraic Approaches to Program Semantics. 1986, Springer.

G. Huet, Logical Foundations of Functional Programming. 1990, Addison–Wesley.

R. Milne, C. Strachey, A Theory of Programming Language Semantics. 1976, Wiley.

C. Gunter, Semantics of Programming Languages. 1992, MIT Press.

P. Odifreddi, Logic and Computer Science. 1990, Academic Press.

J. Stoy, Denotational Semantics. 1977, MIT Press.

M. Barr, C. Wells, Category Theorie for Computing Science. 1988, Prentice–Hall.

## Graphentheorie

R. J. Wilson, J. Watkins, Graphs. 1990, Wiley.

F. Harary, Graph Theory. 1972, Addison–Wesley.

G. Schmidt, T. Ströhlein, Relationen und Graphen. 1988, Springer.

## Logik

F. L. Bauer, M. Wirsing, Elementare Aussagenlogik. 1991, Springer.

U. Schöning, Logik für Informatiker. 1987, Bibliographisches Institut.

D. Hofbauer, Grundlagen des maschinellen Beweisens. 1989, Vieweg.

K. Bläsius, H. Bürckert, Deduktionssysteme: Automatisierung des logischen Denkens. 1992, Oldenbourg.

V. Sperschneider, G. Antoniou: Logic – A Foundation for Computer Science. 1991, Addison–Wesley.

B. Heinemann, K. Weihrauch, Logik für Informatiker. 1991, Teubner.

H. Ebbinghaus, Einführung in die mathematische Logik. 1986, Wiss. Buchgesellschaft Darmstadt.

J. Gallier, Logic for Computer Science: Foundations of Automatic Theorem Proving. 1987, Wiley.

D. Duffy, Principles of Automated Theorem Proving. 1991, Wiley.

J. Girard, Y. Lafont, P. Taylor, Proofs and Types. 1990, Cambridge University Press.

S. Vickers, Topology via Logic. 1989, Cambridge University Press.

# Handbücher

J. van Leeuwen, Handbook of Theoretical Computer Science, 2 volumes. 1990, North–Holland.

P. Odifreddi, Classical Recursion Theory. 1989, North–Holland.

S. Abramsky, Handbook of Logic in Computer Science, 6 volumes. 1992, Clarendon Press.

J. Barwise, Handbook of Mathematical Logic. 1977, North–Holland.

# Symbolverzeichnis

## 1. Logische Propädeutik

| | |
|---|---|
| $T, W$ | Logischer Wahrheitswert wahr (true) |
| $F$ | Logischer Wahrheitswert falsch (false) |
| $\wedge$ | Logischer Operator der Konjunktion (und) |
| $A, B, \ldots$ | Abkürzungen für atomare Aussagen |
| $\mathcal{A}, \mathcal{B}, \ldots$ | Abkürzungen für zusammengesetzte Aussagen |
| $\neg,\ ^-$ | Logischer Operator der Negation |
| $\vee$ | Logischer Operator der Disjunktion (oder) |
| $\oplus$ | Logischer Operator der Alternation (entweder-oder) |
| $\Rightarrow$ | Logischer Operator der Implikation (wenn-dann) |
| $\Leftrightarrow$ | Logischer Operator der Äquivalenz (genau-dann-wenn) |
| **nand** | Logischer Operator der negierten Konjunktion |
| **nor** | Logischer Operator der negierten Disjunktion |
| $\vdash$ | Deduktionsrelation, Herleitbarkeit einer Formel |
| $\square$, qed, wzbw | Ende eines Beweises |

## 2. Mengenlehre

| | |
|---|---|
| $\{,\}$ | Mengenklammern |
| $\in$ | Elementrelation |
| $\notin$ | Nichtelementrelation |
| $\forall$ | Allquantor |
| $\exists$ | Existenzquantor |
| $\subseteq$ | Teilmengenrelation |
| $\subset$ | Relation der echten Teilmenge |
| $\supseteq$ | Obermengenrelation |
| $\supset$ | Relation der echten Obermenge |
| $\emptyset, \{\}$ | Leere Menge |

| | |
|---|---|
| $\cap$ | Operator der Durchschnittsmenge |
| $\cup$ | Operator der Vereinigungsmenge |
| $\complement$ | Operator der Komplementmenge |
| $\setminus$ | Operator der Differenzmenge |
| $\oplus$ | Operator der symmetrischen Differenz |
| $(,)$ | Paarklammern |
| $\times$ | Operator der Produktmenge |
| $\Delta_A$ | Diagonale der Menge $A$ |
| $\mathcal{P}(A)$ | Potenzmenge der Menge $A$ |
| $\#(A), \lvert A \rvert$ | Mächtigkeit der Menge $A$ |
| $\mathcal{W}(Q)$ | Menge von Elementen einer Eigenschaft $Q$ |
| $\mathcal{F}(Q)$ | Menge von Elementen nicht einer Eigenschaft $Q$ |

# 3. Quantoren

| | |
|---|---|
| $\forall, \wedge$ | Allquantor |
| $\exists, \vee$ | Existenzquantor |

# 4. Relationen

| | |
|---|---|
| $f \subseteq A \times B$ | Notation einer Relation |
| $\Delta^*, \Delta^{-1}, \Delta^t$ | Duale Relation zu $\Delta$ |
| $R \circ S$ | Komposition von Relationen |
| $P_1; P_2$ | Hintereinanderausführung von Programmen |
| $f : A \to B$ | Notation des Typus einer Funktion $f$ |
| $f : a \mapsto f(a)$ | Notation der Wirkung einer Funktion $f$ |
| $f(M)$ | Bild einer Menge $M$ unter einer Funktion $f$ |
| $f^{-1}(M)$ | Urbild einer Menge $M$ unter einer Funktion $f$ |
| $g \circ f$ | Komposition von Funktionen |
| $id_A$ | Identitätsfunktion auf der Menge $A$ |
| $f^{-1}$ | Umkehrfunktion einer bijektiven Funktion $f$ |
| $\lambda v.t$ | Lambda Notation |
| $\leq, \geq$ | Nicht strikte Ordnungsrelationen |
| $<, >$ | Strikte Ordnungsrelationen |
| $\mid$ | Teilerrelation |

| | |
|---|---|
| $p_i$ | Projektion auf die $i$-te Komponente |
| $p_I$ | Projektion auf die Indexmenge $I$ |
| $\times_{i \in I} M_i$ | Produkt von Mengen |
| $\equiv_m$ | Kongruenzrelation modulo $m$ |
| $[m]_\sim$ | Äquivalenzklasse des Elementes $m$ |
| $M\vert_\sim$ | Quotient einer Menge |
| $\simeq$ | Relation der Gleichmächtigkeit |
| $< \Gamma >_t$ | Transitive Hülle der Relation $\Gamma$ |
| $< \Gamma >_s$ | Symmetrische Hülle der Relation $\Gamma$ |
| $< \Gamma >_{rt}$ | Reflexiv-transitive Hülle der Relation $\Gamma$ |
| $< \Gamma >_{rst}$ | Reflexiv-symmetrisch-transitive Hülle der Relation $\Gamma$ |

# 5. Graphen

| | |
|---|---|
| $(E, V)$ | Graph |
| $(E, \Gamma)$ | Graph, Digraph |
| $(E, V, \alpha)$ | Multigraph |
| $\implies$ | Erreichbarkeitsrelation in Graphen |
| $\implies$ | Starke Erreichbarkeitsrelation in Digraphen |
| $\longrightarrow$ | Schwache Erreichbarkeitsrelation in Digraphen |
| $\iff$ | Zusammenhangsrelation in Graphen |
| $\iff$ | Starke Zusammenhangsrelation in Digraphen |
| $\longleftrightarrow$ | Schwache Zusammenhangsrelation in Digraphen |
| $\mathcal{A}(\mathcal{G})$ | Adjazenzmatrix des Graphen $\mathcal{G}$ |
| $\mathcal{I}(\mathcal{G})$ | Inzidenzmatrix des Graphen $\mathcal{G}$ |
| $(E, V, A, \alpha)$ | Attributierter Graph |
| $\chi(\mathcal{G})$ | Chromatische Zahl des Graphen $\mathcal{G}$ |
| $^\bullet t$ | Menge der *Eingangsstellen* der Transition $t$ |
| $t^\bullet$ | Menge der *Ausgangsstellen* der Transition $t$ |
| $^\bullet s$ | Menge der *Eingangstransitionen* der Stelle $s$ |
| $s^\bullet$ | Menge der *Ausgangstransitionen* der Stelle $s$ |
| $M \xrightarrow{\ T\ } M'$ | Schaltvorgang eines PETRI–Netzes |

# 6. Sprachen

| | |
|---|---|
| $\varepsilon$ | Leeres Wort |
| $A^*$ | Freies Wortmonoid über dem Alphabet $A$ |

|  |  |
|---|---|
| $\cdot$ | Konkatenation von Wörtern |
| $a^i$ | Exponentialnotation für ein Wort |
| $\mid w \mid$ | Länge des Wortes $w$ |
| $A^\infty$ | Menge aller Ströme über dem Alphabet $A$ |
| $A^{[\infty]}$ | Menge aller Wörter und Ströme über dem Alphabet $A$ |
| $*$ | KLEENE–Sternoperator |
| $(N, T, S, R)$ | Regelgrammatik |
| $N$ | Menge von Nichtterminalen |
| $T$ | Menge von Terminalen |
| $\mathcal{X} \to \mathcal{Y}_1 \mid \mathcal{Y}_2$ | Notation von Grammatikregeln |
| $\mathcal{L}(\mathcal{G})$ | Durch die Grammatik $\mathcal{G}$ erzeugte Sprache |

# 7. Maschinen

|  |  |
|---|---|
| $\mathcal{L}(\mathcal{A})$ | Von einer Maschine $\mathcal{A}$ akzeptierte Sprache |
| **push** | Operation "push" des Kellerspeichers |
| **pop** | Operation "pop" des Kellerspeichers |
| **top** | Operation "top" des Kellerspeichers |
| $\mathcal{L}$ | Linksbewegung des Schreib–Lese–Kopfes einer TURING Maschine |
| $\mathcal{R}$ | Rechtsbewegung des Schreib–Lese–Kopfes einer TURING Maschine |
| $\mathcal{H}$ | Halteoperation einer TURING–Maschine |
| $\Phi(\mathcal{A})$ | Stromabbildung eines MOORE respektive MEALY Automaten |
| $\P$ | Linkes Ende eines Binärwortes |

# 8. Maschinen und Sprachen

|  |  |
|---|---|
| $\mathcal{T}_i$ | Sprache vom Typ $i$ |
| $\mathcal{L}$ | Klasse aller Sprachen |

# 9. Techniken und Beispiele formaler Sprachen

|  |  |
|---|---|
| $S$ | Nachfolgerfunktion |
| $A(n)$ | Eigenschaft bei einer Induktion |
| $a/b/c$ | Notation in Graphen von Kellerautomaten |
| $[\![\bullet]\!]_\mathcal{K}$ | Interpretationsabbildung der syntaktischen Kategorie $\mathcal{K}$ |
| $\mathcal{R}_E(A)$ | Menge regulärer Ausdrücke über dem Alphabet $A$ |
| $\mathcal{R}_M(A)$ | Menge regulärer Mengen über dem Alphabet $A$ |

# 10. Semantik von Programmiersprachen

| | |
|---|---|
| $\mathcal{V}$ | Menge von Variablen |
| $\mathcal{W}$ | Syntaktische Kategorie der Werte |
| $\mathcal{P}$ | Syntaktische Kategorie der Programme |
| $[\![\bullet]\!]_{\mathcal{K}}$ | Interpretationsabbildung der syntaktischen Kategorie $\mathcal{K}$ |
| $\mathcal{Z}$ | Menge von Zuständen |
| $Me(A, B)$ | Menge aller (totalen) Funktionen von $A$ nach $B$ |
| $Me_p(A, B)$ | Menge aller partiellen Funktionen von $A$ nach $B$ |
| $\sigma_{u \in v}$ | Zustand, modifiziert durch eine Zuweisung |
| $\mathcal{D}_n(p)$ | Dem Programm $p$ zugeordnete Funktion der Arität $n$ |
| $\dagger$ | Symbol für Termination eines Programms |
| $[\![\bullet]\!]^*$ | Endzustand bei Termination eines Programmes |
| $\bot$ | Zeichen für undefiniert bei partiellen Funktionen |
| $\mathcal{D}(f)$ | Definitionsbereich einer Funktion $f$ |
| $P$ | Vorgängerfunktion |
| $\underline{f}$ | Reduzierter Term bei Reduktionssemantik |

# 11. Berechenbarkeit

| | |
|---|---|
| $Z$ | Nullfunktion |
| $S$ | Nachfolgerfunktion |
| $P_k^m$ | Projektionsfunktion |
| $C_k$ | Diagonalfunktion |
| $<, >$ | Diagonalfunktion bei 2 Argumenten |
| $J_k$ | Inverse Diagonalfunktion |
| $L, R$ | Inverse Diagonalfunktion bei 2 Argumenten |
| $\mu(f)$ | Minimierung |
| $\mu_b(f)$ | Beschränkte Minimierung |
| $\mu^b(f)$ | Beschränkte Maximierung |
| $u$ | Universelle partiell rekursive Funktion |
| $\chi_A$ | Totale charakteristische Funktion der Menge $A$ |
| $\chi_A^{\perp}$ | Partielle charakteristische Funktion der Menge $A$ |
| $\mathcal{G}$ | GÖDELisierung |
| $\mathcal{K}$ | Diagonalmenge |

# 12. Komplexitätstheorie

| | |
|---|---|
| $O(f)$ | Asymptotische Wachstumsklasse |
| $\Omega(f)$ | Asymptotische Wachstumsklasse |
| $\Theta(f)$ | Asymptotische Wachstumsklasse |
| $\sim_a$ | Relation der asymptotischen Äquivalenz |
| $\mathcal{P}$ | Deterministisch–polynomiale Sprachklasse |
| $\mathcal{NP}$ | Nichtdeterministisch–polynomiale Sprachklasse |
| $\leq$ | Relation der polynomialen Reduktion |

# 13. Information und Codierung

| | |
|---|---|
| $(M, P)$ | Wahrscheinlichkeitsraum, Informationsquelle |
| $\mathsf{C}E$ | Gegenereignis zum Ereignis $E$ |
| $P(A \mid B)$ | Bedingte Wahrscheinlichkeit |
| $\mathcal{I}(E)$ | Informationsmaß des Ereignisses $E$ |
| $\log_b$ | Logarithmus zur Basis $b$ |
| $H$ | Entropie |
| $R$ | Redundanz |
| $\mu$ | Mittlere Codewortlänge |
| $E$ | Effizienz |
| $(E, A, \Phi)$ | Kanal |
| $T(\mathcal{K}, \mathcal{Q})$ | Transinformation |

# 14. Logik

| | |
|---|---|
| $\mathcal{L}_A$ | Menge aussagenlogischer Formeln |
| $\vdash$ | Deduktionsrelation |
| $\models$ | Modellrelation |
| $\Vdash$ | Folgerungsrelation |
| $\mathcal{V}$ | Menge von Variablen |
| $\mathcal{I}_\mathcal{V}$ | Variablenbelegung |
| $\mathcal{I}$ | Belegung, Interpretation |
| $\mathcal{L}_P$ | Menge prädikatenlogischer Ausdrücke |
| $(\Omega, \mathcal{I})$ | Struktur |
| $\mathcal{M}$ | Menge möglicher Modelle |

## 15. Grenzen von Computern

| | |
|---|---|
| $\beta$ | Busy Beaver Funktion |

# Sachverzeichnis

Johann Blieberger, Gerhard-Helge Schildt,
Ulrich Schmid, Stefan Stöckler

## Informatik

Zweite, neubearbeitete Auflage
1992. X, 380 Seiten. ISBN 3-211-82389-1
Broschiert DM 53,–, öS 370,–. Hörerpreis: öS 296,–
(Springers Lehrbücher der Informatik)


Atilla Bezirgan

## Informatik

Aufgaben und Lösungen
1992. IX, 136 Seiten. ISBN 3-211-82414-6
Broschiert DM 28,–, öS 195,–. Hörerpreis: öS 156,–
(Springers Lehrbücher der Informatik)


Gerd Baron, Peter Kirschenhofer

## Einführung in die Mathematik für Informatiker

Band 1
Zweite, verbesserte Auflage. (Springers Lehrbücher der Informatik)
1992. 50 Abbildungen. VIII, 196 Seiten. ISBN 3-211-82397-2
Broschiert DM 53,–, öS 370,–. Hörerpreis: öS 296,–

Band 2
1990. 28 Abbildugen. VIII, 217 Seiten. ISBN 3-211-82101-5
Broschiert DM 59,–, öS 410,–. Hörerpreis: öS 328,–

Band 3
1989. 79 Abbildungen. VIII, 191 Seiten. ISBN 3-211-82119-8
Broschiert DM 59,–, öS 410,–. Hörerpreis: öS 328,–

*Preisänderungen vorbehalten*

Sachsenplatz 4–6, P.O.Box 89, A-1201 Wien · 175 Fifth Avenue, New York, NY 10010, USA
Heidelberger Platz 3, D-14197 Berlin · 37-3, Hongo 3-chome, Bunkyo-ku, Tokyo 113, Japan